Holger Schleip (Hrsg.)

Zurück zur Natur-Religion?
Wege zur Ehrfurcht vor allem Leben

Holger Schleip (Hrsg.)

Zurück zur Natur-Religion?
Wege zur Ehrfurcht vor allem Leben

Verlag Hermann Bauer
Freiburg im Breisgau

CIP-Kurztitelaufnahme der Deutschen Bibliothek

Zurück zur Natur-Religion? : Wege zur Ehrfurcht vor allem Leben / Holger Schleip (Hrsg.). – Freiburg im Breisgau : Bauer, 1986.
ISBN 3-7626-0301-4
NE: Schleip, Holger [Hrsg.]

1986
ISBN 3-7626-0301-4

Satz: IBV Satz- und Datentechnik GmbH, Berlin.
Druck und Bindung: Druckerei Ueberreuter. Wien.
Printed in Austria.

Inhalt

Vorwort

Grün kaputt – Seele kaputt ist zur Gleichung der modernen Gesellschaft geworden. Mit der Verstümmelung der Natur Hand in Hand geht die schleichende Zersetzung der Seele. Ausgeräumte Landschaft und häßliche Architektur bieten das Milieu für Entfremdung, Depressionen und Selbstmord.

Heute wird der Mythos des Glücks aus der Steckdose zwar immer noch in der Reklame aufrechterhalten, die Schattenwirklichkeit des Fortschritts aber sieht anders aus: 1979 war zum ersten Mal in der BRD die Selbstmordziffer höher als die Zahl der Verkehrstoten: 12783 Tote auf den Straßen, 13167 Selbstmorde. In den letzten 40 Jahren wurden mehr Tiere und Pflanzen von dieser Erde gefegt als in der Jahrhunderttausende dauernden Artgeschichte des Menschen zuvor. 7000 Storchenpaare gab es zur Zeit der Großeltern, 700 zur Zeit der Eltern, 70 in unseren Tagen, und die nächste Generation steht vor Glasvitrinen.

Aus diesem öko-sozialen Elend kann technischer Umweltschutz allein nicht heraushelfen. Dringender denn je braucht der Naturschutz eine Tiefendimension, geistige Kräfte, die der Entwicklung vom Lebendigen zum Leblosen hin die Stirn bieten. Hinter dem vordergründigen Aktionismus bedarf es einer Verinnerlichung der ökologischen Bewegung. Naturschutzgebiete *und* Seelenschutzgebiete sind notwendig, denn auch der Mensch ist Teil der Natur. Wer hoffnungslos ist, hat keine Kraft, um anderes behüten zu können.

Zugegeben: Naturschützer waren und sind nicht gerade mit frommen Kirchgängerkreisen identisch. Nachdem sie sich schwertaten, in einem schöpfungsvergessenen, rein anthropozentrischen Christentum ihre geistige Heimat zu finden, suchten sie ihre Dome in den Wäldern und ihre Heiligen in den Bäumen. Dies aber bot wiederum Anlaß, sie als Naturmystiker und Pantheisten aus den heiligen Kirchenhallen zu verbannen.

Selbst in neueren kirchlichen Veröffentlichungen schlägt ihnen eine Wucht von Vorurteilen ins Gesicht. So beurteilt beispielsweise der katholische Moraltheologe Alfons Auer die ökologischen Kritiker: »Aber nicht selten verbirgt sich hinter solcher Kritik ein Sammelsurium von Romantizismen, Sentimentalitäten und Primitivitäten.«

Gerade die christliche Religion, die erst aus ihrem Schöpfungstiefschlaf erwacht ist, sollte sich einmal in einen Dialog mit den Ökologen einlassen, bevor sie urteilt; war sie es doch, die durch eine Verzerrung des biblischen Schöpfungsauftrags »Macht euch die Erde untertan!« nicht unwesentlich an der ideologischen Verbrämung der Umweltzerstörung beteiligt war.

Als Akt der Ehrfurcht gegenüber anderen Religionen erscheint mir deshalb der in diesem Buch gemachte Versuch, naturfreundliche Lehren und Lebensregeln herauszustellen und damit sensibel für das unsagbare Leiden der außermenschlichen Schöpfung zu machen. Denn eine Solidarität des Wahren und Heiligen aller Religionen ist nötig, um uns vor der drohenden weltweiten Apokalypse zu bewahren. Selbst nach katholischer Lehre steht dieser interreligiösen Untersuchung seit dem zweiten Vatikanischen Konzil nichts mehr im Wege. »Die katholische Kirche lehnt nichts von alledem ab, was in diesen Religionen wahr und heilig ist«, heißt es in der Konzilserklärung über das Verhältnis der Kirche zu den nichtchristlichen Religionen.

Leiden, Sinnlichkeit, Gefühle, Zweifel, mystische Erfahrung – all das, was durch das Raster der wissenschaftlichen Wahrnehmung fällt, kommt in diesem Buch wieder zur Sprache, denn leidenschaftliches Naturschutzengagement geschieht mehr aus dem Fühlen als aus dem Denken. Dabei scheint mir besonders wertvoll, die sinnen-haften Weisheiten der Mystiker zu beachten, die in unmittelbarem Erleben die Einheit alles Lebendigen »geschaut« haben. Erst dieses sinnliche Gewahrwerden läßt uns leise in eine »Ethik der Ehrfurcht vor dem Leben« hineinwachsen, wie Albert Schweitzer sie formuliert hat.

Martin Buber beschreibt einmal, wie er intensiv in die Augen seiner Katze schaute und mit »sprechenden« Blicken einen Dialog mit ihr führt. Auch mit diesen Sinnen sollten wir sprechen lernen über Religion und mit der stummen Schöpfung. Das Reden über Religion ist kein Monopol von Theologen und Philosophen. Vielleicht ist es zeichenhaft, wenn mit diesem Buch gerade ein Augenarzt sich auf die Suche macht, Menschen Hilfestellung zum religiösen Sehen zu vermitteln.

Beate Seitz-Weinzierl, Leiterin des Arbeitskreises »Umweltethik und Frieden« im BUND

Ein Mensch, der behauptet, Religion
habe nichts mit Politik zu tun,
weiß nicht, was Religion bedeutet.
Mahatma Gandhi

Holger Schleip

Einleitung oder: Auf dem Weg zu einer artgrenzenüberschreitenden Ethik

In den letzten Jahren hat sich eine bemerkenswerte Wandlung des geistigen Klimas in unserem Lande vollzogen. Den vergangenen Jahrzehnten einen »blinden Glauben an den technischen Fortschritt« vorzuwerfen, wie das heute oft geschieht, kommt nicht von ungefähr, ist aber nicht ganz gerecht – schließlich hatte man schon immer so seine Zweifel, ob es der Menschheit wohl gelingen werde, mit den von ihr geschaffenen Problemen (etwa Übervölkerung oder Massenvernichtungswaffen) fertig zu werden. Der durchaus nicht blinde Glaube bezog sich auf den Fortschritt eines Komplexes aus Technik, Wirtschaft und Wissenschaft, wobei letztere das größte Ansehen genoß (und aus guten Gründen bis heute genießt). Die Zukunft der Menschheit (und darum und nur darum ging es erklärtermaßen) sah man abhängig besonders davon, ob es gelingen werde, die Wissenschaft in der richtigen Weise anzuwenden[1*], rasch genug ausreichend technische Möglichkeiten zu entwickeln und rasch genug alle den Fortschritt behindernden »heiligen Kühe« zu schlachten. Und wenn man auch noch gewaltige Kraftanstrengungen brauchte, um die Probleme in den Griff zu bekommen, so war sich doch die Gesellschaft – von einigen Außenseitern abgesehen – darüber einig, daß die Richtung stimmte und daß es ein Zurück oder ein Ausweichen nicht gab; illustrativ für diese Sicht ist die Wahl des Wortes »Entwicklungshilfe« für den moralisch gemeinten, mit Missionseifer betriebenen Teil der Außenpolitik gegenüber den schwächeren, »zurückgebliebenen« Ländern.

* Die hochstehenden Ziffern beziehen sich auf die Anmerkungen am Schluß des jeweiligen Beitrags.

Die Natur hatte in diesen durch ein rasantes »Wachstum« von Wissenschaft, Technik und Wirtschaft geprägten Jahren ihren Wert besonders für Freizeit und Erholung, und »natürlich« war man bei der Nahrungsmittelproduktion und dergleichen nach wie vor auf sie angewiesen – auch wenn man ihren »Gewalten« dank der Technik viel weniger ausgeliefert war. Für den Stellenwert, den gerade auch die besonders um »Humanität« Bemühten der Natur dabei zumaßen, ist das Brecht-Zitat charakteristisch, wonach man in einer Zeit lebe, in der ein Gespräch über Bäume fast schon ein Verbrechen darstelle; nicht daß man etwas gegen Bäume hatte, aber es gab eben so viel Wichtigeres. Heute würde man mit diesem Zitat Reaktionen zwischen Unverständnis und Wut hervorrufen – und zwar gerade auch bei den Menschen, die Sympathien für Brecht empfinden und sich in einer »humanistisch-sozialistisch-emanzipatorischen« Tradition sehen; auf Zustimmung würde dieses Brecht-Zitat allenfalls bei Leuten stoßen, die ihren blanken Egoismus hinter Parolen wie »freie Fahrt für freie Bürger« mehr schlecht als recht verstecken. Sorge um die Natur gilt heute als Selbstverständlichkeit, der man, wenn man etwas auf sich hält, seinen Tribut zollt, und sei es auch nur in Form von Lippenbekenntnissen.

Zugleich ist der Glaube daran, daß der Weg des technisch-wirtschaftlichen Fortschrittes der richtige Weg und das »mit voller Kraft voraus« die richtige Gangart sei, kein Allgemeingut mehr – eher im Gegenteil. Bemerkenswert ist, daß in den siebziger Jahren die sich entwickelnde Umweltschutz-Bewegung als Feindbild und Kristallisationspunkt sich das damalige Prunkstück der modernen Technologie, die Energiegewinnung aus Kernspaltung, wählte, und daß derzeit die wieder erstarkende Tierschutz-Bewegung ihre größte Dynamik in der Frage wissenschaftlicher Tierversuche entfaltet – obwohl jeweils kein Mangel bestand beziehungsweise besteht an einfacher strukturierten Themen, ohne einen auf den ersten Blick so erdrückend anmutenden Heimvorteil der Pro-Experten gegenüber den Kontra-Laien; offensichtlich reagieren weite Bevölkerungskreise auf schwer durchschaubare technologische Zusammenhänge inzwischen nicht mehr mit gläubig-scheuer Zurückhaltung, sondern mit Aggressivität. Angesichts der mit der Industrie »wachsenden« Umweltzerstörung und angesichts der mit den militärischen Waffenarsenalen »wachsenden« Fähigkeit des Menschen, in die Vielzahl der von ihm ausgerotteten Arten auch den homo sapiens mit einzubeziehen, wird die Frage laut, ob nicht das beste an der gewaltigen Fortschrittsmaschinerie der Sand in ihrem Getriebe sei. Das Besondere ist dabei nicht, daß diese Frage überhaupt gestellt wird; es gibt traditionelle Kulturpessimisten, die, mit dieser Fragestellung konfrontiert, nur aus Höflichkeit nicht zu gähnen anfangen. Das Besondere ist, daß diese Frage gerade auch von in einer sich fortschrittlich verstehenden Geisteshaltung Beheimateten gestellt wird und daß an diese Frage der Wille geknüpft wird, anstatt eines Zahnrades lieber ein Sandkorn im Getriebe zu sein; oder moderner ausgedrückt: anstatt eines systemgerecht funktionierenden Halbleiters lieber ein autonomer Wackelkontakt.

Bemerkenswert ist andererseits, daß die Utopien einer vom Menschen mit Hilfe von Wissenschaft, Technik und Wirtschaft total beherrschten Welt innerhalb weniger Jahre ihren »Zauber« verloren haben, und zwar auch bei denen, die man als die noch Praktizierenden des Glaubens an den Technik-Wirtschaft-Wissenschaft-Komplex bezeichnen könnte. Und während die besonders von Teilen der jüngeren Generation artikulierte eher technologie-feindliche Grundhaltung offensichtlich ehrlich ist, erinnert die Argumentation derjenigen, die unter dem Motto einer »geistigen Wende« den Glauben an einen durch technologisch-wirtschaftliches Wachstum zu erreichenden Fortschritt wiederbeleben wollen und sich selbst als Gefangene von Sachzwängen verstehen, fatal an die Notlügen von Militärs, die trotz aller Niederlagen den Glauben an den Endsieg verkünden.

Der Komplex aus Technik,. Wirtschaft und Wissenschaft schien eine Zeitlang der unangefochtene Erbe der Religion im traditionellen Sinne – wobei man versucht sein könnte, die geschichtlich gewachsene Trinität von Technik, Wirtschaft und Wissenschaft mit der christlich-dogmatischen Trinität von Vater, Sohn und Heiligem Geist zu vergleichen. Während von seiten des institutionalisierten Christentums das Wachstum der Wirtschaft nicht und das der Technik allenfalls unwesentlich behindert worden war, hatte der Wachstumsprozeß der Wissenschaft zu erheblichen Reibereien geführt. Wer Sieger in dem Kampf zwischen kirchlichem und wissenschaftlichem Establishment geworden war, hängte man dann mangels Interesse nicht mehr an die große Glocke; wer nun die geistig führende Kraft war, ließ sich aber unschwer etwa daran erkennen, bei wem sich die Politiker vor ihren Entscheidungen Rat holten, oder wie gerne religiöse Prediger bei ihrer Argumentation auch Zitate von Wissenschaftlern verwandten, und wie wenig andererseits Wissenschaftler ihre wissenschaftlichen Thesen mit Zitaten von Theologen oder Bibel-Worten zu untermauern suchten.

Von den Kirchen unerwartet und ohne daß kirchliche Aktivitäten dafür verantwortlich gemacht werden könnten, hat der neue, die Öffentlichkeit beherrschende Glaubensinhalt nun wieder an Boden verloren. Nicht nur das Ansehen von Wirtschaft und Technik ist deutlich angeschlagen, auch die Wissenschaft hat von ihrem Heiligenschein eingebüßt – ob zu Unrecht, etwa weil Nicht-Wissenschaftler zu wenig zwischen der Wissenschaft und mit ihrer Hilfe möglicher (Un-)Taten unterscheiden, oder ob zu Recht, etwa weil eine solche Unterscheidung unangemessen ist, oder ob vielleicht auch deswegen, weil man die Wissenschaft überforderte und von ihr als »Heiligem Geist« der neuen Trinität auch Antworten auf unwissenschaftliche, metaphysische Fragen erwartete, das ist für unsere Fragestellung zweitrangig. Wichtiger ist für uns die Frage nach den Konsequenzen dieser Entwicklung: Wird eine Aushöhlung des Glaubens an den Technik-Wirtschaft-Wissenschaft-Komplex über einen »Sinn-Verlust« ein Wiedererstarken der Religion im engeren Sinne zur Folge haben?

Dabei darf nicht übersehen werden, daß eine beachtenswerte religiöse Substanz den Siegeszug von Wissenschaft, Technik und Wirtschaft überlebt hat und sich auch weder durch einen geistigen Liberalismus wie hierzulande aushöhlen noch durch eine atheistische Staats-Ideologie wie den Marxismus (der strukturell übrigens wie eine Übertragung der christlichen Erlösungsreligion ins Diesseits wirkt) ausrotten läßt. Diese religiöse Substanz stellt zwar keinen Konsens dar und ist nicht gesellschaftstragend wie im Mittelalter, kann aber durchaus eine ernst zu nehmende Dynamik entfalten, wie bei uns jüngst die Pazifismus-Diskussion zeigte. Und die »islamische Revolution« in einigen Ländern führt uns vor Augen, wie schnell auch in unserem Jahrhundert Religion wieder zum bestimmenden Element des politischen Lebens werden kann.

Von der Frage, wie groß religiöse Einflüsse auf das öffentliche und private Leben sind, muß getrennt werden die Frage, welcher

Art diese Einflüsse sind. Wie sehr sich der Inhalt von religiösen Einflüssen ändern kann, läßt sich eindrucksvoll an der über Jahrhunderte sich vollziehenden Entwicklung des Christentums zu mehr »Menschlichkeit«[2] beobachten:

Christen sehen heute ihre Religion als Religion der Liebe nicht nur Gott, sondern gerade auch den Menschen gegenüber. Bei der »Mission« steht das Bemühen um bessere materielle Lebensbedingungen und körperliche Unversehrtheit der Armen oft im Vordergrund gegenüber der Verkündung des christlichen Glaubens. Viele Christen treten heute unter Berufung etwa auf die Bergpredigt für einen Pazifismus ein, während christliche Kreuzzugs-Vorstellungen (im historischen wie im auf die heutige Zeit übertragenen Sinne) besonders bei der jüngeren Christen-Generation auf empörte Ablehnung stoßen. Die strenge Reglementierung des Sexuallebens (etwa Verbot jeden vor- und außerehelichen Verkehrs, Verbot jeder homosexuellen Beziehung, Verteufelung sexueller Phantasien) ist Christen heute peinlicher als diese »Sünden« – man verschließt vor ersterem und nicht vor letzterem die Augen. Mit den biblischen Aussagen über die Verdammnis aller Ungläubigen weiß man nicht viel anzufangen, und Absolutheitsansprüche wie »Du sollst keine anderen Götter neben mir haben« werden allenfalls zitiert, wenn aus ethischen Motiven gegen »Götter« wie Reichtum oder Karriere Front gemacht wird. Die historisch für das Christentum charakteristische Verfolgung tatsächlich oder vermeintlich Andersgläubiger wegen ihres Glaubens wird als ausgesprochen unchristlich angesehen, und man bemüht sich um Toleranz nicht nur Andersgläubigen, sondern sogar auch deren Glauben gegenüber. Die alttestamentliche Aufforderung zum Mord an (angeblichen) Zauberinnen, Wahrsagern und Zeichendeutern (2. Mose 22; 3. Mose 20) wird nicht mehr beachtet, die christlichen Hexenverfolgungen liegen Jahrhunderte zurück, und für heutige Christen ist es unvorstellbar, derartige Verbrechen aus ihrem Glauben heraus zu begehen.[3]

Daß in der Zeit, in der das Christentum das öffentliche Leben in Europa prägte, nicht nur nach zum Teil sehr merkwürdigen Kriterien verhaftet und hingerichtet wurde, sondern auch betont grausame Methoden für die Verhöre (dem Stand der Technik entsprechende Foltermethoden) und für die Hinrichtungen (das Üblichste war die Verbrennung) bevorzugt wurden, sieht man als eine dem wahren Christentum wesensfremde Entgleisung an und nicht etwa als eine Verwirklichung biblischer Vorhersagen von Höllenqualen[4], und man hält heute für besonders christlich ein Handeln gemäß dem »wer von euch ohne Schuld, der werfe den ersten Stein« oder dem »... wie wir vergeben unsern Schuldigern«. Dabei handelt es sich um einen echten Sinneswandel und nicht um Lippenbekenntnisse von heute Machtlosen, wie sich belegen läßt nicht zuletzt durch Beobachtungen in den Ländern, die noch heute »einig und fest im Glauben« sind und in denen noch heute routinemäßig gefoltert wird: Dort ist nicht wie seinerzeit bei uns die Kirche die treibende Kraft des Terrors von oben, vielmehr liegt die Regie der Menschenrechtsverletzungen in den Händen von Militärs, und kirchliche Kreise bemühen sich zumindest um einen mäßigen Einfluß auf das Militär.

Diese »Humanisierung der Religion« läßt sich sicherlich noch weiter vorantreiben, und sie muß auch verteidigt werden gegen Bestrebungen, den Menschen (wieder) ganz den (vermeintlichen) Wünschen eines Gottes unterzuordnen. Die zentrale Frage dieses Buches soll aber eine andere sein: Es soll hier weniger um die richtige Verteilung des menschlichen Interesses auf den Menschen einerseits und einen über dem Menschen stehend gedachten Gott andererseits gerechtet werden, sondern über Möglichkeiten, das, was in unserer bildlichen Denkweise unter dem Menschen steht, in die menschliche Zuwendung mit einzubeziehen.

Über das »Herunter-Holen« der Ethik in dem Sinne, daß man sich mehr für den (Mit-)Menschen als für einen allmächtigen und weit über den Menschen stehenden Gott interessiert, ist schon viel nachgedacht worden. Wir wollen hier einen wesentlichen Schritt weitergehen, wir wollen gewissermaßen unseren Blickwinkel um 180 Grad von oben nach unten wenden und über ein »Hinunter-Geben« der Ethik nachdenken: Wir wollen uns für das und unseren Umgang mit dem interessieren, was in unserer hierarchischen Vorstellung auf tieferen Stufen als wir angesiedelt ist. Besonders wollen wir uns dabei für die Lebewesen interessieren, die der Gewalt des Menschen ähnlich ausgeliefert zu sein scheinen wie nach den Vorstellungen der theistischen Religionen die Menschen der Gewalt Gottes ausgeliefert sind.

Ob und wenn ja, wo dabei nach »unten« eine Grenze zu ziehen ist, ob die Natur überhaupt ein solches Interesse verdient oder ob es sich bei einer solchen »Umkehrung« von Religion um eine Perversion der sich immer nach »oben« richtenden Religion handelt, ob unsere hierarchische Vorstellung (oben Gott, unten die Natur, dazwischen der Mensch) überhaupt und wenn ja, in welchem Sinne angebracht ist – das soll dabei nicht vorweggenommen werden, vielmehr sind hierzu durchaus verschiedene Antworten der verschiedenen Autoren erwünscht.

Daß eine Ausdehnung der religiösen Zuwendung in »unter« dem Menschen stehende Bereiche keine wirklichkeitsfremde Gedankenspielerei ist, sondern daß hierzulande ein erhebliches Bedürfnis nach einer stärkeren Einbeziehung der Natur in eine Art religiöse Ehrfurcht besteht, zeigt neben dem wachsenden Interesse christlicher Kreise für den rechten Umgang mit der Schöpfung eindrucksvoll auch das Echo auf die »Rede des Häuptlings Seattle« mit Sätzen wie »Die Erde gehört nicht dem Menschen – der Mensch gehört der Erde« oder »Was immer den Tieren geschieht, geschieht bald auch den Menschen« – ein Schriftstück übrigens, das auch hinsichtlich seiner mangelnden Authentizität sich wie eine »echte« Heilige Schrift ausnimmt.[5] Viele religiös Engagierte innerhalb und außerhalb der etablierten Kirchen, aber auch vom Liberalismus oder Marxismus geprägte und Religion vordergründig ablehnende Kreise scheinen nach einer »Natur-Religion« im eigentlichen Wortsinne zu suchen – oder zumindest nach jenem religionsähnlichen Ergriffensein, für das Magnus Schwantje Anfang diesen Jahrhunderts die Worte »Ehrfurcht vor dem Leben« prägte.

Daß einerseits für die nächsten Jahre und Jahrzehnte eher eine Zunahme des religiösen Einflusses auf unser Leben als eine Abnahme zu erwarten ist und andererseits der Inhalt der Religion insbesondere hinsichtlich seiner Handlungsanweisungen offenbar sehr wandelbar ist, sollte für jeden, der an der Gestaltung unserer Zukunft mitarbeiten möchte, Grund sein, sich mit verschiedenen religiösen Richtungen zu befassen.

Ob es *den* Weg, *die* Wahrheit und *das* Licht gibt, sei dahingestellt – dieses Buch allerdings will Vielfalt und nicht Reinheit bieten. Es soll suchenden Menschen Wege aufzeigen – wobei wir hinsichtlich der Kriterien, was ein Weg sei, großzügig sein wollen: Es darf ruhig der Feldweg mit Schlaglöchern neben der kurvenreichen Landstraße und der sechsspurigen Autobahn aufgezeigt werden, und der Trampelpfad im Urwald der wachsenden

Ideen neben dem von großen Organisationen gepflegten und ausgeschilderten Wanderweg.

Anmerkungen

1 Als Paradebeispiel für das Problem der richtigen Anwendung wissenschaftlicher Erkenntnis galt damals die Entdeckung der Kernspaltung, wobei es allein in der Hand des Menschen liege, ob er diese wissenschaftliche Erkenntnis zum Fluch der Menschheit in Form der Atombombe oder zum Segen der Menschheit in Form von Atomkraftwerken anwende.

2 Es beliebt dem Menschen, bestimmte, von ihm positiv bewertete Eigenschaften des Menschen durch Worte wie »menschlich«, »human« oder »humanitär« nach seiner eigenen Art zu benennen, andere, von ihm negativ bewertete Eigenschaften des Menschen dagegen durch Worte wie »unmenschlich«, »inhuman«, »tierisch«, »viehisch« oder »bestialisch« auf andere Arten zu übertragen. Durch solche Begriffsbildungen spielt sich auf der Ebene der biologischen Arten dieselbe gutgemeinte Glorifizierung der eigenen Gruppe ab, die wir auf religiöser Ebene an Begriffsbildungen wie »christlich« und »unchristlich« oder »gottesfürchtig« und »gottlos« beobachten können.

3 Bemerkenswert ist die diesbezügliche »Vergangenheitsbewältigung« durch Christen: Anstatt von der Hexenverfolgung spricht man lieber vom Hexenglauben, den man – nicht ganz zu Unrecht – als eine vorübergehende Ausbreitung nicht-christlichen (»abergläubischen«, »heidnischen«) Gedankengutes auffaßt: Schließlich leitet der Hexenbegriff sich ja von der zauberkundigen Frau als heidnischem Priester-Äquivalent ab. So erscheint dann weniger der christliche Fanatismus als vielmehr eine mangelnde Monopolstellung des christlichen Glaubens für diese Exzesse verantwortlich.

4 Die Kriterien der Verhängung von Höllenqualen durch Gott, soweit sie der Bibel zu entnehmen sind, und die Kriterien der Heiligen Inquisition zur Verhängung von Folter und Tod durch Scheiterhaufen mögen durchaus eine gewisse Verwandtschaft aufweisen – was aber nichts daran ändert, daß sie bei Zugrundelegung heute weitestgehend anerkannter Werte wie Religions- und Meinungsfreiheit nur sehr schwer zu verstehen sind.

5 Zur Frage der Authentizität der Seattle-Rede vgl. Anna Pytlik und Rolf Gehlen: Mit der Wahrheit auf Kriegsfuß. *NATUR* 7/84, München oder Herbert Gruhl: *Glücklich werden die sein.* Erb, Düsseldorf 1984, S. 85ff. und S. 304.

Kümmert Gott sich etwa um die Ochsen?
Paulus (I. Korinther 9)

Holger Schleip

Fragen eines Ungläubigen

Ich möchte verschiedene religiöse Richtungen betrachten unter dem Gesichtspunkt, inwiefern diese religiösen Vorstellungen dem Menschen einen Weg zu einer die Grenzen seiner Art überschreitenden Ethik weisen können – zu einer Ethik, die sich um Rücksicht auch auf die von der Evolution mit weniger Verstand und weniger Macht ausgestatteten Arten ernsthaft bemüht, zu einer Ethik, die der Natur einen Eigenwert zubilligt und deren Sinn nicht ausschließlich darin sieht, einem »höheren« Wesen (sei es Mensch, sei es Gott) dienstbar zu sein. Dabei handelt es sich, das sei ausdrücklich betont, um die »naiven«, von theologischer Wissenschaft ungetrübten Gedanken eines Ungläubigen; notwendige Korrekturen erfolgen in späteren Kapiteln durch andere Autoren.

Das Christentum

Der alttestamentliche Herrschaftsauftrag »Macht euch die Erde untertan!« (1. Mose 1,28) wird seit einigen Jahren heftig diskutiert. Sicher: es ist immer problematisch, Aussagen aus ferner Vergangenheit, mit einem ganz anderen kulturellen Hintergrund, aus heutiger Sicht »kritisch« zu bewerten; und so mag man einwenden, unsere heutige »demokratische« Denkweise sei gegenüber dem Begriff des »Sich-untertan-Machens« vorurteilsbeladen; »sich untertan machen« (oder »in Besitz nehmen« laut anderen Übersetzungen) bedeute hier nicht eine rücksichtslose Ausbeutung, sondern schließe eine Fürsorge ein, und hierzu würde ja auch der Auftrag in 1. Mose 2,15 passen, der Mensch solle den Garten Eden »bebauen und behüten« (oder »pflegen und bewahren«). Allerdings: sind derartige gutgemeinte Deutungen des vorsintflutlichen Herrschaftsauftrages hilfreich angesichts des eindeutigen nachsintflutlichen »Furcht vor euch und Schrecken sei bei allen Erdentieren, bei allen Himmelsvögeln, bei allem, was auf dem Erdboden kriecht, und bei allen Fischen des Meeres; in eure Hand sind sie gegeben.« (1. Mose 9,2)?

Muß man vielleicht unterscheiden zwischen solchen Mißhandlungen der Natur, die deren Existenz bedrohen, und solchen, die von der Natur verkraftet werden? Wenn der Mensch von Gott als dessen Statthalter auf Erden eingesetzt wurde, dann ist es naheliegend, die Zerstörung der Schöpfung als Sünde wider Gott aufzufassen – gewissermaßen als Eigentumsdelikt am Besitzstand Gottes. Aber wie steht es um die Mißhandlung einzelner Geschöpfe, wenn dadurch keine Art ausgerottet und kein ökologisches Gleichgewicht gekippt wird? Daß der Mensch die Schöpfung als »Gottes Ebenbild«, nach dem Vorbild Gottes also, verwalten solle, läßt sich gut als Argument für ökologisch richtiges Verhalten deuten – es bietet sich aber auch an als Argument zur Rechtfertigung vieler beliebter Scheußlichkeiten: Denn wer die Natur mit offenen Augen betrachtet, muß zugeben, daß der Mensch zwar auch hinsichtlich der sogenannten Unmenschlichkeit den »Gipfel der Schöpfung« darstellen mag, daß der Mensch jedoch die Grausamkeit nicht erfunden hat, sondern Gott die Grausamkeit offenbar schon vor dem Menschen in die Welt gesetzt oder zumindest dort geduldet hat. Wäre die Forderung nach einer Verwaltung der Schöpfung gemäß der menschlichen Gottes-Ebenbildlichkeit also eine christliche Version eines Naturalismus etwa im Sinne des »Sozialdarwinismus«, einer zur Tugend erhobenen Rücksichtslosigkeit gegenüber allen anderen Lebewesen?

Eine sehr interessante, zu vielen anderen Bibelstellen kontrastierende Gleichsetzung von Tier und Mensch findet sich im vorchristlichen Buch Kohelet (Prediger Salomo): »Menschen und Tiere haben das gleiche Schicksal, und beide müssen sterben. Nichts hat der Mensch dem Tier voraus, denn alles ist sinnlos. Alles muß an den gleichen Ort. Aus dem Staub der Erde ist alles entstanden, und zum Staub der Erde kehrt alles zurück. Wer weiß denn schon, ob der Lebensgeist des Menschen wirklich in die Höhe steigt und nur der Lebensgeist des Tieres in die Erde versinkt?« (Prediger 3,19–21).

Läßt sich hierauf eine auch Tiere miteinbeziehende Ethik aufbauen? Freilich: Aus dem Buch Kohelet scheint nicht Caritas, sondern ein tiefer Pessimismus zu sprechen, besonders deutlich etwa in »Wie gut haben es die Toten! Ihnen geht es besser als den Lebenden. Noch besser sind die dran, die gar nicht geboren wurden und die Ungerechtigkeit auf der Erde nicht sehen mußten.« (Prediger 4,2-3). Aber ein Mangel an ethischem Impuls kann durchaus mit einer guten Beobachtungsgabe für Realitäten einhergehen – und könnte nicht vielleicht die im Buch Kohelet ausgedrückte Beobachtung der Verwandtschaft von Mensch und Tier hilfreich sein bei einem Versuch, etwa die »christliche Nächstenliebe« auch über die Artgrenzen hinweg auszudehnen?

Jesaja prophezeit einen König, der selbst den Weg der Gewalt geht (»sein Wort wird die Gewalttätigen vernichten und sein Urteilsspruch die Schuldigen töten«), dessen Reich jedoch eine auch die Tiere miteinbeziehende Idylle der Gewaltlosigkeit darstellt: »Der Wolf und das Lamm werden dann beisammen wohnen«, »Der Löwe wird Stroh fressen wie der Ochse«, »Niemand wird Böses tun und Unheil anrichten auf dem ganzen heiligen Berg Gottes« (Jesaja 11). Man mag sich schwertun, die Einzelheiten dieser Utopie für besonders weise zu halten – aber vielleicht könnte diese Bibelstelle gerade angesichts ihrer Realitätsferne uns ermutigen, auch nichtmenschliche Lebewesen in unsere ethischen Utopien einzubeziehen?

Die gemeinhin als bedeutungsvollste Handlungsanweisung des Alten Testaments angesehenen Zehn Gebote allerdings scheinen kaum Platz für eine derartige, auch nicht-menschliches Leben umfassende Ethik zu lassen – eher erwecken sie den Eindruck, Gott Jahwe sei sich selbst der Nächste, in zweiter Linie bemühe er sich um sein auserwähltes Volk, und der Rest seiner Schöpfung interessiere ihn allenfalls am Rande. Die unbelebte (?) Schöpfung und die Pflanzenwelt werden in diesem Verhaltens-Kodex überhaupt nicht erwähnt, Tiere nur zweimal – das eine Mal geht es um die Wahrung des menschlichen Besitzstandes, das andere Mal um die Sabbat-Ruhe. Was ist das für ein Gott, den die doch auch schon damals erfolgte Mißhandlung von Lebewesen, den das Leiden seiner Geschöpfe viel weniger kümmert als die Sorge, seine »Ebenbilder« könnten sich ein Bild von ihm machen oder neben ihm auch noch andere Götter anbeten?

Aber vielleicht sind die Aussagen des Alten Testamentes gar

nicht so entscheidend, weil für das Handeln eines Christen das Neue Testament maßgeblicher ist? Und weil Jesus die Verkörperung der Liebe des inzwischen gewandelten Gottes darstellt?

Leider ist im Neuen Testament nur selten von der Natur, von Pflanzen und Tieren die Rede – und wenn, dann meist nur in ihrer Rolle für den Menschen, etwa als Nahrungsmittel, ohne daß das Schicksal nicht-menschlicher Lebewesen zu interessieren scheint. Eine Begebenheit allerdings, in der das Leben eines Baumes im Mittelpunkt des Interesses steht, wird in den Evangelien berichtet (Matthäus 21, Markus 11): Jesus kam hungrig an einen Feigenbaum, der jedoch keine Feigen trug – weil es nicht die rechte Jahreszeit für Feigen war, wie Markus erklärt. Daraufhin verfluchte Jesus den Feigenbaum, so daß dieser verdorrte und nie wieder eine Feige an ihm wuchs. Eine für uns heute belanglose Schilderung? Oder ein »meisterhafter« Vorgriff auf unser heutiges Verhalten, mit dem wir aus nicht naturgemäßen materiellen Ansprüchen heraus pflanzliches Leben um uns herum zerstören? Zeigt sich hier derselbe Geist, aus dem heraus heute Wälder unserem Wohlstand geopfert werden? Die der Baum-Verfluchung folgenden Bibel-Verse erwecken den Eindruck, Jesus habe so gehandelt, um exemplarisch seine Macht über die Schöpfung kundzutun; ist Naturzerstörung zwecks Macht-Demonstration jedoch weiser als Naturzerstörung aus materiellen Motiven? Wenn dieser Bericht Auskunft gibt über die Haltung des Sohnes gegenüber der Schöpfung des Vaters – können wir Menschen uns dann an dieser Haltung orientieren?

Es gibt im Neuen Testament zahlreiche Schilderungen, wie Jesus durch Wunder Menschen von Leiden befreit. Nach unserer heutigen Überzeugung sind nicht nur Menschen, sondern auch Tiere leidensfähig[1], und auch die Bibel geht offenbar hiervon aus (vgl. zum Beispiel den oben zitierten Vers 1. Mose 9,2). Gibt es Hinweise, daß Jesus sich auch der Leiden von Tieren annahm?

In den Evangelien finden sich Berichte nur über eine Heilung, in der Tiere eine wesentliche Rolle spielen (Matthäus 8, Markus 5, Lukas 8). Es handelt sich dabei um eine Herde offenbar gesunder Schweine, die zufällig in der Nähe weideten, als Jesus sich zur Heilung eines besessenen Menschen entschloß. Auf Bitten der »bösen Geister« trieb er diese nicht einfach aus dem Menschen aus, sondern er ließ sie in die Schweine fahren, die sich daraufhin ins Meer stürzten und ertranken – zweitausend Schweine, wie Markus sachlich erläutert. Ein Akt christlicher Nächstenliebe gegenüber den bösen Geistern, deren Wünsche Jesus mehr interessierten als das Leben der Schweine? Oder eine zeitentsprechende Parallele zu Tierversuchen der heutigen Medizin? Was die Apostel über die Verbreitung dieses eindrucksvollen Schauspieles durch die Hirten berichten, legt den Gedanken nahe, es habe sich hierbei um einen Tierversuch zu Demonstrationszwecken gehandelt.

In einer sehr bemerkenswerten Passage werden im Rahmen einer Heilung Tiere gleichnishaft für Menschen erwähnt (Matthäus 15, Markus 7). Eine Nicht-Jüdin (eine Griechin aus Syrophönizien lt. Markus) bittet Jesus, ihre von einem bösen Geist befallene Tochter zu heilen. Jesus lehnt zunächst ab, denn er sei »nur gesandt zu den verlorenen Schafen des Hauses Israel«, und es sei »nicht fein, daß man den Kindern ihr Brot nehme und werfe es vor die Hunde«. Mit »Schafen« bzw. »Kindern« sind dabei offensichtlich Juden gemeint, mit »Hunden« die Nicht-Juden. Das Flehen der unglücklichen Mutter mit dem Argument »doch essen die Hunde von den Brosamen, die von ihrer Herren Tisch fallen« jedoch stimmt Jesus um, er lobt ihren Glauben (»Oh Weib, dein Glaube ist groß«) und heilt ihr Kind.

Hier überwindet Jesus seinen Nationalismus und übt Mit-Menschlichkeit. Könnte der Vergleich zwischen Menschen und Tieren dazu ermutigen, die Mit-Menschlichkeit, die man ja auch als Erweiterung des Nationalismus und des Rassismus auffassen und als »Artgenossen-Ideologie« oder als »Speziesismus« (R. Ryder) bezeichnen kann, in analoger Weise zu überwinden, und »Mit-Geschöpflichkeit« (F. Blanke) zu üben?

In diese Richtung deutet, daß Jesus nach seiner Auferstehung seine Aufforderung, den Glauben an ihn unter allen Menschen zu verbreiten, offenbar erweiterte: »Gehet hin in alle Welt und predigt das Evangelium aller Kreatur« (Markus 16,15) – ein Missionsbegriff also entsprechend dem, was über Franziskus berichtet wird. Wichtig sind in diesem Zusammenhang aber auch die dieser Aufforderung unmittelbar folgenden Worte Jesu, die erklären, warum das Predigen des Glaubens so wichtig ist: »Wer da glaubet und getauft wird, der wird selig werden; wer aber nicht glaubet, der wird verdammt werden.« Da nichtmenschliche Lebewesen zu einem Glauben im christlichen Sinne aber wohl kaum fähig sind und deswegen auch wohlweislich nicht getauft werden, bleibt ihnen wohl nur der Weg in die Verdammnis. Gottes Wille? Oder ein genialer Vorgriff auf die vom Menschen beherrschte Welt von heute? – Oder ist »aller Kreatur« hier im Sinne von »allen Menschen« zu interpretieren, da im Kontext der Evangelien die Differenz (nämlich alle Kreaturen, die keine Menschen sind) als bedeutungslos gelten kann?

Aber vielleicht ist es unzulässig verkürzt, Christentum auf das reduzieren zu wollen, was die Evangelien über Christus berichten, und vielleicht helfen uns die Gedanken von Menschen weiter, die sich in der Nachfolge Jesu sahen und von heutigen Christen als Autoritäten anerkannt werden?

So etwa Paulus, wenn er vom »ängstlichen Harren der Kreatur« spricht und davon, daß »auch die Kreatur frei werden wird von der Knechtschaft des vergänglichen Wesens zu der herrlichen Freiheit der Kinder Gottes« (Römer 8,18 u. 21)? Oder auch der »alternative« Mönch Franz von Assisi? Allerdings ist umstritten, inwieweit es dem von zahlreichen (Tierschutz-)Legenden umrankten Franziskus tatsächlich um das Wohlbefinden von Lebewesen ging, neben seinem wohl eigentlichen Anliegen, der Ausdehnung christlicher Mission in das Tierreich hinein – zur höheren Ehre Gottes.[2] Und eine Beschäftigung mit den oben angesprochenen, sich wohl auf Tiere beziehenden Ausführungen von Paulus werfen neue Fragen auf: Handelt es sich dabei wirklich um ein einfühlsames Eingehen auf die Probleme von Tieren? Und wenn Tiere ebenso wie Menschen eine erlösungsfähige Seele im christlichen Sinne haben – warum finden sich dann in der Bibel und im Christentum nicht mehr Bemühungen um so viele Seelen? Oder hat Paulus das vielleicht doch nicht so gemeint, und sich vielleicht nur mal was Neues einfallen lassen, um die Großartigkeit der Frohen Botschaft zu untermalen?

Vielleicht wäre ein Anknüpfen an Positionen christlicher Außenseiter fruchtbarer? Denken wir etwa an die Katharer, von denen sich das Wort Ketzer ableitet, und die das »du sollst nicht töten!« anders interpretierten als die herrschende Kirche. Bereits anno 1052 zu Goslar, so wird berichtet, lehnten Katharer es noch in Erwartung ihrer Hinrichtung ab, ein Huhn zu töten, und besonders im 13. Jahrhundert soll für die Inquisition die Weigerung, Fleisch zu essen oder ein Tier zu töten, ein verbreitetes Mittel gewesen sein, Verdächtigen den katharischen Irrglauben nachzuweisen.[3]

Vielleicht sollte man sich nicht so sehr am Blick zurück orientieren, sondern auch Offenbarungsreligionen wie das Christentum mehr als dynamischen Prozeß, oder gar Gott selbst als »kreativen Prozeß« (J. Cobb) auffassen? Schließlich hat es die katholische Kirche ja auch geschafft, durch Einführung einer Heerschar von Heiligen mit der fast an eine heidnische »Mutter Natur« oder »Mutter Erde« erinnernden »Mutter Gottes« an der Spitze in etwa einen Geschlechterproporz der Anzubetenden herzustellen – im Gegensatz zu dem sehr maskulinen biblischen Christentum. Und anders als Christus (Matthäus 15, Markus 7) zieren engagierte Christen sich heute nicht mehr, auch Ausländern zu helfen. Und es gibt heute in der ökologischen Bewegung und in der Tierschutzbewegung viele Menschen, die ihre Position als christlich auffassen. Vielleicht schreitet die im Christentum zu beobachtende Erweiterung des Verantwortungshorizontes noch weiter fort?

Sicherlich: Die sonntägliche Autofahrt zur Kirche beinhaltet noch keinen Beitrag zur Rettung der sterbenden Wälder, und wenn die Schlachtung einer Weihnachtsgans für diese auch eine Art von Erlösung sein mag, so ist darin noch kein Engagement der feiernden Christenheit für die leidende Kreatur zu erkennen. Es gibt aber auch eine christliche Askese, die zwar jahrhundertelang ganz überwiegend sehr weltabgewandt war, die nun aber zunehmend auch von diesseits-orientierter Verantwortung geprägt ist – denken wir nur an die vegetarischen Massenspeisungen anläßlich der letzten evangelischen Kirchentage. Und anders als gegenüber manch anderen Bewegungen der letzten Generationen fungieren die christlichen Kirchen heute gegenüber der ökologischen Bewegung nicht als Bremsklotz, sondern signalisieren sehr deutlich Sympathien – obwohl sie allen Grund hätten, vor einer im Rahmen der Ökologie-Bewegung auftretenden Renaissance heidnischen Gedankengutes zu warnen.

Die Fällung der Donar-Eiche(n) durch den (auch deswegen?) heilig gesprochenen »Apostel der Deutschen« Bonifatius ist nicht zu Unrecht zum Symbol für die Christianisierung unserer Vorfahren geworden. Aber heute bringt ein Theologe es fertig, in dem Vorwort eines Buches über die Ursprünge des Neuen Testamentes der Bäume zu gedenken, die um des Buches willen gefällt werden, und seine Hoffnung auszudrücken, sein Buch möge auch dieser Bäume nicht allzu unwürdig sein.[4] Das Christentum zeichnet sich etwa gegenüber den »heidnischen« Religionen durch eine klare Trennung der drei Bereiche Gott, Mensch und Natur aus – aber heute kann man von christlichen Autoren lesen, es bestehe »eine Kontinuität zwischen dem Menschen und der übrigen Natur«[5], oder es wird für ein Verständnis der »christlichen Liebe« in dem Sinne geworben, daß diese Liebe »über den Menschen hinaus auf andere Lebewesen ausgeweitet wird«.[6] Darf man da nicht doch berechtigte Hoffnungen hegen, das Christentum sei zur Entwicklung einer Ethik der Verantwortung (es muß ja nicht immer gleich Liebe sein!) gegenüber der Natur fähig?

Vergessen wir nicht: Insoweit es um Menschen geht, besitzt das Christentum eine fundierte Tradition der Zuwendung gerade den Schwachen, Miß- und Verachteten, in ihrer Existenz Bedrohten – eben »den geringsten meiner Brüder« gegenüber. Auch wenn für die Begründung dieser nach unten gerichteten Fürsorge regelmäßig das Oben in Form der Autorität Gottes oder das Ego in Form des eigenen Seelenheils herhalten muß – läßt sich darin nicht doch der Ansatz einer nach unten gerichteten Ethik erkennen? Führt von der sich christlich verstehenden Fürsorge für Sklaven, Aussätzige, Geisteskranke und Ungeborene ein Weg zu einem Engagement auch für Laborratten, Mastschweine und in Netzen erstickende Fische? Und weiter zu einem Engagement auch für die Erhaltung von Arten und intakten Lebensräumen? Versperrt oder eröffnet eine Annahme der Lehre Jesu einen solchen Weg?

Der Islam

Nimmt man ein Anhalten der derzeitigen Bevölkerungsentwicklung in Deutschland an, dann sind die Jahre der Monopol-Stellung der christlichen Religion(en) bei uns bald gezählt. Bereits heute lebt in Westdeutschland eine zahlenmäßig starke islamische Minderheit; der öffentliche Einfluß des Islam in Deutschland ist derzeit noch gering – es wäre aber verwunderlich, wenn dies noch lange so bliebe. Vielmehr ist damit zu rechnen, daß in wenigen Jahrzehnten der Islam in Deutschland eine Position innehat, die mit der der christlichen Kirchen vergleichbar ist – mit entsprechenden Auswirkungen auf das kulturelle und politische

Leben. Dabei ist zu beachten, daß das Christentum im Laufe der letzten Generationen vergleichsweise zurückhaltend geworden ist mit Versuchen, das öffentliche Leben nach der Bibel oder nach kirchlichen Dogmen auszurichten, während der Islam mit einem uns »mittelalterlich« anmutenden neuen Schwung sich um eine rigorose Anwendung insbesondere des Koran auch im öffentlichen Leben bemüht. Welche Auswirkungen mag ein Erstarken des Islam haben auf den sich derzeit bei uns abzeichnenden Öffnungsprozeß »abendländischen« Denkens für die Natur?

Welches Verhältnis zur Natur offenbart der Koran? Bei einem Durchblättern der Heiligen Schrift des Islam fallen zahlreiche Suren-Überschriften auf, die an eine wesentliche Bedeutung der Natur für den Inhalt des Koran denken lassen: »Die Kuh«, »Das Vieh«, »Die Bienen«, »Die Ameisen«, »Die Spinne«, »Der Berg«, »Der Stern«, »Der Mond«, »Die Sonne«, »Die Nacht«, »Der lichte Tag«, »Die Feige«.[7] Eine Lektüre der betreffenden Suren läßt allerdings die Frage unbeantwortet, was wohl der tiefere Sinn für die (wohl nicht von Mohammed getroffene) Wahl der Suren-Überschrift sein mochte – eine wesentliche Bedeutung des als Überschrift verwandten Begriffes für den Inhalt der Sure ist zumindest mit ungläubigen Augen nicht zu erkennen.

Der Koran gibt dem Menschen zahlreiche, zum Teil sehr detaillierte Handlungsanweisungen. Auch Handlungsanweisungen gegenüber der Natur sind zu finden – es ist aber schwer, darin eine besondere Wertschätzung der Natur zu erkennen. Eher gewinnt man, ähnlich wie bei den Aussagen der Bibel, den Eindruck, Sinn der Natur sei es ausschließlich, dem Menschen (oder auch Gott) dienstbar zu sein. So scheinen die mehrere Dutzend Male genannten »Gärten, durcheilt von Bächen«, in denen den gläubigen Muslim neben »keuschblickenden Mädchen, die weder Mensch noch Dschinn zuvor berührte« (Sure 55:56) auch verschiedene Früchte und Getränke erwarten, nur insofern wichtig, als sie den Menschen gegebenenfalls für seinen Gehorsam gegenüber Allah belohnen. Und eine Passage zu Beginn der 16. Sure ist sehr deutlich: »Und die Tiere, er erschuf sie für euch; sie liefern euch warme Kleidung und bringen euch Nutzen; und ihr esset von ihnen; und eine Zierde sind sie euch, wenn ihr sie abends eintreibt und morgens austreibt; und sie tragen eure Lasten zu Ländern, die ihr nicht hättet erreichen können ohne

Mühsal der Seelen. Siehe, euer Herr ist wahrlich gütig und barmherzig.« (Sure 16:5–7) Wer diesen Text für auf die heutige Zeit übertragbar hält und dabei etwa an die Leiden eines in einem Treteisen gefangenen Pelztieres denkt oder an das »Leben« eines neuzeitlich gehaltenen Masttieres, das in seiner »artgemäßen« Unterbringung etwa soviel Bewegungsfreiheit hat wie ein Mensch in einem Sarg, der kann kaum umhin, den letzten Satz dieser Passage als blanken Hohn zu empfinden.

Kann jemand, der sich um eine stärkere Tabuisierung des Tötens bemüht, etwas anfangen mit Anweisungen wie »Ein Gläubiger darf keinen Gläubigen töten, es sei denn aus Versehen« (Sure 4:94) oder »Tötet kein Leben, das Allah verwehrt hat, es sei denn mit gerechtem Grund« (Sure 6:152)? Und kann jemandem, der sich bei seiner Ernährung um Rücksicht auch auf die in der Evolution hinter uns zurückgebliebenen Arten bemühen möchte, weitergeholfen werden mit Aussagen wie »Ich finde nichts an dem, was mir offenbart ward, dem Essenden verboten zu essen, als Krepiertes oder vergossenes Blut oder Schweinefleisch – denn dies ist ein Greuel – oder Unheiliges, über dem ein anderer als Allah angerufen ward.« (Sure 6:146)? Und was soll jemand, der sich um sinnvolles Handeln in einer ihre eigenen Lebensgrundlagen vernichtenden Überflußgesellschaft bemüht, von offensichtlich wörtlich gemeinten Empfehlungen halten wie »Wahrlich, wir haben dir Überfluß gegeben, drum bete zu deinem Herrn und schlachte Opfer« (Sure 108:1–2)?

Leichter hat man es da etwa mit Sure 40:59: »Wahrlich, die Schöpfung der Himmel und der Erde ist größer als die Schöpfung der Menschen, jedoch wissen es die meisten nicht.« Kann dies als Aufforderung an den sich als »Krone der Schöpfung« fühlenden Menschen betrachtet werden, seine Überheblichkeit gegenüber den anderen Geschöpfen zu überwinden? Und eine weitere, für unsere Fragestellung bemerkenswerte Koran-Stelle sei erwähnt: »Ist nicht sein die Schöpfung und der Befehl? Gesegnet sei Allah, der Herr der Welten! Rufet euern Herrn in Demut und im Verborgenen an; siehe, er liebt nicht die Übertreter. Und stiftet nicht Verderben auf Erden an, nachdem sie in Ordnung gebracht ward...« (Sure 7:52–54). Läßt sich dieser Text auf die heutige Ökologie-Problematik anwenden in dem Sinne, daß hier vor einer selbstherrlichen Zerstörung der irdischen Schöpfung durch die Menschen gewarnt wird?[8]

In den von den meisten Muslims als zwar nicht dem Buchstaben nach, wohl aber dem Sinn nach authentisch angesehenen Hadiths finden sich Passagen, die mit einer in der Heiligen Schrift der Christen nicht zu findenden Eindeutigkeit auffordern, auch Tieren Gutes zu tun. Eine besonders eindrucksvolle derartige Überlieferung lautet: »Allahs Gesandter hat gesagt: ›Ein Mann ging seines Weges, und der Durst überkam ihn. Er kam zu einem Brunnen, stieg hinab und trank. Dann kam er wieder heraus und traf einen Hund, der lechzte und vor Durst Erde fraß. Der Mann sagte zu sich selbst: ‚Dieser Hund leidet an Durst, gerade wie ich daran gelitten habe.' Dann stieg er erneut in den Brunnen, füllte seinen Lederstrumpf mit Wasser, stieg heraus und hielt ihn dabei mit den Zähnen und tränkte den Hund. Allah dankte ihm dafür und vergab ihm seine Missetaten.‹ Die Leute sagten: ›Allahs Gesandter, wird uns auch für das Glück, das wir Tieren tun, ein Lohn zuteil?‹ Er antwortete: ›Ja, es gibt einen Lohn für jede gute Tat an einem jeden Lebewesen.‹« (Buchari)[9]

Welchen Stellenwert haben derartige Aussagen im Gesamtzusammenhang der islamischen Lehre? Läßt sich auf solche Textstellen eine der Natur und den Mit-Lebewesen zugewandte Ethik gründen?

Eine erste Lektüre des Koran ruft oft, gelinde gesagt, gemischte Gefühle hervor – allerdings mag man bezweifeln, ob sich der Islam durch ein Lesen von Koran- oder auch Hadith-Übersetzungen mit ungläubigen Augen verstehen läßt. Vielleicht ist es deswegen besonders wichtig, auch den gelebten Islam zu betrachten. Schließlich kann jeder, der in Deutschland lebende Muslims näher kennt, bestätigen, daß diese keine Anstalten zeigen, einen Heiligen Krieg (»sie sollen kämpfen in Allahs Weg und töten und getötet werden«, Sure 9:112) gegen die Ungläubigen zu führen – auch dann nicht, wenn sie Grund haben, die Aussagen Mohammeds über eine feindliche Gesinnung der Ungläubigen gegenüber den Gläubigen bestätigt zu sehen. Und es gibt Gesichtspunkte, unter denen der Islam im Vergleich zum Christentum als ausgesprochen »liberal« eingestuft werden könnte – trotz allem für den Koran typischen Säbelrasseln. So ist eine der christlichen Kindertaufe entsprechende Vereinnahmung bereits von Säuglingen im Islam nicht üblich, und ein Blick in die Geschichte läßt den Eindruck entstehen, daß islamische Eroberer gegenüber ihren neuen Untertanen mehr religiöse Duldsamkeit walten ließen als christliche Eroberer.[10]

Zugegeben: Die an sich erfreulichen Bemühungen von seiten arabischer Länder um eine Drosselung der Erdölförderung sind wohl nicht durch ökologische Überlegungen motiviert, und der bei uns wieder aufflackernde Streit um das Schächten scheint nicht geeignet, dem Islam eine Vorreiter-Rolle in Sachen Tierschutz zuzusprechen. Aber auch gegen christlich-abendländische Politik und Tradition läßt sich polemisieren, und gerade angesichts der hierzulande anzutreffenden Voreingenommenheit gegen den Islam lohnt sich die Frage, inwieweit es Bemühungen gibt, aus islamischem Glauben heraus mehr Verantwortung gegenüber der Natur zu entwickeln, und in welcher Weise bei derartigen Bemühungen argumentiert wird. Hat vielleicht Ahmad von Denffer recht, wenn er über den Koran schreibt: »Er führt den Menschen von der Betrachtung der Umwelt zur Hingabe in den Willen des Schöpfers, und es wird hierbei ersichtlich, daß der Widerstand des Menschen gegen den Willen des Schöpfers die letztliche und hauptsächliche Ursache all jener Probleme ist, die man heute unter dem Begriff ›Umweltproblematik‹ zusammenfaßt.«?[11]

Die indischen Religionen

Während die aus dem Nahen Osten stammenden Religionen (Judentum, Christentum, Islam) in ihren Aussagen ganz überwiegend den großen Unterschied zwischen Mensch und übriger Schöpfung betonen (aus der Sicht der christlichen Kirchen gab es gute Gründe, sich gegen die naturwissenschaftliche Evolutionstheorie zu wehren!), werden in den aus Indien stammenden Religionen die Unterschiede innerhalb der Schöpfung gerade durch Religion verwischt.

Die von uns »Seelenwanderung« genannte Vorstellung einer Wiederverkörperung der Seele nach dem Tode des Körpers stellt den uns gewohnten Begriff der Individualität in Frage. Die Vorstellung, »dieselbe« Seele könne sich mal in einem Hund, mal in einer Kuh und mal in einem Menschen verkörpern, stellt die uns selbstverständliche »Artgenossen-Ideologie«, den »Speziesismus« (R. Ryder) in Frage, das heißt die grundsätzliche Verschiedenbehandlung von Angehörigen verschiedener Arten bei krasser Bevorzugung der eigenen Spezies.[12] Und in besonders radikaler Weise rüttelt die buddhistische Lehre an den Grundlagen unseres Egoismus: Ein (menschliches) Individuum, insbesondere eine individuelle Seele, gebe es eigentlich gar nicht.[13] Während im Vordergrund unseres Menschenbildes das Bewußtsein von der Einzigartigkeit der eigenen Persönlichkeit steht, betonen fernöstliche Religionen das Bewußtsein von den die eigene Person miterfassenden Zusammenhängen. Kein Wunder also, daß über die Stellung des Menschen in der Natur und über den rechten Umgang mit der Natur in diesen Religionen andere Töne zu finden sind.[14]

Eine zentrale Rolle spielt in den indischen Religionen der Begriff der »ahimsa«, was man etwa mit dem hierzulande gängigen Begriff der »Gewaltfreiheit« übersetzen könnte – könnte, wenn der Begriff der Gewaltfreiheit nicht nur gegenüber Menschen und/oder Sachen gemeint wäre, so als gebe es außer Menschen und Sachen nichts auf der Welt. Von Mahavira (Gründer der Jaina-Religion, wie Buddha etwa 500 Jahre vor unserer Zeitrechnung) ist folgende Formulierung des Ahimsa-Gebotes überliefert: »Keinerlei Lebewesen, keinerlei Geschöpfe, keinerlei beseelte Dinge, keinerlei Wesen darf man töten, noch mißhandeln, noch beschimpfen, noch quälen, noch verfolgen.«[15] Und in den hinduistischen Gesetzen des Maharshi Manu wird noch konkreter formuliert: »Wer zu töten rät oder befiehlt, wer Tieren ein Glied abschneidet, wer ein Tier tatsächlich tötet, wer Fleisch ißt und wer Fleisch kocht, sie alle sind Mörder.«[16] Nicht nur die aus Mit-Leid resultierende Gewaltlosigkeit gehört zu »ahimsa«, sondern auch das aus Mit-Freude resultierende Wohlwollen, wie es etwa in dem von Christen auch als »buddhistisches Vaterunser« bezeichneten Segensspruch zum Ausdruck kommt: »Was immer es für Lebewesen gibt, alle ohne Ausnahme, seien sie beweglich oder unbeweglich, seien sie lang oder groß oder mittelgroß oder kurz, fein oder grob, seien sie sichtbar oder unsichtbar, seien sie fern oder nah, schon geboren oder erst nach Geburt strebend – alle Wesen seien beglückten Herzens.«[17]

Daß Menschen und Tiere gleichermaßen beseelt sind, ist den indischen Religionen selbstverständlich. Oft gehen die Vorstellungen aber noch weiter, und es wird auch Pflanzen oder gar der in unseren Augen unbelebten Natur, etwa in Form von Wasser oder Stein, eine Seele zugesprochen – eine Seele vergleichbar der des Menschen wohlgemerkt. Während die sich auf einen Religionsstifter berufenden und offensichtlich gut durchdachten Religionen Buddhismus und Jainismus ihrer Betrachtung der Natur dabei einen Maßstab zugrunde legen, der sich in etwa mit unserer Vorstellung von der »Höhe der Entwicklung des Lebens« deckt[18], können wir in der gewachsenen (um nicht zu sagen »durchwachsenen«) Religion des Hinduismus viele Elemente einer Naturverehrung beobachten, die uns eine Systematik vermissen lassen. Die Heiligkeit etwa von Rind, Pferd, Affe, Tiger und Elefant mag manch einem europäischen Tierfreund imponieren – aber warum genießen etwa die Schlange oder die Eidechse mehr religiöse Verehrung als viele in unseren Augen höher entwickelte Tiere? Und womit haben sich unter den Pflanzen der Banyan-Baum und der Betel-Baum ihre Sonderrolle verdient? Die religiöse Verehrung von Erde mag hierzulande große Sympathien erwecken – aber gilt das auch für die religiöse Verehrung von Edelsteinen? Und können wir die sündenreinigende Kraft des (Ganges-)Wassers nachempfinden? Und ist umgekehrt die Unreinheit von natürlichen Vorgängen wie Geburt oder Tod eine weise Einrichtung?[19]

Befremdlich erscheint uns am Hinduismus und seinen Vorläufern auch die oft sehr exzessiv praktizierte Ungleich-Behandlung von Lebewesen, deren seelische Verwandtschaft doch zugleich betont wird. So gegenüber Menschen im Kastenwesen oder gegenüber Tieren durch Tabuisieren des Tötens einerseits und blutige Tieropfer andererseits. Dieser Widerspruch befremdet nicht nur abendländische Humanisten, er ist auch Gegenstand von Reformbemühungen innerhalb des Hinduismus, und auch die indischen Religionsstifter Buddha und Mahavira lehnten das Kastenwesen und die Tieropfer ausdrücklich ab. Wenn man so will, kann man hier Parallelen zwischen Läuterungen des Brahmanismus-Hinduismus einerseits und der jüdischen Religion andererseits sowie zwischen den fernöstlichen Reform-Religionen Buddhismus und Jainismus einerseits und der nahöstlichen Reform-Religion Christentum andererseits sehen. Hinsichtlich der Ablehnung einer Diskriminierung von Menschen aufgrund ihrer Herkunft dürfte es sich dabei um eine tiefergehende Gemeinsamkeit handeln – das tragende Motiv scheint jeweils die Fürsorge für den schwachen, »unten« stehenden Menschen

(»den geringsten meiner Brüder«) zu sein. Hinsichtlich der Ablehnung von Tieropfern dürfte es sich aber eher um eine oberflächliche Gemeinsamkeit handeln; jedenfalls ist der Bibel keine Tierschutz-Motivation für den Verzicht auf Tierschlachtungen zur Ehre Gottes zu entnehmen, während die indische Ablehnung der Tieropfer eindeutig durch »ahimsa« motiviert ist. So sind folgende Buddha-Worte überliefert: »Nicht jedes Opfer, Brahmane, billige ich, aber ich mißbillige auch nicht jedes Opfer. Ein Opfer, bei dem Rinder getötet werden, Ziegen und Schafe getötet werden, Hühner und Schweine getötet werden und allerlei Lebewesen zugrunde gehen, ein derartiges, von Gewalttat begleitetes Opfer billige ich nicht.«[20]

So »erlösend« bestimmte Vorstellungen indischer Religionen sein mögen für jemanden, der nach einer religiösen Fundierung einer artgrenzen-überschreitenden Ethik sucht – auch diese Religionen werfen zweifelnde Fragen auf. Etwa: Wird die Natur wirklich um ihrer selbst willen so hoch geachtet oder ist dieses Verhalten gegenüber der Natur (nur) Mittel zum Zweck des eigenen Vorteiles – der eigenen Erlösung? Wie ist in diesem Zusammenhang etwa das Leben eines Jain zu verstehen, der nicht nur die landwirtschaftliche Nutztierhaltung, sondern auch die landwirtschaftliche Bodenbearbeitung aus Gewissensgründen ablehnt und sich seinen Lebensunterhalt durch Handel verdient? Ist die asketische Selbstpeinigung nicht auch eine Form der Gewalt gegen Leben? Und wenn man sich selbst nicht so sehr als isoliertes Einzelwesen, sondern als eine Welle auf dem Meer des Lebens begreift – ist dann die Unterscheidung zwischen Gewalt gegen sich selbst und Gewalt gegen andere überhaupt sinnvoll?

Oder: Ist die »ahimsa« tatsächlich lebbar, oder ist sie, konsequent aufgefaßt, nicht geradezu lebensfeindlich? Legt man unseren (engen) westlichen Begriff von Leben zugrunde, dann mag es Lebewesen geben, die leben können, ohne anderes Leben zu zerstören – Pflanzen nämlich. Aber ist nicht die Vielfalt des Lebens und das, was wir »Höherentwicklung des Lebens« nennen, nicht nur aufgrund von Gewalt gegen Leben möglich? Zeigt nicht etwa die Idealisierung des »im Tode endenden Hungerns« als höchste Form der Askese[21], daß durch konsequente ahimsa der Schutz des Lebens zum Selbstmord pervertiert wird?

Die Auffassung, Leben sei gleich Leiden, wird besonders klar im Buddhismus formuliert, scheint aber Allgemeingut aller indischen Religionen zu sein. Da ist es dann folgerichtig, jede Wiedergeburt als Strafe aufzufassen und als höchstes Ziel das Erreichen eines Zustandes anzusehen, der sich auszeichnet durch die Abwesenheit all dessen, was wir als Attribute des Lebens auffassen – so daß wir versucht sind, dieses »Nirwana« mit »Nichts« zu übersetzen, und die indischen Religionen als »Erlöschungs-Religionen« (H. J. Schoeps) im Unterschied zu den nahöstlichen »Erlösungs-Religionen« zu bezeichnen.[22] Könnte man als westlich denkender Mensch bei Zugrundelegung solcher Vorstellungen nicht auf die Idee kommen, nach anderen Möglichkeiten zu suchen, die dauernden Wiedergeburten zu beenden, und zwar möglichst für alle irdischen Lebewesen, für Gerechte und Ungerechte, am besten auf einen Schlag? Immerhin macht unsere westliche Wissenschaft große Fortschritte auf dem Wege, derartige Möglichkeiten zu schaffen und möglichst vielen Menschen in die Hand zu geben! Und auch wenn eine solche Patentlösung zur Erlösung der Erde vom Leben aus der Sicht dieser Religionen sinnlos sein mag, etwa weil dann die Seelen in toten Gegenständen gefangen wären und nicht durch Wiedergeburten ihr Karma abtragen könnten – können Religionen mit einer derartig negativen Bewertung des Lebens uns emotional motivieren, uns mit ganzer Kraft für die Erhaltung des Lebens einzusetzen?

Das europäische »moderne Heidentum«

Auch in Europa gibt es eine philosophische und religiöse Tradition, die zu einem »Ganzheits-Denken« neigt und die Einheit alles Bestehenden betont. Für den Pantheismus gilt die Gleichung »Gott = Natur« beziehungsweise »Natur = Gott«.[23] Dabei wird die Natur in einem sehr weiten Sinne aufgefaßt und entspricht etwa dem, was Christen als »Welt« oder »Diesseits« bezeichnen – also nicht nur dem, worauf sich unser »Naturschutz« bezieht. Aus dieser Sicht ist all das, was wir tagtäglich durch unser Handeln beeinflussen, nicht (nur) eine Schöpfung Gottes, die dieser uns als Lehen übergeben hat – mit unter seinen Gläubigen umstrittenen Auflagen; aus dieser Sicht ist unsere Umwelt ebenso wie wir, ist das »Ganze« Gott selbst.

Man kann es als ethische Tragik des Theisten auffassen, daß er sich in erster Linie dem gegenüber verantwortlich fühlt, der am wenigsten auf die Rücksicht des Menschen angewiesen ist – nämlich ein weit über uns stehend gedachter, (all)mächtiger Gott. Kann man den Pantheismus auffassen als geradezu idealen Weg, den Theisten dazu zu bewegen, daß er seinen Blick wendet von oben nach unten zu dem, was er mit Füßen tritt – etwa die uns umgebenden und im Vergleich zum Menschen oft sehr schwachen Lebewesen?

Der Glaube an ein der Welt innewohnendes göttliches Prinzip anstatt an einen über der Welt stehenden Schöpfer-, Lenker- und Richter-Gott ist in unserem Kulturkreis gar nicht so selten anzutreffen. Anders als die »Weltreligionen« blüht dieser von Schleiermacher als »heimliche Religion der Deutschen« bezeichnete Glaube jedoch weitestgehend im verborgenen – was seine guten Gründe hat.

Bemerkenswert ist in diesem Zusammenhang ein Bild, das Thomas Leutkart (Religionsgemeinschaft Deutsche Unitarier) in seinem Buch mit dem bezeichnenden Titel »Weg und Ziel bist du selbst« entwirft: »Die Konstrukteure vieler Weltanschauungen, Philosophien und mancher Religionen und Ethiken haben großartige weltanschaulich-religiöse Bauten errichtet, mit vielen Stockwerken und komfortabel eingerichteten Wohnetagen. Aber viele dieser religiösen Wohnsilos haben keine Fenster, die eine Sicht auf die Natur und den Kosmos gestatten. Und die Erbauer haben Angst vor allem, was Natur ist und Herzüberschwang und Weltoffenheit. Meiden Sie diese himmelstürmenden religiösen Wolkenkratzer und bauen Sie selber Ihr eigenes maßgeschneidertes Häuschen! Aber vergessen Sie die Fenster nicht!«[24]

Also gewissermaßen eine Religion zum Selbermachen? Jedenfalls eine Religion (wenn man dieses Wort überhaupt gelten lassen will) ohne Propheten, ohne sanktionierte Lehren und Glaubensbekenntnisse und ohne von Priestern kontrollierte magische Sakramente – warum dann also, wenn man es mit dieser Religion hält, eine (entsprechende) Kirche? Und wenn man nicht an ein Weiterleben der individuellen Seele nach dem Tod des individuellen Körpers glaubt, und noch weniger an eine göttliche Belohnung oder Bestrafung nach dem Tod, und schon gar nicht an einen sich am Missionseifer orientierenden Richterspruch eines Gottes – warum dann andere Menschen zum eigenen Glauben bekehren? Und da der eigene »Gott« ganz sicher nicht über andere Götter neben sich erbost ist, warum soll man da nicht in der christlichen Kirche bleiben und seine Kinder in den Religionsunterricht schicken, der einem selbst ja auch nicht geschadet hat? Kein Wunder also, daß wir es hier weitgehend mit einer »schweigenden Religion« zu tun haben. Trotzdem wollen wir uns ansehen, was sich in unserem Kulturkreis an neuem, die Natur verehrendem »Heidentum« artikuliert:

Heinz Schlötermann, Prediger der Freireligiösen Landesgemeinde Baden, formulierte die Religion seiner Gruppe folgendermaßen: »Wir verstehen unter Religio die Rückbindung des Menschen an die lebensgestaltenden, schöpferischen Mächte des Kosmos selbst und fühlen uns vom göttlichen Kraftstrom des Natürlichen zutiefst angesprochen. Das bedeutet: Gott ist für uns keine Person mit eigenem Willen, die fähig und bereit ist, von außen in das Geschehen dieser Welt einzugreifen, sondern wir verstehen unter Gott eine innere, das Leben aus der Tiefe des Daseins gestaltende Mächtigkeit.«[25] Und Baldur Springmann, Unitarier wie Leutkart, äußert sich zur Frage einer pädagogischen Neuorientierung folgendermaßen: »Das wichtigste Fundament ist das der *religio.* Das ist ein auf welche Weise auch immer Sich-verbunden-Wissen mit dem ›Ur‹, mit dem Eigentlichen, mit dem Wesen des Kosmos, der Welt. Und diese Rückbindung, diese *religio,* muß auch in der Beziehung zu allen anderen Lebewesen und Lebenserscheinungen als gegeben angesehen werden. Und nur aus diesem tieferen Grunde, der auf die Charaktereigenschaften und Verhaltensweisen tiefgreifend und formend einwirkt, kann dann ein echtes partnerschaftliches Verhalten entspringen. Ohne echte und gelebte *religio* ist alles andere wertlos.«[26]

Anders als fernöstliche Religionen gibt sich der moderne abendländische Pantheismus betont lebensbejahend – wobei man sich bemüht, alles Seiende in seiner Gesamtheit zu bejahen und jeden »Dualismus«, jede Spaltung der Wirklichkeit etwa in göttlich und teuflisch, geistig und körperlich, sakral und säkular, Subjekt und Objekt zu vermeiden oder zumindest zu relativieren und das Leben mitsamt seinen Tiefen und Härten zu heiligen. »Gott = Natur«, mit Natur im Sinne der Gesamtheit alles Seienden, das heißt ja, daß alles göttlich und somit heilig ist.

Ein genial einfacher Weg zur Lebensbejahung? Oder auch ein Weg voller Schwierigkeiten? Wenn alles gleichermaßen aus einem göttlichen Ursprung stammt – warum sich dann für das eine und gegen das andere engagieren? Die übliche Praxis, einem Lebewesen doch mehr Göttlichkeit oder einen höheren Selbstverwirklichungsgrad eines göttlichen Prinzips zuzubilligen als einer Leiche oder einem Stein, und einem Menschen mehr als einer Fliege oder einem Baum – erinnert das nicht an Orwells »Farm der Tiere«, in der zwar alle Tiere gleich, aber einige eben doch noch gleicher als die anderen sind? Und wenn das Leben mitsamt seinen Höhen und Tiefen heiliggesprochen wird – warum sich dann für möglichst viel Höhen und möglichst wenig Tiefen einsetzen? Wie kann man eine solche »ganzheitliche« Sicht mit dem üblichen ethischen Dualismus vereinbaren – gelangt man durch einen konsequenten Pantheismus nicht in einen Raum jenseits von Gut und Böse? Oder ist die Freude vielleicht doch nicht nur der schönere Götterfunken als der Schmerz, sondern auch irgendwie der göttlichere?

Zumindest für Un- und Andersgläubige ist es nicht leicht, den Sinngehalt des/der pantheistischen Gottesbegriffe(s) nachzuvollziehen. Bereits A. Schopenhauer bezeichnete den Pantheismus als »die vornehme Form des Atheismus«, und es ist nicht verwunderlich, daß besonders in einer »gottlosen« Zeit, in der die christlichen Theisten sich mit der »Gott-ist-tot-Theologie« auseinandersetzen müssen, unter den heidnischen Pantheisten sich die Vorstellung ausbreitet, »Gott« sei nicht mehr als eine mißverständliche zweite Vokabel für die Natur. So bekennt sich etwa der Unitarier Eberhard Achterberg zu einem »atheistischen Pantheismus« als einer »Religion ohne Gott« und formuliert sehr eindeutig: »Weil in dieser Religion die Natur an die Stelle Gottes getreten ist, hat sie auch den Charakter der Heiligkeit, und die Ehrfurcht vor dem Leben wird zum höchsten Gebot. Jeder zerstörende Eingriff in die Natur ist dann mehr als eine Gefährdung des ökologischen Gleichgewichts, mehr als Umweltverschmutzung, es ist ein Frevel am Heiligen.«[27] Eine »Natur-Religion« also, zwar nicht im religionswissenschaftlichen, wohl aber im wörtlichsten Sinne – jedenfalls sofern man sich nicht an der hier vollzogenen Gleichsetzung von Natur und Leben stößt, der unausgesprochenen Vorstellung, ein Wald sei natürlicher oder beinhalte mehr Natur als eine Wüste, und die Erdoberfläche in ihrem derzeitigen Zustand mehr als eine Oberfläche wie die des Mondes. Dieser »lebensfreundliche« Natur-Begriff entspricht ja unser aller Sprachgefühl, demgemäß wir zwar ein Abholzen von Wäldern als Zerstörung der natürlichen Wälder bezeichnen, das Aufforsten einer Wüste jedoch nicht als Zerstörung der natürlichen Wüste.

Ob für moderne Pantheisten die Gleichung »Gott = Natur« noch gilt, oder ob eher ein »Gott = Leben« gemeint ist, oder ob man sich zu einem dem »Gott ist tot« entsprechenden »Gott ist Schall und Rauch« durchgerungen hat, und ob hier der Begriff »Natur-Religion« angebracht oder vielleicht der Begriff »Lebens-Religion« angemessener wäre, das mögen eher zweitrangige Streitfragen um Worte sein. Es bleibt aber eine existentielle Frage:

Wenn man keine Gebote Gottes und keine Autorität eines Religionsstifters anerkennt – wo nimmt man dann seinen Wertmaßstab her? Wenn man seine Ethik nicht aus jahrhunderte- oder jahrtausendealten Fragmenten zusammenflicken muß, sondern sie sich selbst stricken kann, dann kann man ein dem Zeitgeist entsprechendes Strickmuster wählen, und (fast) mühelos jeden Modewettbewerb gewinnen! Welchen Bestand aber mag eine selbstgestrickte Ethik etwa der »Ehrfurcht vor dem Leben« oder auch der »Ehrfurcht vor dem Erleben« haben, in einer an Wandlungen des Zeitgeistes nicht gerade armen Zeit?

Religion – nein danke?

Während eine (angebliche) generelle Ablehnung von Ideologie bei uns fast zum guten Ton gehört, steht eine generelle Ablehnung von Religion in dem Ruf, mit Intoleranz und/oder mit ethischer Bindungslosigkeit einherzugehen. Zeigt aber nicht gerade unsere Gegenwart, daß auch ohne Religion es sich recht gut und ethisch fundiert leben läßt? Das, was wir an unserer heutigen Zeit als »echten« (auch ethischen!) Fortschritt betrachten gegenüber früheren Jahrhunderten, ist jedenfalls eher das Verdienst von Ideologien als von Religionen, und die »Unmenschlichkeiten« (?!), die im Gefolge politischer Ideologien aufgetreten sind, sind auch im Gefolge von Religionen aufgetreten.

Falls die Nachfrage nach Sinn- und Heilslehren wieder steigen sollte – sollte sie dann anstatt von Religionen besser von anderen Ideen-Gebäuden – Ideologien etwa – gedeckt werden?

Die Ablehnung von Religion als Opium für das Volk im Sinne von Karl Marx dürfte für uns wohl kaum aktuell sein – die in diesem Buch angesprochenen Probleme beruhen sicher nicht darauf, daß zu wenig Menschen bereit wären, sich für ihre eigenen materiellen Interessen einzusetzen. Aber vielleicht gibt es andere gute Gründe, Religion generell abzulehnen? Auch wenn man – Opium hin, Opium her – die Religion als durchaus sinnvolle Medizin ansieht – vielleicht gibt es modernere Arzneien mit besserer Wirkung und weniger Nebenwirkung?

Wenn aus religiöser Sicht für die Interessen etwa von Tieren geworben wird, dann in aller Regel dadurch, daß auf dem Umweg über Gott eine quasi verwandtschaftliche Beziehung zwischen Mensch und Tier konstruiert wird – besonders schön kommt dies in dem Begriff der »Ethik der Mitgeschöpflichkeit« (G. Teutsch) zum Ausdruck. Abgesehen davon, daß sich eine solche Verwandtschaft durch die naturwissenschaftliche Evolutionstheorie auch ohne Umweg begründen ließe – ist eine solche Verwandtschaft überhaupt ein Argument? Was hat die Frage, ob ich ein Tier quälen darf oder nicht, zu tun mit der Frage, ob dieses Tier demselben göttlichen Ursprung entstammt, oder ob seine Seele demselben Nirwana zustrebt, oder ob es ein Geschöpf desselben Gottes ist? Wäre dieses Tier nicht von unserem Gott erschaffen, sondern von einem anderen[28], oder vom Satan, oder vom Zufall (vgl. etwa Darwin oder Monod), oder von niemandem (wie Gott!), oder vom Menschen (Züchtung! Genmanipulation!) – dürften wir es dann eher quälen?

Hat diese religiöse Argumentationsweise einen tieferen Sinn? Hier wird offenbar versucht, all das, was geschützt werden soll, als mit uns verwandt und damit zur eigenen Gruppe gehörig darzustellen, ohne den Gruppen-Egoismus selbst in Frage zu stellen – ein fauler Kompromiß aus Moral und Fremdenfeindlichkeit? Erscheint da nicht eine »utilitaristische« Ethik etwa im Sinne von »möglichst viel Glück für möglichst viele Lebewesen für möglichst lange Zeit« (J. Bentham) oder »gleichberechtigte Berücksichtigung der Interessen aller, die Interessen haben« (P. Singer) ehrlicher und vernünftiger? Allerdings: wird ein solcher utilitaristischer Ansatz der Psyche des Menschen gerecht? Oder ist vielleicht dem Menschen (was sich darwinistisch erklären ließe) zwar nicht der Egoismus, jedoch das Gruppen-Denken in einem solchen Ausmaß angeboren, daß er nur über den von verschiedenen Religionen angewandten Trick zu einem verantwortungsvollen Verhalten gegenüber Lebewesen außerhalb seiner Art zu bewegen ist? Auch muß bedacht werden, daß sich die Methode der Religionen beliebig ausdehnen läßt, während durch einen Utilitarismus mit Schlüsselbegriffen wie Erlebnisfähigkeit oder Interesse sich der traditionelle Tierschutz zwar sehr gut begründen läßt, Anliegen wie Artenschutz oder die Erhaltung einer »gesunden« Umwelt jedoch auch nur auf Umwegen.[29]

Während die heute gängigen Ideologien vom Unterschied der Geschlechter eher abstrahieren, spielt in der Religion die Geschlechtlichkeit eine große Rolle – sieht man einmal von modernen »selbstgestrickten« Religionen (vgl. oben) ab. Typischerweise wird die Geschlechtlichkeit der natürlichen Lebewesen sogar auf die göttliche Ebene übertragen und die Götter mit geschlechtsspezifischen Eigenschaften ausgestattet. Es gibt dabei Religionen, die den beiden Geschlechtern einen etwa ebenbürtigen Rang einräumen, so zahlreiche »primitive Volksreligionen« oder der chinesische Taoismus mit seiner Polarität von Yin und Yang. Besonders die Religionen jedoch, die auf dem Weltmarkt erfolgreich missionieren (insbes. der Islam und die verschiedenen christlichen Konfessionen) tragen ausgesprochen männliche Züge – auch wenn dies dem Zeitgeist entsprechend heute gerne etwas abgemildert wird. Das hat sicher historische Gründe in Form der Kulturen, in denen die betreffenden Religionen entstanden sind; aber reicht diese historische Dimension zur Erklärung aus? Besonders interessant ist in diesem Zusammenhang der christlich-römische Katholizismus. Diese christliche Konfession hat durch die Einführung des Marienkultes bewiesen, daß das Christentum sich sehr wohl umgestalten läßt. Der Marienkult, den man als eine Rehabilitierung der Frau innerhalb des Christentums auffassen *kann*, hat jedoch eine bemerkenswerte Eigentümlichkeit: die zum Dogma erhobene »unbefleckte Empfängnis«, also eine Kombination von Mutterschaft und Jungfräulichkeit, der eine christliche Frau, und sei sie noch so fromm, nicht nachfolgen kann. Man *kann* den Marienkult deswegen auch als Versuch auffassen, die durch die Christianisierung nicht ausgerottete Bereitschaft zur Verehrung auch von Weiblichem auf eine irreale Ebene zu kanalisieren, so daß diese Verehrung ferngehalten wird von tatsächlich lebenden Frauen. Für diese letztere Annahme spricht der grundsätzliche Ausschluß aller

Frauen vom Priesteramt, so daß Frauen die mit diesem Amt verbundene Autorität nicht zuteil wird und die dem Priesteramt entgegenzubringende Ehrerbietung nicht auf Frauen trifft, sowie das Zölibat für männliche Priester, so daß die »naturgewollte« Form der Liebe zwischen Mann und Frau, und sei es auch nur in Gedanken, zumindest mit Schuldgefühlen bestraft wird. Sicherlich, Zölibat und Ausschluß der Frau vom Priesteramt mögen dem Geist der Bibel entsprechen – aber wer dem völlig unbiblischen Marienkult huldigt, macht sich unglaubwürdig, wenn er in punkto Frauen-Diskriminierung und Sündhaftigkeit der Fleischeslust auf die Bibel pocht.

Ist es Zufall, daß die im »darwinistischen Kampf ums Überleben« so erfolgreichen Religionen sehr männliche Religionen sind? Und beinhaltet diese Ausrichtung der Religion eine Ausrichtung der menschlichen Ehrerbietung auf »Männliches« (etwa den »Vater Staat«) und eine Geringschätzung von »Weiblichem« (etwa der »Mutter Natur« oder der »Mutter Erde«)? Und wenn das so ist und wenn man das als schlecht erachtet – wäre es dann sinnvoller, auf Religion zu verzichten? Und was dann stattdessen? Sind die vermeintlich ungeschlechtlichen heutigen Ideologien vielleicht in einem tieferen Sinne auch männlich – vielleicht sogar durch ein etwa vom Christentum übernommenes Erbe? Wäre es vielleicht sinnvoller, die Religion zu verweiblichen?

Eine stärkere Hinwendung zu Religion beinhaltet ein mehr mystisches und irrationales Denken. Können wir durch ein solches Denken mit den Problemen fertig werden, die uns unsere wissenschaftlich-technisch geprägte Welt beschert? Hieße das nicht, die Probleme zu vernebeln anstatt sie zu lösen?

Für unsere derzeitige geistige Situation ist kennzeichnend die (besonders auch von christlichen Wissenschaftlern propagierte) Trennung von Wissenschaft und Religion und die (auch oft gerade von sich christlich verstehenden Politikern propagierte) Trennung von Politik und Religion. Vielleicht ist die geistige Liberalität unserer Zeit mit hierdurch bedingt? Gelänge es, eine Religion zu entwickeln, die (wieder) zur vorherrschenden treibenden Kraft auch in Wissenschaft und Politik werden könnte – drohte uns dann nicht das, was wir am »finsteren Mittelalter« so verabscheuen? Die Vorstellung von der Gefahr einer Öko-Diktatur ist ja nicht neu. Erfahrungsgemäß sind Diktaturen um so totalitärer und stabiler, je mehr die Politiker-Herrschaft Züge einer Priester-Herrschaft annimmt beziehungsweise je enger die Ehe zwischen Thron und Altar ist. Würde eine religiöse Fundierung etwa des »ökologischen Humanismus« die Gefahr eines grünen Totalitarismus steigern?

Anmerkungen

1 Die Entwicklung der Erlebnisfähigkeit und insbesondere der Leidensfähigkeit läuft wahrscheinlich parallel mit der Entwicklung bestimmter Hirnstrukturen, wobei die Entwicklung des Menschen aus dem Tierreich zwar mit einer gewaltigen Zunahme der »höheren« geistigen Fähigkeiten einherging, jedoch auf der Ebene der »elementaren Erlebnisse« wie etwa Freude, Schmerz, Hunger, Angst oder Hoffnung wahrscheinlich keine entsprechende Zunahme stattgefunden hat – ähnlich wie auch die Entwicklung eines Kleinkindes zum erwachsenen Menschen zwar mit einer gewaltigen Zunahme der Intelligenz einhergeht, jedoch für die Wandlung des Gefühlslebens der Ausdruck »Zunahme« nicht angemessen ist: Das Gefühlsleben wird zwar differenzierter, die Fähigkeit zu starken Erlebnissen entwickelt sich jedoch nicht parallel zur Intelligenz; vielleicht wird durch die Entwicklung höherer geistiger Fähigkeiten wie Wissen und Selbstbeherrschung den Gefühlen sogar etwas von ihrer unmittelbaren Macht genommen. Tiere der mit uns verwandten Arten sind so gesehen wahrscheinlich »Gefühlsmenschen mit äußerst wenig Verstand« (O. Heinroth).

2 Vgl. Heinz Meyer: *Der Mensch und das Tier.* Heinz Moos Verlag, München 1975, S. 107.

3 Vgl. Otto Rahn: *Kreuzzug gegen den Gral,* Verlag für ganzheitliche Forschung und Kultur, Stuckum 1985, S. 114 u. 272.

4 Dieter Nestle: *Die Ursprünge des Neuen Testamentes.* Herder, Freiburg 1983, S. 11.

5 Ian G. Barbour, zitiert nach: Sigurd M. Daecke: Auf dem Wege zu einer Praktischen Theologie der Natur, in: Klaus M. Meyer-Abich: *Frieden mit der Natur.* Herder, Freiburg 1979, S. 279.

6 John B. Cobb: *Der Preis des Fortschritts.* Claudius, München 1972, S. 75.

7 Die Zitate aus dem Koran beziehen sich hier und im folgenden auf die deutsche Übersetzung von Max Henning, veröffentlicht u. a. bei Philipp Reclam jun., Stuttgart 1981.

8 Vgl. Ahmad v. Denffer: *Koran und Umwelt.* Schriftenreihe des Islamischen Zentrums München Nr. 8, Selbstverlag, München 1984, S. 4.

9 Zit. nach Ahmad v. Denffer (Hrsg.): *Allahs Gesandter hat gesagt.* Haus des Islam, Lützelbach 1984, S. 265f.

10 Vgl. etwa Sigrid Hunke: *Allahs Sonne über dem Abendland.* DVA, Stuttgart 1960, S. 199ff.

11 Ahmad v. Denffer: *Koran und Umwelt,* aaO., S. 9.

12 Vgl. hierzu etwa Hans Titschack: *Christentum und Buddhismus – ein Gegensatz.* Octopus, Wien 1980, besonders S. 60ff. (buddhistische Sicht).

13 Das uns auf den ersten Blick unverständlich erscheinende Leugnen der Existenz einer persönlichen Seele oder eines Ich findet sich auch in der abendländischen Philosophie; Bertrand Russell beschreibt diese von ihm geteilte Auffassung mit folgenden Worten: »Die geistige Kontinuität einer Person ist eine Kontinuität der Gewohnheit und der Erinnerung: Gestern gab es eine Person, an deren Gefühle ich mich erinnern kann, und diese Person betrachte ich als mein gestriges Ich. Aber mein gestriges Ich bestand tatsächlich nur aus gewissen geistigen Geschehnissen, an die ich mich jetzt erinnere und die ich als Teil der Person betrachte, die sich daran erinnert.« B. Russell: *Warum ich kein Christ bin.* Rowohlt, Reinbeck [7]1972, S. 95 (Erstdruck London 1957). Bemerkenswert ist, daß der westliche »Positivist« Russell dieses Leugnen eines substanzartigen Ich und einer substanzartigen Seele als Argument gegen die (christliche) Vorstellung eines (persönlichen) Weiterlebens nach dem Tode verwendet, während Buddha trotz »Anatta« und »Anatman« an der in Indien selbstverständlichen Vorstellung von Karma-vermittelten und sich in Wiedergeburten äußernden Kreisläufen (»Samsara«) festhält.

14 Das »ganzheitliche« Denken mit Relativierung der Artgrenzen läßt allerdings durchaus auch eine sehr anthropozentrische Theologie zu. Vgl. hierzu etwa R. Balasubramanian: Die Stellung des Menschen in der Welt aus der Sicht des Hinduismus. In: R. Panikkar und W. Strolz: *Die Verantwortung des Menschen für eine bewohnbare Welt im Christentum, Hinduismus und Buddhismus.* Herder, Freiburg 1985, S. 76ff.

15 Zitiert nach Wilhelm Brockhaus: *Das Recht der Tiere in der Zivilisation.* Hirthammer, München 1975, S. 250.

16 Manusmriti 5–61, zitiert nach Shri Jayantilal N. Mankar: Hinduismus und Ernährungsweise. In: W. Brockhaus, aaO., S. 243.

17 Zitiert nach Friedrich Heiler: *Die Religionen der Menschheit.* Reclam, Stuttgart [4]1982, S. 176.

18 Verbreitet sind auch an den europäischen Pantheismus erinnernde Positionen, die entscheidende Bedeutung einem geistig-göttlichen Prinzip beimessen, das allem Existierenden innewohne. Vgl. etwa Masahiro Mori: *Die Buddha-Natur im Roboter.* Bauer, Freiburg 1985, S. 222ff.

19 Vgl. F. Heiler, aaO., S. 233, sowie Peter Schreiner: *Begegnung mit dem Hinduismus.* Herder, Freiburg 1984, S. 75.

20 Anguttara-Nikaya 4,39; zitiert nach Gustav Mensching: *Die Weltreligionen.* Carl Habel, Darmstadt o. J.

21 Vgl. F. Heiler, aaO., S. 159.

22 Die im Buddhismus besonders deutlich zu beobachtende »Todesseligkeit« (E. Reisner) indischer Religiosität ist besonders auch von christlicher Seite kritisiert worden. Vgl. etwa Helmuth v. Glasenapp: *Die fünf Weltreligionen.* Diederichs, Düsseldorf 1963, S. 372, oder auch Gustav Mensching: *Der offene Tempel.* DVA, Stuttgart 1974.

23 Diese Gleichsetzung ist etwas vereinfacht, tatsächlich findet man im Pantheismus auch mehr oder weniger stark ausgeprägt »idealistische« Vorstellungen dahingehend, daß es neben Gott noch so etwas wie ein Rohmaterial Realität gebe, das durch Gott erst veredelt werde bzw. in dem Gott sich stär-

ker oder schwächer ausgeprägt verwirkliche. Je mehr dabei zwischen Gott und (realer) Welt differenziert wird, desto weniger zwingend wird die Verehrung der (gesamten) Natur als göttlich.

24 Thomas Leutkart: *Weg und Ziel bist du selbst.* Verlag Deutsche Unitarier, München 1983, S. 80.

25 Heinz Schlötermann: *Freireligiös – Was ist das?* Freireligiöse Verlagsbuchhandlung, Mannheim 1965.

26 Karl Höffkes: Interview mit Baldur Springmann. In: *Unitarische Blätter* 10/82, Verlag Deutsche Unitarier, München 1982.
Vgl. auch B. Springmann: *Partner Erde.* Arndt, Kiel 1982.

27 Eberhardt Achterberg: Natur und Religion. In: *homo humanus* Jahrbuch 1984, herausgeg. von der Eekboom-Gesellschaft, Selbstverlag, Pinneberg 1984, S. 49.

28 Der dem europäischen Pantheismus substantiell und dem Christentum zumindest vorgeblich eigene Monotheismus (tatsächlich anerkennt das Christentum ja zahlreiche überirdische Wesen, neben Schöpfer-Gott, Sohn und Heiligem Geist auch mehrere Engel, den Satan und die Seelen verstorbener Menschen mitunter als Heilige; der Unterschied zum abgelehnten heidnischen Polytheismus scheint weniger in einem Mangel an Vielgestaltigkeit als vielmehr in einer monarchischen Herrschaftsstruktur zu liegen) ist durchaus angreifbar.
So aus biblischer Sicht: Legen Aussagen wie »Du sollst keine anderen Götter neben mir haben!« oder »Ich bin der Herr, dein Gott!« nicht die Vorstellung nahe, es gebe mehrere Götter, die gleich weltlichen Feudalherren sich als gegenseitige Konkurrenten in ihrer Herrschaft über Menschen betrachten? Der biblische Monotheismus würde dann bedeuten, daß es zwar mehrere Götter gibt, man sich jedoch nur einem einzigen Gott zu unterwerfen habe – und das dann dafür um so totaler.
Oder aus geistesgeschichtlich-ethischer Sicht: Ist der Monotheismus, als das Leugnen der Existenz mehrerer Götter, oder auch (nur) als die Mißachtung der Autorität aller zu »dem einen« Gott konkurrierenden Götter, (mit-)verantwortlich für eindimensional-dogmatisches und totalitäres Denken? Vgl. hierzu etwa H. Eichberg: Kommen die alten Götter wieder? In: *Unter dem Pflaster liegt der Strand,* Band 13, Karin Kramer Verlag, Berlin 1984, S. 36 ff.

29 Eine in ihrer Rationalität und Radikalität bemerkenswerte Argumentation findet sich bei Klaus Michael Meyer-Abich: *Wege zum Frieden mit der Natur.* Hanser, München 1984, S. 171 ff. Ausgehend sowohl von der »naturgeschichtlichen Verwandtschaft« als auch von einer weitgefaßten »Interessiertheit« und »Empfindungsfähigkeit« kritisiert er eine auf Mensch und Tier beschränkte Ethik und leitet »Rechte der Pflanzen, Landschaft, Elemente und Artefakte« ab.
Aus dem ethischen Dilemma, in das ein derart radikaler Standpunkt besonders schnell führt (»für uns kann auch der Vegetarismus keine unproblematische Lösung mehr sein, denn auch Pflanzen sind Lebewesen«) findet er einen christlichen Ausweg: Zwar verstricke der Mensch sich auch bei gewissenhaftestem Handeln in Schuld gegenüber der natürlichen Mitwelt, jedoch könne er durch Christus gerechtfertigt werden, und seine Schuld könne vergeben werden und führe so nicht notwendigerweise in die Verdammnis.

Interessant ist an der Position Meyer-Abichs auch, daß zwar offensichtlich die Schuld gegenüber natürlichen Mit-Lebewesen und nicht etwa die Sünde wider Gott als das zentrale Problem erlebt wird, daß jedoch an dem christlichen Dualismus Verdammnis – Erlösung festgehalten wird, wobei dieser Dualismus ja gemeinhin als nur den Menschen betreffend gedacht wird, während entsprechende Fragen für alle nicht der Spezies homo sapiens angehörende Lebewesen (etwa ob es auch für sie eine jenseitige ausgleichende Gerechtigkeit gibt, oder welchen Sinn andernfalls das von Gott zumindest geduldete Leiden dieser Geschöpfe haben mag) innerhalb des Christentums kaum diskutiert werden.

Karl-Heinz Minz

Die Verantwortung des Christen für die Schöpfung Gottes

Heute, im Computer-Zeitalter am Ende des zweiten christlichen Jahrtausends, stellt sich angesichts einer immer bedrohlicher werdenden Zerstörung der Natur durch den Menschen die Frage: Steht die christliche Theologie stumm vor dem immer wahrscheinlicher werdenden ökologischen Kollaps? Oder hat sie tatsächlich eine solche Ethik, die sich der gesamten Schöpfung mit allem Ernst deshalb verpflichtet weiß, weil sie das Werk Gottes ist?

Recht des Menschen – Recht der Natur

In der Schöpfungstheologie, die sich in den ersten Kapiteln der Bibel findet, wird das Werk Gottes als »sehr gut« (Genesis 1,31) befunden und der Herrschaft des Menschen übergeben (Genesis 1,28). Eine die Technik als Herrschaftsinstrument des Menschen kontrollierende Ethik, eine Ethik des Umweltschutzes und auch des Tierschutzes hat sich an dieser Grundlegung zu orientieren.[1]

Für eine solche ökologische Ethik ist es erforderlich, daß durch sie eine naturgemäße Einstellung formuliert und vermittelt wird. Als Ergebnis wird dann eine Haltung gelebt werden können, die unter anderem den Eigenwert der Natur im Kontext der geglaubten Schöpfungsordnung sieht und respektiert. Christliche Ethik denkt nun aber diese Natur nicht *abstrakt* als eine maßgebende Norm, die an und für sich Quelle moralischer Maximen ist, vergleichbar mit einer Art ewiger Gültigkeit, welche die »lex aeterna«-Lehre theologischer Tradition einmal reklamiert hatte. Entscheidend bleibt statt dessen die *konkrete* Perspektive, die weiß, daß das Naturrecht ein von der menschlichen Vernunft gebildeter Begriff ist. Erst im Kontext von Erkennen und Beurteilen des Menschen kann hier eine schöpfungs- und naturgemäße Rechtlichkeit formuliert werden. Christliche

Ethik versteht den Menschen als Bild Gottes[2], als sittliche Existenz, um derentwillen die Schöpfung überhaupt von Gott gewollt wurde. Die Evolution der Schöpfung zielt auf den Menschen hin, der sich seinerseits in ihr zu behaupten hat. Das beinhaltet eine Verantwortung *für* die Schöpfung, nicht jedoch *vor* ihr. »Recht des Menschen« versteht sich daher als vernunftbedingt. In einer vor Gott verantworteten Freiheit (theonome Rationalität) wird es in seiner Mannigfaltigkeit gegenüber einem »Recht der Natur« auszuformulieren sein. Das gilt sowohl für eine Ethik der Technik, für Tierschutz wie auch für ein universales Naturverständnis insgesamt.[3]

Eine artgrenzenüberschreitende Ethik gewinnt ihre Normen daher nicht an und aus einer »abstrakten« Natur, sondern durch die ethische Haltung des Menschen, der nach dem Willen Gottes fragt und – ihn tut (Johannes 3,21). Die in den Schriften der Bibel verkündete Heilsbotschaft sowie die Antworten der vielen christlichen Traditionen bilden die Maßstäbe, an denen sich eine christliche Normfindung heute zu orientieren hat.[4]

Zum biblischen Befund

Im ersten Buch der Bibel heißt es, daß der Mensch die Herrschaft über die Tiere erhalten hat (Genesis 1,28 f.). Nach der freien Tat des Menschen gegen Gott (Genesis 3) und nach der Sintflut (Genesis 6–9), einer negativen Zäsur, wird diese Herrschaft in ihrer negativen Seite vorgestellt. So sagt Genesis 9,2: »Furcht und Schrecken vor euch sei auf allen Tieren der Erde, auf allen Vögeln des Himmels und auf allem Gewürm auf dem Boden und auf allen Fischen des Meeres: in eure Hand sind sie gegeben.« Nach dem Willen des Schöpfers hat jetzt der Mensch Gewalt über die Tiere erhalten. Nach dem Sündenfall wird damit eine Spannung zur positiven Aussage von Genesis 1,28 gesetzt, die jedoch in Genesis 9,4 wieder erheblich modifiziert wird. Denn hier heißt es deutlich: Der Mensch darf kein Fleisch von einem noch lebenden Tier nehmen.[5] »Durch die Einschränkung der Herrschaft über die Tiere wird der Segen bewahrt. Das Töten des Tieres birgt eine Gefährdung, die Gefährdung des Blutdurstes..., des Tötens um des Tötens willen, der Mordgier... Gerade bei diesem Phänomen der Verrohung zeigt es sich, daß das Verhalten des Menschen zum Mitmenschen von dem zu den Tieren nicht zu trennen ist.«[6] Der tragende Hintergrund bleibt auch hier die Bundesdimension (Genesis 8,21–9,17). In diesen Gottesbund wird das Tier mit einbezogen (Genesis 9,8ff.).

Im Neuen Testament scheinen die Verse, die von einer Dämonenaustreibung in eine Schweineherde (Lukas 8,26–39; Markus 5,1–20; Matthäus 8,28–34) und der Verfluchung eines Feigenbaumes (Markus 11,12–21; Matthäus 21,18–22) sprechen, durchaus die Vermutung nahezulegen, daß Jesus eine negative Haltung zur Natur gehabt habe. Entscheidend zum Verständnis dieser Bibelstellen ist jedoch eine genaue Schriftauslegung, welche die theologische Aussageabsicht der Evangelien berücksichtigt und mit einbezieht.

So geht es bei der Austreibung in eine Schweineherde um die Darstellung der Macht Jesu auch über die Dämonen. Dabei wurden verschiedene Erzählstränge aufgenommen und von einem Endredaktor zu einer Missionserzählung zusammengefügt, die zugleich ihr »Sitz im Leben« ist.[7] Daß die Dämonen in neue Opfer, hier in die für die Juden nicht koscheren Schweine, gebannt werden, ist in der Antike oft belegt[8], ebenso wie ihre Vertreibung ins Meer.[9] Das Hauptmotiv besteht also in dem Erweis, daß Jesus Macht hat, die Dämonen zu überwinden, nicht aber in einer Aussage oder gar in einem Tatsachenbericht über eine Vernichtung von Tieren. Diese literarischen Traditionen von besessenen Tieren wurden zur Veranschaulichung für die Hörer und Leser des Evangeliums in ihren Varianten mit aufgenommen; das Bild Jesu sollte in einer bestimmten Aussageintention veranschaulicht werden.

Für uns Heutige bleibt dabei immer zu beachten, daß die Evangelien (und alle Schriften des Neuen Testaments) stets mit den Augen von Ostern zu lesen sind, wobei die Frage in der theologischen Wissenschaft nach wie vor noch ungelöst dasteht, ob der historische Jesus oder aber das Osterereignis als Letztbegründung christlichen Glaubens zu gelten hat. Daher müssen solche widerständigen Bibelzitate, sollen sie nicht ideologisch als eine Art Steinbruch zur Bestätigung der eigenen Meinung (dicta probantia – Exegese) verzweckt werden, stets im Kontext einer historisch-kritischen Auslegungsmethode interpretiert werden.[10] Der Verdacht, den Schleip in seinen »Fragen eines Ungläubigen« im Blick auf die genannten Bibeltexte äußert, kann mit Hilfe dieser Methode überprüft werden. Ein solches Gespräch zwischen Natur-Ethik und wissenschaftlicher Schriftauslegung dürfte beide Seiten neue Perspektiven entdecken lassen.

Zu den jüdischen Traditionen

Jesus und alle seine ersten Jünger waren Juden, die in den Traditionen ihres Volkes lebten. Daher ist es für die Christenheit, die ja aus der Wurzel Israel stammt und ihr sehr viel verdankt, heute (auch) in bezug auf eine universale Ethik von erheblicher Bedeutung, daß sie die jüdischen Lehren und Theologien positiv zur Kenntnis nimmt.

Im Bewußtsein, von Gott in einen Bund berufen und erwählt worden zu sein, haben die jüdischen Traditionen stets eine universale, artgrenzenüberschreitende Ethik formuliert. Der Mensch weiß um die Einheit der Schöpfung, um den Geschenkcharakter dieser Welt, ist sich bewußt, daß daraus eine besondere Ethik resultiert, die dem Gottesbund verpflichtet ist. Das Verhalten des Menschen im Umgang mit Land, Wasser, Umwelt, Pflanzen und Tieren wird in den langen Ketten der Tradition in jüdischer Lehre genau bestimmt.[11] Genannt seien hier die Sabbatruhe des Viehs (Exodus 20,10; 23,12; Deuteronomium 5,14), die Tierfürsorge (Deuteronomium 25,4) oder das Schächten, eine Weise des Schlachtens, deren Schmerzfreiheit auch von heutigen Tiermedizinern betont wird. Dies alles geschieht um des Tieres willen, da es zur Schöpfung Gottes gehört, der gegenüber man verantwortlich handeln muß. Eine Tierethik findet sich daher in der gesamten jüdischen Tradition.[12]

Weitere Beispiele können das veranschaulichen. Der Ertrag des Sabbatjahres soll dem Vieh und allen Tieren, die im Lande sind, als Nahrung dienen (Levitikus 25,7). Am Sabbat sind Handlungen gestattet, die sonst an diesem Tag verboten sind, wenn es gilt, einem Tier Leiden zu ersparen (Babylonischer Talmud, Sabbat 128 b). Und Rabbi Jehuda sagte: »Es ist zu essen verboten, bevor er seinem Vieh Futter gegeben hat.« (Babylonischer Talmud, Berakhoth 40 a) In der rabbinischen Literatur wird betont, daß sich Huld und Barmherzigkeit Gottes auch auf die Tiere beziehen. Daraus ergibt sich für den Menschen die Verpflichtung, den Tieren kein Leid zuzufügen. Tierschutz (hebr.

צער בעלי חיים/ ẓà'ar ba'alei ḥayyim) hat also in jüdischer Lehre einen hohen ethischen Stellenwert. Die heutige Tierschutz- und Umweltbewegung wäre gut beraten, wenn sie die fruchtbaren Quellen der jüdischen artgrenzenumgreifenden Ethik mit ihrem jahrtausendelangen Erfahrungsschatz für sich entdecken und realisieren würde.

Zu den christlichen Aussagen der Gegenwart

Obgleich das Christentum aus dem gleichen Erbe lebt wie das Judentum, hat es im Laufe seiner Entwicklung durch seine strikte Ablehnung des Judentums und durch den Einfluß anderer Traditionen eine unterschiedliche Entwicklung genommen. Insbesondere die Übernahme (neu)platonischer Philosophien mit ihrem weltnegierenden Idealismus hat sehr oft einer »Theologie der Welt« kaum noch Raum gelassen (was um so erstaunlicher ist, als die christliche Gnadenlehre ja davon ausgeht, daß »die Gnade die Natur voraussetzt«).

Durch die heilsgeschichtliche Theologie des II. Vatikanischen Konzils (1962–65) wurde jedoch eine positive Öffnung der katholischen Kirche vollzogen, deutlich ablesbar etwa in der Pastoralkonstitution »Die Kirche in der Welt von heute« (Gaudium et Spes), in der unter anderem die weltbejahende (Evolutions-) Theologie P. Teilhard de Chardins ihren Niederschlag gefunden hatte.[13]

Im Jahre 1980 veröffentlichten die deutschen katholischen Bischöfe eine Erklärung unter dem Titel »Zukunft der Schöpfung – Zukunft der Menschheit«, in der Fragen der Umwelt und der Energieversorgung zur Sprache kommen.[14] Darin finden sich unter anderem die folgenden Grundgedanken: Im Schöpfungsglauben erhält auch die außermenschliche Kreatur ihren Sinn. Neben dem Beherrschen (Genesis 1,28) spricht die Bibel vom Bebauen und Behüten (Genesis 2,15) des menschlichen Lebensraumes. Das besagt eine *aktive* Verantwortung für die Mitgeschöpfe. »Beherrschen und Behüten sind also keine Gegensätze, sondern ergänzen sich. Die Geschöpfe haben ihren Eigenwert, sie sind voneinander abhängig, füreinander wichtig (vgl. Psalm 104)... Die anderen Geschöpfe sind *für* den Menschen da, aber der Mensch ist nur *mit* ihnen da.«[15] Obgleich dieses Miteinander von der Negativität einer sündhaften Menschenwelt geprägt ist, bleibt der Mensch verpflichtet, diese Schöpfung trotz aller Vorläufigkeit und Risiken zu einem neuen »Paradies« zu machen. »Das Ende dieser Welt dürfen wir nicht herbeiführen, es ist Sache Gottes. Ebenso ist ihre Vollendung Sache Gottes. Unsere Sache aber ist es, Welt so zu beherrschen und zu behüten, daß sie wahrhaft Zeichen der Hoffnung ist.«[16] Konkret beinhaltet eine solche Ethik auch den Schutz der Arten und die Schonung der Tiere.

> »Wir sind verpflichtet, den Grundbestand der Schöpfung in seinem ganzen Reichtum zu wahren. Sicher ist der Mensch darauf angewiesen und dazu berechtigt, von den Vorräten dieser Erde, auch von den Pflanzen und Tieren, zu leben. Im Unterschied zum Menschen als Personwesen haben Pflanzen und Tiere kein unantastbares individuelles Lebensrecht. Wohl aber gehört die Vielfalt der Arten in Pflanzen- und Tierwelt zu jenem Grundbestand der Schöpfung, den der Mensch als Beherrscher und Gestalter dieser Welt zu hüten hat. Dabei geht es nicht bloß um das Belassen von Einzelexemplaren, also um etwas wie eine Arche Noach, in welcher der Mensch einen Rest von Schöpfung gegen eine von ihm selbst veranstaltete Sintflut schützte. Nein, die pflanzlichen und tierischen Arten brauchen Lebensraum, in dem sie sich entfalten. Das Lebendige soll leben können, nicht nur um der Nützlichkeit für den Menschen willen, sondern um der Fülle, um der Schönheit der Schöpfung willen, einfach um zu leben und dazusein. Natur ist von Natur aus immer verschwenderisch. Wer nur nach Gesichtspunkten der Nützlichkeit fragt, verstößt ungeahnt und ungewollt oft genug auch gegen die der Nützlichkeit... Wir Menschen sind berechtigt, Leistungen und Leben der Tiere in Anspruch zu nehmen. Es ist jedoch nicht zu verantworten, daß Tiere, die fühlende Wesen sind, ohne ernste Gründe, etwa bloß zum Vergnügen oder zur Herstellung von Luxusprodukten, gequält und getötet werden.«[17]

Damit ist in deutlicher Sprache für den (katholischen) Christen eine artgrenzenüberschreitende, aus einer Spiritualität der Schöpfung lebende Ethik vorbildlich formuliert worden. Eine Art Kompendium dieser Ethik stellt die 1985 erschienene Schrift

»Verantwortung wahrnehmen für die Schöpfung. Gemeinsame Erklärung des Rates der Evangelischen Kirche in Deutschland und der Deutschen Bischofskonferenz« dar. Sie nimmt in prägnanter Form Stellung zum gesamten Spektrum des Ökologieproblems, das als ethische Herausforderung sehr ernst genommen wird. (Ein ausführliches Stichwortverzeichnis erschließt die zahlreichen Aspekte und Konnotationen.) An den fünf Kapitelüberschriften läßt sich ablesen, wie umfassend diese Ethik *für* die Schöpfung Stellung bezieht: Die Umwelt und ihre Ursachen; Bisherige Lösungsversuche und Fehlentwicklungen; Das Ökologieproblem als ethische Herausforderung; Die christliche Botschaft von Schöpfung, Erlösung und Vollendung der Welt; Forderungen für ein neues Denken und Handeln.

Eine solche ökologische Ethik weiß sich verantwortlich für die gesamte Schöpfung. Es geht um ein Umdenken, das einen Ernst in konkretem Verhalten realisiert. Daher »muß es zu einer Kehrtwendung, zu einem neuen Denken und Handeln und zu einer Horizonterweiterung kommen. Der Beitrag der Christen zur Bewältigung der ökologischen Probleme besteht vor allem darin, jenes neue Denken anzustoßen, das zu einem sensibleren Verhältnis der Menschheit zu Welt, Geschichte und Natur führt. Es kommt darauf an, die Natur so zu ›regieren‹, daß sie nicht zerstört wird. Dafür müssen alte Fähigkeiten des schonenden Umgangs neu eingeübt werden.«[18] Für eine konkrete Handlungsethik resultiert aus dem Schöpfungsglauben die Pflicht, »die Welt als Gleichnis Gottes zu verwalten und zu erhalten.«[19] Ein neuer Lebensstil und ein grundlegendes Umdenken sollen in jedem Christen realisiert werden, wobei der Dialog mit anderen engagierten Gruppen zu begrüßen ist. Gefordert werden weiter »eine Hinwendung zur Mäßigkeit, Bescheidenheit, Lebensdisziplin, Naturnähe, Mitmenschlichkeit (Solidarität mit den armen Völkern der Dritten Welt)«.[20] Als äußerst bedeutsam kann die Förderung einer Umweltpädagogik angesehen werden wie auch die einer sozialen Marktwirtschaft, welche sich ökologisch verpflichtet weiß, was dann wiederum Konsequenzen für politisches Handeln haben wird.

Solche Ethik bedeutet für die Kirche dann weiter, daß sie ihre Institutionen (Predigt, Erwachsenenbildung, Medien etc.) so einsetzt, daß dieser ethische Lernprozeß von den Menschen verinnerlicht und konkret gelebt werden kann. Allerdings ist dieses

Umdenken kein Freibrief für Schwärmertum. Im Gegenteil: Der Christ weiß sich hier bestimmt von einer sehr realistischen und nüchternen Weltverantwortung (vgl. 2 Korinther 4,7ff.).

Diese Gesamtperspektive des christlichen Glaubens und Hoffens ist also nicht individualistisch geprägt, sondern sie hat ein zutiefst welthaft-universales Selbstverständnis. Der gottgewollten Gestaltung und Umformung der Welt als Mitarbeit an Gottes Schöpfungsauftrag (»Werdende Gottesherrschaft«) kommt entscheidende Bedeutung zu.[21] Göttliche und menschliche Freiheit haben sich als Partner in den Dialog einer Bundesgeschichte zusammengefunden. In der Freiheit dieser Geschichte hat Gott dem Menschen die Umgestaltung und Vervollkommnung der Schöpfung zur Aufgabe gemacht. Ethisches Handeln erhält einen universalen, artgrenzenüberschreitenden Horizont. Für die Hoffnung des Christen schließt das die end-gültige Aufnahme der menschlich-kreatürlichen Geschichte in die Wirklichkeit Gottes mit ein. Verantwortung für die Schöpfung begründet sich also auch von deren Ziel her.

Der Mensch ist in dieser tätigen Verantwortung vor dem Schöpfer ein Mitschöpfer, der zur Vollendung der Welt beiträgt. Und »die ganze Schöpfung, die Gott um des Menschen willen schuf, wird von der Knechtschaft der Vergänglichkeit befreit sein«.[22] Am Ende der Zeit aber wird »Gott sein alles in allem« (1 Korinther 15,28; vgl. Sacharja 14,9).

Anmerkungen

1 Als gut verständlicher Überblick geeignet: B. Hassenstein, Tier und Mensch, in: F. Böckle u. a. (Hrsg.): *Christlicher Glaube in moderner Gesellschaft*, Bd. 3, Freiburg 1981, S. 130–158 (S. 156ff.: Lit.!).

2 Dazu die Beiträge in: L. Scheffczyk (Hrsg.): *Der Mensch als Bild Gottes*, Darmstadt 1969.

3 Vgl. W. Kluxen: Moralische Aspekte der Energie- und Umweltfrage, in: A. Hertz u. a. (Hrsg.): *Handbuch der christlichen Ethik*, Bd. 3, Freiburg u. Gütersloh 1982, S. 379–424, hier bes. S. 402–415: Die Frage nach der Ökologie und der ökologischen Ethik. Eine Vertiefung dieser Fragen findet sich im wichtigen Werk von A. Auer: *Umweltethik. Ein theologischer Beitrag zur ökologischen Diskussion*, Düsseldorf 1984. Ferner K. Hilpert: Verantwortung für die Natur. Ansätze zu einer Umweltethik in der gegenwärtigen Theologie, in: *Theologie und Philosophie* 60 (1985), S. 376–399.

4 Zur Komplexität heutiger christlicher Moralbegründung überzeugend: H. Schlögel: *Kirche und sittliches Handeln. Zur Ekklesiologie in der Grundla-*

gendiskussion der deutschsprachigen katholischen Moraltheologie seit der Jahrhundertwende, Mainz 1981.

5 Vgl. C. Westermann: *Genesis, I. Teilband, Genesis 1–11,* Neukirchen-Vluyn 1974, S. 618–628 zu Gen 9,1–7; dort auch Lit.

6 Westermann: *Genesis,* S. 623.

7 Zur Exegese: R. Pesch: *Das Markusevangelium, I. Teil,* Einleitung und Kommentar zu Kap. 1,1–8,26, Freiburg ³1980, S. 283–395; S. 295 Lit.!

8 Quellenbelege in: Pesch: *Markus,* S. 290f.

9 Quellenbelege in: H. Schürmann: *Das Lukasevangelium, I. Teil,* Kommentar zu Kap. 1,1–9,50, Freiburg 1969, S. 484f.

10 Das »Handwerkszeug« für diese Arbeit am Text in: H. Zimmermann: *Neutestamentliche Methodenlehre. Darstellung der historisch-kritischen Methode.* Neubearbeitet von K. Kliesch, Stuttgart ⁷1982.

11 Als guter Überblick hierzu: P. Navè Levinson: *Einführung in die rabbinische Theologie,* Darmstadt 1982, S. 88–120; dort bes. S. 108–110: Umweltschutz, S. 110–113: Die Pflanzen, S. 113–120: Mensch und Tier. Der gegenwärtige Diskussionsstand zwischen Juden und Christen um eine universale Ethik findet sich in W. Breuning/H. Heinz (Hrsg.): *Damit die Erde menschlich bleibt. Gemeinsame Verantwortung von Juden und Christen für die Zukunft,* Freiburg 1985.

12 Vgl. M. Landmann: *Das Tier in der jüdischen Weisung,* Heidelberg 1959; darin S. 109–124: Ausblick auf das Christentum.

13 Z. B. in den Artikeln 33–39, die von der Vollendung der Welt handeln. Vgl. W. Klein: *Teilhard de Chardin und das zweite Vatikanische Konzil. Ein Vergleich der Pastoral-Konstitution über die Kirche in der Welt von heute mit Aspekten der Weltschau Pierre Teilhards de Chardin,* Paderborn 1975.

14 Kostenlos erhältlich vom Sekretariat der Dt. Bischofskonferenz, Kaiserstraße 163, 5300 Bonn 1.

15 Op. cit. 10.

16 Op. cit. 11.

17 Op. cit. 17. Zur Diskussion auch Nr. 2 der *Zeitschrift für Evangelische Ethik* 1985 (Bd. 29). Darin finden sich folgende Beiträge zum Thema: C. West: Verantwortung für die Schöpfung (S. 147–159); G. Liedke: »Tier-Ethik« – Biblische Perspektiven. Ein Bericht (S. 160–173); E. R. Weibel: Der ethische Konflikt des Tierversuchs (S. 174–189); G. Weinschenck: Ethik und Ökonomik landwirtschaftlicher Tierhaltung (S. 190–203); Dokumentation: Ethische Anforderungen an die Durchführung von Tierversuchen (Aus: *›Ethische Grundsätze und Richtlinien für wissenschaftliche Tierversuche‹ der Schweizerischen Akademie der Medizinischen Wissenschaften und der Schweizerischen Naturforschenden Gesellschaft*) (S. 204–206); ferner zwei Texte der EKD (S. 206–209).

18 Op. cit. 39.

19 Op. cit. 40.

20 Op. cit. 44.

21 Vgl. dazu P. Henrici: Endverheißung und menschliche Zukunft, in: *Internationale Katholische Zeitschrift »Communio«* 9 (1980), S. 244–252, bes. S. 246.

22 *Pastoralkonstitution Gaudium et Spes* Nr. 39, mit Hinweis auf Röm 8,19–21.

Ebermut Rudolph

Christlicher Glaube und Mitgeschöpflichkeit

Sich durch »Fragen eines Ungläubigen« provoziert zu fühlen, erfordert für den – gläubigen – Christen beinahe Willenskraft. Der sogenannten Herausforderungen an Kirche(n), Theologie sowie persönliche Gläubigkeit waren in den vergangenen Jahren und sind heute in der Gegenwart zu viele, um wirklich *verkraftet* zu werden. Zudem treten Fragen ins Blickfeld, die vergangenen Generationen in diesem Ausmaß unbekannt gewesen sein mögen. Die Fragen etwa: Nach welchen Kriterien bemißt sich der Grad der Gläubigkeit oder der Ungläubigkeit? Geht es, wie manche früher meinten, beim Glauben um das Fürwahrhalten bestimmter Lehrmeinungen? Oder nicht doch viel mehr um eine Frage der persönlichen Ent-Scheidung? Dies jedenfalls beinhaltet das deutsche Wort Glauben im Sinne eines Gelobens (niederländisch: geloof *in*...). Ginge es einzig und allein um die Einstellung transzendent-metaphysischen Glaubens-Lehren gegenüber, so könnte man dem Initiator des vorliegenden Sammelbandes seine »Ungläubigkeit« noch abnehmen. Da sich darin aber echtes Christentum keinesfalls erschöpft, da zum Hören der Botschaft die Konsequenz der *Tat* hinzutritt (vgl. Jakobus 1,21: Seid Täter des Wortes und nicht Hörer allein) möchte man einem so leidenschaftlich in einem eminent christlichen Bereich wie dem der Umwelt-Verantwortung Engagierten wie Holger Schleip mindestens eine Halb-Gläubigkeit zubilligen. Im Wort-Sinne des Glaubens als eines sich einer Person (Gott, Christus...) oder einer ganz bestimmten verantwortlichen Tätigkeit An-Gelobens hingegen übertrifft Schleip die große Mehrzahl von im traditionellen Sinne Gläubigen so erheblich, daß es zu einer von ihm insgeheim wohl gewünschten leidenschaftlichen Auseinandersetzung, einer Polarisierung der Standpunkte eigentlich gar nicht kommen *kann*.

Gläubige und Ungläubige – beides im traditionellen Sinne gesehen – stehen heute in Wirklichkeit Seite an Seite in Konfrontation mit den großen Übeln unserer Tage: Lethargie, Verantwortungslosigkeit, Hang zur Selbstvernichtung der Menschheit und zur totalen Zerstörung unserer Umwelt. Was früher leidenschaftliche Kontroversen ausgelöst haben mochte, hat inzwischen eher den Charakter des kollegialen Gedankenaustausches angenommen – was keinesfalls heißen soll, daß Denkvoraussetzungen etwa gleichgeschaltet wären und zu nivellieren seien.

Zur Begründung christlicher Umwelt-Ethik

Wenn ich als Christ heute – angesichts einer ganz offensichtlich mit D-Zug-Geschwindigkeit dem Abgrund des Verderbens entgegenrasenden Menschheitsentwicklung – nach Weisung zu angemessenem Verhalten Ausschau halte, muß ich mich auf die *Grundlagen* meines Glaubens besinnen. Sind es die Aussagen einer als richtungsweisend anerkannten Heiligen Schrift? Ist es ein persönliches Gottvertrauen? Ist es das eigene, an den Erfahrungen dieses Lebens ebenso wie an den Aussagen der eben genannten Heiligen Schrift geschulte Verantwortungsbewußtsein, unsere (freilich immer begrenzte) Fähigkeit zu ethischem Denken und Handeln? Kurz, welches ist der Angelpunkt, an welchem der Glaube mit seinen praktischen Konsequenzen anzusiedeln ist, jener archimedische Punkt, von welchem aus neue Einsichten möglich, drohendes Verhängnis möglicherweise wenn nicht abzuwenden, so doch einzuschränken wäre?

»Wenn dein Wort nicht mehr gelten soll, worauf soll der Glaube ruhn? Mir ist nicht um tausend Welten, aber um dein Wort zu tun...«, bekannte der Kirchengründer und Liederdichter Nikolaus Ludwig Graf von Zinzendorf (1700–1760) vor rund einem Vierteljahrtausend. Ohne das *Wort* geht es für einen Christen auch heute nicht. Ohne Bindung an dieses Wort Gottes hinge christliche Ethik im luftleeren Raum, wäre in Gefahr auszutrocknen und zur modischen Mit-Menschlichkeit abzusinken.

Altes Testament:

Schleip tut gut daran, wenn er – wie die Theologen – die Heilige Schrift der Christen (für die Juden ist nur das Alte Testament verbindlich) durchleuchtet und nach Hilfen befragt. Freilich erscheint Vorsicht geboten im Blick auf eine mögliche Überbewertung einzelner Bibelstellen; das wird deutlich bei der Besprechung des – ungenau zitierten – Prediger Salomo, 3,19–21, wo von Analogien zwischen menschlichem und tierlichem Schicksal die Rede ist, aber doch mehr im negativistischen Sinne. Hier handelt es sich kaum um das, was man als »Wort Gottes« ansprechen könnte, sondern vielmehr um skeptische Reflexionen aus jüdischer Spätzeit, ohne imperativische Verbindlichkeit für das Leben des Gläubigen.

Hilfreicher erscheint in diesem Zusammenhang der Psalter, in dem *Schöpfungsbejahung* anstelle eines skeptischen Pessimismus das Wort erhält: In Psalm 8 (als Verfasser ist König David genannt) wird Gott gepriesen um der Herrlichkeit seiner Schöpfung, des Himmels, des Mondes und der Sterne willen. Der Mensch erscheint als »wenig niedriger... denn Gott«, als das gewissermaßen, was man später in der Umgangssprache die »Krone der Schöpfung« nannte; ab hier wird es freilich bereits wieder problematisch: Alles übrige ist »unter seine Füße getan: Schafe und Ochsen... dazu auch die wilden Tiere, die Vögel unter dem Himmel und die Fische im Meer...« (Vers 7–9). Wir begegnen einer Anschauung, von der auch Genesis I, Vers 28 geprägt erscheint: der Mensch als Statthalter Gottes auf Erden, wobei zu fragen ist, was wohl schwerer ins Gewicht fällt: die *Herrschaftsbefugnis* des Menschen *über* die Natur und ihre Wesen – oder seine *Verantwortung* beiden gegenüber. Beides ist nicht voneinander zu trennen: Der Triumph des Menschen als Beherrscher der Natur aber dürfte ursprünglich schwerer gewichtet sein. Genesis I (der sogenannten Priesterschrift zugerechnet) mag um die Mitte des ersten vorchristlichen Jahrtausends entstanden sein, möglicherweise unter den frommen Juden im babylonischen Exil. Reichliche vier Jahrhunderte älter ist das zweite Kapitel der Bibel, in der die Schöpfung auf andere Weise erzählt wird: der Mensch, noch unbeweibt, gesellt sich den Tieren als Partner zu, gibt einem jeden Tier seinen Namen, stellt damit Verbindung her, markiert aber gleichzeitig seine Andersartigkeit, allerdings keinesfalls im negativen Sinne eines Despotentums.

Gotteslob und das Wissen um Mitgeschöpflichkeit gleichermaßen sprechen auch aus dem Buche Hiob, Kapitel 38–40, vor allem aber aus Psalm 104, in dem sich Anklänge an den Sonnenhymnus des ägyptischen Königs Echnaton finden. »Alles wartet auf dich«, sagt der Psalmist, »daß du ihnen Speise gebest zu seiner Zeit. Wenn du ihnen gibst, so sammeln sie; wenn du deine Hand auftust, so werden sie mit Gut gesättigt. Verbirgst du dein Angesicht, so erschrecken sie; nimmst du weg ihren Atem, so vergehen sie und werden wieder zu Staub.« (Vers 27–29) Ähnliches ist anderswo vom Menschen ausgesagt: »Ein Mensch ist in seinem Leben wie Gras, er blühet wie eine Blume auf dem Felde; wenn der Wind darüber geht, so ist sie immer da, und ihre Stätte kennet sie nicht mehr. Die Gnade aber des Herrn währet von Ewigkeit zu Ewigkeit über denen, die ihn fürchten, und seine Gerechtigkeit auf Kindeskind...« (Psalm 103,15–17).

Ausgangspunkt unserer Reflexionen über das Verhalten des Menschen den Tieren gegenüber hat die Erkenntnis zu sein, daß beide dem *gleichen Schöpfer* ihr Dasein verdanken, daß beide nur eine *begrenzte Zeit* auf dieser Erde zu verbringen haben und daß beide *leidensfähig* sind (vgl. dazu auch Sprüche 12, Vers 10: »Der Gerechte hat Verständnis (auch) für sein Vieh; das Herz des Gottlosen aber ist unbarmherzig.« Dazu ein fränkisches Sprichwort: »Wenn sich ein Bauer bekehrt, dann merkt es auch das Vieh im Stall.«)

Das Alte Testament spart darüber hinaus keineswegs mit positiven *Einzelanweisungen.* So soll man am Sabbat auch den Tieren ihre Ruhe gönnen (2. Mose 23,11) oder dem dreschenden Ochsen während der Arbeit nicht das Maul verbinden (5. Mose 25,4). Eine Reihe anderer auf den ersten Blick tierfreundlich erscheinender Gebote, so Ochs und Esel nicht vor den gleichen Pflug zu spannen (5. Mose 22,5), das Böcklein nicht in der Milch der Mutter zu kochen (1. Mose 23,10; 34; 26; 5. Mose 14,21) u. a. mögen eher auf uralte religionsgeschichtliche Tabu-Vorstellungen zurückgehen, auch dann,wenn sie in der spätjüdischen Literatur bereits tierfreundlich gedeutet werden.

Die zwischen Mensch und Tier gleiche bzw. analoge *Leidensfähigkeit,* durch Verhaltensforschung und moderne Tierpsychologie immer wieder betont, hat als einer der Ansatzpunkte artgrenzenüberschreitender Ethik aus biblischer Sicht zu gelten, wobei biblische Aussage und wissenschaftliche Erkenntnis einander ergänzen. Zwar wissen wir, daß unsere Erde keinesfalls ein und alles in Gottes Schöpfung ist, ja nicht einmal mehr als deren Mittelpunkt gelten kann. Wir wissen auch, daß trotz des versöhnlichen Endes der Sintflutgeschichte, als Mensch und Tieren die Möglichkeit eines Neuanfanges gegeben wird (1. Mose 9,8–13), als Gott seinen Bund mit ihnen schließt, »Himmel und Erde« einmal »vergehen werden« (Matthäus 24,35) und allein das Wort Gottes, das Wort des erhöhten Christus, Bestand haben wird; dieses Wissen aber darf nie und nimmer im Sinne eines Laissez-faire, eines Die-Hände-in-den-Schoß-Legens mißverstanden werden. An dieser Stelle gilt es bereits auf das Martin Luther zugeschriebene Wort hinzuweisen: »Und wenn ich wüßte, daß morgen die Welt unterginge, so würde ich doch heute noch ein Apfelbäumchen pflanzen…«

Im Grunde zielt bereits das Alte Testament, angefangen bei den verschiedenen Schöpfungsberichten (I. Mose 2; I. Mose 1) über die Sintflutgeschichte von der Rettung und Bewahrung eines Grundbestandteils der alten Schöpfung zum Entstehen einer neuen (I. Mose 7–9) auf ein Dennoch des sich der Schöpfung gegenüber verantwortlich fühlenden Menschen hin: eines Menschen, der wohl weiß, daß er sich ständig an einem gefährlichen Abgrund entlang bewegt, der aber alles tun wird, um nicht von sich aus in diesen Abgrund zu stürzen und dabei große Teile der Schöpfung mit sich zu reißen. Der Lobpreis Gottes im Psalter (Psalm 8, Psalm 104 und andere) sowie im Buche Hiob (Kapitel 38–41) ist ständiger Aufruf an den Gottesfürchtigen schlechthin, sich bei aller menschlichen Verschiedenheit solidarisch zu wissen mit der Vielfalt des Geschaffenen, im Gotteslob wie in der Bewältigung, aber auch dem Erleiden irdischen Schicksals. Die Frage, was nach dem Ende irdischen Lebens komme, von Prediger 3,19 ff. eher pessimistisch beantwortet, kann durchaus in diesem Zusammenhang miterörtert werden, ohne aber typisch zu sein für den Aussagenreichtum des Alten Testamentes. Lethargie ist das Gegenteil von Welt-, und somit auch Umwelt-Verantwortung, welche Mitmenschlichkeit ebenso beinhaltet wie *Mit-Kreatürlichkeit*.

Neues Testament

Seit vielen Jahrzehnten beklagen Tierschützer, daß über das Verhältnis Jesu den Tieren gegenüber in den Evangelien nicht allzuviel zu lesen sei, daß dieser kaum Weisungen zum Umgang des Menschen mit den Tieren gegeben habe. Diese Klage ist verständlich. Dazu wäre allerdings zu bemerken, daß in den vier Evangelien, abgesehen von der mehr legendären Schilderung von Jesu Geburt (Lukas 2) und dem Auftreten des zwölfjährigen Jesus in Jerusalem (Lukas 2,41–52), ein Zeitraum von maximal drei Jahren im Leben Jesu beschrieben wird, während die Schilderungen des Alten Testamentes weit über eintausend Jahre umspannen – von der Urgeschichte (Welterschaffung, Adam und Eva, Sintflut) und den Vätergeschichten (Abraham, Isaak, Jakob, Joseph, dessen Brüder und Söhne) dabei ganz abgesehen. Zudem waren Denken und Predigt des Jesus von Nazareth bestimmt vom Wissen um den ihm bevorstehenden Opfertod, wie auch um das Hereinbrechen des Reiches Gottes in alles irdische Sein, so daß es von daher verständlich erscheint, daß nicht alle Probleme, die uns heute auf den Nägeln brennen, in Ausführlichkeit behandelt werden. Was in den vier Evangelien des Neuen Testamentes zum Thema »Jesus und die Tiere« enthalten ist, ließe sich in folgenden Leitgedanken zusammenfassen:

1. Tierliches Sein ist Gleichnis für menschliche Gotteserfahrung: Zum Beispiel Matthäus 6,26: das Leben der Vögel unter dem Himmel als *Abbild der Fürsorge Gottes* für alle seine Geschöpfe, *besonders auch für den Menschen.*
2. Jesus als guter Hirte (Johannes 10) unter Rückgriff auf Psalm 23, den »Psalm vom guten Hirten«: verantwortlicher Umgang mit den uns anvertrauten Tieren als *Zeichen der Fürsorge Gottes, wiederum besonders für uns Menschen.*
3. Verantwortlicher Umgang mit den in unserer Gewalt befindlichen Haustieren wird vorausgesetzt: Besitz-Sicherung wie Fürsorge für die Kreatur sind engstens miteinander verbunden, vgl.: »Welcher ist unter euch, dem sein Sohn oder sein Ochse in den Brunnen fällt, und der ihn nicht sofort herauszieht auch am Sabbattage?« (Lukas 14,5, in anderen Handschriften auch »Ochse oder Esel...«)

Jesu Predigt wurzelt in der überwiegend tierfreundlichen Tradition seines Volkes, das einmal ein Hirtenvolk gewesen war. Daß Jesus, wie die Evangelien ihn schildern, offensichtlich nichts gegen ausgesprochen tierquälerische Praktiken gesagt habe, wird nicht allein von heutigen Tierschützern als Defizit empfunden. Aus Ägypten sind die Fragmente einer frühen koptischen Handschrift überliefert, die sich heute in der Pariser Nationalbibliothek befinden sollen. Nach dem Urteil des Herausgebers (Arnold, Quellen) handelt es sich dabei um ein »neben den Gleichnissen und Vergleichen Jesu... alleinstehendes Wort«, welches ganz offensichtlich Restbestand einer ursprünglich ausführlicheren Erzählung ist, denn anders hätte es sonst keinen Sinn:

> »Mensch, was schlägst du dein Tier? Wehe euch, daß ihr nicht hört, wie es zum Schöpfer im Himmel klagt und um Erbarmen schreit. Dreimal wehe aber über dem, über welchen es in seinem Schmerz schreit und klagt! – Schlage es niemals mehr, auf daß auch du Erbarmen findest!«

In der neuzeitlichen tierfreundlichen Literatur wird dieses Wort zumeist in den Zusammenhang einer Begebenheit gestellt, bei der Jesus, begleitet von seinen Jüngern, einem Eselstreiber begegnet, der sein Tier quält und sich dabei auf sein Eigentumsrecht beruft, welches von Jesu Jüngern bestätigt wird. Darauf aber läßt Jesus sich nicht ein, sondern verweist auf die Verantwortung des Menschen auch seinen leidenden Mitgeschöpfen, den Tieren, gegenüber.

Die legendären Schilderungen von Ochs und Esel an der Krippe stammen aus späteren Jahrhunderten, so schön sie anmuten und so sehr sie das abendländische Weihnachtsverständnis mit seinen Krippendarstellungen beeinflußt haben, besonders seit Franz von Assisi im Jahre 1223 mit Ochs und Esel zusammen im norditalienischen Grecchio Weihnachten feierte. Der Kirchenvater Hieronymus, der jahrelang in Bethlehem wohnte, verband die lukanische Christgeburtsgeschichte mit einem JESAJAS-Wort, unter Überspringung eines vollen Jahrtausends:

> »Ein Ochse kennt seinen Herrn, und ein Esel die Krippe seines Herrn, aber Israel kennt's nicht, und mein Volk versteht's nicht!« (Jesaja 1,3)

Wichtiger erscheint uns demgegenüber ein kurzer Vermerk des Evangelisten Markus (Kapitel I,13) über Jesus nach seiner Taufe durch Johannes im Jordan:

> »Und alsbald trieb ihn der Geist in die Wüste; und er war in der Wüste vierzig Tage und ward versucht von dem Satan und war bei den Tieren, und die Engel dienten ihm.«

Einige zeitgenössische Theologen vermögen in den »Tieren der Wüste« nichts anderes zu sehen als Attribute der Einsamkeit und Kulturferne. Das war nicht immer so. Bereits Ambrosius von Mailand (339–397), Verfasser eines »Sechstagewerkes«, einer ausführlichen Schöpfungstheologie, mit der er sich als auf der Höhe der naturwissenschaftlichen Bildung der Spätantike stehend auswies, bemerkt zu Markus 1, Vers 13:

> »Er (= Jesus) war zusammen mit den Tieren, und die Engel dienten ihm. Im einen erkenne ich einen charakteristischen Zug seines Erbarmens, im anderen einen Beweis seiner göttlichen Macht. Im Deinigen (= in deiner von ihm angenommenen Natur) liegt der Grund für seine Herablassung zu den Tieren, im Seinigen (= seiner Gottebenbildlichkeit) der Grund für seine Lobpreisung durch die Engel.«

Jesus zwischen Satan und Gottesboten, in großer Nähe zur außermenschlichen Kreatur, zu den Tieren – Ambrosius hat wohl richtig gesehen, wenn er den Heiland der Welt vor seiner Berufung zur Predigt des Gottesreiches gegenüber den Menschen bei der außermenschlichen Kreatur verweilen läßt. Legenden, die christliche Heilige (besonders Eremiten) des Mittelalters und der beginnenden Neuzeit in großer Nähe zu den Tieren der Wildnis zeigen, bei denen die verfolgten Wildtiere Schutz, Asyl suchen, mögen unbeschadet ihnen zugrundeliegender wirklicher Geschehnisse hier ihr Vorbild haben. Der volkstümlichen Erzählungen, in denen Tiere mit Jesus Leben und Leiden in Verbindung gebracht werden, sind Legion – angefangen beim Esel, der Maria mit dem Kinde auf der Flucht nach Ägypten trug und dafür – so sagt man in Malta – sein braunschwarzes Rückenkreuz verliehen bekam, bis hin zum Rotkehlchen, das mit seiner Brust versuchte, die Blutstropfen des am Kreuze Sterbenden aufzunehmen. Natürlich handelt es sich hier nicht um Aussagen einer »Heiligen Schrift«, eher um Deutungsversuche frommer Volksphantasie. Allerdings stellt sich die Frage: Würden einfache Menschen diese Geschichten wohl auch dann erfunden und weitererzählt haben, wenn sie nicht der festen Überzeugung gewesen wären, daß Jesus zutiefst *schöpfungsverbunden* und damit auch ein *Freund* aller fühlenden *außermenschlichen* Wesen gewesen wäre? Wohl kaum.

Bereits sogenannte apokryphe, d. h. nicht in den Kanon des Neuen Testamentes aufgenommene Schriften berichten, daß im Augenblick von Jesu Geburt Tiere und ihre Hirten wie erstarrt waren, bis die erlösende Kunde von der Christgeburt durch den Raum scholl. Menschen und Tiere werden auch anderswo in einer sehr engen Beziehung gesehen. Bereits dem Jesusknaben wird die Fähigkeit zugeschrieben, Spatzen aus Lehm zu kneten und diesen seinen lebenspendenden Atem einzuhauchen, so daß sie zu fliegen vermochten.

Die in den Kanon aufgenommenen neutestamentlichen Schriften sehen das Sterben Jesu in enger Beziehung zu seiner Umgebung, so wenn im Tempel der große Vorhang in zwei Teile zerreißt (vgl. etwa Markus 15,38), oder wenn darüber hinaus von einer Sonnenfinsternis berichtet wird (Matthäus 27,45; Lukas 23,44f.). Man wird bei dieser Vorstellung den Ausgangspunkt suchen müssen für Jesu, des Gottgesandten, innerste Beziehung zum Kosmos: Sein Sterben kann nicht isoliert betrachtet werden vom Geschehen der Umwelt. Der gesamte Kosmos, das heißt alles für uns Menschen Erfaßbare, ist betroffen von seinem Schicksal, von seinem Fortgang aus der unseren Sinnesorganen zugänglichen Welt.

Wenn Holger Schleip auf Seite 20 seiner Ausführungen bedauert, daß »von der Natur, von Pflanzen und Tieren« nur wenig die Rede sei im Neuen Testament, so wäre noch einmal auf das eingangs Gesagte zu verweisen. Dann aber geht Schleip auf sehr konkrete Vorfälle ein, etwa die Verfluchung des Feigenbaumes durch Jesus (Matthäus 21, Markus 11). Ob Jesus hier materialistisch handelte oder ob er seine Machtvollkommenheit über die von Gott, seinem Vater, ins Leben gerufene Schöpfung hat unter Beweis stellen wollen? Zuerst: die Verfluchung eines Baumes bis zu dessen Vernichtung ist zweifellos kein reiner Symbolakt gewesen. Möglichkeiten, in denen menschlicher Wille sich über natürliche Gegebenheiten erhebt, hat es zu allen Zeiten gegeben. Das Neue Testament will damit allerdings sagen: Bringst du, liebes Menschlein, nicht deine Früchte zu der Zeit, in der sie von *dir* erwartet werden, könnte es dir ähnlich gehen wie jenem Feigenbaum, der – so oder so – heute nicht mehr existent wäre.

Dennoch fühlen wir – Christen und Nicht-Christen – heute ein Unbehagen. An einem Auto oder einem Computer würde wohl jeder von uns die Demonstration einer Vollmacht, einschließlich aller pädagogisch-didaktischen Implikationen, akzeptieren können, einen Baum dazu auszuersehen aber würde wohl keinem mehr einfallen. Wenn es das allein wäre, was dem einen oder anderen den Zugang zu den tieferen Aussagen des christlichen Glaubens erschwert, so möchte ich hiermit im Namen von uns Christen jenen unglücklichen Feigenbaum um Verzeihung bitten. Wir Christen sind heutzutage wohl alle davon überzeugt: Jesus würde angesichts des verzweifelten Ringens der Schöpfung um ihr Überleben wohl keine Feigenbäume mehr verfluchen. Wahrscheinlich nicht einmal mehr Disteln und Dornen, die ebenfalls seit langem Mangelware geworden sind.

Ähnliches wäre zu sagen zur Austreibung der Dämonen, die von ein oder zwei besessenen Menschen in eine Herde von Schweinen einfuhren (Matthäus 8,28–34; Markus 5,1–20; Lukas 8,26–39). Dämonische Übersprünge von Menschen auf Tiere bei exorzistischen Handlungen werden auch heute noch berichtet. Insofern kann man wohl davon ausgehen, daß in den betreffenden Berichten der drei Synoptiker ein wahrer Kern enthalten ist, unbeschadet mancher Differenzen im Detail. Das ethische Problem, auf das Schleip aufmerksam macht (vgl. Seite 21): Ist es zu verantworten, die von einem oder zwei Besessenen ausgetriebenen Dämonen auf deren Wunsch hin in eine Vielzahl von Schweinen einfahren zu lassen, die sich daraufhin ins Wasser stürzten beziehungsweise von den unsauberen Geistern ins Wasser getrieben wurden?

Ganz sicherlich darf solches nie und nimmer der Regelfall sein bzw. werden. Richtig ist freilich, daß die Problematik des von Jesus erlaubten Übersprunges des Dämons in eine so große Schweineherde (nur Markus spricht allerdings von 2000 Schweinen, wohl in Analogie zum Namen des Dämons, der sich als Legion bezeichnet) von den Berichterstattern allenfalls auf der Ebene des Besitzrechtes gedeutet wird: Jesus macht sich keine

Freunde in dem heidnischen Land der Gerasener bzw. Gadarener. Man bittet ihn, die Gegend zu verlassen. Kernaussage ist, daß vor Gott und seinem Repräsentanten auf Erden die seelische Befreiung eines oder zweier von bösen Geistern geplagter Menschen unendlich wichtiger ist als noch so bedeutsam erscheinender irdischer Besitz, selbst der einer großen Schweineherde. Wobei nicht gänzlich übersehen werden darf, daß dem frommen Juden das Schwein seit jeher als unrein galt, da dieses in benachbarten Religionen zu kultischen Zwecken verwendet wurde – von daher auch das Verbot des Schweinefleischgenusses.

Gelebtes Christentum:

Wir vollziehen nun den Schritt aus neutestamentlicher Zeit ins hohe, christlich geprägte Mittelalter.

Über Franz von Assisi (1183–1226), Schutzpatron der Tierschutzvereine und seit einigen Jahren auch des Umweltschutzes, gibt es aus der Feder seines Biographen Thomas von Cellano einen ganz offensichtlich historischen Bericht, der sich aus der Vielzahl der tierfreundlichen Legenden über den Heiligen abhebt. Eine im Klostergarten untergebrachte »böse« Sau, die dort ganz offensichtlich nicht nur zu Demonstrationszwecken gehalten wurde, biß einem Lamme (Lieblingstier der Mönche und zugleich Symbol für den Gottessohn als das »Lamm Gottes«, welches »die Sünde der Welt hinwegnimmt« (Johannes 1,29)) eines Nachts die Kehle durch. Franziskus verfluchte die Mörderin – so wie Jesus den Feigenbaum. Das Tier begann zu verkümmern und starb. Keiner, der von seinem Kadaver hätte genießen mögen. Handelte Franziskus hier im Affekt? Wollte er ein Exempel statuieren? Tierfreunde mögen mit dieser Geschichte ihre Schwierigkeiten haben, doch gerade weil sie aus dem Rahmen der lieblichen Franziskuslegenden herausfällt, messen ihr Forscher einen hohen Wahrscheinlichkeitsgrad bei.

Zu Person und Auftrag des Franz von Assisi hingegen wäre zu sagen: Dem »alternativen« Mönch ging es ohne Zweifel um beides: einmal darum, auch die Tiere, besonders die Vögel, einbezogen zu sehen in den weltweiten Lobpreis Gottes, des Schöpfers. In diesem Zusammenhang sei verwiesen auf die Vogelpredigt des Franziskus in Bevagna, Norditalien, sowie auf die legendäre Fischpredigt seines Zeitgenossen und Ordensbruders, des heiligen Antonius von Padua, mit der die »Ketzer« die vermeintlich vom Glauben Abtrünnigen, beschämt werden sollten. Zum anderen aber ist das ganze Leben und Wirken des Franziskus von dem Gebot der *Barmherzigkeit* allen lebenden und fühlenden Wesen gegenüber geprägt. Dieses Barmherzigkeitsmotiv zieht sich durch alle mittelalterlichen Heiligenlegenden hindurch wie ein roter Faden. Im Umkreis der Heiligen setzen die harten Gesetze des Daseinskampfes aus. Feinde werden zu Freunden, wilde Bestien werden zahm, Menschen und Tiere erscheinen als Brüder. Berichte, nach denen Heilige Tiere töten, sei es um ihren Hunger zu stillen oder um die Stätte ihrer Bleibe von schädlichen Tieren zu befreien, etwa von Schlangen oder Skorpionen, sind demgegenüber selten. Viele Berichte über das Bemühen von Heiligen, mit den Tieren in eine Lebens- und Daseinsgemeinschaft zu gelangen, enthält die irische Heiligenvita. So soll um 530 der heilige Kyaran, ein Mitarbeiter in der Mission des heiligen Patrick, sogar mit Tieren in einem »Tierkloster« zusammengelebt haben.

Der mittelalterliche Heilige sieht sich in der Nachfolge Jesu von Nazareths und als dessen Repräsentant. Die theologische Deutung dieses friedlichen Miteinander zwischen Mensch und Tier gab das Mittelalter so: Durch den Gottesgehorsam der frommen Männer wird punktuell die Korruption der ursprünglich als gut gedachten Schöpfung zum Daseinskampf hin aufgehoben und der paradiesische Frieden der Anfangszeit wiederhergestellt. Der Heilige führt also das weiter und zur Vollendung, was in Lehre und Leben Jesu keimhaft bereits angelegt ist: Echte christliche Nächstenliebe strahlt weit über den menschlichen Bereich aus in einer praktizierten Theologie der »Mitgeschöpflichkeit« (vgl. u. a. Fritz Blanke; Adolf Köberle).

Als neuzeitliches Beispiel für die Einbeziehung eben dieser Mitgeschöpflichkeit auch in kirchliches Ritual kann, neben den in der katholischen Kirche seit Jahrhunderten geübten Tiersegnungen und Umritten, auf evangelischer Seite vielleicht die Kemptener »Kinderweihnacht mit kleinen Tieren«[1] angesehen werden, die zweierlei zum Ausdruck bringen sollte:

1. Zum Kinde in der Krippe dürfen wir alles mitbringen, was wir lieben, woran unser Herz, im guten Sinne, hängt: einmal im Jahr auch die uns nahestehenden Tiere.

2. Die Liebe des Kindes in der Krippe ist so groß, daß sie – recht verstanden – gar nicht an den Grenzen des menschlichen Bereiches ihr Ende finden *kann:* Sie strahlt weiter auch in den Raum des Zwischenkreatürlichen hinein, hat auch dort ihre verändernde Wirkung.

Die häufig gestellte Frage, ob Jesus denn *Vegetarier* gewesen, ob er gegen die Tötung von Tieren eingetreten sei, kann kaum positiv beantwortet werden, wie es sich viele Vegetarier wünschen. Es erbringt meines Erachtens wenig, wenn man heute versucht, Jesus zum Vegetarier zu machen. Auf Krücken dieser Art sollte man verzichten. Wenn ich Christ bin und mich als in der Nachfolge Jesu stehend weiß, dann darf ich über Einzelentscheidungen des irdischen Jesus hinaus, der auch ein Kind seiner Zeit gewesen ist, meine eigenen Entscheidungen fällen. Es geht ja heute längst nicht mehr allein um die Fragen: Tiertötung – ja oder nein? Vegetarismus – ja oder nein? Es geht darüber hinaus um die noch viel komplizierteren Fragen der qualvollen Tierversuche. Nicht nur ein Franz von Assisi, auch ein Jesus von Nazareth würde sich hier voller Grauen abgewendet haben; das kann man wohl mit Sicherheit sagen. Beide waren bereit, *selbst* Opfer zu bringen für diese Welt und ihre Geschöpfe.

Wir machen es umgekehrt; wir verlangen jedes Opfer von den *anderen,* unseren Mitgeschöpfen, um unseres eigenen Wohlergehens willen. Es mag Grenzfälle geben. Noch Albert Schweitzer, Arzt und zu persönlichen Opfern bereit, spricht von manchen Tierversuchen als einer »grausamen Notwendigkeit«. Mag dem sein wie es wolle – das Schlimmste ist heute, daß viele Experimentatoren keinerlei Grenze anerkennen wollen und ihren Experimentierdrang längst absolut setzen. Hier wird nicht nur Tieren oft gänzlich unnötig Qual zugefügt, hier wird darüber hinaus menschliche Würde korrumpiert, in ihr Gegenteil verkehrt. Das gleiche gilt für bestimmte Mastmethoden der modernen Landwirtschaft, in denen das Tier zur Maschine degradiert wird, seinen Stellenwert nur noch als fühllos gedachtes Objekt menschlicher Profitgier findet.

Wer Augen hat zu sehen und Ohren zu hören, der wird erkannt haben, daß mit der Industrialisierung von Tierquälereien gigantischen Ausmaßes ein Aussterben immer weiterer Tier- und Pflanzenarten und eine Degenerierung des Menschengeschlechtes einhergeht. Wir stehen am Abgrund. Ist es noch fünf Minuten *vor* zwölf? Oder hat die Stunde der Entscheidung bereits geschlagen – unwiderruflich? Bereits am Beispiel des Baum- und Waldsterbens, der Zerstörung von Böden und Gewässern wird die Schwierigkeit deutlich, hier noch eine sichere Antwort zu geben.

Aspekte der Hoffnung in der Heiligen Schrift

Der Zwiespalt zwischen der Verheißung für die Schöpfung und den Leiden des einzelnen Geschöpfes war bereits den Autoren des Alten Testamentes bewußt. In einer Zeit, die weder für Menschen noch für Tiere als rosig bezeichnet werden konnte, um das Jahr 720 v. Chr., als die Assyrer sich anschickten, gen Jerusalem zu ziehen, erlebte Jesaja, der größte unter den alttestamentlichen Propheten, seine gewaltige Vision vom Friedensreich des wiederkehrenden Messias, eines Sprosses des Hauses David (Jesaja 11). Gottlosigkeit und Chaos werden Glauben und neuer Ordnung weichen. Was aber das Erstaunlichste ist: auch der Daseinskampf zwischen den Kreaturen wird in einen *ewigen Frieden* münden: Wölfe und Lämmer, Leoparden und Böcke werden friedlich zusammen liegen, Kühe und Bären auf die Weide gehen, Löwen aber Stroh essen wie die Ochsen. Kleine Kinder werden mit jungen Löwen umgehen wie mit Kälbern, ein Säugling wird nicht mehr von der Schlange gebissen werden und ein Heranwachsender nicht länger vom Basilisken.

Freilich, von einem allgemeinen *Vegetarismus* unter den Menschen scheint auch hier nicht die Rede zu sein; wozu sollte ein Knabe dann noch Mastvieh auf die Weide treiben? Und auch Ochsen sind ja wohl Tiere, bei denen der Mensch recht einschneidende Eingriffe vorgenommen hat – und dieses nicht zu deren Gunsten. Dennoch: es verbleibt Erstaunliches, genug, um eine totale Veränderung auf dieser Erde zu erwarten. Daß es zu wenig wäre, den Frieden zwischen Menschen und Tieren auf dieser Erde lediglich in ein allegorisches Sinnbild für Völkerfrieden umzudeuten, ist anderseits die Auffassung des Marburger Alttestamentlers Otto Kaiser. Die Wurzeln für eine nahezu unstillbare Sehnsucht nach zwischengeschöpflichem Frieden reichen mit Sicherheit sehr viel tiefer. Sie können wohl mit dem latent verbliebenen *Schuldgefühl* des in tierliches Wohl und Leben so tief eingreifenden Menschen in Verbindung gebracht werden.

Schleip wendet sein Augenmerk einer neutestamentlichen Aussage zu, in der ebenfalls ähnliche Gedankengänge anzuklingen scheinen. Freilich nicht im Sinne eines irdisch vorgestellten zwischenkreatürlichen Friedens, sondern im Blick auf eine eschatologisch, d. h. *endzeitlich* ausgerichtete Veränderung im gesamten Kosmos. Im Römerbrief des Apostel Paulus, 8. Kapitel, Verse 19–22, stehen die inzwischen berühmt gewordenen Worte vom »ängstlichen Harren der Kreatur«, welche sich »nach Erlösung sehnt«. Wie Paulus seine Formulierung letztendlich gemeint hat, war umstritten. Bereits in der mittelalterlichen Tradition wurden diese Paulus-Worte im Sinne der *außermenschlichen* Kreatur gedeutet, so etwa von Thomas von Cellano in seinen Kommentaren zum Leben und Wirken des heiligen Franz von Assisi. Die Mehrzahl der neueren Exegeten vertritt die Ansicht, Paulus spreche von der gesamten sichtbaren, leblosen und lebendigen Schöpfung, vom Menschen abgesehen. Eine ziemlich extreme Gegenposition nahm lediglich der Tübinger Theologe Adolf Schlatter († 1938) ein, welcher die Verwendung des griechischen Wortes *»Ktisis«* für die »untermenschliche« Kreatur, ein Wort, das uns heute auf den Lippen einfrieren würde, als »unglaubliche Behauptung« ablehnte. Seinen Studenten soll er versichert haben, Paulus habe bei seinen Formulierungen mit Sicherheit »nicht an die Maikäfer« gedacht. Diese Sicherheit haben wir heute nicht mehr.

Wichtig zu wissen ist ganz sicherlich nicht allein, welche Bedeutung eine Aussage zur Zeit ihrer Fixierung gehabt haben mag, sondern auch, welches Gewicht sie in der gegenwärtigen Diskussion erhält. Halten wir uns stets vor Augen, wie *untrennbar* menschliches Schicksal gleichzeitig mit dem Ergehen der außermenschlichen Schöpfung verbunden ist, so muß es jedem ernsthaften theologischen Denker unserer Tage doch völlig unglaubhaft erscheinen, daß das Schicksal des *einen* Teiles einmal völlig losgelöst von dem des *anderen* Teiles entschieden werden könnte. Kurz: angesichts einer in zunehmendem Maße von immer mehr Lebewesen entblößten, in ihrem eigenen Unrat erstikkenden Welt *kann* auch dem Christen eine lediglich auf das menschliche Individuum bezogene Jenseits-Hoffnung keinen wirklichen Trost mehr bieten.

Erwägungen zu einer artgrenzenüberschreitenden Ethik – Möglichkeiten und Probleme

An dieser Stelle möchte ich Bezug nehmen auf das in einem positiven Sinne mißverständliche Wort »Natur-Religion« im Titel dieses Buches. Gerade von seiten christlicher Theologie müssen hier verschiedene Denkmodelle neu durch- und überdacht werden. Eine Natur-Theologie (es gibt heute eine ganze Reihe von Denkansätzen in dieser Richtung) ist natürlich etwas anderes als das, was man in der Religionswissenschaft gemeinhin unter Naturreligion versteht, den sogenannten Animismus nämlich, welcher Berge, Bäume, Quellen, Flüsse und vieles andere in unserer Umgebung als beseelt, ja als von Geistern bewohnt, versteht. Das alttestamentliche Judentum hatte einen harten Kampf zu führen gegen die ständig einwirkenden Versuchungen aus seiner heidnischen Umgebung, in der, wenn wir in Richtung Babylon blicken, sogar die Himmelskörper als Gottheiten verehrt wurden. Hierzu sagt das Judentum ein klares Nein, ausgesprochen etwa in Genesis 1,16f.: Gott macht die Gestirne und hängt sie wie ein Beleuchtungs-Installateur an die »Feste des Himmels«. Damit ist eine beinahe ironische Absage gegeben an alle Vergöttlichungstendenzen bei orientalischen Nachbarvölkern. Auch Sonne und Mond sind Werke Gottes, verdienen aus diesem Grunde sehr wohl Bewunderung, werden mit aufgerufen zu Gottes Lobpreis (Psalm 148,3: »Lobet ihn, Sonne und Mond!«), haben aber keinen Anspruch auf besondere eigene Verehrung. Allüberall in der Welt galten die hohen Berge als Sitz der Gottheiten und höheren Geister. Psalm 121 knüpft an diese Vorstellung an. Luther übersetzt: »Ich hebe meine Augen auf zu den Bergen, von welchen mir Hilfe kommt...« Gerade hier aber gerät der Reformator ins animistische Abseits. In Wirklichkeit wäre zu übersetzen: »Ich hebe meine Augen auf zu den Bergen. Von woher kommt mir Hilfe?« Die Antwort, gegeben in Vers 2: »Meine Hilfe kommt von dem Herrn, der Himmel und Erde gemacht hat«, und damit auch die Berge, aber eben nicht *»von«* den Bergen, auch nicht von irgendwelchen überweltlichen Wesen, die auf den Bergen hausen mögen! Das ist und bleibt der entscheidende Unterschied.

An dieser Feststellung läßt sich nicht rütteln. Aber nun zur Gefahr auf der anderen Seite: Gerade die Erkenntnis, daß *alle*

Naturobjekte Werke Gottes sind und keine Verehrung per se beanspruchen dürfen, hat dazu geführt, daß wir diese, mit verhängnisvollen Folgen, als etwas betrachtet haben, was uns »unter die Füße« getan worden sei (I. Mose 9,3; wörtl.: Psalm 8,7). Es wird mir unvergeßlich bleiben, wie mich 1964 der China-Lama, der nepalesische Vertreter des Dalai Lama in Kathmandu, einmal fragte, warum denn unsere Sportler unbedingt auf alle ihre Berge klettern müßten. Ich versuchte ihm das Motiv des sportlichen Ehrgeizes zu erklären. Der freundliche ältere Herr schüttelte lächelnd den Kopf und meinte, wie dem auch sei, so wie es meine Leute machten, sei es nicht richtig. Wenn man in den Raum eines anderen eintrete, dann klopfe man doch zuvor anstandshalber an die Tür. Der gläubige Tibeter ziehe sich, bevor er auf einen Berg steige, die Schuhe aus und spreche ein Gebet, denn in den Bergen wohnten die Götter und Geister. Natürlich muß diese Aussicht nicht von einem gebildeten Buddhisten geteilt werden, sondern gibt eher die Meinung der alttibetischen Bon-, einer Geisterreligion wieder. Dennoch kam ich mir für einen Augenblick ziemlich blamiert vor mit meiner europäisch-ehrfurchtslosen Weltanschauung.

Auch dann, wenn wir die Berge, Seen und Flüsse nicht mehr für Wohnungen von Göttern und Geistern halten, sind uns doch gerade die Pflanzen und Tiere als *Mitgeschöpfe* so nahe gerückt, daß wir ihnen die Beseeltheit als solche nicht abzusprechen vermögen. Auch Tiere haben eine *Seele!* Und in einem weiteren Sinne auch die übrige Schöpfung und die Erde, auf und *von* der wir alle leben. Franz von Assisi, der große »Alternative« des christlich-abendländischen Mittelalters hat uns gelehrt, von jeder »Fußtritt-Theologie« Abschied zu nehmen und wieder *mit* unseren Mitgeschöpfen zu fühlen und zu empfinden. Ganz sicherlich, weil auch diese auf die ihnen eigene Weise ihren Schöpfer, der unser *gemeinsamer* Schöpfer ist, loben und preisen. Aber doch auch deshalb, weil er in ihnen *mitleidende* Wesen gesehen hat, denen es beizustehen galt, wann und wo immer das nötig und möglich war.

Albert Schweitzer sollte später diese Einstellung hin zu seiner »Ehrfurcht-vor-dem-Leben«-Philosophie erweitern, deren tiefste Wurzeln er allerdings im vor-christlichen Bereich sieht, in einer intuitiv vorhandenen »Frömmigkeit..., die sich noch nicht mit Welterklärung umgeben hat oder sich nicht mehr mit ihr umgibt, sondern ganz aus innerer Notwendigkeit kommt und daher nicht nach dem Ende fragt«. Der bewußt lebende und empfindende Christ wird – wie vermutlich bereits Franz von Assisi – sein Umwelt-Verhalten nun freilich aus beiden Quellen gespeist und geprägt sehen wollen: aus seinem Wissen um die im Alten und Neuen Testament ausgesprochene *Mitgeschöpflichkeit*, wie auch aus seinem in sehr tiefen *Seelenschichten* wurzelnden *Mitempfinden* mit der außermenschlichen Kreatur.

Beide, Franz von Assisi wie Albert Schweitzer, und darüber hinaus ungezählte andere Christen, deren Namen weniger bekannt geworden sind, haben – um mit Schleip zu sprechen (siehe Seite 19) – »den Begriff des ›Nächsten‹ auch über die Artgrenzen hinweg ausgedehnt«: Franziskus, indem er Lämmer und Fische vor ihrer Tötung bewahrte, Schweitzer, indem er nicht allein Menschen, sondern auch Tiere behandelte, als erstes einen Pelikan, der seinen Flügel gebrochen hatte.

Als etwa zur Zeit der babylonischen Gefangenschaft das jüdische Volk in einen sehr engen Kontakt zu andersgläubigen Nachbarvölkern gekommen war, wuchsen seinen Frommen ganz neue Erkenntnisse zu. So konnte Jeremia (6. Jahrhundert v. Chr.) die Mahnung Gottes weitergeben: »Suchet der Stadt Bestes, dahin ich euch habe wegführen lassen« (Jeremia 29,7). In der klassischen Prophetie aber hatte sich in zunehmendem Maße die Vorstellung vom »heiligen Berg Gottes« durchgesetzt (Jesaja 11,9; Jesaja 25,6; und andere), an dem nicht nur die frommen Juden ihren Gott verehren würden, sondern darüber hinaus auch die anderen Völker, die man früher als »Heiden« bezeichnet hatte. Das ganze Buch Jona ist im Grunde eine polemische Auseinandersetzung mit der als überholt geltenden Vorstellung. Gott wolle allein die Juden erretten und alle anderen dem Verderben überantworten. Wir erinnern uns:

Der sicherlich fromme, aber etwas engstirnige Jona kommt seinem von Gott erhaltenen Auftrag, der sündigen Stadt Ninive Umkehr zu predigen, nur äußerst widerstrebend nach. Lieber wäre es ihm gewesen, die Erbfeinde würden mit Blitz und Donner in die Hölle fahren. Aber Gott redet ihm ins Gewissen und wirft ihm vor, daß ihn das Schicksal von nicht weniger als einhundertzwanzigtausend Menschen, die »nicht wissen den Unterschied, was rechts oder links ist«, also eigentlich gar nicht straffähig sein *können*, überhaupt nicht interessiere. Hier wird für immer die etwas atavistische Vorstellung von Jahwe, dem Herrn Israels, als einer Stammesgottheit verlassen: Gott gibt sich als derjenige zu erkennen, der er in Wirklichkeit ist, der Herr über die *ganze* Welt, der Gott *aller* Menschen. Aber damit nicht genug.

Im Buch Jona, Kapitel 3,7–8 wird beschrieben, daß auch das Vieh, zum Beispiel die Ochsen, an einem allgemeinen Bußfasten teilnehmen sollten. Menschen und Tiere werden hier sicherlich nicht als gleichberechtigt, wohl aber als in einer unauflöslichen Schicksalsgemeinschaft lebend gesehen, die bis in den religiösen Bereich hineinwirkt. Auch die Tiere werden also in jenen Akt praktizierter Reue mit hineingenommen, obwohl sie ja doch eigentlich gar nicht verstehen können, worum es geht, und warum sie für menschliches Verschulden mit-büßen sollen.

Besonders interessant aber ist das Ende des Jona-Buches, wo der Herr seinem etwas schwierigen Diener die Leviten liest: »Und mich sollte nicht jammern Ninives, solcher großen Stadt, in welcher sind mehr als hundertzwanzigtausend Menschen, die nicht wissen den Unterschied, was rechts und links ist, und dazu auch viele Tiere?« Letztes Wort Gottes also ist: »viele Tiere«. Wenn das keine artgrenzenüberschreitende Ethik ist – was dann?

Als im Jahre 390 der byzantinische Kaiser Theodosius in einem furchtbaren Akt grausamer Vergeltung für die Ermordung eines kaiserlichen Beamten um die 7000 nichtsahnender Einwohner der mazedonischen Stadt Thessalonich in den Zirkus locken und dort niedermetzeln ließ, zwang ihn der Kirchenvater Ambrosius von Mailand zu einem Akt öffentlicher Buße, bei welchem er am Weihnachtstage vor dem gesamten Volk seine schwere Schuld bekannte. Offensichtlich ist jener Kaiser tatsächlich in sich gegangen und dabei auch zu neuen Erkenntnissen ganz anderer Art gelangt. 391, also bereits im darauffolgenden Jahr, erließ er das Verbot öffentlicher Opfer mit der Begründung, es sei nicht statthaft, für menschliche Schuld ein »unschuldiges« Tier zu schlachten. Zwar keine Proklamation eines allumfassenden Schöpfungsfriedens, doch immerhin ein interessanter Schritt in diese Richtung.

Ich möchte hier nicht meine an anderem Ort[2] gemachten Ausführungen über den christlich-kirchlichen Beitrag zur neuzeitlichen Tierschutz-Bewegung wiederholen. Es mögen einige zusammenfassende Bemerkungen genügen:

1. Im 17. und 18. Jahrhundert wurde das Augenmerk frommer Kreise, so der englischen Quäker und anderer, mehr pietistisch geprägter Gruppen, auf die Analogie zwischen dem Schicksal der Sklaven und dem der geknechteten und geschundenen außermenschlichen Kreatur gelenkt. Die Parallelen wurden deutlich gesehen und Konsequenzen gezogen.
2. Sowohl in England als auch in Deutschland waren christliche Geistliche um die Wende des 18. zum 19. Jahrhundert aktiv bei der Gründung der ersten Tierschutzvereine beteiligt. Diese Rolle behielten sie noch weit bis ins 19. Jahrhundert bei. So gilt der Stuttgarter Erweckungspfarrer und Liederdichter Albert Knapp (1798–1864) laut Brockhaus als »Vater der deutschen Tierschutzbewegung«.
3. Heftigster und leidenschaftlichster Beitrag im Kampf um das Lebens- und Daseinsrecht der Tiere ist das Buch des inzwischen verstorbenen evang. Pfarrers Carl Anders Skriver »Der Verrat der Kirchen an den Tieren«, München 1967.

Derzeit finden ständig Tagungen und Kongresse zur Tierfrage an evangelischen und katholischen Akademien statt: Das Problem einer artgrenzen-überschreitenden Ethik ist weithin erkannt. Freilich, gemessen an dem *unendlichen Leid,* welches gerade unsere Generation in mannigfacher Gestalt über die Tierwelt bringt (Tierversuche, grausame Mastmethoden, Artenausrottung), sind diese zarten Ansätze einer notwendigen Neubesinnung noch nicht mehr als ein Tropfen auf einen heißen Stein. Dennoch wächst zunehmend die Einsicht, daß alles, was wir den Tieren wie auch der übrigen Schöpfung antun, so oder so auf uns Menschen zurückschlägt.

Die Frage des Herausgebers nach der Existenz von Ansätzen einer »nach unten gerichteten Ethik« im christlichen Glauben und kirchlichen Denken ist zu bejahen, vorausgesetzt, daß wir unsere Heilige Schrift nicht als ein Rezeptbuch für alle Wechselfälle (menschlichen und tierlichen) Lebens ansehen, sondern bereit sind, ihren Geist in uns aufzunehmen und gegebenenfalls in unseren Schlußfolgerungen weiter zu gehen, als etwa Jesus das zu seiner Zeit getan hat. Der Denkansatz über den menschlichen Bereich hinaus ist bereits im Alten Testament enthalten (siehe u. a. Jona 4,11). Die Konsequenzen werden vielfältig gezogen.

Vom Barmherzigkeitsstreben der christlichen Heiligen, besonders der Eremiten, bis hin zu einem Albert Schweitzer. In der Zeit von Frühaufklärung und Pietismus, besonders im englischen und deutschen Sprachgebiet, wurden moralische Verpflichtungen zunächst in der Sklavenfrage, sehr bald darauf aber auch in der Tierfrage gesehen. Grundeinsicht dabei war immer die Überzeugung, daß die große Liebe des göttlichen Kindes in der Krippe gar nicht an den Grenzen des innermenschlichen Bereiches enden *kann*, daß eine Erlösung letztendlich nicht nur *inhuman*, sondern zugleich *sinnlos* würde, wenn sie die übrige Schöpfung aus dem Blickfeld verlöre.

Freilich ist da noch ein weiteres, sehr viel schwerer lösbares Problem, das der geeigneten *Methode* der Umsetzung unserer Erkenntnisse in die Praxis. Dietrich Bonhoeffer (1906–1945), der im Konzentrationslager ermordete evangelische Theologe, spricht einmal von einer »Ethik des Erfolges«. Er möchte damit zum Ausdruck bringen, daß guter Wille allein nicht ausreichend ist bei der Begegnung mit einem schwierigen Problem. Hier sehe ich fast unlösbar erscheinende Fragen.

Der ganz konsequente Vegetarier etwa im Sinne Skrivers, der auch auf den Genuß von Eiern und Milchprodukten strikt verzichtet – weil daran ebenfalls tierliches Blut klebt –, geht am weitesten in der Dokumentation einer uns allen gemeinsamen Überzeugung, daß in dieser Welt, gemessen an christlichen, der Barmherzigkeit verpflichteten Maßstäben, etwas nicht in Ordnung ist. Der aus christlichen Wurzeln geborene Utopismus, unter Bezug etwa auf Jesaja (Kapitel 11) hat wohl eine ganz wichtige Funktion in dieser in Unordnung geratenen Welt, er besitzt *Bekenntnischarakter*, zwingt zum Nachdenken und zur Überprüfung eigener Positionen. Wohl jeder, dem es um das Wohl der Tiere geht, wird sich schämen ob mannigfacher eigener Inkonsequenz.

Andererseits stellt sich die Frage: Ist das Töten von Tieren heute wirklich das allergravierendste Problem? Oder ist es nicht noch schlimmer, daß wir den Tieren – vgl. Intensivmast – nicht einmal ein bißchen *Leben* gönnen, bevor sie aus ihrem Leiden erlöst werden? Die Frage stellt sich unausweichlich: Kann ich, der die Produktion tierlicher Produkte, von der Milch und den Eiern bis hin zu Schinken und Schnitzel grundsätzlich in Frage stellen *muß*, als Gesprächspartner von denen akzeptiert werden, von denen ich eine bessere Behandlung der Tiere fordere?

Das Problem der »in Netzen erstickenden Fische« wird in unserer Heiligen Schrift noch nicht berührt, und auch Jesus scheint diesen Umstand unreflektiert hingenommen zu haben. Heute wissen wir, daß auch die Fische sehr wohl seelische Regungen zeigen. Allerdings: können wir hoffen, daß etwa die Hochseefischerei sich tierschutzgerecht gestalten oder abschaffen lasse?

Derzeit drängt sich uns Christen die Frage auf, ob unser Glaube mit all seinem ihm zur Verfügung stehenden Ritual nicht doch merkwürdig stumpf und unterentwickelt geblieben ist im Blick auf Leiden und Tod der Tiere. Gleichzeitig wird uns aber die »Ethik des Erfolges« (Bonhoeffer) fragen lassen, *wo* es sinnvoll ist, bei dem Kampf für mehr Rechte der Tiere den Hebel anzusetzen. Gewiß wird diese Frage für verschiedene *Probleme* (zum Beispiel medizinische Tierversuche, moderne Masttierhaltung, Hochseefischerei) und verschiedene *Ebenen* (etwa privates Konsumverhalten, öffentliche Aktionen, gesetzgeberische Maßnahmen) differenziert zu beantworten sein.

Gottes Ebenbild?

Das Verhängnis des Tötens und Getötetwerdens wurde nicht von Menschen erfunden oder in diese Welt gebracht. Aber auch wenn man zugesteht, daß menschliches Leben in seiner Summe heute ohne das milliardenfache Opfer von Tieren nicht möglich erscheint, ist und bleibt das Töten lebender und fühlender Wesen eine offene Wunde am Leibe einer Religion, die sich als eine Religion der *Liebe* versteht.

Die alten Jäger wußten noch um die Problematik des Sterbenmüssens, um existieren zu können. Sie schufen eine Fülle von Entschuldungsriten gegenüber dem zu tötenden oder getöteten Mitgeschöpf. Der moderne Christ macht sich die Sache sehr viel einfacher. Er lebt in der Vorstellung, das Tier müsse eigentlich noch dankbar sein, wenn es um der »Krone der Schöpfung« willen sein Leben lassen dürfe. Ein für uns überaus bequemes Mißverständnis der dem Menschen in der Schöpfung zugedachten Rolle.

Seit mehr als zweieinhalbtausend Jahren findet sich im alttestamentlich- jüdischen wie später neutestamentlich-christlichen Raum die Vorstellung vom Menschen als dem Ebenbilde Gottes.

Vgl. dazu Genesis I,27: »Und Gott schuf den Menschen zu seinem Bilde; zum Bilde Gottes schuf er ihn.« Aus diesem Wort leitete der Mensch im christlich-abendländischen Kulturbereich seinen Anspruch ab, als »Krone der Schöpfung« gelten zu dürfen. Der Blick auf unsere Umwelt heute ruft zur Frage auf, ob denn wir Menschen nicht vielmehr von einer Krone zum Krebsgeschwür der Schöpfung geworden seien. Der Krebs verzehrt nach und nach den ganzen Organismus – und nur oberflächlich betrachtet dessen einzelne Organe. Von den sich krebsartig ausdehnenden Wüstenregionen unserer Erde, über die verschwindenden Regenwälder der Tropen, über die vielfach verseuchten Gewässer unserer Breiten bis hin zu den sterbenden Wäldern und Böden bietet sich unübersehbar Anschauungsmaterial in Fülle für den Argwohn, der Mensch könne seine Rolle als »Statthalter Gottes auf dieser Erde« falsch eingeschätzt haben. Hat der Schöpfer uns wirklich so gemeint, wie wir geworden sind? Ist der Mensch in seinem So-Sein gemeint, wenn er sich als Abbild Gottes sieht, oder handelt es sich hier nicht vielmehr um eine *Zielvorstellung*, eine Anschauung, die der Teilhard de Chardins nahekommen mag, der den Menschen von heute als eine Vorstufe zum *eigentlichen* Menschen sehen möchte?

Persönlich möchte ich an der Vorstellung vom Menschen als Abbild Gottes festhalten, diese aber *neu* zu interpretieren versuchen. Nicht der *herrschende* Gott, wie ihn die Priesterschrift des Alten Testamentes sieht, kann es sein, dessen Vasallen wir hier auf dieser Erde sein sollen. An diesem *Mißverständnis* droht heute die gesamte Schöpfung, soweit sie unseren Planeten betrifft, zugrundezugehen. Vielmehr ist es doch wohl der *leidende* Gott, der sich in allen jenen abbildet, die offenen Auges und blutenden Herzens an der Unerlöstheit dieses Äons tragen. Wir nennen ihn den *Christus*. Wer aber weiterhin am alten Bilde des die Kreaturen dieser Erde von oben her tretenden Statthalters Gottes festhalten möchte, sehe sich vor, daß er der Ebenbildlichkeit Gottes nicht endgültig verlustig gehe, weil diese Ebenbildlichkeit dann übergeht auf die *Leidenden* dieser Erde, Menschen gewiß zuvörderst, *Tiere* und *Pflanzen* jedoch nicht minder.

Rückkehr zur Menschlichkeit

Als Adam von Gott zu den Tieren geführt wurde, um diese zu benennen, erkannte er sich erstmalig als anderer, als *Mensch.* Menschsein ist ein Vertrauensposten oder war zu Beginn der Schöpfung doch als ein solcher gedacht. Wer einem anderen Wesen einen Namen gibt (I. Mose 2,19f.), distanziert sich einerseits von diesem, stellt allerdings gleichzeitig eine neue Beziehung zu ihm her. Indem er es als etwas *anderes* erkennt, macht er es sich doch wieder *vertraut.* »Du bist zeitlebens für das verantwortlich, was du dir vertraut gemacht hast«, sagt der Fuchs zum kleinen Prinzen bei Exupéry. Wir haben uns die Wesen dieser Welt vertraut gemacht und sind daher für diese verantwortlich wie für unsere kleineren Brüder. Leitgedanke unseres Handelns darf nicht länger das Vorherrschen eines wirtschaftlichen Prinzips sein, vor allem nicht dort, wo es sich um lebende und fühlende Wesen handelt. Die Alleinherrschaft dieses wirtschaftlichen Prinzips unter Ausklammerung der Stimme unseres Gewissens endet dort, wo wir heute stehen – in der *Inhumanität.* Wir brauchen eine neue Ethik, die in der Verantwortung gegenüber Schöpfer *und* Geschöpf gründet. Diese wurzelt in tiefer Ehrfurcht vor dem Leben als einer uns anvertrauten *Gabe.* Der bewußt lebende Christ weiß sich als Haushalter derselben in die vordersten Reihen jener gestellt, die um die Erhaltung dieser von Gott ins Leben gerufenen Schöpfung kämpfen.

Der bewußte Christ wird sich in innerster Verbundenheit denen zugeordnet wissen, die auf die eine oder andere Weise begonnen haben, *Zeichen* zu setzen: den Tierfreunden und Kämpfern für das Recht auch der Tiere; den Vegetariern, mögen ihre Bestrebungen auch noch so aussichtslos erscheinen; den Vivisektionsgegnern, mögen ihre Aktionen auch gelegentlich das Ziel verfehlen; den Tierschützern, sollten ihre Aktionen auch nicht frei sein von Mißverständnissen. Mögen in der großen Schar ihrer Anhänger auch manche schrulligen Originale sich tummeln. Welche Organisation, welche Bewegung auf dieser Erde wäre gegen diese Gefahr schon gefeit?

Christsein heute, im Blick auf eine allumfassende, den Kosmos einbeziehende Verantwortung vollzieht sich in zwei einander parallel laufenden Phasen: Den Blick auf das Ganze gerichtet, wird der Christ neben dem Menschen auch dessen Mitkreaturen bei allem, was er tut, im Auge haben. Er wird Zeichen setzen bereits als einzelner. Das kann beginnen, indem er bewußt diejenigen Produkte tierlicher Herkunft wählt, die, obwohl um ein weniges teurer, nicht der Intensivmast, der Batteriehaltung entstammen. Er wird, wenn er Bauer ist, dort eine Feuchtwiese lassen, einen Tümpel als Lebensraum erhalten, wo die anderen ihre letzte Wiese trockenlegen. Er wird dort, wo er den Zwängen der Zeit nicht glaubt entrinnen zu können, zumindest nach Wegen suchen, den Tieren ihr Schicksal zu *erleichtern.* Wenn die Idee der *Rückgewinnung der Menschlichkeit* auch in der Tierhaltung an Boden gewinnt, dann würde es für den einzelnen vielleicht sogar eines Tages auch wirtschaftlich vertretbar sein, ihr zu gehorchen. Was hilft es dem Menschen, wenn er seine Produktionen steigert von Jahr zu Jahr und darüber sein Gewissen verliert? Es wird dem einzelnen überlassen bleiben, seine Zeichen noch deutlicher, markanter zu setzen, etwa indem er auf Fleischgenuß überhaupt verzichtet, soweit ihm das möglich ist. Er sollte sich aber auch dann hüten vor einer Verunglimpfung derer, die ihm auf diesem Wege nicht folgen. Ziel aller jener, die um ein Höchstmaß an Menschlichkeit kämpfen auch für die Tiere, hat es zu sein, den gemeinsamen Weg so weit als irgend möglich zu gehen.

Die Zeichen, die der einzelne setzt, haben ihren Wert auch für das *Ganze,* die Gesellschaft. Ihre Gesamtheit ist als bewußtseinsprägend zu verstehen, sie könnte bis ins Wirtschaftliche hinein wirken, hat aber ihren Wert bereits in sich, woran immer zu denken ist, auch dann, wenn schnelle Erfolge nicht sichtbar werden.

Der neue Anfang, um den es hier geht, hat bei der Jugend, bei unseren Kindern zu erfolgen. Das Bewußtsein einer neuen Mitkreatürlichkeit, vor dem der Mensch seine nur allzuoft zur Schau getragene Despotenhaltung niederlegen sollte, hat unsere Predigten in den Kirchen zu durchdringen – womit diese an Wärme und Farbigkeit nur gewinnen könnten. Es hat Bestandteil eines jeden Religionsunterrichtes zu sein, wenn dieser Anspruch darauf erhebt, als sinnvoll verstanden zu werden.

Die christliche Theologie beider großen Konfessionen, bisher nur allzu oft und allzu lange darauf bedacht, im Schlepptau zeitgenössischer Ideologien irgendwie zu überleben, könnte wieder – vielleicht zum letzten Male in der Geschichte unserer Kirchen –

die Initiative ergreifen und sich an die Spitze einer Bewegung stellen, der es um die Rückgewinnung verlorener Menschlichkeit geht. Auch im Gespräch mit den Religionen, besonders denen des Ostens, hätte das Christentum von seinem Glauben an einen Schöpfer und Erhalter dieser Welt her Gewichtiges zu sagen. Der Christ als Haushalter der Gaben Gottes, als seiner kleinen Brüder Hüter – er wäre der Prototyp des *neuen* Menschen, um den sich weltumspannende Ideologien seit mehr als einem Jahrhundert vergeblich bemühen, um den es Jesus Christus seit jeher gegangen ist.

SIEHE, ICH MACHE ALLES NEU! sagt der erhöhte Herr dem Seher Johannes (Offenbarung 21,5). Siehe, ich mache manches *anders*, erwidert in Demut der von dieser Botschaft Getroffene.

Anmerkungen

1 Zu der zwischen 1972 und 1981 zehnmal in Kempten im Allgäu durchgeführten und 1976 bundesweit bekannt gewordenen »Kinderweihnacht mit kleinen Tieren« vgl. Maria Hellstern: *Susi und Simba kommen zur Krippe*. Herder, Freiburg 1981.

2 E. Rudolph: *Vertrieben aus Eden. Das Tier im Zugriff des Menschen: beherrscht, behütet und bedroht*. Claudius, München 1979 (falls vergriffen, Restexemplare noch beim Autor).

Winfried Hohlfeld

»... ein jedes nach seiner Art.« Artenschutz als Schöpfungsauftrag

Volkskirchliche Unsicherheit

Wenn Evangelische Akademien Tagungen zum Thema Artenschutz anbieten, beschwert sich niemand darüber. Einige Beobachter der kirchlichen Szene fragen allerdings an, ob das ein zentral-christliches Thema sei. In dieser Infragestellung sind sich übrigens christliche Kritiker mit nichtchristlichen einig. Beide stimmen, wenn auch bei unterschiedlicher Bewertung, in der Ansicht überein, daß das Christentum anthropozentrisch sei, also nur am Menschen interessiert und gleichgültig gegenüber der Natur und den vielen Arten außermenschlichen Lebens. Da es sich aber inzwischen bis in die äußersten christlichen Kreise herumgesprochen hat, daß das Aussterben von Tier- und Pflanzenarten nicht ohne Auswirkung auf die Überlebenschancen der Spezies Mensch ist, wird der Kirche auch die Beschäftigung mit solch einem Thema zugestanden. Man hält es sogar für eine vernünftige Angelegenheit, daß kirchliche Bildungseinrichtungen eine Plattform bereitstellen, auf der Umwelt-, Natur- und Artenschutzfragen diskutiert werden können.

Unter den Tagungsteilnehmern – ob Christen oder Nichtchristen – sind freilich immer auch solche, denen Artenschutz nicht bloß eine Angelegenheit berechnender Vernunft, sondern ein Herzensanliegen ist. Atheisten oder Pantheisten scheuen sich gewöhnlich auch nicht, ihr Engagement weltanschaulich oder religiös zu begründen. Die Christen tun sich in der Regel schwerer damit. Im Blick auf den Artenschutz scheinen sich jedenfalls nur wenige von ihnen über ihre christliche Motivation so klar zu sein, daß sie mit ihr argumentieren.

Ich nun möchte mich zu diesen wenigen gesellen. Dabei geht es mir nicht nur darum, ein persönliches christliches Bekenntnis abzulegen, das sich möglicherweise vom Bekenntnisstand unserer volkskirchlichen Mehrheit unterscheidet. Mir liegt vielmehr daran, allen Mitchristen klarzumachen, daß zu unserem Glauben die Liebe nicht nur zu den Mitmenschen, sondern auch zu den Mitgeschöpfen gehört, wenn unser Glaube ein christlicher ist. Mehr noch: Mir liegt daran, sogar den Nichtchristen deutlich zu machen, daß christlicher Glaubensgehorsam von entscheidender Bedeutung für einen wirksamen Natur- und Artenschutz ist.

Meine Anliegen mögen anmaßend, ehrgeizig und überheblich erscheinen. Vielleicht kommt es auch wirklich einer Anmaßung gleich, in einem kurzen Beitrag theologisch stringent argumentieren und missionarisch überzeugend votieren zu wollen. Es ist jedoch zumindest nicht mein Ehrgeiz, allen feinen Verästelungen der Theologie nachzugehen, sondern ich will ein paar kräftige Linien ausziehen. Und es ist erst recht nicht meine Absicht, mich über Andersgläubige zu erheben, sondern ich wünsche mir, ihre Bemühungen um den Schutz des Lebens zu unterstützen durch den Glauben, der mich selbst belebt.

Biblische Vergewisserung

Bitte bekommen Sie keinen Schreck, wenn ich dabei bei Adam und Eva anfangen muß. Der »alte Adam« ist ja durchaus aktuell. Er muß immer wieder herhalten, wenn Mitbürger sich dem Frieden mit der Natur verweigern. »Wir leben nun mal nicht mehr im Paradies«, so heißt es heute häufig. Und mit solchen biblischen Reminiszenzen gibt man sich selbstgefällig lächelnd als Realist und Optimist. In der *civil religion,* jener bürgerlichen Religiosität, die in diesem unserem Lande herrscht, ist noch so viel Bibelkunde vorhanden, daß man Adam als Prototyp des Sünders kennt. Man gibt auch zu, diesen alten Knaben in sich selber zu erkennen. Doch sehr ernst nimmt man diese Selbsterkenntnis nicht, sie dient eher einer Selbstrechtfertigung, die sich der Bußfertigkeit in den Weg stellt und uns blind macht für die Rolle, die der Schöpfer uns inmitten der Schöpfung zugedacht hat.

Welche Bestimmung hat Adam, der Mensch, nach Gottes heiligem Willen?

Adams Herrschaft als Dienst an der Schöpfung

»Am Anfang« – so weit kennen wir die Heilige Schrift wohl noch – »schuf Gott Himmel und Erde.« Im ersten Kapitel des 1. Buches Mose wird uns erzählt, wie Gott die Lebensräume und ihnen zugeordnet die Lebewesen schuf. So schuf er das Meer und ordnete ihm die Wassertiere zu, »ein jedes nach seiner Art«. Er schuf auch den Luftraum, und ihm ordnete er die Vögel zu, »einen jeden nach seiner Art«. Schließlich schuf er die mit einem Pflanzenkleid bedeckte Erde. Ihr ordnete er zunächst die Landtiere zu, wiederum »ein jedes nach seiner Art«, und dann den Menschen. Beim Menschen aber – das fällt auf – ist von dessen Art nicht in bisheriger Weise die Rede.

Man möchte hier an die neuere Anthropologie denken, die vom Menschen als dem nicht festgelegten Wesen spricht. Aber lassen Sie uns noch eine Weile beim Alten Testament bleiben und schauen, was es uns Näheres zur Bestimmung des Menschen zu sagen hat.

Es heißt dort bekanntlich: »Gott schuf den Menschen zu seinem Bilde.« Eine schwierige Aussage. Um sie richtig zu verstehen, müssen wir noch mehr Informationen haben. Hier nur am Rande schon eine Bemerkung: Er schuf den Menschen als »Mann und Weib«. An dieser Stelle besteht also kein Anlaß, Gott als Urbild der Männlichkeit beziehungsweise den Mann als Abbild einer maskulin verstandenen Gott-Herr-lichkeit zu sehen. Doch weiter im Text: »Gott segnete sie (Mann und Frau) und sprach zu ihnen: ...herrschet über die Fische im Meer und über die Vögel unter dem Himmel und über das Vieh und über alles Getier, das auf Erden kriecht.«

Auch dies ist noch keine unmißverständliche Aussage für uns, jedenfalls so lange nicht, wie wir unter Herrschen etwas Gewalttätiges, angeblich Männliches verstehen. Aber der biblische Schöpfungsbericht geht – worauf wenige achten – in seiner Bestimmung des Menschen noch mehr ins Detail: »Gott sprach: Sehet da, ich habe euch gegeben alle Pflanzen, die Samen bringen, auf der ganzen Erde, und alle Bäume mit Früchten, die Samen bringen, zu eurer Speise. Aber allen Tieren auf Erden und allen Vögeln unter dem Himmel und allem Gewürm, das auf Erden lebt, habe ich alles grüne Kraut zur Nahrung gegeben.« Dies ist bemerkenswert! Die gottgewollte Herrschaft des Menschen über Fische, Vögel, Säuger und sonstiges Getier sieht also keineswegs vor, daß sich der Mensch diese Mitgeschöpfe einverleiben, sie schlachten, sie töten soll. Und das nun qualifiziert bereits das schöpfungsgemäße Herrschen in bestimmter Weise. Dieses Herrschen dient offensichtlich nicht der Vernichtung des Lebens, sondern seiner Bewahrung.

Herrschaft als Dienst. Hier beginnt etwas deutlich zu werden, was wichtig ist für unser Gottesbild und wichtig zum Verständnis dessen, was mit der Gottebenbildlichkeit des Menschen, mit seiner Schöpfer- und Schöpfungsgemäßheit gemeint ist. Auf das Gottesbild werden wir noch zurückkommen. Erst einmal gilt es jedoch festzuhalten, daß bereits im ersten Kapitel der Bibel die Aussage steckt, daß es die Bestimmung des Menschen ist, die Schöpfung zu bewahren.

Bestätigt und ganz klar ausgesprochen wird dies im zweiten Kapitel des 1. Buches Mose. Dort steht: »Und Gott der Herr nahm den Menschen und setzte ihn in den Garten Eden, daß er ihn bebaute und bewahrte.« Dieser Bibelvers wird in neueren Predigten und kirchlichen Verlautbarungen häufig hervorgehoben, und das ist auch gut so. Die Mehrheit des Kirchenvolkes hat nämlich immer noch einseitig das Bebauen, das Untertanmachen und Herrschen im Kopf, wenn sie an den Schöpfungsbefehl denkt. Auf diese Weise aber wird unser Christentum verkürzt. Und wir Menschen berauben uns selbst unserer Würde, unserer Lebensfülle und unseres Lebenssinnes, wenn wir nicht wahrnehmen, daß es unsere Bestimmung ist, die Erde zu bebauen, indem wir sie bewahren, sie uns untertan zu machen, indem wir über die Artgrenzen hinweg in ein persönliches, ein jedes beim Namen nennendes Verhältnis zu den Mitgeschöpfen treten und über sie herrschen, indem wir ihnen dienlich sind.

Adam hat sich dieser gottgewollten herrlichen Lebensmöglichkeit durch Selbstherrlichkeit beraubt. Er hat den Paradiesfrieden gebrochen, ist aus ihm herausgefallen und hat die Schöpfung mitgerissen, herab in die Vergänglichkeit.

Es ist schon verwunderlich, daß der Schöpfer das mißratene Werk nicht vollends am Boden zerstört hat, wie ein Töpfermeister einen mißratenen Krug. Doch die Gerechtigkeit, die bei Gott gilt, scheint eine andere zu sein, als sie bei uns Menschen üblich ist. Obgleich Gott konstatiert, daß das Dichten und Trachten des menschlichen Herzens böse ist von Jugend auf[1], überläßt er die Adamsnachkommen nicht dem totalen Untergang. Nein, er gibt ihnen seinen lebenserhaltenden Segen erneut und tut dies sogar angesichts menschlicher Schreckensherrschaft und beutemachender Gewalt. So lesen wir im neunten Kapitel des 1. Buches Mose: »Und Gott segnete Noah und seine Söhne und sprach: ... Furcht und Schrecken vor euch sei über allen Tieren auf Erden und über allen Vögeln unter dem Himmel, über allem, was auf dem Erdboden wimmelt, und über allen Fischen im Meer; in eure Hände seien sie gegeben. Alles, was sich regt und lebt, das sei eure Speise; wie das grüne Kraut habe ich's euch alles gegeben. Allein, esset das Fleisch nicht mit seinem Blut, in dem sein Leben ist!« Auch hier wieder ein Text, der etliche Fragen aufwirft, die wir zunächst im Raum stehen lassen müssen. Auf eines sollten wir hier allerdings achten: auf das mit Ausrufezeichen versehene Gebot, das Fleisch nicht mit seinem Blut zu essen, das Schächtungsgebot. Durch unsere moslemischen Mitbewohner werden wir ja heute erneut mit der uns fremd gewordenen religiösen Sitte des Schächtens konfrontiert, und Tierfreunde empören sich immer wieder über diesen als besonders blutrünstig empfundenen Brauch. Doch was steckt dahinter? Zunächst die urtümliche Vorstellung, daß im Blut der Lebewesen ihr Leben sei; dann aber vor allem die Erkenntnis des Willens Gottes, daß dieses Leben vom Menschen nicht verzehrt, nicht aufgezehrt werden soll. Das alttestamentliche, von uns in seinem Sinn leider nicht mehr wahrgenommene Schächtungsgebot besagt also nichts anderes, als daß wir die Lebewesen nicht vernichten, die Arten nicht ausrotten dürfen – auch nicht unter den heute herrschenden Bedingungen der Gewalt.

Die Artigkeit der Kinder Gottes

Daß dem Schöpfer seine Erde, Tiere und Pflanzen nach wie vor nicht gleichgültig sind, lehrt uns auch Jesus Christus. Im sechsten Kapitel des Matthäusevangeliums lesen wir, daß er sagt: »Sehet die Vögel unter dem Himmel an: sie säen nicht, sie ernten nicht, sie sammeln nicht in die Scheunen; und euer himmlischer Vater ernährt sie doch.« Und »Schauet die Lilien auf dem Felde an, wie sie wachsen: sie arbeiten nicht, auch spinnen sie nicht. Ich sage euch, daß selbst Salomo in seiner ganzen Herrlichkeit nicht so gekleidet gewesen ist wie auch nur eine von ihnen. Wenn nun

Gott das Gras auf dem Felde so kleidet, das doch heute steht und morgen in den Ofen geworfen wird: sollte er das nicht viel mehr für euch tun, ihr Kleingläubigen? Darum sollt ihr nicht sorgen und sagen: Was werden wir essen? Was werden wir trinken? Womit werden wir uns kleiden? Denn nach dem allen trachten die Heiden. Euer himmlischer Vater weiß ja, daß ihr das alles braucht. Trachtet zuerst nach dem Reich Gottes und nach seiner Gerechtigkeit, so wird euch das alles zufallen.«

Auf den ersten Blick könnte man meinen, daß es in diesem Jesuswort gar nicht so sehr um Vögel und Lilien, sondern mehr um den Menschen und noch mehr um Gott, um sein Reich und seine Gerechtigkeit geht. Aber wenn wir genauer hinschauen, oder besser gesagt: wenn wir uns durch das Leben und Reden Jesu die Augen öffnen lassen dafür, wer Gott und wie seine Gerechtigkeit ist, dann bekommen nicht zuletzt die schöpfungstheologischen Aussagen der Bibel ein besonderes Gewicht, eine neue Klarheit und eine noch nicht dagewesene Aktualität. Dann wird offenbar, daß Gott in der Tat jene väter- oder mütterliche Liebe ist, der nichts mehr am Herzen liegt, als das von ihr zur Welt gebrachte Leben zu bewahren, immer wieder in wunderbarer Weise.

Um sich durch das Leben und Reden Jesu dafür die Augen öffnen zu lassen, muß man übrigens kein professioneller Theologe sein. Man darf sich freilich auch nicht dergestalt in die Rolle des Laien versteifen, daß man sich sklavisch an jeden Buchstaben und Vers der Schrift klammert. Solche Unbeweglichkeit wird nicht selten als besondere Frömmigkeit ausgegeben. Manchmal muß sie allerdings auch zur Begründung einer ablehnenden Position gegenüber dem Christentum herhalten. In beiden Fällen steht die mangelnde Bereitschaft dahinter, sich durch den Gesamteindruck von Jesus beeindrucken, bewegen und ändern zu lassen. Wenn Holger Schleip sich beispielsweise an den Schriftstellen Markus 5,1–17 »Die Heilung des besessenen Geraseners« und Markus 11,12–24.20–24 »Der verdorrte Feigenbaum« stößt (siehe S. 20), so zeigt das einerseits, daß er sehr wohl einen Gesamteindruck vom Handeln Jesu hat und eben deswegen den Widerspruch empfindet, in welchem diese beiden Überlieferungen zum Gesamtzeugnis von Jesus stehen. Wenn er sich aber an diesen Anstößigkeiten festhält und von diesen Teilfragen zu einer Infragestellung des Ganzen gelangt, so deutet das andererseits darauf hin, daß er nach Gründen sucht, um sich nicht zu einer Positionsänderung bewegen zu lassen. Wäre es anders, könnten auch seine »von theologischer Wissenschaft ungetrübten Gedanken« (siehe Seite 17) unschwer zu der Vermutung kommen, daß sich die Anstößigkeit und Mißverständlichkeit jener Texte aus ihrer historisch bedingten Darstellungsweise ergibt. So nämlich verhält es sich in der Tat: In der Geschichte von der Heilung des besessenen Geraseners wird nach dem Schema des damals volkstümlichen Märchens vom »betrogenen Teufel« von der Vollmacht Jesu über die Dämonen erzählt; und bei der Geschichte vom verdorrten Feigenbaum handelt es sich aller Wahrscheinlichkeit nach ursprünglich um ein Gleichnis Jesu über das verstockte Israel (ähnlich Lukas 13,6–9), das später als faktisches Ereignis überliefert wurde.

Doch zurück zu der durch Christus voll offenbarten Erkenntnis Gottes als des väterlich Liebenden und Bewahrenden:

Wie wir feststellten, steckt diese Erkenntnis bereits in den alttestamentlichen Glaubensaussagen. Doch die alten, in einer patriarchalischen Gesellschaft lebenden Glaubenszeugen konnten sie schwerlich anders in Worte fassen als in einer patriarchalischen Begrifflichkeit. Es ist nicht zu bestreiten, daß das Gottesbild des Alten Testaments despotische Züge trägt. Im Neuen Testament aber wird dieser Anstrich korrigiert. Statt des zürnenden Herrschers wird hier der geduldig auf die Heimkehr des verlorenen Sohnes wartende Vater ausgemalt.[2] Wir lernen zu verstehen, daß nicht eigentlich Gott es ist, der straft und verstößt, sondern der Mensch selbst, der in sein Elend rennt. Gott hält ihn nicht einmal bevormundend zurück – er ist keine autoritäre Vaterfigur. Statt dessen hält er ihm Wege offen, auf denen er umkehren kann zum Leben. So lernen wir auch zu verstehen, daß der Sündenfall nicht eigentlich die Geschichte von der Vertreibung aus dem Paradies ist, sondern die Geschichte davon, wie der Mensch sich und seine Mitgeschöpfe des Paradiesfriedens beraubt, wie aber Gott ihm dennoch die Möglichkeit des Überlebens gibt, selbst unter den Bedingungen der Lebensfeindlichkeit und Vergänglichkeit. Entsprechend lernen wir auch die Sintflutgeschichte neu zu sehen: Durch seine Bosheit gibt der Mensch sich und seine Umwelt dem Untergang preis; Gott jedoch durchbricht diese Zwangsläufigkeit und sorgt für die Erhaltung des Lebens und seiner Arten selbst unter den Bedingungen der Gewalt und des Tötens. Allmacht als Durchbrechung der tödlichen Zwangsläufigkeiten von Ursache und Wirkung, Schuld und Sühne! Herrschaft als Dienst am Leben! Überwindung des Bösen mit Gutem! So ist Gott, so ist sein Reich und seine Gerechtigkeit. Und danach sollen wir trachten, sagt Jesus Christus. Nicht unser räuberisches Sorgen um uns selbst hält uns am Leben, sondern unsere Orientierung am Schöpfer, unsere Hinkehr zum Vater, um wieder sein Kind, sein Erbe[3], sein Bild zu sein.

Der Mensch Jesus ist uns zum Bilde Gottes geworden: ein neuer Adam[4], Sohn Gottes. Doch auch wir sind zur Versöhnung eingeladen – zur Versöhnung mit Gott und zur Versöhnung mit der Natur. Durch uns nämlich, wenn wir denn Christen sind, soll die seufzende Kreatur wieder Anschauung bekommen von der lebensbewahrenden Herrlichkeit Gottes, des Vaters, des Allmächtigen, des Schöpfers Himmels und der Erde. So war es am Anfang, und so soll es wieder sein. »Denn«, so schreibt der Apostel Paulus im achten Kapitel seines Briefes an die Römer, »die ganze Schöpfung wartet sehnsüchtig darauf, daß die Kinder Gottes offenbar werden. Die Schöpfung ist ja der Vergänglichkeit unterworfen – nicht nach ihrem Willen, sondern durch den, der sie unterworfen hat –, jedoch auf Hoffnung; denn auch die Schöpfung wird frei werden von der Knechtschaft der Vergänglichkeit zu der herrlichen Freiheit der Kinder Gottes.«

Herrliche Freiheit der Kinder Gottes – das ist etwas ganz anderes als Despotismus oder Liberalismus. Es ist auch etwas anderes als das Nichtfestgelegtsein des Menschen, von welchem die moderne Anthropologie spricht. Es ist das der biblischen Theologie entsprechende Angelegtsein des Menschen auf seinen Schöpfer und auf seine Mitgeschöpfe hin – das ist die Art, zu der der Mensch zurückfinden muß, um wieder menschlich zu sein – das ist die Artigkeit der Kinder Gottes.

Ethische Konsequenzen

Was sollen wir nun dazu sagen? Man kann natürlich unbewegt weiter auf den »alten Adam« verweisen und damit paradiesische Visionen vom Frieden mit und in der Natur als unrealistisch abtun. Diese verbreitete Sichtweise nimmt den Zustand unserer Weltzeit wahr, wie er sich dem gottabgewandten Blick bietet. Sie ist durchaus zeitgemäß. Sie ist aber nicht christlich. Christen haben ja nicht nur den alten Adam im Auge, sondern wer Augen hat zu sehen, sieht auch den neuen. In ihm, in Christus, sehen wir wieder Gott. Und durch ihn wissen wir uns erneut von Gott in Auftrag genommen. In der Nachfolge Jesu sind wir auf dem Weg, wieder Bild Gottes zu sein.

Gottes Kraft in den Schwachen

Unsere Mitbürger, die sich so viel auf ihren Realismus zugute halten, haben freilich recht, wenn sie feststellen, daß unser Christsein sehr schwächlich ausfällt. Doch Christentum ist nicht eine Angelegenheit unserer eigenen Kraft. Christus ist uns nämlich nicht nur Vorbild. Sein Geist ist uns belebender Rückenwind. Er gibt uns Auftrieb, richtet uns immer neu auf und bringt uns trotz unserer Schwäche immer von neuem auf den Weg. »Laß dir an meiner Gnade genügen, denn meine Kraft ist in den Schwachen mächtig«[5], spricht der Herr. Und dieses Wort ist von entscheidender Bedeutung nicht nur für unseren Seelenfrieden, sondern auch für den Frieden mit der Natur.

Es macht uns erstens frei von der Sorge um uns selbst, frei vom Zwang zur Selbstrechtfertigung, frei von jener engherzigen, berechnenden Vernunft, die einerseits mit dem »alten Adam«, dem »gefallenen Menschen« und der »Bosheit des Menschen« kokettiert, andererseits jedoch darauf spekuliert, daß der Selbsterhaltungstrieb des Menschen schon kräftig genug sein werde, um beizeiten das Lebensnotwendige zu tun.

Auf einen so gearteten Realismus und Zweckoptimismus sind wir als Christen nicht angewiesen. Wir brauchen nicht augenzwinkernd über menschliche Schwächen zu reden, sondern können dabei ganz ernst bleiben; wir brauchen auch nicht die Augen vor der neutestamentlichen Erkenntnis zu verschließen, daß gerade der sein Leben verlieren wird, der es selbstsüchtig erhalten will.[6] All dies in vollem Ernst wahrhabend nehmen wir nämlich zugleich in staunender Freude wahr, daß Gottes Kraft trotz unserer Schwäche in uns mächtig ist und daß wir das Leben finden, wenn wir bereit sind, es um Christi willen hinzugeben.[7]

Dies aber, also das Befreitsein von der Sorge um uns selbst, macht uns zweitens frei zur Sorge für andere, frei zur Fürsorge auch gegenüber solchen Wesen, die uns nicht unmittelbar zweckdienlich sind, frei zu liebevollem und solidarischem Einsatz selbst für solche Arten, die nach menschlichem Ermessen keine Überlebenschance haben.[8] Christliche Liebe zu Mitmenschen und Mitgeschöpfen bekommt ihr Maß nicht aus menschlichem Ermessen, sondern sie schöpft aus Gottes Unermeßlichkeit und Allmacht. Und das heißt: Sie sieht Wege der Umkehr zum Leben offen, wo anderen vielleicht nur der Blick auf die gnadenlose Zwangsläufigkeit des Fortschritts bleibt.

Manch einem mag dies alles als pathetisches Wortgetöse erscheinen. Ich bitte aber jeden zu bedenken, welche Kraft es dem zu geben vermag, der daran glaubt, welche Kraft wider die Resignation, welche Kraft wider die tödlichen Sachzwänge und welche Kraft für das Lebendige! Und diese Kraft, so meine ich, ist von entscheidender Bedeutung für einen wirksamen Natur- und Artenschutz.

Mit meinen Ansichten stehe ich übrigens nicht allein. Die Gedanken, die ich dargelegt habe, sind nicht bloß die Privatmeinung eines vereinzelten Christen. Sie finden sich auch in offiziellen kirchlichen Verlautbarungen wieder. Und drei davon möchte ich zum Abschluß zitieren:

1. Aus einem Wort der Nordelbischen Kirche zum Tag der Umwelt 1979

Viele Institutionen und Organisationen rufen heute zum Schutz der Umwelt auf, weil deutlich geworden ist, daß die Zerstörung der uns umgebenden Lebewelt auch unser eigenes Leben stört und bedroht. Die Sorge um das eigene Leben aber ist allein noch kein ausreichender Beweggrund für einen wirksamen Schutz des Lebens um uns herum. Aus der Sorge müßte Fürsorglichkeit werden, aus dem Selbsterhaltungstrieb Verantwortungsbewußtsein, aus unserer berechnenden Vernunft hingebende Liebe, aus unserer oft so verbissenen Mitmenschlichkeit heitere Mitgeschöpflichkeit.

Ein solcher Gesinnungswandel läßt sich nicht erzwingen. Aber er läßt sich im Glauben erbitten. Darum rufen wir in diesen pfingstlichen Tagen alle Christen auf, den Heiligen Geist zu bitten, daß er uns Augen und Herzen öffne nicht nur für die Erfordernisse dieser kritischen Zeit, sondern vor allem für den Willen des gnädigen Gottes.

Was heißt: »Gott schuf den Menschen zu seinem Bilde«?, was besagt: »Die ganze Schöpfung wartet sehnsüchtig darauf, daß die Kinder Gottes offenbar werden«? und was bedeutet: »Ist jemand in Christus, so ist er eine neue Schöpfung«?

Wir maßen uns als Kirche kein Urteil in einzelnen technischen und wirtschaftlichen Fragen des Umweltschutzes an. Aber wir sind überzeugt davon, daß menschliche Vernunft nur dann zu einer Überwindung der Umweltkrise beitragen kann, wenn sie sich wieder Maß und Richtung geben läßt durch den Willen des Schöpfers.[9]

2. Aus einem Brief der Nordelbischen Kirchenleitung an die Gemeinden zur Kernkraft-Diskussion, ebenfalls aus dem Jahr 1979:

Wir Glieder der Kirche bekennen, daß wir im Laufe unserer Geschichte wichtige Aussagen der Heiligen Schrift über den Willen des Schöpfers vernachlässigt haben. Wir haben vergessen, daß die Befehle zum Herrschen und zum Bewahren ein einheitlicher Auftrag sind.

Wir hören als Vorwurf: Ohne kirchlichen Einspruch wurden Hügel zu Kratern, Bäche zu Kloaken, Wälder zu Wüsten, Tiere und Pflanzen wurden aus ihren Lebensräumen verdrängt, ausgerottet oder mißbraucht. Und die Menschen beraubten sich damit selbst jener Ergänzung ihres Lebens, ohne die menschliches Leben an Fülle und Vollmacht verliert.

Wenn das die »gnadenlosen Folgen« eines verkürzten Christentums sind, dann ist selbstkritisch zu fragen, ob die Vernachlässigung christlicher Schöpfungsverantwortung durch weitere Stimmenthaltung gegenüber Naturwissenschaft und Technik – und damit auch gegenüber der Kernenergie – fortgesetzt werden darf, oder ob sie nicht durch die Aufnahme des Dialogs und ein vernehmbares Nein zu noch energischerer Zerstörung der Schöpfungsvielfalt beendet werden muß, ehe aus dem Seufzen der Kreatur ein »stummer Frühling« wird.[10]

3. Aus einem Wort der Nordelbischen Kirche zum Tag der Umwelt 1980:

Wie kann unser Glaube im Alltag Gestalt gewinnen? Einen wichtigen Hinweis dazu vermag der Tag der Umwelt zu geben; denn er weist uns darauf hin, daß zur Gestalt des Glaubens nicht nur die »Mitmenschlichkeit«, sondern auch die »Mitgeschöpflichkeit« gehört.

Bei diesen beiden Wörtern handelt es sich nicht – wie manche meinen – um theologische Modebegriffe, sondern um ernst zu nehmende, in Bibel und Bekenntnis begründete Forderungen christlicher Ethik. So ist wahre Mitmenschlichkeit erst möglich aus dem Glauben, daß wir von Gott geschaffen, durch Christus mit dem himmlischen Vater versöhnt und durch den Heiligen Geist zur Gotteskindschaft berufen sind.

Der Glaube an die Schöpfung aber besagt ja auch, daß die Tiere und Pflanzen Gottes Geschöpfe sind! Der Glaube an die Versöhnung durch Christus bewirkt Versöhnung auch zwischen uns und Gottes übriger Kreatur! Der Glaube an die Gotteskindschaft in der Kraft des Heiligen Geistes begründet die Hoffnung, daß auch die Schöpfung frei werden wird zur herrlichen Freiheit der Kinder Gottes! Und wo dies glaubend wahrgenommen wird, da führt es unser christliches Leben über die Mitmenschlichkeit hinaus zur Mitgeschöpflichkeit.

Diese Wahrnehmung übersieht nicht, daß uns Menschen durch den Schöpfungsbefehl besondere Macht gegeben ist. Aber sie vertieft die Einsicht, daß unsere Machtstellung uns zu besonderer Fürsorglichkeit und Verantwortlichkeit für die Schöpfung verpflichtet.

Diese Wahrnehmung verkennt auch nicht, daß wir nicht mehr im Paradiesfrieden leben, sondern daß wir unter die Gewalt des Bösen geraten sind und uns aus eigener Kraft von unserem sündigen Wesen nicht erlösen können. Aber wenn wir bekennen, daß mit Christus das Reich Gottes angebrochen ist, daß er dem Tode die Macht genommen hat und daß seine Kraft in uns Schwachen mächtig sein will, dann kann sich das Kennzeichen unserer Christusjüngerschaft nicht nur in der Liebe erschöpfen, die wir Menschen untereinander haben. Dann muß unsere Liebe auch den übrigen Gottesgeschöpfen gelten – allen lebensverachtenden Zwängen dieser Welt zum Trotz.[11]

Anmerkungen

1 Vgl.: 1. Mose 8,21.
2 Vgl.: Lukas 15,11–32.
3 Vgl.: Römer, 8,17.
4 Vgl.: Römer, 6,12–21.
5 Siehe: 2. Korinther 12,9.
6 Vgl.: Matthäus 16,25.

7 Siehe: Anmerkung 6; sowie: W. Hohlfeld: *Quer zur Welt*, Umweltverantwortung in der NEK, Dokumentation Nr. 4, Kiel 1983, S. 28ff.
8 Siehe: W. Hohlfeld, aaO., S. 44f.
9 Veröffentlicht u. a. in: *epd-Nordelbischer Nachrichtenspiegel*, Nr. 22/79.
10 Veröffentlicht u. a. in: *der Überblick*, Nr. 4/79.
11 Veröffentlicht u. a. in: *epd-Landesdienst Nord*, Nr. 53/80.

Martin Rock

Das Umweltproblem in der Sicht christlicher Ethik

Die ökologische Krise – Ist das Christentum schuld?

Es gibt eine Reihe von Autoren, die seit Jahren die Behauptung aufstellen, die moderne Naturwissenschaft und Technologie sei eine typische »Erfindung« jüdischer und christlicher Theologie. Der amerikanische Historiker Lynn White spricht von »orthodoxer christlicher Arroganz gegenüber der Natur«.[1] Ins gleiche Horn bläst der amerikanische Theologe B. Cobb: Weil die christliche Theologie die Natur als Schöpfung Gottes betrachte, habe sie die Dämonen aus ihr vertrieben, die Natur »entmythologisiert« und als eine verstandesmäßig faßbare, rational begreifbare Ordnung zu einem Forschungsobjekt der Naturwissenschaft gemacht.[2] In der Schrift »Wachstum bis zur Katastrophe« (Stuttgart 1974) lastet auch Meadows der jüdisch-christlichen Tradition eine rücksichtslose Naturausbeutung an. Es war im deutschen Sprachraum vor allem Carl Amery, der in der Umweltkrise »gnadenlose Folgen des Christentums« erblickte – so der Untertitel seines Buches »Das Ende der Vorsehung«. Seine Argumentation: Weil im biblischen Schöpfungsbericht (Genesis 1,26) nur dem menschlichen Wesen Gottesebenbildlichkeit zukomme, werde der Mensch als höchstes Wesen betrachtet; es tue sich ein tiefer Graben zwischen ihm und der übrigen Schöpfung auf. Der Herrschaftsauftrag (Genesis 1,28) betone die totale Überlegenheit des Menschen über die Natur und gebe die Erde dem vollen Zugriff des Menschen frei. Diese werde lediglich als Lager von Rohstoffen betrachtet. Nach der Vertreibung aus dem Paradies (Genesis 3) beginne der Mensch, die Natur um seines Wohles willen konsequent und »gnadenlos« zu unterwerfen. Amery rechnet dann auch religiöse Institutionen wie den Zisterzienser-Orden zu den »Schuldigen«; gerade für diese Klostergemeinschaft sei eine rationelle Tageseinteilung typisch, dank der hohe wirtschaftliche Produktivität erzielt und ökonomische Gewinne gemacht werden konnten.

Eine »wichtige Voraussetzung für die Ausbeutung der Natur« gehe vom Christentum insofern aus, als es aus den Bäumen, den Quellen, den Bächen und Bergen, die (für Naturreligionen charakteristischen) Gottheiten ausgetrieben habe.[3] Zu Recht warnt Liedke jedoch davor, das Christentum als einzige Ursache für spätere teilweise verhängnisvolle Entwicklungen des Verhältnisses Mensch-Natur haftbar zu machen; schließlich haben auch (schon) die Römer, denen der christliche Schöpfungsglaube fremd war, einen Natur-Begriff gekannt, der es erlaubte, diese Natur zu beherrschen und »untertan« zu machen.

Der Vorwurf, das Christentum sei schuld, ist sowieso viel zu global. Die christliche Religion hat sich ja in verschiedenen Konfessionen ausgefächert. Diese haben nicht in gleichem Maß ihren Beitrag zur naturwissenschaftlichen Forschung und industrietechnischen Herrschaft über die Erde geleistet. Das Christentum ist kein monolithischer Block, der mit »einer Stimme« redet, einheitlich denkt und einhellig handelt. Im Protestantismus wurden – unter anderem im Gefolge des von Martin Luther verkündeten Berufsethos – starke Triebkräfte für Unternehmer-Initiative freigesetzt. Der Calvinismus schrieb der wirtschaftlichen Tüchtigkeit, der geschäftlichen Leistung und dem ökonomischen Gewinndenken gar religiöse Heilsbedeutung zu. Demgegenüber galt der Katholiszismus für viele als Bremse des technischen Fortschritts mit zumindest skeptischer Einstellung gegenüber naturwissenschaftlicher Forschung. Bis in die Gegenwart hat sich das Christentum, zumal die katholische Konfession, Rückständigkeit und »Vorgestrigkeit« vorwerfen lassen müssen. In der Tat trifft es zu, daß die Katholiken einen verschwindend geringen Teil jener darstellen, die an den Schalthebeln der wirtschaftlichen Macht, des Industriemanagements, des Großfinanzwesens sitzen. Daher hat denn auch der evangelische Anthropologe A. Portmann gemeint, es erscheine nicht ganz logisch, den Katholiken einerseits das berühmt-berüchtigte »Bildungsdefizit« vorzuwerfen und im gleichen Atemzug die naturwissenschaftlich-technische »Leistung« der Naturausbeutung anzulasten.

Die Christen haben die heutige Krisensituation also nicht »unisono« produziert. Eine globale Schuldzuweisung und Sündenbock-Entdeckung verfehlt den historischen und geistesgeschichtlichen Sachverhalt.

Möglicherweise liegt die Schuld an der ökologischen Misere in der biblischen Botschaft selbst. Oben sind einige Autoren genannt worden, die dies ja behaupten. Diesem Vorwurf entgegnen aber sowohl evangelische als auch katholische Theologen, die Bibel selbst sei keineswegs schuld; im Gegenteil, sie kenne ein ausgesprochen umweltfreundliches (ökophiles) Welt- und Menschenbild. »Es gibt keinen exegetischen Grund, dem biblischen Aufruf zur Herrschaft über die Erde das Motiv der Ausbeutung und Despotie zu unterstellen.«[4] Die jüdisch-christliche Tradition intendiere nicht die Zerstörung der Natur; die »gnadenlosen Folgen« (vgl. den Vorwurf Carl Amerys) seien lediglich Folgen einer christlichen Ungehorsamsgeschichte.[5]

Prüfen wir selbst, worin die Bedeutung der immer wieder herangezogenen biblischen Texte besteht. Am meisten umstritten ist die Ausdeutung der Worte *»Macht euch die Erde untertan!«*

Dieser geschichtsmächtige und folgenschwere Satz findet sich im ersten Buch Mose, der sogenannten Genesis (= Bericht von der Entstehung der Welt), im ersten Kapitel Vers 28, meist abgekürzt mit *Gen 1,28.* Das ist die *heikelste ökologische Passage* des Alten Testaments, der biblischen Schriften überhaupt. Deswegen sei der vollständige Wortlaut im Zusammenhang wiedergegeben:

> Dann sprach Gott: »Laßt uns den *Menschen* machen als *unser Ebenbild,* uns ähnlich! *Herrschen* soll er über die Fische des Meeres, über die Vögel des Himmels, über alles Wild des Feldes und über alles Gewürm, das am Boden kriecht!« So schuf Gott den Menschen als sein Abbild... Er schuf sie als Mann und Frau. Und Gott segnete sie. Dann befahl ihnen Gott: »Seid fruchtbar und mehrt euch! *Erfüllt die Erde und macht sie euch untertan! Herrscht* über die Fische des Meeres... und über jedes Lebewesen, das sich auf Erden regt!« (Genesis 1,26–28) (Von den Exegeten wird dieser Text zur sogenannten Priesterschrift gerechnet.)

Der Begriff »untertanmachen« löste eine erregte Diskussion aus. Das im hebräischen Urtext benutzte Wort »kabasch« hat unter anderem ja die Bedeutung: »drauftreten«. So gefaßt, drückt es einen massiven, ja brutalen Unterwerfungsakt aus. Auch in der aramäischen und assyrischen Sprache bringt das entsprechende Tätigkeitswort (kabasch) einen ziemlich aggressiven Eingriff zum Ausdruck: »unter die Füße treten, unterwerfen, unterjochen, dienstbar machen, vergewaltigen«. Im Hebräischen kommt diesem »kabasch« an verschiedenen Stellen allerdings eine abgeschwächte Bedeutung zu; es meint dann einfach: »Herrschaft ausüben, Land erobern und in Besitz nehmen«. In diesem Sinne ist es im Text Genesis 1,28 zu verstehen. Dafür spricht der ganze Zusammenhang. Die Befehlsform »herrscht« über... ist mit dem hebräischen »radah« ausgedrückt, das meistens »lenken und leiten« heißt. »Radah« bezieht sich insbesondere auf das Verhalten zwischen Mensch und Tier, speziell zwischen dem Hirt und den Schafen. Er »waltet« über die ihm anvertraute Herde. In Genesis 1,28 schlägt noch die akkadische Urbedeutung des Wortes durch; es besagt die Tätigkeit des Begleitens und Mit-sich-Führens. Man denke an das Führen von Tieren in der Karawane. Demnach geht es um ein »Herrschen« im Stil eines leitenden, hegenden Verhaltens. »Herrscher« ist der, welcher »auf die Weide führt« und das ihm anheimgestellte Leben am Dasein erhält. Wer den Akt des »Radah«-Herrschens vollzieht, sorgt für Nahrung und sichert Lebensraum.

Im Alten Orient wird die Tätigkeit eines Hirten oft als Bild für königliches Herrschen verwendet. Weil »kabasch haarez« bedeuten kann: »die Erde für Viehzucht und Siedlung nutzen«, lassen sich an unserer Textstelle die Begriffe »kabasch« (untertanmachen) und »radah« (herrschen) als zwei Stilformen ein und desselben Grundverhaltens verstehen. Dieses Begriffs-Duo will also zum Ausdruck bringen, daß der von Gott geschaffene Mensch die Erde in Dienst nehmen und so verwalten, »beherrschen« soll, daß auf ihr alles von Jahwe ins Dasein gerufene Leben Chancen der Entfaltung hat. Der Mensch erhält den Auftrag, den Boden zu bebauen und die Erde bewohnbar zu machen. Daß sowohl »kabasch« als auch »radah« eine schrankenlose, willkürliche Herrschaft über die Erde verbieten, ergibt sich aus zwei Indizien:

1. Als Nahrung werden den Menschen die Obstbäume und Getreidesorten, den Tieren das Gras des Feldes zugewiesen (Genesis 1,29f.).

2. Dem die Erde bearbeitenden Eingriff des Menschen werden dadurch *Grenzen gesetzt*, daß der Schöpfer eine »Ordnung« vorgibt: Wie er nur an 6 Tagen seine schöpferische Herrschaft über die Erde ausübt und am 7. Tag feiert, so soll sich auch der Mensch an jedem 7. Tag vom Arbeiten für das Feiern freimachen. »Sechs Tage magst du arbeiten und alle deine Geschäfte verrichten! Aber der siebte Tag ist ein Ruhetag... Da darfst du keinerlei Arbeit tun.« (Deuteronomium 5,12) Das Sabbatgebot verbietet nicht nur unbeherrschte Arbeitswut, sondern verordnet überhaupt Maßhalten beim Vollzug des Gebots, die Erde untertan zu machen.

Ein weiterer biblischer Text von zentraler ökologischer Bedeutung ist Gen 2,15. Diese »Gartenerzählung« wird dem »Jahwisten« zugeschrieben. Ihr aber ist die sogenannte Ackerbodenerzählung vorgeordnet. Gott bildet gleich einem Töpfer den Menschen aus Erde und schafft ihn zu einem lebenden Wesen, indem er ihm göttlichen Atem einhaucht. Dieser Mensch ist »Adam«, das heißt ein Wesen, das aus der Erde (adamah) stammt, das dem lehmigen Ackerboden entnommen wurde. Dennoch ist der Mensch mehr als der Boden, denn er empfängt direkt vom Schöpfer den Lebensatem (Genesis 2,7). Nun geht Gott an die Erschaffung der Tiere. Diese bilden eine Gemeinschaft mit Adam; er braucht nicht allein zu sein (Genesis 2,18). Er erprobt seine geistigen Fähigkeiten, indem er den Tieren Namen gibt. Im Alten Orient bedeutet Namengebung Ordnung und »In-Besitz-Nahme« der Wesen. Jahwe entläßt Adam auf den Ackerboden, damit er diese Erde in Ordnung bringe, gestalte und bearbeite.

In der »Gartenerzählung« beschreibt der Autor, wie Gott der Herr den Menschen nahm und ihn »in den *Garten Eden* brachte, damit er ihn *bebaue* und *pflege*« (Genesis 2,15). Nicht vom Menschen, sondern von Gott ist diese Gartenlandschaft angelegt. Es ist ein wahrhaft göttlicher Garten, herrlich ausgestattet mit: Wasser, Flüssen, Tieren, Edelsteinen – ein echtes Paradies. Alles, was im Garten lebt und gedeiht, ist dem Menschen anvertraut – und vertraut, ja traut. Er lebt in intimer Gemeinschaft mit Gott, der ihn und diese prachtvolle Umgebung geschaffen hat. Da gibt es keine Probleme, schon gar kein ökologisches; denn alle Lebensverhältnisse stimmen; alles ist reine Harmonie.

Grenzen allerdings hat der Schöpfer gesetzt. Der Mensch soll die Oberherrschaft Gottes anerkennen. Der Baum der Erkenntnis von Gut und Böse, von dem der Mensch nicht essen soll, signalisiert, daß er seine Geistesbegabung nicht grenzenlos einsetzen darf, um das Schöpfungswerk nach eigenem Gutdünken selbstsüchtig auszubeuten. Als Strafe für die Übertretung des Gebotes verjagt Jahwe die Menschen aus dem Paradies und verdammt sie jetzt dazu, ihren Lebensunterhalt in mühseliger Bearbeitung des Ackerbodens zu sichern. Nun ist nicht nur das Verhältnis des Menschen zu Erdboden und Natur gestört, sondern auch die Beziehung der Menschen untereinander. Der eine erhebt sich über den anderen; als Konkurrenten suchen sie ihre eigenen Vorteile. Der Mensch, dem der Zugang zur Mitte des Gartens Eden verwehrt war, hielt sich nicht daran, er wollte wie Gott werden; die verführerische Suggestion der Schlange hat die heile Welt zum Einsturz gebracht. Nunmehr setzt der aus Eden verbannte Mensch seine eigenen Kräfte ein; er ist auf sich selbst gestellt. Die ganze Schöpfung wird vom Fluch getroffen. Adam hat die ursprüngliche Unschuld verloren, die ihn befähigte, den paradiesischen Garten Eden zu hegen und zu pflegen. Der Erdboden leistet fortan Widerstand; er macht »zu schaffen« – im wahrsten Sinne des Wortes. Beim Ernten des »Grases der Felder« (Genesis 3,18) gerät der Mensch ins Schwitzen. Die »Dornen und Disteln« symbolisieren die widrigen und lästigen Bedingungen, unter denen nach dem Sündenfall die Erde bebaut werden muß.

Geschaffen wurde der Mensch, damit er den Garten Eden »bebaue und pflege« (Genesis 2,15). Das hebräische Wort für »bebauen« (und bearbeiten) lautet »abad«; eigentlich heißt es »bedienen«. Für »pflegen« (und hegen) steht im hebräischen Urtext das Tätigkeitswort »schamar«; es besagt ursprünglich »behüten, bewachen, bewahren«. Für unseren Zusammenhang sind vier hebräische Worte von fundamentaler Bedeutung: »untertanmachen« (kabasch) – »herrschen« (radah) – »bebauen« (abad) – »pflegen« (schamar). Dieses hebräische Begriffs-Quartett umschreibt nach verschiedenen Seiten das, was man den *Kulturauftrag* des Buches Genesis zu nennen pflegt.

Wir Menschen müssen in die Natur eingreifen

Es ist keine Frage, daß der Mensch von seinem Schöpfer beauftragt und ermächtigt wurde, die Erde in Besitz zu nehmen, das heißt, in sie einzugreifen, Veränderungen in und an der Natur vorzunehmen. Anders vermag der Mensch nicht zu leben und zu überleben. Romantisches Träumen von einer »unberührbaren Natürlichkeit« ist eine gefährliche Täuschung.

Ablehnung der Naturwissenschaft und Befeindung der Technik bringen uns nicht weiter, da wir nun einmal die uns anvertraute Erde »mit dem Kleid der Technik und Industrialisierung bekleidet haben«.[6] Die uns gestellte, freilich recht schwere Aufgabe besteht darin, die Spannung zwischen Eingriff in die Natur einerseits und Bewahrung der Natur andererseits zu versöhnen und in ein gewisses Gleichgewicht zu bringen.

Der Mensch – Gottes Ebenbild – treuer Verwalter und besorgter Anwalt der Erde

Als Gottes Ebenbild ist der Mensch dazu bestellt und berufen, seine (Um)Welt mit Vernunft und Weisheit sinnvoll zu gestalten. Das Maß im Lenken und Beherrschen der Erde bezieht er von jenen göttlichen Begabungen und Ausstattungen seines Wesens. Im alttestamentlichen Buch der Sprüche wird geschildert, wie Gott die ganze Schöpfung in Weisheit erschafft und ordnet.

Die Erde ist als Schöpfung ein von der göttlichen Weisheit durchwirktes und geordnetes Werk. Alles hat seinen bestimmten Platz, seinen spezifischen Stellenwert, seine präzise Funktion, seine umschriebene Aufgabe. Ebenbild Gottes ist der Mensch dann, wenn er sich an der Weisheit und Güte des Schöpfers orientiert, der sich fürsorglich um alle Geschöpfe kümmert: »Du läßt die Quellen sprudeln, allen Tieren des Feldes spenden sie Trank. Du tränkst die Berge aus deinen Kammern, aus deinen Wolken wird die Erde satt. Du läßt das Gras wachsen für das Vieh, auch Pflanzen für den Menschen, die er anbaut, und Wein, der das Herz des Menschen erfreut. Die Bäume trinken sich satt, auf ihnen bauen die Vögel ihr Nest, Herr, wie groß sind deine Werke; in Weisheit hast du sie alle geschaffen« (Psalm 104,10.14).

Des Menschen Gottesebenbildlichkeit bedeutet in erster Linie Vernunftbegabung. »Vernünftig« muß das Schöpfungswerk beherrscht und »gelenkt« werden. Veruntreuung, Ausbeutung und Plünderung der Ressourcen widersprechen der gottesebenbildlichen Begabung des Menschen, der des Schöpfers Ebenbild sein soll. Als Ebenbild Gottes muß der den biblischen Kulturauftrag wahrnehmende Mensch aus der göttlichen Weisheit schöpfen, damit er die Erde im Sinne ihres Schöpfers zu nützen vermag. Der dem Ackerboden entstammende Mensch erhielt den göttlichen Auftrag, diese seine *Herkunfts-Erde sorgsam zu erhalten und behutsam zu pflegen.* Gott übergibt seine Schöpfung nicht einem eigen-mächtigen Menschen, der sein Dasein sich selbst verdankt. Vielmehr bleibt er in allen Beziehungen rückgebunden an Gott, von dem ihm jene Maßstäbe zukommen, mit denen er sein Verhalten zur Welt und Natur bemessen soll. Als kreatürliches, das heißt geschaffenes Wesen hat der Mensch seinen letzten Grund nicht in sich selbst.

Die Ermächtigung zur verantwortlichen *Verwaltung der Erde* ist kein Freibrief für Ausbeutung, sondern moralische Bevollmächtigung, die vom Schöpfer vor- und aufgegebenen Ausstattungen der Natur weise zu betreuen, die Schöpfungsschätze gewissenhaft zu hüten. Der Herr ist es, der die Erde geformt hat – »er ist es, der sie erhält, er hat sie nicht als Wüste geschaffen, er hat sie zum Wohnen gemacht« (Jesaja 45,18). Wir Menschen sind eher Verwalter als völlig autonome Eigentümer und Besitzer der Natur. Gott gehört die Welt und »alles, was sie umschließt« (Psalm 50,12). Mit dem »Kulturauftrag«, die Erde untertan zu machen, wird der Mensch angewiesen, der ganzen Schöpfung als »Herr«, das heißt, als besonnener, weiser Hüter vorzustehen. Als »Krone der Schöpfung« kommt dem Ebenbild Gottes die Aufgabe zu, dem göttlichen Schöpfungswerk zu »präsidieren«. Die gemeinte Herrschaft ist eine *Präfektur der Erde.* Über sie herrschen bedeutet nicht eigenwilliges Walten, nicht selbstherrliches Befehlen, nicht tyrannisches Verfügen, nicht aggressives Plündern, nicht brutales Zuschlagen, nicht machtgierige Ausbeutung, nicht sadistisches Unterjochen. Vielmehr ist richtig verstandene Herrschaft eine verantwortliche, königlich-hoheitliche Aufgabe gewissenhafter Betreuung eines anvertrauten Gutes. Die Befugnis zur Herrschaft über die Erde ist Folge der Gottebenbildlichkeit. Der Mensch herrscht als Repräsentant und Statthalter Gottes für alles, was auf dieser Erde lebt. Wenn er seinen Herrschafts-Auftrag zu interpretieren versteht, dann verhält er sich als *Öko-Autorität,* das heißt als jemand, der sich befähigt und verpflichtet weiß, die ihm als zerbrechliches Geschenk anheimgestellte Erde wohlwollend zu betreuen. Als väterlich sorgender Verwalter der irdischen Behausung spielt er nicht die Rolle eines unbeherrscht und wild um sich schlagenden Haustyranns, sondern die eines bedacht kultivierenden, besonnen hegenden, fürsorglich pflegenden, gewissenhaft schützenden *Anwalts der Erde.*

Notwendigkeit des Erwerbs eines »ökoethischen Führerscheins«

Bei der Wahrnehmung des biblischen Kulturauftrages werden wir Menschen immer wieder in Konflikte getrieben. Es ist nicht leicht, den richtigen Umgangsstil mit der Natur zu finden. Wir stehen in der Spannung zwischen Veränderung und Bewahrung, zwischen Nutzung und Schutz, zwischen Ausnutzen und Benutzen, zwischen Ausbeuten und Hegen, zwischen Verderben und Hüten. Damit der Mensch die Fähigkeit gewinnt, den richtigen Kurs zu fahren, muß er so etwas wie eine *ökoethische Lenkungslizenz* erwerben. Erst dann, wenn er einen solchen »Führerschein« gemacht hat, besitzt er die wirkliche Berufung zur Untertanmachung der Erde. (Der Gedanke eines »Führerscheins« wird nahegelegt durch den oben erläuterten Begriff »radah«.) Man könnte auch von der Aufgabe eines *ökologischen Moderators* sprechen; ihm obliegt es ja, lenkend und mäßigend auf ein Geschehen Einfluß zu nehmen. Wenn wir die Schöpfung verwalten, moderieren wir sie, indem wir Spannungen ausgleichen, Gegensätze überwinden und dafür sorgen, daß es zu einem ausgewogenen Ergebnis kommt. Zu den Grundkursen der ökoethischen Fahrschule gehören Themen wie: die mit der Gottebenbildlichkeit gegebenen Rechte und Pflichten; Kennenlernen der vom Schöpfer in die Schöpfung weise eingestifteten Ordnung; Vertrautmachen mit der Idee der Begrenzung der Eingriffserlaubnis und mit dem Gedanken der letztlichen Unverfügbarkeit der Schöpfung. Ein Mensch, der diese Kurse nicht belegt und studiert, wird nicht zum »ökologischen Konservator« (Erhalter und Bewahrer), sondern zum Zerstörer der Erde. Ehe der Mensch zum Vollzug des hoheitlichen Aktes der »Herrschaft« über die Erde reif ist, muß er sich die erforderlichen Kenntnisse aneignen, sonst mißrät die »Untertanmachung« zu einer gedankenlosen Vergewaltigung der Schöpfung. Wer nicht durch diese ökoethische Fahrschule gegangen ist, darf nicht auf die Straße unserer Erde entlassen werden, denn er steuert, da die »Lenkung« versagt, Natur und Menschheit ins Unheil.

Theologie der Natur: Das All ist die Schöpfung

In christlicher Sicht stellt die ganze irdische Wirklichkeit, also auch die Natur in ihrer großartigen Fülle, Schöpfung dar, das heißt ein von Gott geschaffenes Werk. Theologie der Natur betrachtet das All als Wirkung göttlicher Kreativität, einer den irdisch-innerweltlichen Horizont übersteigenden Schaffenskraft. Sämtliche Dinge werden in ihrer Beziehung zu und in Abhängigkeit von Gott gesehen und gewertet. Christen begreifen die Natur nicht als Produkt zufälliger materialer Explosions- und biologischer Evolutionsprozesse (wie der vom Marxismus gelehrte Dialektische Materialismus), sondern als Werk Gottes, der durch sein kreatives Wort die gesamte Erde (Mensch und Natur) »aus Nichts« ins Dasein gerufen und planvoll geordnet hat. »Die Unfähigkeit des Beweisens und Begreifens, daß das großartige, über alle Maßen herrliche Weltall zufällig geworden ist, scheint mir das Hauptargument für die Existenz Gottes« (Charles Darwin, 1809–1895). Alles Leben hat einen weltübersteigenden Ursprung, der naturwissenschaftlich letztlich unverständlich bleibt. »Ein ewiger Gott ist der Herr, der die Enden der Erde geschaffen... Unerforschlich ist seine Einsicht« (Jesaja 40,27). Christliche Einstellung zur Natur räumt dieser einen spezifischen Stellenwert ein. Die entscheidenden Merkmale:

1. Der natürliche Lebensraum verdankt sich der *freien Tat* Jahwes. Er hat das All gestiftet und der Natur zum Eigensein verholfen, damit sie sich kraft der in sie anfangs eingeschaffenen Potentiale (Naturgesetze, auf denen ja gerade das ökologische System beruht) selbst entfalte. Sofern hinter diesen Selbsterhaltungs- und Eigenentfaltungsenergien wiederum der krea-

tive Anstoß des Schöpfers steht, ist dieser es, der alles im Dasein hält, ihm Sinn und Grund verleiht. Die autonome Wirksamkeit der Natur funktioniert nur deswegen, weil sie auf den göttlichen Ermöglichungsgrund zurückgeht.

2. *Mensch und Natur* bilden eine *solidarische Schicksalsgemeinschaft* und brüderlich-schwesterliche Genossenschaft (vgl. Franz von Assisi). Alles ist auf Gedeih und Verderb füreinander da und aufeinander angewiesen. Menschliches Leben hängt von den großzügig gewährten Lebensmitteln der Natur ab. Ohne Überleben der Natur kein menschliches Überleben. Deswegen muß sich der Mensch ihr gegenüber dankbar und partnerschaftlich verhalten.

3. Alles Leben ist *Gabe und ungeschuldetes Geschenk* des Schöpfers. Schöpfung *muß* es nämlich nicht geben; sie hat keinen anderen Grund als schlicht die Liebe Gottes. »Gratis« – umsonst hat er Ja zur Welt gesagt. Den Anfang von allem hat sein »Bara« (Schaffen) gesetzt. Machtvoll und wirksam hat Gott das Seiende aus dem Nichts herausgesprochen. Auch der paradiesische Garten Eden wird von ihm angelegt und wunderbar ausgestattet. Aus wohlwollender Liebe schuf er die Welt; väterlich sorgt er dafür, daß das Leben Entfaltungschancen hat, sowohl das des Menschen als auch das der Tiere und Pflanzen. Aller Lebensodem kommt von Gott; Jahwe ist es, der Lebensraum gewährt. Über den lebenswichtigen Regen können die Menschen nicht eigenmächtig verfügen. »Er schickt Regen über die Erde.« »Er hemmt das Wasser; schon kommt Dürre« (Hiob 5,10; 12,15). Die vom Schöpfer gespendeten Quellen laben Mensch und versorgen alles Getier des Feldes (vgl. Psalm 104,10).

4. Der Mensch, welcher sich seiner Kreatürlichkeit und der Geschöpflichkeit seiner Mit- und Umwelt bewußt ist, kann gar nicht anders als *staunen*, den Schöpfer des Alls *lobpreisen* und ihm *danken*.

5. Kreatürlichkeit besagt Abhängigkeit und verweist auf *Grenzen*. Den zu Staub zerfallenen Menschen nimmt der Erdboden (adamah) auf. Dieses Schicksal ruft ihm seine Grenzen

und die Hinfälligkeit seines Lebens in Erinnerung (vgl. Genesis 3,19). Das Verbot, vom Baum inmitten des Paradieses zu essen, will menschliches Erkennen in den göttlichen Heilsplan einordnen. Der Mensch aber hält sich nicht an diese Weisung, sondern durchbricht die Schöpfungsordnung, indem er von Gott verfügte Grenzen überschreitet. Die Menschen, die sich selbst zum absoluten Maß erheben, bringen Verwirrung und Zerstörung in ihre menschliche und natürliche Umwelt. Weil sie sein wollen wie der Schöpfer, schlagen sie der ursprünglichen Integrität der Schöpfung Wunden.

Erstes Gebot des Umweltschutz-Ethos: Ehrfurcht vor der Natur

Auf eine knappe Formel gebracht: Ehrfurcht ist jene Haltung, in welcher der Mensch Geschöpflichkeit annimmt und gelten läßt. Wer Ehrfurcht hat, geht davon aus, daß nicht alles hinterfragbar und begründbar ist. Ehrfurcht zerrt die Dinge nicht in die Niederung totaler Verfügbarkeit und Verplanung. Die Schöpfung nötigt allein schon deswegen Ehrfurcht ab, weil sie den Charakter des Einmaligen und Unwiederbringlichen hat. Hingegen ist die von Menschen selbst hergestellte Umwelt der Raum des Gemachten, des Verfertigten, des gezielt Geplanten, des vom Menschen Bestimmten und Gewünschten. Ehrfurcht befähigt den Menschen, sich Horizonten zu öffnen, die über ihn, seine Fassungskraft und Zugriffsmöglichkeit hinausweisen. Allein Ehrfurcht weckt Sinn für die unantastbare Würde einer Wirklichkeit. Ohne Furcht kann es überhaupt keine Ethik geben, weil die Voraussetzung für die gelassene Anerkennung von aufgegebenen Werten fehlt. Umweltethik gibt es nicht ohne Ehrfurcht vor dem Eigenwert der zu schützenden Umwelt und Natur. Ehrfurchtslosigkeit bedeutet »Absterben des Wertsinnes«.[7] Ehrfurcht affiziert unser Gefühl und kommt dem »sonst kraftlosen Sittengesetz zu Hilfe«.[8] Allein Ehrfurcht bewahrt davor, ein Gut hemmungslos zu gebrauchen bzw. bedenken- und gedankenlos zu verbrauchen. Gerade weil das ökologische System unserer Erde so verletzlich ist, bedarf es der Ehrfurcht. Da die Natur frevelhaftem Eingriff schutzlos ausgeliefert ist, kann sie nur durch ein Schutzschild der Ehrfurcht vor Zerstörung gesichert werden.

Wo keine Ehrfurcht, da wird die Natur überhaupt nicht als schützenswert und schutz-würdig erachtet. Wer die Natur als kostbaren Schöpfungsschatz ehrt und um ihren Bestand fürchtet, der ist in seiner ganzen Person betroffen. Diese Betroffenheit bewegt, d. h. motiviert, zur umweltschützenden Tat. Nur das Vorhandensein von Ehrfurcht garantiert langfristig und konsequent, daß unsere Natur geschützt und nicht mutwillig demontiert wird. Ehrfurcht kann man indes nur vor dem empfinden, was unverfügbar ist, was unbedingten Anspruch auf Bejahung hat. Es handelt sich um Feinfühligkeit für das tiefe Geheimnis der Wirklichkeit, um »eine Art Geist gewordene Scham«[9], die den Dingen ihre letzten Geheimnisse nicht nehmen will.

Wenn unsere Welt ohne Bezug zu einer welttranszendenten Größe betrachtet wird, fällt alles in den Bereich menschlicher Verfügbarkeit. Max Horkheimer hat sehr richtig erkannt, daß bei Verlust letzter Reste von Theologie notwendigerweise auch letzte Werte ins Wanken geraten. Wer soll denn *verbindlich* verbieten können, daß Leben angetastet wird? Ein solches Veto kann nur der verhängen, der eigentlicher, allem übergeordneter Herr des Lebens ist. Eine Antwort, die auf humanistische Gefühle, auf zivile Gewohnheit und die Notwendigkeit menschlicher Solidarität rekurriert, kann nicht befriedigen; denn wie ist dem einzelnen klarzumachen, daß er sich an ein solches Verbot halten muß? Wer nur innerweltliche Argumente zur Hand hat, gerät schnell in die Enge. Im Grunde hat Horkheimer völlig recht, wenn er meint, ohne Bezug auf Gott könne nicht begründet werden, warum das Gute zu tun und das Böse zu unterlassen sei.[10]

Einen totalen Humanismus, der sich von Gott gelöst hat, vergleicht Golo Mann mit einer abgeschnittenen Blume, von der niemand weiß, wie lange sie hält. *Letzte Verbindlichkeit* kann doch nicht von selbst ziemlich begrenzten und recht hinfälligen Menschen ausgehen oder einfach dekretiert werden. Nur der Glaube an den Schöpfer stellt in tatsächlich unausweichliche Verantwortung und auf festen Grund.[11] Ohne Rückkehr zum Heiligen ist nicht damit zu rechnen, daß Ehrfurcht vor der Umwelt eine Chance bekommt.[12] Vor dem Verfügbaren braucht man keine Ehrfurcht zu haben; auf das eigens Ausgedachte, selbst Produzierte, technisch Erzeugte mag und darf der Mensch stolz sein; Ehrfurcht jedoch wäre da unangebracht. Sie bezeichnet eben jenes Gefühl, das angesichts unverfügbarer Wirklichkeit aufkommt, von der man sich total abhängig weiß, auf deren Gunst man unbedingt und unbarmherzig angewiesen ist.

Mit dem Unverfügbaren schlechthin hat es die Theologie zu tun. Auf die zentrale Bedeutung des Glaubens für eine Umweltethik weist auch der prominente Naturwissenschaftler Werner Heisenberg hin. Er meint, nur der Glaube vermöge es, dem Menschen wirksam Grenzen zu setzen. Nun stellt doch gerade der christliche Schöpfungsglaube die Tatsache der Kreatürlichkeit ins volle Licht. Er verwehrt, die Natur lediglich als ein Warenlager zu betrachten, das gerade gut genug dafür ist, zur Befriedigung materieller und oft auch noch eingebildeter Bedürfnisse ausgeschlachtet zu werden. Nur religiöse Gründe können mit genügend Gewicht verhindern, daß Mensch und Natur einem ökonomischen Verwertungsprozeß ausgesetzt und geopfert werden.[13] Es ist nicht einzusehen, warum die Menschen mit der Demontage der Natur aufhören sollten, wenn es nicht gelingt, Ehrfurcht vor der Natur als göttlicher Schöpfung einzuüben. Nur ein erneuerter »Glaube an Gott kann die Wandlungen herbeiführen, die unsere Welt vor der Katastrophe retten können« (Wernher von Braun).

Neben der Ehrfurcht hat die *Liebe* fundamentale Bedeutung. Sie nimmt in der christlichen Theologie den Rang einer theologischen Tugend ein. Diese setzt uns instand, die Schöpfungsgabe Natur nicht rücksichtslos dem eigensüchtigen, selbstsüchtigen, roh ausbeuterischen Raubbau auszusetzen. Die Liebe zur Schöpfung gebietet solidarisches und partnerschaftliches Verhalten der Natur gegenüber, wie das Beispiel Franz von Assisi bezeugt, der Sonne und Tiere liebevoll als Brüder und Schwestern nicht nur bezeichnet, sondern auch behandelt. Mit guten Gründen ist er von Papst Johannes Paul II. zum Patron des Umweltschutzes ernannt worden. Das bekanntlich im Zentrum der christlichen Botschaft (des Neuen Testamentes) stehende Gebot der Liebe verwehrt anthropozentrische Ausbeutung des Lebens. Die von der theologischen Wissenschaft ins Visier genommene Natur deckt sich nicht einfach mit der der experimentell und analytisch operierenden Natur-Wissenschaft; denn der theologische Betrachter bedenkt vor allem jenen Grundgehalt von Natur, der nicht gemessen, quantifiziert und technisch verwertet werden kann. Insofern ist Theologie der Natur immer schon Ehrenrettung und Verteidigung der Natur gegen das frivole und überhebliche Ansinnen, sie völlig in den Griff bekommen zu wollen. Theologie der Natur, das heißt die Würdigung der Natur als Schöpfung, erweist die Pflicht würdigen Umgangs mit ihr. In der Ehrfurcht konzentrieren sich nämlich Hochschätzung, Bewunderung, ja Verehrung. Falls diese – in den biblischen Schriften häufig genannten – Haltungen mehr als bisher ökologisch ausgewertet werden, ist der Boden für das Gedeihen einer stabilen Umweltschutz-Ethik bereitet. Wenn wir die Schöpfung ehren, indem wir sie schützen, hegen und pflegen, dann ehren wir den Schöpfer. Es ist schon aufschlußreich genug, daß die Begriffe »Kultur« (= Bebauung, Hege, Pflege) und »Kult« (= Verehrung von Gott) zusammengehören. Wo wir die Natur (durch Ausrottung botanischer und zoologischer Arten) ausbluten lassen, bringen wir sozusagen das zum Ruhm des Schöpfers aufspielende Symphonieorchester durcheinander, ja zum Verstummen.

Anmerkungen

1 Die historischen Wurzeln unserer ökologischen Krise: Schaeffer, F. S.: *Das programmierte Ende*, Wuppertal 1973, S. 88.
2 Vgl. B. Cobb: *Der Preis des Fortschritts*, München 1972.
3 Vgl. G. Liedke: *Im Bauch des Fisches*, Stuttgart 1979, S. 40.
4 G. Altner: *Schöpfung am Abgrund*, Neukirchen 1974, S. 81.
5 ebda 32.
6 Liedke, S. 180.
7 J. Messner: *Kulturethik*, Innsbruck 1954, S. 304.
8 H. Jonas: *Dem Leben trauen, weil Gott es mit uns lebt.* Dokumentation des 88. Dt. Katholikentages in München 1984, Paderborn 1984, S. 942.
9 M. Scheler: Werke 3, S. 28.
10 Vgl. seine Schrift: *Die Sehnsucht nach dem ganz anderen.*
11 Vgl. A. Auer: *Dem Leben trauen...*, S. 949.
12 Vgl. L. Kolakowski, zit. nach W. Kasper: *Dem Leben trauen...*, S. 149f.
13 K. G. Zinn: *Die Selbstzerstörung der Wachstumsgesellschaft. Politisches Handeln im ökonomischen System*, Reinbek 1980, S. 16.

Christian Oeyen

Plädoyer für eine Reform des Christentums

Zur Fragestellung des Buches möchte ich zunächst bemerken, daß ich bewußt darauf verzichte, einen Vergleich zwischen Christentum und anderen Religionen beziehungsweise nicht-religiösen Weltanschauungen anzustellen, der zeigen sollte, welche von ihnen die beste Antwort auf die hier gestellten Fragen aufbringt. Viele Menschen hegen die Vorstellung, Religion sei ein völlig fertiges System von »göttlichen« Wahrheiten, das eine Antwort auf alle Fragen des Lebens enthält und das Nachdenken über Glaubensfragen mehr oder weniger überflüssig macht. Ich fühle mich viel eher zu der Gruppe derer hingezogen, für die auch Religion stets im Werden, in der Entwicklung ist – als ein Handeln Gottes mit den Menschen und in der Menschheit, nicht die einmalige Verkündung eines zeitlosen himmlischen Willens sozusagen mittels überirdischer Lautsprecher. Ich denke, daß man vor einem neuen Problem nicht erwarten kann, daß die bisherigen Denksysteme – Religionen inbegriffen – eine fix und fertige Antwort darauf liefern, einfach weil alle diese Denksysteme, Vorschläge und Überzeugungen zu einer Zeit entstanden sind, als das Problem noch nicht so bekannt war oder so erlebt wurde wie zur Zeit seiner Aktualität. Es scheint mir andererseits genauso unsachgemäß, jedes aus der Vergangenheit kommende System abzulehnen, weil es nicht die präzise Antwort auf das neue aufgetretene Problem enthält. In geistiger Beziehung vollzieht sich das Wachstum der Menschheit ähnlich wie das eines physischen Organismus: auf neue Situationen wird durch Weiterentwicklung von Dingen, die in ihrer Anlage schon bestanden, reagiert.

Dazu möchte ich zu Beginn zwei Thesen formulieren:

1. Umweltgerechtes Handeln erfordert heute ein Ausmaß an Ehrfurcht vor der Natur, das religiöse oder religionsähnliche Dimensionen annimmt.

2. Diese religiöse Dimension ist nicht in einer völligen Neuschöpfung auf religiösem Gebiet zu suchen, sondern in der Reform der bestehenden Religionen auf dieses Ziel hin.

Persönlich möchte ich innerhalb der großen christlichen Tradition bleiben. Nicht nur, weil diese Tradition wesentlich zur Entstehung unserer Kultur und unseres ethischen Bewußtseins beigetragen hat, sondern auch, weil das Christentum mit der Bezeichnung des Wesens Gottes als sich erbarmende Liebe und der Anschauung des Leidens als Weg zur Erlösung der Welt Antworten gibt, die mir in dieser Klarheit woanders noch nicht begegnet sind – was nicht leugnen soll, daß mich beim Lesen mancher Texte aus dem Mahayana-Buddhismus oder den jüdischen Chassiden ein tiefes Gefühl der Verbundenheit erfaßt. Möglichkeit und Notwendigkeit einer Reform des Christentums sehe ich sowohl in der (alten) katholischen Glaubensüberlieferung begründet, die sich schon oft Gedanken und Vorstellungen geöffnet hat, die »von außen« an sie herangetragen wurden (von der griechischen Philosophie bis zum Weihnachtsbaum); als auch in der evangelischen Forderung der immer neuen Rückkehr zum ursprünglichen Inhalt, der in seiner Schlichtheit fähig sein kann, auf neue Situationen einzugehen.

Das Problem

Das übliche Verhältnis eines Christen zur Natur ist mit einer gewissen Zwiespältigkeit behaftet. Zwei Seelen wohnen in seiner Brust. Er ist der geistige Erbe eines Volkes von Hirten und Bauern, in deren Schriften Schafe und Hirsche, Weinstock und Ölbaum eine entscheidende Rolle spielen, in deren Festen der Jahreszyklus von Saat und Ernte, Frühling, Sommer, Herbst und Winter stets miterlebt wird; er folgt der Lehre eines Meisters, für den sogar die kleinsten Vögel und die einfachen Feldblumen Gegenstand der Sorge Gottes sind, und er weiß um den Sonnengesang eines Franz von Assisi und die Naturverbundenheit mancher christlichen Volkssagen. Aber ihm sitzt auch der Abscheu vor dem »Greuel« der kanaanäischen Naturkulte in den Knochen, das strenge Verbot, Gott unter den hervorragenden Bäumen oder auf den Berggipfeln anzubeten, die Angst vor dem

Sternenkult und den astrologischen Vorstellungen, der Ekel vor jeder Verherrlichung der Sexualität. Er denkt sich die Welt als durch die Ursünde (des Menschen!) abgefallen, in der Gewalt von mehr oder weniger personifizierten bösen Kräften, Anlaß für den Aberglauben der Ignoranten und ein gefährlicher Ort, in dem »Neuheidentum« immer wieder aufblühen und zur »Unmenschlichkeit« führen kann. Sogar in der Haltung zum eigenen Leib, der selbst ein Stück Natur ist und durch den allein Natur erlebt und beeinflußt werden kann, macht sich dieser Zwiespalt bemerkbar oder besser gesagt, gerade hier. »Das Wort ist Fleisch geworden« wird gesagt, und: »Ich glaube an die Auferstehung des Fleisches«. Der erste Brief an Timotheus verurteilt diejenigen, die »verbieten zu heiraten und bestimmte Speisen zu sich zu nehmen, obwohl doch die Glaubenden, die die Wahrheit erkannt haben, alles, was Gott geschaffen hat, mit Dank gebrauchen dürfen; denn alles, was Gott geschaffen hat, ist gut« (I. Timotheus 4,3f.). Und im gottesdienstlichen Lied wird aufgefordert, Gott nicht nur mit Herzen und Mund, sondern auch mit den Händen zu danken (EKG 228). Unser Leib ist ja ein Tempel des Heiligen Geistes (I. Korinther 6,19). Ist er aber nicht auch eine Art feindliche Macht, die »Gelüste« hat, die gegen den Geist streben, die man im Zaum halten soll, ohne ihr je voll trauen zu dürfen? Haben nicht viele Kirchenväter und nach ihnen kein geringerer als Ignatius von Loyola in seinen »Geistlichen Übungen« das Wort Platons, der Leib sei ein Kerker der Seele, freudig übernommen?

Es wäre ungerecht, in diesem Zwiespalt nur das Negative hervorzuheben, ohne die grundsätzlich positive Bewertung der Schöpfung und des Leibes als Werk Gottes zu würdigen. Man kann kaum behaupten, das Christentum sei eine prinzipiell natur- und leibfeindliche Religion. Viel eher kann ihm aber vorgeworfen werden, mit den eigenen Grundprinzipien nicht immer konsequent umgegangen zu sein. Nach der Bibel hat Gott am Anfang alles geschaffen, »und er sah, daß es sehr gut war« (Genesis 1,31). Und: »durch Christus hat er alles mit sich versöhnt, was auf Erden und im Himmel ist, indem er Frieden machte durch sein Blut am Kreuz« (Kolosser 1,20). Nach der Schrift umfassen Schöpfung und Erlösung ganz allgemein den ganzen Kosmos, nichts ist darin grundsätzlich schlecht oder widergöttlich. Die Tragweite dieser Aussagen ist so groß, daß alle etwa anderslautenden Sätze oder Lehren in ihrem Licht zu interpretieren oder gar zu korrigieren sind.

Man soll allerdings vorsichtig mit einzelnen Zitaten aus der Bibel umgehen, die in ihrem Kontext und in der Gedankenwelt ihrer Entstehungszeit zu sehen sind. Wer zum Beispiel die gewollt hart klingende Erlaubnis der Tierestötung und der Jagd in Genesis 9,1–3 zitiert, sollte nicht übersehen, daß in der Folge Gott einen Bund nicht nur mit den Menschen, sondern »mit allen Lebewesen bei euch, Vögeln, Vieh und allen wilden Tieren« schließt, dessen sichtbares Zeichen der Friedensbogen in den Wolken sein sollte (Genesis 9,8–17). Die Erlaubnis, sich von den Tieren zu ernähren, ist schon darum nicht im Sinne eines Krieges zu verstehebn. Daß übrigens »Angst und Schrecken« des Wildes vor den Menschen nicht naturgegeben sind, sondern eine Folge der Einführung der Jagd, ist eine zutreffende Beobachtung, die die moderne Völkerkunde bestätigt[1]. Gott aber hält seinen Frieden mit den Tieren aufrecht.

Ähnlich verhält es sich mit einigen symbolisch gemeinten Erzählungen des Evangeliums. Das Schwein war für die Juden ein unreines Tier: die Lösung, die unreinen Geister in die unreinen Tiere zu schicken, damit sie dann beide in den See stürzen (Markus 5,8–20; Lukas 8,26 ff.), ist nur auf diesem Hintergrund verständlich: Jesus, der Messias, reinigt das Land von allem, was unrein ist. Die Bitte der Gerasener, er möge ihr Gebiet verlassen, weist auf die tatsächlichen Verhältnisse hin, wonach diese Gegend von Nicht-Israeliten bewohnt war. So bleibt diese »Reinigung«, so wie die als parallel anzusehende Reinigung des Tempels (Markus 11,15 ff.), ein symbolischer Ansatz. Der Feigenbaum ist wie der Weinstock ein deutliches Symbol Israels, das bei der Ankunft Jesu nicht die Früchte des »Reiches Gottes« trägt. Die schon von Jeremia angedrohte Strafe, diese Obstbäume zu verderben (Jeremia 8,7–13), wird darum symbolisch vollzogen. Aus diesen zwei Stellen auf eine grundsätzliche Haltung der Feindseligkeit oder Mißachtung der Tier- oder Pflanzenwelt gegenüber zu schließen, ist schon darum nicht möglich, weil Jesus andererseits die Sorge Gottes für die kleinsten Geschöpfe betont (Matthäus 10,26; Lukas 12,6). Er erfüllt das Wort, wonach das geknickte Rohr nicht zu brechen sei (Jesaja 42,3; Matthäus 12,20), nimmt die Liebe eines guten Hirten für seine Tiere als Modell für sich in Anspruch (Johannes 10,1 ff.)

und bezieht viele seiner Gleichnisse aus dem sorgfältigen Umgang des Bauern mit Saat und Ernte. Darüber hinaus sind die beiden fraglichen Erzählungen wohl als »Gemeindetheologie« entstanden, das heißt, daß sie kaum auf historischen Handlungen Jesu beruhen dürften.

Die eigentlichen Probleme sind grundsätzlicher Art: Sie hängen im Alten Testament oft damit zusammen, daß uralte Tabu-Vorschriften mit dem Begriff der »Unreinheit« belegt werden (worin der eigentliche Fehler bei der Erzählung über die Schweineherde liegt), ferner mit den vorwiegend männlichen, patriarchalisch-gebieterischen Eigenschaften Gottes, die an vielen Stellen sein Herrschen über die Welt mehr als seine Anwesenheit in der Welt betonen, dann mit der – allerdings in der Schrift nicht ausdrücklich vertretenen – Meinung, Gott habe alle übrigen Geschöpfe allein um des Menschen willen geschaffen[2]. Wenn alle Wesen der Schöpfung »sehr gut« sind und Gott Frieden mit allen Lebewesen hält, dann gibt es nichts »Unreines« in der Natur, und jedes Wesen hat seine eigene Würde, völlig unabhängig von seiner Nützlichkeit oder sonstigen Beziehung zum Menschen. Die Schöpfung ist der Ort, wo Gottes Eigenschaften sichtbar werden (vgl. schon Psalm 104; Römer 1,20f.).

Tatsächlich hat sich das Neue Testament nach und nach von den Reinheitsvorschriften befreit (Markus 7,1–23; Apostelgeschichte 10,9–16. – Apostelgeschichte 15,19; 21,25 läßt für die Heidenchristen nur noch die Gebote gelten, die für Nicht-Israeliten bindend waren, Levitikus 17f.), wichtige Korrekturen am patriarchalischen Gottesbild vorgenommen und die Haltung der Bedürfnislosigkeit, der Selbstlosigkeit und des Dienens als Weg zum »Heil«, das heißt zur eigentlichen Selbstverwirklichung, erkannt. Aber es eröffneten sich zugleich andere Problemquellen: die paulinische Lehre vom Sündenfall läßt die Welt durch die Sünde des Menschen unter die Herrschaft böser Mächte geraten. Abgefallene Engel werden zu Fürsten dieser Welt erklärt (Römer 5,12–21; 8,20; Epheser 6,12). Besonders in der apokalyptischen Literatur, zu der auch einige Teile der Evangelien gehören, wird das Geschehen dieser Welt vom Satan geleitet. Gott wartet in einer anderen Sphäre, er greift (noch) nicht ein. Am Ende kommt die Weltkatastrophe, und Gott schafft für die Gerechten einen neuen Himmel und eine neue Erde. Das von diesen Lehren bedingte Weltbild stellt den Christen als einen »Fremden« in der sündhaften, abgefallenen Welt dar; sein Blick ist auf die jenseitig-zukünftige Schöpfung gerichtet. Es liegt nah, in einer solchen Stimmung die Mitgeschöpfe zu vergessen, um sich nur noch um einen Platz in der kleinen Zahl der Auserwählten, die aus dieser verlorenen Welt gerettet werden, zu bemühen.

Es ist also die Frage nach dem Bösen in der Welt – die apokalyptische Literatur ist unter grausamen Verfolgungen entstanden –, die hier zu problematischen Ansichten führt. Es wird nicht richtig gesehen, daß das ethisch Böse ausschließlich eine Möglichkeit des Menschen ist, und in etwa nach dem altorientalischen Denkmuster, in dem die Untertanen am Unheil ihrer Herren teilnahmen (II. Samuel 24,13–15 wird das Volk wegen einer Sünde Davids mit der Pest belegt), die Natur in der Bestrafung des Menschen einbezogen.

Folgenschwerer für die christliche Zivilisation war aber die Übernahme von gnostischen, platonischen und manichäischen Lehren durch die Kirchenväter. Auch wenn Tertullian um das Jahr 200 noch eine ganze Schrift zur Verteidigung der Würde des Fleisches gegen die Gnostiker verfaßte, übernahm schon Origeines († 254) die Lehre des Platon, wonach die Seelen aus einer himmlischen Präexistenz in die Leiber verbannt werden. Auch wenn diese Lehre einige Jahrhunderte später verurteilt wurde, blieb die materielle Welt im Verdacht, zugleich Gegensatz und Gegner der Seele zu sein. Für das Abendland ist vor allem der das ganze nachfolgende Denken beherrschende Augustinus wichtig: Er bringt in die christliche Theologie den Begriff der »Innenwelt« (des Bewußtseins) und der »Außenwelt« (der Materie). Nach dieser Denkweise befindet sich der eigene Leib »außen«! Typisch ist der Unverstand des sonst psychologisch tiefsinnigen Beobachters Augustinus gegenüber den Instinkten: daß der Instinkt nicht immer dem Verstand gehorcht, ist für ihn gerade *der* Ausdruck des – in seiner Theologie großgeschriebenen – Sündenfalls. Die Verschärfung des Subjekt-Objekt-Schemas ist hier deutlich. Sie steht Pate für die moderne Philosophie. Für Descartes, der sich stark an Augustinus orientiert (auch das »cogito ergo sum« hat er von ihm übernommen), steht der Innenwelt des Denkens (»res cogitans«) die Außenwelt des Meßbaren (»res extensa«) gegenüber. Damit verliert die materielle Welt ihre Eigenart, ihre »Seele«. Nach Kant können wir »das Ding an sich« nicht kennen. Die Außenwelt schrumpft zu einer Summe von Phänomenen zusammen, mit der sich die Naturwissenschaft beschäftigt. Sofern christliche Theologen sich an dieser Philosophie orientieren, führen sie das Werk des Augustinus weiter: sie lassen den christlichen Glauben immer mehr eine Sache des denkenden Geistes werden, an der die Materie und die Natur immer weniger teilhaben.

Die skizzierte Entwicklung verlief nicht einfach gradlinig; es gab Ausnahmen und gegenläufige Bewegungen. Aber insgesamt gesehen kann man von einem ständigen Aufstieg der »männlichen« Eigenschaften Intellekt und Willen sprechen, die immer mehr den Anspruch erheben, einzige Wirklichkeit zu sein beziehungsweise alles andere zu bestimmen. Auf der Strecke bleiben die Werke Gottes, die Leiblichkeit, die Natur, die Gefühle, das Unbewußte und das Weibliche.

Bleibendes und Zeitbedingtes

Dokumente der Vergangenheit, die in einer ganz anderen Zeit und Umgebung entstanden sind, können nicht unkritisch auf spätere Situationen übertragen werden. Die geistige Anstrengung bleibt uns nicht erspart, die bleibende Botschaft immer neu von zeitbedingten Anschauungen zu trennen. Das gilt auch für die Bibel.

Obwohl zum Beispiel das Neue Testament die Sklaverei nicht grundsätzlich ablehnt und nur versucht, das Verhältnis zwischen Herrn und Sklaven menschlicher werden zu lassen (Philemon 10–18; Epheser 6,5–9; Kolosser 3,22–4,1; I. Timotheus 6,1f.), denkt niemand heute daran, solche Ratschläge in die Praxis umzusetzen. In Frage gestellt werden muß aber das ganze Unterordnungs-Denken der Antike, das vom Gesetz des Moses bis zu den konkreten Ratschlägen des Paulus an seine Gemeinden die Vorstellungen der Schrift häufig bestimmt. Danach wird die ganze Welt in Herrschende und Gehorchende eingeteilt, es ist von Gott bestimmt, daß die »Obrigkeit« über die Untertanen herrscht, der Mann über die Frau, die Eltern über die Kinder, die Herren über die Sklaven – und eben der Mensch über die Natur. Inzwischen wählt der mündige Bürger seine Regierung selbst, Mann und Frau sind, jedenfalls gesetzlich, gleichgestellt, Partnerschaft und nicht Unterordnung wird zwischen den verschiedenen Gruppen der Gesellschaft angestrebt. Die Auffassung, wonach der Mensch über die gesamte Schöpfung zu herrschen hätte (Genesis 1,26.28) ist darum genauso zeitbedingt und überholt wie alles andere, was nach diesem Denkmuster in der Schrift ausgesagt wird. Gewiß werden in diesem Denksystem die jeweils Herrschenden ermahnt, verantwortungsvoll und milde ihre Macht zu gebrauchen; doch wenn sie es nicht tun, bleibt den Untertanen nur Geduld als angemessene Haltung. Christlicher ist die Auffassung, daß jedes Geschöpf als Werk Gottes bestimmte, festverbürgte Rechte hat – Ansätze in bezug auf die Haustiere hat es schon im Alten Testament gegeben.

Jesus hat den Begriff des Herrschens durch den des Dienens ersetzt. Er selbst sei nicht gekommen, sich bedienen zu lassen, sondern zu dienen (Matthäus 20,28). Dieses Prinzip ist wichtiger und weitreichender als die Rückfälle der Christen in die Kategorien des Herrschens und des Beherrschtwerdens. Nur ein Christentum, das sich zu einer klaren Absage an das Unterordnungsdenken – auch in der Kirche selbst! – entscheidet, kann sich überzeugend für die Rechte der anderen Geschöpfe einsetzen.

Damit zusammenhängend ist jedes Denken falsch, das die Natur als durch die »Ursünde« Adams mitgefallen und darum irgendwie als schlecht ansieht. Gewiß haben die Kreaturen sehr häufig unter den Sünden der Menschen zu leiden. Man kann dann sagen, daß sie – sofern das ichsüchtige Handeln der Menschen sie berührt – der »Nichtigkeit« unterworfen sind (Römer 8,20). Nicht aber, daß sie etwas von ihrer Eigenschaft, gute Schöpfung Gottes zu sein, verloren hätten. Der Satz: »Verflucht sei der Acker um deinetwillen; mit Kummer sollst du dich darauf nähren dein Leben lang; Dornen und Disteln soll er dir tragen« (Genesis 3,17f.), beschreibt im Mythos die Folgen des Übergangs vom Leben im Urwald zum Ackerbau, des ersten Schrittes zur Technik und zur Zivilisation, der ersten Anwendung der »Erkenntnis«, deren Gebrauch Gott wohlweislich den Menschen nicht erlauben wollte. Gemeint ist aber nur der vom Bauern bearbeitete Acker, nicht die ganze Erde! Die Idee eines Fluches Gottes über seine eigene Schöpfung wegen der Sünden der Menschen ist so unchristlich wie unlogisch. Wollte man (nach dem erwähnten Unterordnungs-Denken) meinen, daß die nichtmenschliche Schöpfung den Menschen als Mittler zwischen sich und Gott braucht, dann würde die Aussage von Kolosser 1,20, daß Christus alles mit Gott versöhnt hat, im Himmel und auf Erden, genügen, um zu zeigen, daß für den Christen kein Bruch besteht. Wenn man aber die Eigenständigkeit der Schöpfung anerkennt, dann muß man sagen, daß es einen solchen Bruch nie gegeben hat. »Grausamkeiten« in der Natur sind nicht »böse« im ethischen Sinn. Ihretwegen einen Abfall der Schöpfung von einem ursprünglich »friedlichen« Zustand zu postulieren, heißt, unsere menschlichen Maßstäbe und Wertvorstellungen unzulässigerweise auf die anderen Geschöpfe zu projizieren. Die Geschöpfe sind verschieden: Weder darf der Mensch sich wie eine Spinne benehmen, noch darf das Handeln der Spinne nach menschlichen Empfindungen und Maßstäben beurteilt werden.

Abzulehnen ist aber auch eine Deutung des Glaubens an die Wiederkunft Christi, wonach diese Welt ihrem Untergang entgegenläuft und darum der Christ ihre Zerstörung tatenlos hinnehmen könnte. Nach christlicher Überzeugung geschieht die Bewährung für das zukünftige Leben gerade in der Erfüllung des Willens Gottes hier auf Erden (Matthäus 25,34 ff.). Gerade die Überzeugung der Einmaligkeit des menschlichen Lebens unter Ablehnung der Seelenwanderungs-Vorstellung gibt dem Handeln des Christen in Ehrfurcht und Verantwortung seiner Aufgabe gegenüber die entscheidende Bedeutung.

Wie oben geschildert, haben in späteren Jahrhunderten noch stärkere dualistische Anschauungen auf das Christentum eingewirkt. Das Böse in die Materie zu projizieren, ist letzten Endes eine zu bequeme Lösung, um damit fertig zu werden. Der Mensch entzieht sich seiner Verantwortung und überträgt sie widergöttlichen, bösen Mächten. Die Schrift kennt keinen Gegensatz zwischen Materie und Geist – schon darum nicht, weil die hebräische Sprache keine Worte besitzt, um eine nicht-materielle Wirklichkeit im Menschen zu bezeichnen. Ihr Wort für »Geist« (ruah) meint den Lebensodem, »Seele« (nephesch) ist der Kehlkopf oder Rachenraum. »Fleisch« (basar) bedeutet nicht das Tierische im Menschen, sondern den ganzen Menschen als Geschöpf, der manchmal eben eigene Wege geht und dann sich nicht von dem von Gott kommenden »großen Odem« (Geist) führen läßt. Eine Rückkehr zum biblischen Menschenbild kann helfen, sich wieder als Teil der Natur zu begreifen: Geist und

Materie, Seele und Leib sind zwei Seiten der einen Wirklichkeit – »Innen« und »Außen«, wie es Teilhard de Chardin in der Folge des jüdischen Philosophen H. Bergson formuliert hat.

Ein Christentum jenseits von jedem Dualismus

Dem Christen, der zu einem Christentum der Ganzheit gelangen will, jenseits des Zwiespalts zwischen Geist und Materie, Seele und Leib, Gott und Natur, steht ein aufregender Weg bevor. Er soll eine neue Form des Christseins erproben, für die es freilich in vielen Einzelpunkten frühere Ansätze gibt, die aber als Ganzes etwas Originelles ist, die Religion für unsere heutige Zeit. Dabei kann es nicht darum gehen, sich einen bestimmten Aspekt der Naturproblematik herauszuholen und die anderen liegen zu lassen. Man kann nicht für einen Teil der Natur sein und gegen einen anderen Teil.

Gottes Schöpfung beginnt in mir selbst, ich bin selbst ein Stück Natur. »Niemand hat je sein eigenes Fleisch gehaßt; sondern er nährt und pflegt es, wie auch Christus die Kirche« (Epheser 5,29). Die Feindschaft des Geistes gegen den eigenen Leib ist unchristlich. Die eigene Gesundheit ist Zeichen und oft Voraussetzung für die Entfaltung der Seele; das ist der Sinn der Krankenheilungen Jesu. Gesundheit ist aber vor allem ein Ergebnis der gesunden Lebensweise, nicht der Bekämpfung einzelner Krankheitssymptome. Immer mehr Christen entdecken, daß die naturgemäße Pflege ihrer Gesundheit etwas mit ihrem Glauben zu tun hat und eine Brücke zur Erfassung der gesamten Natur darstellt. Dazu gehören unter anderem natürliche Ernährung, richtige Atmung, Heilfasten.

Das Christentum hat sich von den überholten Speisevorschriften des Judentums befreit und außer einigen Warnungen vor Freßsucht (zum Beispiel Galater 5,21; Römer 13,13; Lukas 21,34) machte es das Heil nicht von den Eßgewohnheiten abhängig. Doch bedeutet das nicht, daß es im Sinne Gottes wäre, bewußt an einer ungesunden Ernährungs- oder Lebensweise festzuhalten. Demonstrativ rauchende Theologen verstehen sehr wahrscheinlich die »Freiheit der Kinder Gottes« falsch, und kirchliche Häuser, von der Tagungsstätte bis zum Krankenhaus, die sich nicht um die Erkenntnisse der Diätetik kümmern, vertreten schlecht das christliche Anliegen der Nächstenliebe. Einem Christen kann es schon ganz und gar nicht verboten sein, noch mehr im Sinne der ursprünglichen Schöpfung Gottes leben zu wollen und sich vegetarisch zu ernähren. Die Erzählung der Bibel, wonach sich die Menschen am Anfang von den Samen und Früchten der Pflanzen ernährten (Genesis 1,29 f.), kann aus einer Erinnerung an das Leben im Urwald stammen und legt den Schluß nahe, daß dies die Art der Ernährung ist, die von der Schöpfung her dem menschlichen Organismus am besten entspricht. Die Ermahnung Jesu, das legalistische Denken in den Kategorien von Erlaubt- und Verboten-Sein zu überwinden und nach Vollkommenheit zu suchen (Matthäus 5,48 als Abschluß des ganzen Abschnittes über das Gesetz, Matthäus 5,17–47) findet auch hier ihre Anwendung. Darum haben monastische Bewegungen, von den Vätern der Wüste über die Regel des Benedikt bis zu den Zisterziensern und Port-Royal, immer wieder zur vegetarischen Ernährung tendiert[3]. Es wird auch für die christliche Ethik eine immer größere Rolle spielen, daß so Leben und Wohlergehen der Tiere geschont und Nahrungsmittel gespart werden, die heute sogar aus den hungernden Ländern als Tierfutter in die Industrienationen importiert werden.

Der Odem ist in der Bibel zugleich der von Gott geschenkte Geist, der Leben ermöglicht und schafft (Genesis 2,7; Psalm 104,30; Ijob 33,4; 34,14; 27,3). Dies kommt nicht von ungefähr, denn die Atmung ist wohl die Lebensfunktion, bei der das Zusammenwirken und die gegenseitige Beeinflussung von Leib und Seele, von Bewußtsein und Natur, am deutlichsten wird, was von weitreichenden Konsequenzen für physisches und psychisches Wohlbefinden ist. Die natürliche Einatmung, die hauptsächlich in einer ziemlich raschen Senkung des Zwerchfells besteht, kann nicht »gemacht« werden; sie muß spontan geschehen, weil das Zwerchfell von Muskeln bewegt wird, die dem Großhirn nicht unterstehen[4]. Der eingeatmete Odem wird darum in alten Kulturen als Geschenk der Natur, letzten Endes Gottes des Schöpfers erfahren. Auf die Ausatmung kann das Bewußtsein aktiver einwirken, sie kann gelenkt werden als Schrei, Gesang, Sprache, Hauch – aber auch entfliehen als Seufzer, von selbst fließen wie im Schlaf. Es ist die »Antwort« auf die Gabe: »... und jeder Odem ein Gesang« (EKG 238,2). Alte christliche Gebetsanleitungen, vor allem im Osten, betonen die Wichtigkeit der richtigen und bewußten Atmung für das spirituelle Leben. Ein- und Ausatmen bilden ein höheres Geschehen, das mit Gott und dem Kosmos verbindet. »Der Geist betet in uns mit unaussprechlichen Seufzern« (Römer 8,26). Zugleich ist die tiefe, spontane Atmung eine Reinigung für Leib und Seele. Wenn ein Mensch die Sorgen und Probleme, die ihn belasten, abwirft (vgl. Lukas 12,22 ff.), schafft er die Voraussetzung für eine tiefe, spontane Einatmung: er lebt physisch und psychisch wieder auf, fühlt sich leicht und voll Freude, die bis zu einem Lachen ohne äußere Ursache führen kann[5]. Die christliche Tradition kennt das österliche Lachen, das früher einen Platz im Auferstehungsgottesdienst hatte. In der Freude der Auferstehung zu leben, bedeutet auch, tief atmen zu können beziehungsweise zu dürfen. Das gilt auch für die oft so geistlichen, theologischen oder sozialethisch engagierten christlichen Tagungen, bei denen oft pausenlos und in verräucherten Räumen über irgend etwas diskutiert wird: ohne Sauerstoff gibt es keinen Heiligen Geist.

Das Fasten hat im Christentum eine lange Tradition. Moses, Elia, Jesus selbst haben das »große Fasten« von 40 Tagen gehalten als Läuterung und Stärkung vor großen, entscheidenden Aufgaben (Exodus 24,18; I. Könige 19,8; Matthäus 4,2 par.). Paulus spricht von seinem vielen Fasten (II. Korinther 6,5; 11,27), und Jesus erklärt, seine Jünger werden fasten, »wenn der Bräutigam ihnen weggenommen wird« (Markus 2,20 par.). Die Naturheilmedizin hat das Fasten als Heilungsweg für zahlreiche chronische Krankheiten wiederentdeckt. Die Natur verbraucht beim Fasten zuerst die weniger wichtigen Stoffe, wie Schlacken, aber auch krankes Gewebe, um den gesunden Kern so lange wie möglich zu erhalten. In der ursprünglichen Lebensweise der Menschen waren Zeiten des Fastens oft von selbst eingeplant, vor allem am Ende des Winters, als die Vorräte aufgebraucht waren. Diese uralte Übung, die in alle alten Religionen aufgenommen wurde, gehört auch zum Weg, als Teil der Schöpfung und im Rhythmus mit der Schöpfung zu leben. Stirb und Werde, Tod und Auferstehung sind ein geistig-leiblicher Weg zum Heil. Daher die altkirchliche Einrichtung einer »Fastenzeit« vor der Feier des Todes und der Auferstehung Christi zu Ostern. In zahlreichen kirchlichen Häusern werden heute Zeiten des »Betens und Fastens« unter geistlicher und ärztlicher Leitung angeboten[6]. So entsteht eine neue Fastenpraxis anstelle des überkommenen kirchlichen Fastens, das entweder zum Formalismus erstarrt oder völlig abgeschafft worden war.

Das kontemplativ-meditative Gebet, das einen Austausch mit dem Unbewußten in »Visionen« und Tagträumen ermöglicht und zum Einheitserlebnis mit Gott und der gesamten Wirklichkeit führt, ist ein weiteres Element in der Einheit von Leib und Seele, von Mensch und Natur. Die großen Gestalten des Alten und des Neuen Testaments waren offen für das Visionäre, konnten darin die »Geister« unterscheiden, die positiven von den negativen Botschaften trennen und lebten so in einem existentiellen Austausch mit den tiefen Schichten ihrer Seele und durch sie mit Gott. Das Erlebnis Gottes als Vater, das Jesus als Mensch bei seiner Taufe hatte und das seine ganze Botschaft bestimmte, hat hier seine Wurzeln. Dieses Erlebnis der Einheit sollen auch die Jünger haben (Johannes 17,21). Es führt zu einer Haltung der übergroßen Barmherzigkeit und Liebe den Mitmenschen und allen Geschöpfen gegenüber, die christliche Heilige wie Franz von Assisi oder Isaac der Syrer lebten. Letzterer schrieb in einer Predigt von dem »Entbrennen des Herzens über jegliche Kreatur – über die Menschen, die Vögel, die Tiere, die Dämonen und die gesamte Schöpfung. Indem er sich ihrer erinnert oder sie betrachtet, ergießen sich Tränen aus seinen Augen wegen des großen und starken Mitleides, das sein Herz ergreift. Und sein Herz fühlt sich gerührt und ergriffen, und er kann es nicht ertragen, wenn er irgendeinen Schaden oder irgendeinen, es sei auch nur so kleinen Schmerz hört oder sieht, den die Kreatur erduldet«[7].

Auch die biblisch-christliche Tradition kennt das Bewußtwerden von bestimmten Körperzentren – im Hinduismus »Chakras« genannt, aber auch in anderen Kulturen bekannt –, in denen die Seele körperlich »lebt« und zum Ausdruck kommt: In der Bibel denkt der Mensch mit dem Herzen, er will mit den Lenden, erbarmt sich mit den Eingeweiden[8]. Diese Zentren sind Resonanzen und Schaltstellen unseres psychischen Lebens und Brücken zur Erfassung der Welt. Nicht mit dem Verstand allein, sondern mit Atmung, Herz und Bauch kann sich der Mensch als Teil der Natur erfahren. Eine Wiederbelebung der biblischen Anthropologie bedeutet aber auch eine Entwicklung und Erhöhung des Körperbewußtseins überhaupt. Nur wer sich »wohl in seiner Haut« fühlt, ist fähig, den biblischen Frieden (Schalom) zu halten – auch mit der Natur. Dies bedeutet auch die Priorität des

Tastsinns als grundlegenden Ursinns über die spezialisierten, intellektuelleren Sinne des Sehens und Hörens. Die Schrift ermahnt immer wieder, nicht nur zu sehen, sondern zu spüren und zu schmecken, was Gott tut.

Der Leib als Ganzes ist Ausdruck der Seele. Das neue Verhältnis unserer Zeit zum Nacktsein in der Natur kann Christen nicht mehr als verwerflich oder verdächtig gelten. Wenn sich heute immer mehr Menschen – darunter viele engagierte Christen und manche Pfarrerfamilien – aus psychologischen, ästhetischen und gesundheitlichen Gründen der Freikörperkultur-Bewegung anschließen, ist es gut, daran zu erinnern, daß die Gläubigen der ersten Jahrhunderte selbstverständlich am öffentlichen Leben in den römischen Bädern teilnahmen, was die ursprüngliche Praxis der Taufe von Erwachsenen im unbekleideten Zustand verständlich macht[9]. Wenn hier und dort Kirchen ihren Einfluß geltend machen, um die Verpachtung von Grund an FKK-Vereine zu verhindern oder wenn in entsprechenden Ferienzentren nicht einmal ein Anschlag mit den Gottesdienstzeiten der benachbarten Kirche zu sehen ist, muß man sich fragen, ob für die Kirchenleitungen der Zustand, in dem die Menschen Jahrhunderttausende gelebt haben, noch immer schlechthin als Sünde gilt.

Einheit von Leib und Seele bedeutet auch ein durchweg positives Verhältnis zu Sinnlichkeit und Sexualität als Ausdruck tiefer, dauerhafter Liebe. Das Hohelied des Alten Testaments ist ein unübertroffenes Beispiel für die Einheit von Erotik, Zärtlichkeit und spiritueller Liebe, eingebettet im Kontext der Vorfahren und der Natur. Mit der Einführung einer unverheirateten Geistlichkeit verlor diese Schrift an Bedeutung, sie wurde den Liebenden vorenthalten und nur als allegorische Darstellung der Liebe zwischen Gott und der Seele verstanden. Neu zu erfahren, daß Liebe und Ehe eine zugleich spirituelle und kosmische Dimension haben, ist eine Aufgabe für die Christen unseres Jahrhunderts.

Die Einheit von Mensch und Natur sollte auch stärker im christlichen Gottesdienst zum Ausdruck kommen. In den christlichen Sakramenten spielen Naturprodukte wie Brot und Wein, Öl und Wasser, mitunter Kerzen, Blumen und Zweige eine wichtige Rolle. An großen Festen wie Weihnachten und Ostern ist der Bezug zur Natur noch deutlicher, das Erntedankfest hat heute erneut Bedeutung gewonnen. Doch ist zu fragen, warum so wenig Gottesdienste im Freien gefeiert werden, auch wenn das Wetter es ermöglichen würde. Jesus hat meist in der Natur gepredigt! Auch die Einführung eines Schöpfungssonntags wäre von großer Bedeutung; vielleicht ließen sich die Kirchen für einen gemeinsamen Schritt in diese Richtung gewinnen. Die besondere Beziehung des Menschen zum Tier könnte auch mit entsprechenden biblischen Texten, die in die Perikopenreihen der Kirchen aufgenommen werden sollten, zum Bewußtsein gebracht werden.

Ein an der Schöpfung Gottes orientiertes Christentum wird zwangsläufig andere Prioritäten in der Ethik setzen müssen. Das Ziel kann hier nicht sein, sich die Natur untertan zu machen zum Wohl der Menschheit, sondern verantwortungsvoll mit der Natur umzugehen zum Wohl aller Beteiligten. Dabei ist durch die heutige Ausbeutung der Natur nicht einmal das Wohl der Menschheit gesichert. Genauer betrachtet beruht unser heutiger Wohlstand auf einer doppelten Ungerechtigkeit: Den Ländern der Dritten Welt werden ihre Rohstoffe und Agrarprodukte weit unterhalb ihres tatsächlichen Wertes abgekauft; und die Natur wird durch Schadstoffe zerstört, die nach dem Verursacherprinzip vom Erzeuger hätten beseitigt werden müssen. So sind in den reichen Ländern Energie und Industriegüter viel preiswerter, als sie es gerechterweise sein könnten. Ursache für den Sieg der Maschine ist nicht allein ihre tatsächliche Überlegenheit, sondern auch zum guten Teil die Verschiebung der Kosten auf die armen Länder und auf die Natur beziehungsweise auf die Allgemeinheit und die zukünftigen Generationen, die mit der Beschädigung der Natur fertig werden müssen.

Da aber innerhalb der Industrienationen die Verpflichtung zur sozialen Gerechtigkeit gilt, wird der Gewinn zum größten Teil über die Löhne weitergeleitet, die mit der Steigerung der Produktion auch unablässig steigen. Das bedeutet für den einzelnen ein höheres Nettoeinkommen, aber auch später eine höhere Rente und via Steuern mehr Dienstleistungen des Staates. Das bedeutet aber auch, daß menschliche Arbeit immer kostspieliger wird im Verhältnis zu den billigen Industriegütern und den Leistungen der Maschinen. Folge ist die Tendenz, alle arbeitsintensiven Prozesse – seien es Reparaturen an vorhandenen Gütern, sei es die Pflege der Natur, der Tiere in der Landwirtschaft oder gar der Menschen – möglichst durch technische Lösungen zu ersetzen – was nicht immer gut ist und nicht immer geht. Es entsteht die paradoxe Situation, daß in einer »Wohlstandsgesellschaft« Kranke nicht ausreichend gepflegt, Tiere unangemessen behandelt, Natur zerstört und noch brauchbare Güter weggeworfen werden, weil ihre korrekte Pflege und Behandlung zu teuer, »unrentabel« ist. Da an menschlicher Arbeit gespart wird, entsteht außerdem Arbeitslosigkeit.

Die Ungerechtigkeit dieser Situation ist deutlich: eine kleine Minderheit verschwendet rücksichtslos die Reichtümer dieser Erde auf Kosten der Schwächeren: der Dritten Welt, der Alten und Kranken, der Arbeitslosen und der Natur. Verantwortung zu übernehmen für die gesamte Schöpfung bedeutet, sich für die Beseitigung dieser Ungerechtigkeiten einzusetzen. Es geht dabei weder um das Rückgängigmachen der Industrialisierung noch um die Durchsetzung unerprobter Utopien mit totalitären Mitteln. Es geht, realistischer, um eine allerdings kräftige Kurskorrektur im Sinne der Übernahme der vollen Kosten unseres Fortschritts und um eine Überzeugungsarbeit, die zeigt, daß Gerechtigkeit und Verantwortung letzten Endes der einzige Weg zum Allgemeinwohl sind, wovon wiederum das Wohl von einzelnen und von Gruppen abhängt. Würden wir den wahren Preis für Energie und Industrieprodukte bezahlen, dann wäre das Leben zunächst einmal teurer, wir könnten uns weniger davon leisten. Wir hätten aber auf längere Sicht eine überlebensfähige Umwelt und lebenswürdige Bedingungen für die Menschen der armen Länder. Durch die relative Teuerung der Energie und der Industriegüter würde es sicher auch wieder lohnen, arbeitsintensive Pflege einzusetzen. Saubere Energiequellen wären konkurrenzfähig. Die Arbeitslosigkeit ginge zurück. Man würde technische Geräte länger gebrauchen und dadurch Rohstoffe und Energie sparen. Diese Kurskorrektur ist heute mehr als überfällig: Drohende Katastrophen wie das Waldsterben und die Überschuldung der Länder der Dritten Welt rufen geradezu zu neuen Lösungen, die nicht zu halbherzig ausfallen dürfen, wenn sie etwas bewirken sollen.

Gerade der Christ ist in der Lage, prophetisch zu solchen Schritten aufzufordern, weil sich sein Leben am Evangelium und an den dort bezeugten Tugenden orientieren soll: Bedürfnislosigkeit, Friedfertigkeit, Wahrhaftigkeit, Gewaltlosigkeit. Ein »neuer Lebensstil aus christlicher Verantwortung« ist schon vor fünf Jahren in einem Brief der Arbeitsgemeinschaft Christlicher

Kirchen in der Bundesrepublik Deutschland an die Gemeinden empfohlen worden. Gemeint sind unter anderem freiwilliger Verzicht auf Konsum und Elemente des Wohlstandes sowie die Bereitschaft, mehr Zeit für unsere Mitmenschen aufzubringen[10]. »Es ist unverantwortlich, seinen Überfluß zu verschwenden, wenn anderen das Notwendigste fehlt oder wenn damit die Grundlagen des Lebens gefährdet und Gottes Schöpfung mißbraucht wird.« Da die Jünger Jesu nicht allein in die Welt geschickt werden, sondern immer in kleinen Gruppen, ist es wichtig, daß es Gemeinschaften gibt, die dieses praktizieren: ein Christentum ohne Dualismus, das nicht nur *in* der Welt, sondern *für* die Welt lebt.

Anmerkungen

1 Vgl. z. B. John Nance: *Tasaday. Steinzeitmenschen im philippinischen Regenwald,* Frankfurt 1979. Bevor sie von den Fremden lernten, Fallen zu stellen, wurden die Tasaday von den Tieren nicht gefürchtet.

2 Auch das rabbinische Judentum kennt eine entsprechende Lehre. »Im Namen des Rabbi Jehoschua ben Quarcha (um 150) ist gelehrt worden: ... Habe ich denn das Vieh und das Wild nicht bloß um des Menschen willen geschaffen? Jetzt, da der Mensch gesündigt, was soll mir Vieh und Wild?« Ähnliches lehrte um 360 Rabbi Pinechas. Beide wollen damit die Sintflutgeschichte erklären, in der die Tiere wegen der Sünden der Menschen mitsterben müssen. Vgl. Strack-Billerbeck, *Kommentar zum Neuen Testament aus Talmud und Midrasch,* München ^{2}1954, III, S. 249f.

3 Von den »Vätern der Wüste« sind einzelne und ganze Gruppen bekannt, die sich allein von Pflanzen und Kräutern ernährten. Die Regel des Benedikt Kap. 36, Abs. 9 und Kap. 39, Abs. 11 verbietet den Genuß des Fleisches von vierbeinigen Tieren und macht eine Ausnahme nur für die Kranken. Die Zisterziensische Reform führte wieder den reinen Vegetarismus ein. In Port-Royal wurde seit 1614 nur noch etwas Fisch am Sonntag gegessen, sonst kein tierisches Fleisch. (Vgl. L. Cognet, *La Réforme de Port-Royal,* Paris 1950, S. 193f.).

4 Die von der Natur nur als Unterstützung vorgesehene Zwischenrippenmuskulatur, deren Bewegungen den Brustkasten nach oben ziehen und willentlich gesteuert werden können, hat bei den meisten zivilisierten Menschen die Funktion des Zwerchfells weitgehend ersetzt. Die Folge ist, daß große Teile der Lungen nicht gebraucht werden; die Sauerstoffversorgung des Organismus ist beeinträchtigt. Außerdem arbeitet das zentrale Nervensystem, das sich in der Regel bei der Einatmung erholen sollte, bei dieser Art der Atmung zuviel; es entstehen Nervosität und Überspanntheit. Zum Schluß erfüllt die Bewegung des Zwerchfells die Funktion einer natürlichen Massage der inne-

ren Organe: Herz, Magen, Leber, Darm. Bleibt dies aus, können verschiedene vegetative Störungen entstehen. Die psychische Ursache der unnatürlichen willentlichen Einatmung ist eine tiefliegende Angst, sich der Natur zu überlassen und auf die spontane Einatmung zu warten.

5 Für die Angaben aus dem Bereich der Atemtherapie beziehe ich mich auf die Erfahrungen der Schule von Clara Schlaffhorst und Hedwig Andersen, die seit Anfang dieses Jahrhunderts Pionierarbeit auf diesem Gebiet geleistet haben und nach wie vor den umfassendsten Weg für die Arbeit an der Atmung anbieten (heutige Ausbildungs- und Kursstätte in Bad Nenndorf). Einem Pfarrer, der einmal fragte, warum er rein passiv auf die Einatmung warten sollte und den Sinn dieser Ruhepause nicht einsah, antwortete C. Schlaffhorst lapidar: »Du sollst den Feiertag heiligen.«

6 In Zusammenarbeit mit Dr. med. Fr. Schmitt, Oberderdingen, habe ich seit 1979 zweiwöchige geistliche Fastenzeiten mit Meditation, Gebet der Tageszeiten, Bibelgespräch, Einzelseelsorge und Eucharistie in Kloster Kirchberg bei Sulz/Neckar geleitet. In diesem von der Michaelsbruderschaft getragenen Haus wurden die Fastenzeiten in den fünfziger Jahren von Dekan P. Rohleder und Dr. Buchinger eingeführt. Inzwischen gibt es wegen der großen Nachfrage schon drei Gruppen im Jahr.
Vgl. Régamey: *Wiederentdeckung des Fastens*, München 1963 für die geistliche Seite und K. Stephan: *Abbau und Aufbau als therapeutischer Faktor*, für das Medizinische.

7 Isaak der Syrer, 48. Predigt, zitiert nach N. v. Arseniew: *Ostkirche und Mystik*, München 1943, S. 24 f. Isaak war im 7. Jahrhundert 5 Monate lang nestorianischer Bischof von Ninive; er zog sich dann in die Einsamkeit zurück und verfaßte zahlreiche mystische Werke, die in der Ostkirche stark beachtet wurden.

8 Über die wichtige Rolle der Eingeweiden als Zentrum psychischer Affekte im Alten und Neuen Testament vgl. Köster in *TWNT*, VIII, S. 548 ff. Art. Splanchnon ktl.

9 Das Reinigungsbad war im jüdischen Gesetz in vielen Fällen vorgeschrieben. Die Essener praktizierten es noch ausführlicher. Es verwundert darum nicht, wenn eine auf Polykarp zurückgehende Überlieferung erzählt, daß der Apostel Johannes in Ephesus zur Reinigung ins öffentliche Bad ging (Irenäus, Adv. Haer. III,3,4). Klemens von Alexandria verurteilt zwar die gemischten Bäder, gibt aber auch drei gute Gründe an, warum die Christen baden sollten: wegen der Reinlichkeit, wegen der Erwärmung und wegen der Gesundheit. Kyrill von Jerusalem nimmt in seinen Katechesen Bezug auf die Nacktheit der Christen bei der Taufe, die ohne sich zu schämen und ohne böse Absicht geschieht und darum die Sünde besiegt, wie Christus am Kreuz (Kath. II,2).

10 Der von evangelischen, römisch-katholischen, orthodoxen, alt-katholischen und methodistischen Bischöfen unterschriebene Brief wurde allerdings nicht an die große Glocke gehängt. Er erschien im vollen Wortlaut nur beim Materialdienst der Ökumenischen Zentrale, Friedrichstr. 2–6, Frankfurt a. M., wo er auch angefordert werden kann.

Prolog

Innerhalb des Christentums läßt sich eine Entwicklung vom Glauben an die Existenz mehrerer konkreter jenseitiger Wesen zu einem immer umfassender und abstrakter werdenden Gottesbegriff beobachten. Engel werden von den meisten Christen heute nur noch als eine Art schmückendes Beiwerk angesehen, der Glaube an die Existenz eines Satans ist vielen Christen eher peinlich, und manche Äußerungen von sich fortschrittlich verstehenden Theologen muten wie ein Brückenschlag zum Pantheismus an. Ist dieser christliche Weg zur »Einheit des Seins« auch *der* christliche Weg zu mehr Verantwortung gegenüber der Natur?

Auch unter diesem Gesichtspunkt ist die »Gesellschaft für nazoräisches Urchristentum« besonders interessant. Hierbei handelt es sich gegenwärtig wohl um die christliche Gruppe mit der radikalsten Ethik. Diese Christen gehen einen der modernen Theologie eher entgegengesetzten Weg – und beziehen (trotzdem oder deswegen?) die Natur in ihre Verantwortung mit ein. Auf der Grundlage eines konsequenten Dualismus im Sinne eines Glaubens an die Existenz von Gott und Satan wird eine entsprechend klar zwischen Gut und Böse trennende Ethik entwickelt, die sich insbesondere auch allen schwächeren Lebewesen verpflichtet fühlt. Daß es sich dabei nicht um lebensferne Schreibtisch-Gedanken handelt, sondern daß diese Ethik auch in Gemeinschaft lebbar ist, zeigt der Lindenhof bei Tuttlingen, in dem auch interessierte Gäste beherbergt werden – bei rein pflanzlicher Kost (vegan), versteht sich. Und daß eine solche »kleine radikale Minderheit« auch eine große Schar von Gläubigen beeinflussen kann, zeigt die auf eine Initiative dieser Gruppe zurückgehende vegetarische Verköstigung anläßlich der letzten evangelischen Kirchentage.

Der Herausgeber

Sigurd Reichhelm

Gott ist Liebe und Leben

Das Urchristentum als Modell einer Religion ohne Widerspruch

A. Beispiel von Religion mit Widersprüchen

1) Ein allmächtiger und allwissender Gott ist alleiniger Schöpfer und Herrscher der Welt; außer ihm gibt es keine andere Macht. Von seiner eigenen Schöpfung sagt er: Es ist alles *gut*! – Plötzlich aber erscheint etwas, wodurch die gute Schöpfung des Allmächtigen *böse* wird. – Wie merkwürdig!

2) Manche sagen, der Satan (oder: Teufel) habe die gute Schöpfung Gottes böse oder schlecht gemacht. Dann hätte also der Allmächtige und Allwissende mit vollem Wissen diesen Satan geschaffen, auch wenn er ihn vorher als einen höchsten Engel geschaffen hätte (Luzifer, wie wieder andere sagen). Inszeniert hier dieser Gott ein großes Welttheater?

3) Manche sagen auch, der *Mensch* habe das Böse in die Welt gebracht. Auch in diesem Falle hätte der Allmächtige in aller Voraussicht den Menschen so geschaffen und so veranlagt, daß er das Böse in die Welt bringen würde. Dafür wurde der Mensch und das ganze Menschengeschlecht von seinem Schöpfer hart bestraft. – Ist das die Gerechtigkeit Gottes? Warum schafft Gott innerhalb seiner guten Schöpfung Wesen, die diese schlecht machen? Ist das seine Weisheit?

4) Manche sagen, Gott habe den Menschen den freien Willen gegeben, er wolle keine Marionetten. Gleichzeitig wird behauptet, es passiere in der Welt nichts ohne Gottes Willen; außer seiner Macht existiere keine andere Macht, also auch keine menschliche; so geschehe alles schlechte und böse Wollen und Tun der Menschen mit Gottes Willen. – Demnach hätte Gott doch Marionetten geschaffen...?

5) Manche sagen auch, dieser allmächtige und allwissende Gott sei auch gleichzeitig ein barmherziger und gütiger beziehungsweise gnädiger Gott. Dann würde dieser *barmherzige* Gott mit allem Vorauswissen seit Jahrtausenden die Menschen und auch viele Tiere so erschaffen, daß sie sich gegenseitig jagen und ängstigen, einsperren und quälen, töten und auffressen, ja sogar auch auffressen müssen, wollen sie überhaupt leben! – Ist das nicht eine recht merkwürdige Barmherzigkeit eines solchen Gottes? Wer will das *Barmherzigkeit* nennen?

6) Manche sagen (trotz 3 und 4!): Der Mensch ist selbst schuld an seinem Leid! Das erscheint plausibel, zum Beispiel den Krieg betreffend. – Woher kommen dann aber die Überschwemmungs- und Dürrekatastrophen, die Wirbelstürme und Erdbeben, wobei oft Zehntausende von Menschen und Tieren gnadenlos umkommen oder auf Lebzeiten zum Krüppel werden? Ob gute oder böse Menschen, ob Frauen oder Kinder – alles ohne Unterschied?! Ist der *Mensch* schuld an derartigen Katastrophen, oder schickt sie der allmächtige und barmherzige Gott? Oder läßt er sie durch seinen Teufel schicken – was kein Unterschied wäre? – Ist das nicht alles widersinnig, unglaubbar?!

7) Manche sagen: Das ist Gottes Heilsplan, das verstehen wir nicht, Gottes Ratschluß ist unerforschlich –, und trotzdem ist Gott der Retter aller Menschen. Vor wem oder aus welcher Not will er uns retten? Will er uns vor seiner eigenen Grausamkeit retten oder aus der Not, die er selber uns schickt?

8) Manche sagen: Gottes Reich *wird* kommen (darum betet man ja im Vaterunser). Wenn aber Gott seit ewig hier allmächtig ist, dann ist auch seit ewig und heute schon sein Reich auf dieser Erde. Worum betet man eigentlich?

9) Da sagen manche: In Gottes Reich *wird* es kein Leid und nichts Böses mehr geben! Wie lange wartet der allmächtige und barmherzige Gott noch mit einem *solchen* Reich? Wie lange läßt er seine Geschöpfe noch zappeln und zugrunde gehen? – Wenn es dann aber nichts Böses mehr gibt (zu dem der Mensch sich entscheiden könnte), gibt es auch keinen »freien Willen« mehr (siehe 4); dann wären die Menschen aber ganz bestimmt Mario-

netten! Das wollen sie aber nicht. Warum bitten sie (im Vaterunser) um ein solches Reich Gottes? Ja, warum beten sie denn überhaupt, wenn sowieso *alles ohne Ausnahme* immer nur nach Gottes Willen geht?

Wenn Sie nun dies alles gelesen haben (was noch längst nicht alles ist, was man aufführen könnte!), so werden Sie möglicherweise verwirrt und irre geworden sein an Ihrem üblichen christlichen Glauben (sofern sie einen solchen hatten). Dann aber wäre dieser Glaube auch nicht mehr wert, als daß Sie ihn total von sich abschütteln, denn Irrglaube ist nicht der Wille des *wahren* Gottes, den Jesus Christus offenbart. Verwirrung, Irrtum, Lüge kommen nicht von Gott, sondern von dem *Widersacher* Gottes, dem Verwirrer, dem »Durcheinanderwerfer«, griechisch: diabolos, zu deutsch: Teufel; *nicht zu verwechseln* mit der üblichen verharmlosenden Vorstellung eines leibhaftigen Wesens mit Hörnern usw.!

B. Modell einer Religion ohne Widerspruch

Erste Voraussetzung: Wahr kann nur ein Glaube sein, dessen eigene Glaubenssätze miteinander vereinbar sind, sie dürfen unter sich nicht widersinnig sein (siehe Kapitel A.!).

Zweite Voraussetzung: Wahr kann nur ein Glaube sein, der mit den offensichtlichen Gegebenheiten und Erscheinungen dieser Welt nicht in Widerspruch steht. (Was Ziffer 1 bis 4 betrifft: Eine Religion mit einem allmächtigen Diktator-Gott ist durchaus möglich; unsinnig wird sie erst ab Ziffer 5!).

Dritte Voraussetzung: Wahr kann *der* Glaube sein, der mit der verbalen und effektiven Offenbarung Jesu in Übereinstimmung ist (als Grundlage der Prüfung sollten die – leider recht mangelhaften – griechischen Urtexte dienen). Das heißt praktisch: Alle Aussagen Jesu, ob sie uns als Menschen passen oder nicht, sind *grundlegend.* Einzelne *entgegenstehende,* mit dem Gesamtanliegen Jesu unvereinbare Aussagen (oft Zitate aus dem Alten Testament) sind nicht ursprünglich von Jesus. Und schließlich: Von zwei miteinander nicht zu vereinbarenden Aussagen dürfte diejenige die echte sein, die unserem menschlichen Denken und Handeln, unserem natürlichen Wesen *nicht* entspricht. Soweit also in der Bibel etwas berichtet wird, was mit den als eindeutig erkannten Aussagen Jesu in Widerspruch steht, ist es nicht als Gotteswort, sondern als Menschenwort zu betrachten.

Indem wir versucht haben, auch in unserer bisherigen Forschung den drei Voraussetzungen gerecht zu werden, möchten wir hiermit das Modell einer Religion ohne Widerspruch in aller Kürze vorstellen.[1] Wir bitten Sie, auch die Ihnen ungewohnten, ganz und gar nicht traditionellen Aussagen mit Wohlwollen zur Kenntnis zu nehmen, damit Sie fähig sind, sie anhand der Urtexte sachlich zu überprüfen.

Das ganze Leben, Leiden und Sterben Jesu läßt sich nur als ein Kampf gegen eine Macht des Bösen verstehen, welche den Einfluß und die Macht Gottes zu vernichten sucht. Der Glaube und die Verkündigung Jesu gründet sich auf die Tatsache, daß zwischen Gott als der reinen Macht des Guten und dem Teufel als der Macht des Bösen – seit dem Einbruch Gottes in diese Welt bis zu seinem (Gottes) endgültigen Sieg – ein unerbittlicher Kampf stattfindet.[2]

Gott führt den Kampf nur mit den göttlichen Mitteln der Gewaltlosigkeit und Güte, der Offenheit und Wahrheit. Der Teufel führt seinen Kampf gegen Gott mit seinen Mitteln der Gewalttätigkeit, Grausamkeit und Zerstörung, der Verwirrung, Täuschung und Lüge. (Anmerkung: Der Glaube an die Existenz *zweier* Mächte über uns wird wissenschaftlich-theologisch als »dualistisch« bezeichnet.)

Gott, der allgütige, barmherzige Vater, ist seit jeher allmächtig »in den Himmeln«, das heißt in den unsichtbaren Welten. Dort gibt es keine Macht neben ihm beziehungsweise gegen ihn; dort geschieht sein Wille vollkommen: Es gibt kein Leid und keinen Tod; es herrscht Friede, Freude, Geborgenheit, Glanz der Wahrheit, Glück. Gott ist der Herr und Schöpfer des Lebens, des göttlichen, vollkommenen (und ewigen) Lebens.

Der Teufel, der Menschentöter und Lügner von jeher (wie ihn Jesus nennt), ist der Herrscher (und der Anfänger) dieser unserer sichtbaren irdischen Welt, auf der es zunächst nur ein Chaos (ein Durcheinander toter Materie ohne Ordnung und Leben) gab.

Der Teufel ist der Herr des Todes. Alles, was lebt, versucht er zunächst für seine Zwecke des Bösen (des Streites, Schmerzes, Mißtrauens, der Angst, aber auch der scheinbar glückhaften, aber in Wirklichkeit zerstörenden Lust) zu gebrauchen, um es dann, oft auf grausame Art, zu vernichten.

Im folgenden der Versuch einer Rekonstruktion, wie es einmal gewesen sein *könnte*: Zu irgendeinem Zeitpunkt ist Gott mit seiner Macht in den Herrschaftsbereich des Bösen, das heißt in diese irdische Welt, eingedrungen, um auch sie in sein göttliches Reich einzubeziehen. Hierfür muß die Macht des Bösen aufgelöst werden, was schließlich einer Nicht-mehr-Existenz des Teufels entspricht. Dieses Ziel kann Gott nur durch einen geistigen Kampf mittels lebendiger geistbefähigter Wesen erreichen. Es gelang ihm, auf dieser Erde zunächst Pflanzen und Tiere und schließlich den Menschen zu schaffen – als einen Träger des göttlichen Geistes mit einer Grundsehnsucht zum Guten, zum Göttlichen. Gott will diesen Menschen als sein Werkzeug, als seinen Mitarbeiter benutzen, um mit seiner Hilfe die Macht des Teufels hier auf dieser Erde zu überwinden. Dieses Ziel kann nur dadurch erreicht werden, daß der Mensch, ja *alle* Menschen Werkzeuge, *Mitarbeiter Gottes* werden!

Der Mensch muß also der geistigen Vaterschaft des Teufels vollkommen entsagen und sich allein der Vaterschaft Gottes anvertrauen.

Bei der Erschaffung der Lebewesen durch Gott blieb der Teufel nicht untätig, wurden sie doch aus dem Chaos der vorhandenen toten Materie entwickelt! So konnte er in den Lebewesen gegen Gottes Willen auch *seine* Wesensmerkmale investieren – zum Teil recht unterschiedlich gegenüber den göttlichen (vgl. Raubtier–Reh). So sind auch wir Menschen nicht allein von Gott geboren (nur Jesus war der allein von Gott geborene Sohn; dies wurde bisher irrtümlich übersetzt mit: der »eingeborene« Sohn...). Wenn wir es genau betrachten, haben wir Menschen göttliches *und* satanisches Wesen in uns – schon von Geburt an.

Es gelang dem Teufel, sein Gesetz des Sterbens und des Todes durchzusetzen, während es Gott gelang, durch die verschiedenartigen Fortpflanzungsmöglichkeiten das Leben immer wieder und weiterhin durchzuretten (denken wir Menschen daran, was wir eigentlich tun, wenn wir Tiere töten und manche Arten sogar ausrotten?). Der Dualismus wird in der ganzen Schöpfung sichtbar; manche Geschöpfe scheinen sogar fast ganz teuflischer Wesensart zu sein...

Die sogenannten Naturgesetze, insbesondere die biologischen, sind als gegenwärtige Gesetze dieser Welt aufzufassen, die im Zusammen- beziehungsweise Gegeneinanderwirken der beiden Mächte in der stofflichen Welt entstanden sind. Sie liegen gleichsam in dem »Spannungsfeld« zwischen Gut und Böse und erreichen dadurch eine gewisse Stabilität. In den Fällen, in denen nur *eine* Macht stark vorherrschend wird – oft mit Hilfe eines oder mehrerer Menschen (!), werden die allgemeinen, bisher bekannten Naturgesetze (in heilendem oder zerstörendem Sinn) durchbrochen. Dann sprechen wir von einem Wunder; für den jedoch, der weiß, welche Kräfte dahinterstehen, ist das gar kein Wunder, sondern auch »Naturgesetz«.

Unsere Welt ist also eine dualistische Welt, regiert von zwei gegeneinander kämpfenden Mächten. Auch um und in dem Menschen findet dieser Kampf statt; der Mensch ist total abhängig von den beiden Mächten. Er hat aber eine außerordentliche Möglichkeit, insbesondere, wenn er weiß, was gespielt wird: Er kann sich bewußt der guten Macht unterstellen (was die böse Macht laufend zu durchkreuzen versucht = »Versuchung«). Er kann sich der bösen Macht unterstellen (wobei Gott jede Gelegenheit wahrnehmen wird, den Menschen wieder für sich zu gewinnen, zum Beispiel während einer Krankheitszeit). Die meisten Menschen wissen nicht, was sie tun, jedenfalls scheint es bisher so zu sein. Zu neunzig Prozent handeln sie aus ihrem Unbewußten heraus.

Gott hat dem Menschen von vornherein eingegeben, *gut* sein und gut handeln zu *wollen*; je wissender ein Mensch ist, je bewußter er sich ist, um so mehr wird er sich der göttlichen Macht unterstellen und dem göttlichen Wesen entsprechend denken bzw. handeln wollen. Das ist Gottes Chance in dem oft aussichtslos erscheinenden Kampf!

Doch was ist Gottes Wesen und Wille? – »Wie einer ist, so ist sein Gott«, sagte einmal Goethe. So möchte der Mensch nicht nur in seiner Menschlichkeit, sondern auch in seiner Unmenschlichkeit und seinem Machtstreben seinen Gott so sehen, wie er selbst ist, gleichsam als Rechtfertigung seines eigenen – unmenschlichen – Denkens und Tuns. Deswegen halten auch heute noch viele Christen, wohl meist unbewußt, gern an der Vorstellung eines allmächtigen, auf der einen Seite gütigen, auf der anderen Seite aber auch recht grausamen und herrschsüchtigen Gottes fest; so fühlen sie sich, mit Recht, als »Kinder Gottes«.

Ihr Glaube, daß sie der Willkür eines solchen Gottes ausgesetzt sind, macht ihren Wunsch und Trieb verständlich, selbst Macht über andere Wesen (Menschen, Tiere usw.) zu gewinnen, sie zu beherrschen und unter den eigenen Willen zu zwingen. Die ganze Gefühlskälte zum Beispiel, um nicht zu sagen, die ganze Tierquälerei der Vivisektion wird durch *diese* Gottesvorstellung erklärbar. Ausübende wie Befürworter der Vivisektion mögen guten Glaubens sein, ihrem Gott und den Menschen zu dienen; sie wissen nicht, was sie tun: Nach Jesu Lehre sind sie nicht Diener Gottes, sondern Knechte des Widersachers.

Darüber streiten sich die Menschen und auch die Christen: Was ist *gut*, was ist *böse*? Alle Staatsmänner oder Militärs, die zum Beispiel Blutvergießen vorbereiten und befehlen, rechtfertigen dies mit guten Motiven; sie glauben, daß sie *gut* handeln. Wenn es nun aber gelingt, durch Wissenschaft und Erziehung die Erkenntnis in das allgemeine Bewußtsein der Menschen einzupflanzen, daß *jedes* Töten eines Menschen (auch schon der Gedanke, die Absicht und die Vorbereitung dazu) *immer böse* ist, weil dies nicht dem Wesen Gottes, sondern dem Wesen des Teufels entspricht (Johannes 8), dann kann sich kein Mörder, kein Terrorist, kein Militär und auch kein Staatsmann mehr vor sich selbst und vor der Öffentlichkeit rechtfertigen und behaupten, er tue etwas Gutes und Rechtes.

Ganz allgemein setzt Jesus (Markus 3,4) »Leben erhalten« gleich mit »Gutes tun« und andererseits: »Leben töten« gleich mit »Böses tun«. Da Gott das Leben aller seiner Geschöpfe erhalten möchte, und zwar in voller Gesundheit und Unversehrtheit, so ist auch grundsätzlich das Quälen und das Töten von Tieren böse, sei es für die Pelzgewinnung, für Nahrungszwecke, Vivisektion usw. Das ethische Postulat »Du sollst nicht töten« sollte vor allem gegenüber Menschen totale Geltung gewinnen, das heißt selbst in der Notwehr beziehungsweise im sogenannten Verteidigungsfall. Die allerersten Christen, die zunächst »Nazoräer« genannt wurden nach ihrem Herrn und Meister Jesus, dem Nazoräer, haben sich dementsprechend konsequent verhalten (siehe Seite 135 unten ff.).

Wie wir aus alledem ersehen, kann also eine andere als die bisher übliche christliche Grundhaltung die ethische Einstellung und das Verhalten der Menschen entscheidend verändern. Es werden zum Beispiel die Lasten und Leiden aller Rüstungen und Kriege verschwinden.

Was soeben vom Töten gesagt wurde, gilt in gleicher Weise vom Lügen (bewußtes Aussprechen und Geltenlassen von Unwahrheit, Täuschen und Irreführen). Denn der Teufel ist von Uranfang an nicht nur der Menschentöter, sondern auch der Lügner und der (geistige) Vater aller Menschentöter und aller Lügner (vgl. wieder Johannes 8). Demnach ist also auch jede Lüge ohne Ausnahme etwas Böses und *nicht* gut, nicht von Gott, dem Schöpfer und Erhalter des Lebens, dem gütigen und wahrhaftigen Vater.

Dies mag manchen Lesern problematisch erscheinen; sie werden sagen, dies würde sich in gewissen Fällen nicht mit dem Liebesgebot vereinbaren lassen. Wenn wir es jedoch einmal an konkreten Beispielen erläutern (was im Rahmen dieses Aufsatzes nicht möglich ist), werden wir sehen, daß auch hierin Jesus, der geistige Sohn des wahren Gottes, die Wahrheit gesprochen hat. Wir werden sehen, daß es dem »Höchsten Gebot«, Gott und den Nächsten zu lieben wie sich selbst, vollkommen entspricht![3]

Die Tatsache, daß es der Macht der Finsternis mittels der ihr dienstbereiten Menschen gelungen ist, Jesus am Kreuz zu töten – daß dieser Jesus jedoch mit der Macht Gottes vom Tode zum ewigen Leben hindurchgedrungen ist, zeigt uns Christen, daß Gott prinzipiell stärker ist als der Widersacher! Das bedeutet weiter, daß sich auch alle Verheißungen Jesu erfüllen werden, wenn wir Menschen auch nicht wissen, wie und wann. Wenn Jesus und das ganze Neue Testament in Aussicht stellt, daß einmal endgültig die Macht des Bösen überwunden und Gottes Alleinherrschaft auch auf dieser Erde Wirklichkeit sein wird, so ist das ebenso göttliche Wahrheit wie die sich auf unsere jetzige Wirklichkeit beziehenden Aussagen. (Vgl. zweite Bitte im Vaterunser: »O möchte doch deine Alleinherrschaft *kommen*!«)

C. Das Urchristentum

Das Urchristentum hat in dieser *Erwartung* der absoluten Gottesherrschaft in dieser Welt gelebt. Es hat gewußt, daß Gott hier noch nicht *all*mächtig ist; es richtete sich zuversichtlich auf das in Kürze hereinbrechende Gottesreich ein, ein Reich, in dem es für alle seine Geschöpfe kein Leid und keinen Tod mehr gibt. Die Briefe der Apostel und die Evangelien behaupten auch nirgendwo, Gott wäre hier in dieser sichtbaren Welt schon *all*mächtig, sondern berichten von dem Kampf, den Jesus, seine Jünger und Apostel mit der Macht des Bösen führten, dieser Gegenmacht Gottes, dem Satan oder Teufel. Ob das die Versuchungsgeschichte ist, in der deutlich zum Ausdruck kommt, daß der *Teufel* der Herr über die Reiche dieser Welt ist; ob das die zahllosen Krankenheilungen sind, die Jesus und die Jünger in der Vollmacht Gottes ausführten – im Kampf gegen die Herrschaft des Bösen, der die Menschen mit Krankheit peinigt; ob das die Leidensgeschichte Jesu ist, zu deren Beginn er sagt: »Dies ist die Macht der Finsternis!«, die ihn tatsächlich mit dieser letzten und größten Versuchung schließlich ans Kreuz schlug; oder ob der Apostel Paulus von der Macht des Bösen in seinem Innersten berichtet, indem er klagt: »Denn das Gute, das ich will, das tue ich nicht; sondern das Böse, das ich nicht will, das tue ich«: Alle diese Beispiele zeigen, in welchem Glauben, in welcher »Religion ohne Widerspruch« die Urchristenheit lebte.

Diesem Glauben entsprechend war auch die praktische Lebensführung der Urchristen erfüllt von dem Geist des wahren Gottes, den sie in der Person Jesu Christi in seinem *wahren* Wesen erkannt hatten (entgegen den zweifelhaften Gottesberichten der Heiligen Schrift = Altes Testament). Hier ging es nicht darum, um der Gesetzlichkeit wegen so zu leben, sondern sie wollten ihrem Herrn nachfolgen in seiner Freiheit von jeder Gesetzlichkeit und menschlichem Druck, in seiner Freiheit von den Zwängen des Bösen. Sie wußten, wie abhängig man doch als Mensch von der Macht des Bösen ist und wie nur durch das totale Sich-Unterstellen unter die Macht Gottes im Namen Jesu Christi die Freiheit, die Erlösung und Errettung von dem Bösen möglich wird.

Das Vaterunser war das Gebet ihres Herrn,
in welchem nur zu deutlich ihre Sehnsucht nach dem kom-

menden Reich Gottes ausgesprochen wird, das noch nicht da ist, es sei denn in den Herzen derer, die darum beten;

in welchem der heiße Wunsch geäußert wird, Gottes Wille möge auch auf dieser Erde so vollkommen geschehen, wie er in der unsichtbaren Welt tatsächlich geschieht;

in welchem der Name Gottes nicht »Jahwe« oder »Jehova«, auch nicht »Allmächtiger« und nicht einmal »Gott« oder »Herr« heißen sollte, sondern schlicht: »Unser Vater«, unser Vater in den Himmeln, das heißt in den unsichtbaren Welten; *dieser* Name soll allein gültig und geheiligt sein – als Ausdruck, daß sie (die Urchristen) sich nicht der irdischen Macht des Satans, sondern der überirdischen Macht des treuen, gütigen und wahrhaftigen Vaters unterstellen;

in welchem sie um das tägliche Brot bitten, das leibliche wie das geistige, das sie allein von ihrem himmlischen Vater erwarten; im Namen dieses Vaters und seines Sohnes bildeten sie ihre Gemeinschaften, an welchen der Reichste wie der Ärmste gleichen Anteil hatte, so daß keiner Mangel litt;

in welchem sie ihren göttlichen Vater um die Wegnahme ihrer Verfehlungen bitten, die sie unter dem Zwang des Bösen taten; sie wissen, daß Gott diese Verfehlungen total hinwegnehmen kann, wenn sie selbst ihren Schuldigern vergeben haben, sich also selbst ganz unter den Geist der göttlichen Vergebung stellen;

in welchem sie (im folgenden Satz) ausdrücklich ihre Gewißheit bestätigen, daß die Versuchung zum Bösen niemals von ihrem Vater im Himmel kommt (nach dem Text des Gotenbischofs Wulfila: »und (du) bringest uns nicht in Versuchung«;[4] in welchem zum Schluß ihr Hilferuf zur Befreiung aus der Macht des Bösen zu hören ist: Erlöse, errette uns von dem Bösen, reiß uns heraus aus der Macht des Teufels! Nur wenn sich der Mensch von ganzem Herzen, von ganzer Seele und mit seinem ganzen Denken der Macht Gottes, des Vaters im Himmel, unterstellt, dann kann Gott ihn aus der Gewalt des Todes erretten, herauslösen.

So bekannten sich jene allerersten Christen, die Nazoräer, ganz offen zu ihrem Herrn. Sie versagten nicht nur ihrer geistlichen, sondern auch ihrer weltlichen Obrigkeit, dem römischen Kaiser, die Gefolgschaft. Sie verweigerten jeglichen Kriegsdienst und ließen sich lieber selbst umbringen, als daß sie einen anderen

Menschen hätten umbringen können. Ein Soldat konnte nicht in ihre Gemeinde aufgenommen werden. Des weiteren erfahren wir aus den Berichten zeitgenössischer Schriftsteller, daß die Nazoräer sich *ohne* Fleisch und (alkoholischen) Wein ernährt haben.[5] Sie vermieden es, Tiere zu töten oder töten zu lassen, um sie zu verzehren. Sie respektierten das von Gott geschaffene Leben und bezeugten mit diesem Verhalten die zukünftige Alleinherrschaft Gottes auch in dieser sichtbaren Welt: Da wird kein Mensch und kein Tier mehr ein anderes quälen und töten... Bemerkenswert ist des Propheten Jesaja Vorausschau in Kapitel 11,6–9 und Kapitel 65,25. (Vgl. auch Seite 19 dieses Buches.) So lebten die urchristlichen Gemeinden wie ganz selbstverständlich im Geiste ihres Herrn brüderlich zusammen und nahmen die Unterdrückungen und Leiden auf sich, die man als Christ eventuell auf sich nehmen muß, nicht Leiden, die etwa von Gott kämen, sondern Leiden, die der Böse schickt, direkt oder mittels ihm dienstbarer Menschen.

D. Die Geschichte des Kampfes

Wie konnte es kommen, daß sich dieses Urchristentum nach einiger Zeit auflöste? – Das war nicht der Wille Gottes; Gott, der Vater Jesu Christi, ist ja nicht der Herr und Lenker der *bösen* Menschheitsgeschichte! Denn Gottes Wille ist das *Heil* und das *Wohlergehen* aller Menschen; ist dies etwa Ausdruck der bisherigen und der gegenwärtigen heil-losen Menschheitsgeschichte?

Wie konnte es kommen? Hatte das dramatische Geschehen um Jesus Christus und insbesondere seine Auferstehung die grundsätzliche Überlegenheit Gottes zum Ausdruck gebracht – mit einem urchristlichen Aufbruch, der sich trotz Verfolgungen schließlich über das ganze römische Reich ausbreitete –, so gelang es der Macht des Bösen, auch die Menschen der Urchristenheit allmählich wieder mehr in seine Gewalt zu bringen: Die Gütergemeinschaften lösten sich auf, der Kriegsdienst wurde Christendienst, und jede Obrigkeit wurde als »von Gott verordnet« deklariert; denn »die Obrigkeit trägt das Schwert nicht umsonst«, behauptete man. Diese Auflösungserscheinungen hatten jedoch ihre geistigen Ursachen:

Nach der ersten Erschaffung der Menschen dauerte es wohl

noch Jahrtausende, bis es Gott gelang, sich in den Herzen der Menschen als gütiger Gott und Vater bewußt zu machen. In dem kleinen Volk Israel entstanden offenbar die ersten Ansätze einer derartigen Gotteserkenntnis. Doch neben aller rechten Erkenntnis von Güte und Barmherzigkeit blühte eine vom Widersacher eingegebene *falsche* Erkenntnis (um sich zu tarnen und alles Böse Gott in die Schuhe schieben zu lassen), als sei Gott auch noch mit allen *bösen* Eigenschaften behaftet wie zum Beispiel Herrschsucht und Ehrgeiz mit der Forderung auf Anerkennung einer absoluten Allmacht durch sein Volk; Richtgeist bis zur Verdammung und Ausrottung einzelner Menschen wie ganzer Völkerschaften samt dem Vieh! (S. z. B. Hesekiel 29,8 u. 9)

Schließlich gelang Gott ein weiterer Schritt: einen Menschen so vollkommen mit seinem Geist und seiner Kraft auszustatten, daß dieser Mensch leibhaftig sein wahres göttliches Wesen dem Volk Israel offenbarte. Doch die Macht der Finsternis blieb nicht tatenlos und schlug rasch zu: Sie vernichtete diesen in der Vollmacht Gottes stehenden Menschen durch ein schmähliches Schauspiel. Nachdem dieser Mensch trotz seiner offensichtlichen Hinrichtung am Kreuz plötzlich wieder sicht-, hör- und fühlbar einigen seiner früheren Anhänger erschienen war, erfaßte eine überwältigende Bewegung nicht nur viele Angehörige des Volkes Israel, sondern auch weite Teile des ganzen damaligen Abendlandes rund um das Mittelmeer.

Und wieder holte der Teufel, der Verwirrer, mit einem geschickten Schachzug zum Gegenschlag aus: Es gelang ihm, in den urchristlichen Gemeinden Israels die alte Gottesvorstellung, wie sie die geistliche Obrigkeit Israels von den »Vätern« her »bewahrt« hatte (siehe vorletzten Absatz!), wieder zur Geltung zu bringen. Der Ehrgeiz dieser Gemeinden und ihr Anspruch, als »Volk Gottes« den rechten Gottesglauben zu vertreten, brachte auch offen gegen diesen Rückfall vorgebrachte Stimmen radikal zum Schweigen und setzte die alte Gottesvorstellung schließlich in der gesamten Christenheit durch. Der Verwirrer hatte für Jahrtausende eine Schlacht gewonnen! Sehen wir die Geschichte der seitherigen Christenheit bis auf den heutigen Tag: eine Geschichte voller Blut und Tränen!

E. Unsere Konsequenzen

Wenn wir von dem Geiste Gottes erfüllt sind, wie ihn uns *Jesus* nahegebracht hat; wenn wir glauben, die Wahrheit erkannt zu haben, die *Jesus* mit seinem Leben und Sterben in Worten und Taten demonstrierte; wenn wir diese Wahrheit in unserem eigenen Leben, in der Wirklichkeit unserer heutigen Welt als tatsächliche Wahrheit erfahren haben; und wenn wir, wie hier kurz darzustellen versucht wurde, auch die Menschheitsgeschichte überblicken, dann müssen sich hieraus gewisse Konsequenzen ergeben:

In einem *Aufschrei* müssen wir diese ewige Wahrheit des ewigen Gottes den Menschen wieder bekannt machen – trotz allem eventuellen Totschweigen oder Bekämpfen seitens geistlicher oder weltlicher Obrigkeiten. Wurde die Wahrheit Gottes nicht schon einmal vor zweitausend Jahren und immer wieder (!) von den Obrigkeiten zugrunde gerichtet? Die Macht des Widersachers hatte sich in den Menschen der damaligen Zeit zu stark engagieren können! Doch das muß heute nicht mehr so sein. Wir wissen: Die Macht Gottes hat weiterhin – trotz manchem anderen Anschein – an Überlegenheit gewonnen!

Glaubwürdiger werden wir in der Verkündigung des göttlichen Willens allerdings sein, wenn wir heute anfangen, das Verhalten und die Lebensweise jener Nazoräer in unserem persönlichen Leben zu praktizieren. Zum Teil jahrelang haben sie ihren Herrn und Meister begleitet; *sie* müssen es ja gewußt haben, was *er* eigentlich gewollt hat! Wer denn sonst? Glauben wir heutigen Christen, es besser zu wissen?

Ziehen wir also die Konsequenzen: Das von Gott geschaffene Leben nicht vernichten, womit sich auch Herstellung und Bereithaltung tödlicher Waffen verbieten; Fleisch und Rauschmittel meiden, rein pflanzliche Nahrung genießen; jegliche Lüge oder Täuschung vermeiden, der Wahrheit treu bleiben; und allem nachstreben, was Jesus sonst – in der Bergpredigt und bei vielen anderen Gelegenheiten – uns zu tun heißt.

Das *Neue* Testament sollte für jeden Christen Vorrang haben gegenüber dem Alten Testament, worin zum Beispiel die Anthropomorphismen (Vermenschlichungen Gottes) mit der Gottesoffenbarung Jesu unvereinbar sind. Gewiß gibt es auch im Neuen Testament, wie es uns heute vorliegt, einige schwierige

Stellen hinsichtlich einer allgemein gültigen Ethik (vgl. Seite 20ff. dieses Buches). Wenn wir uns jedoch vergegenwärtigen, wie zunächst jahrzehntelang die Geschichten über Jesus mündlich weitererzählt wurden, bis sie schließlich sehr lückenhaft aufgeschrieben wurden (das Markus-Evangelium etwa um das Jahr 70 als erstes bis zum Johannes-Evangelium um 95 als letztem); wie diese Texte dann Jahrhunderte hindurch abgeschrieben und dadurch auch verändert wurden (unsere heute erhaltenen, aus vielen Handschriften zusammengesetzten griechischen Urtexte stammen hauptsächlich aus dem 4. und 5. Jahrhundert!); und wenn wir uns schließlich vergegenwärtigen, daß jede Übersetzung aus dem Griechischen ins Deutsche oder eine andere Sprache von der jeweiligen Einstellung des oder der Übersetzer gefärbt ist, dann dürfen wir mit Recht die Authentizität mancher neutestamentlicher Berichte anzweifeln.

Doch trotz aller Mangelhaftigkeit kann der dem göttlichen Wesen Nachstrebende auch aus dem heute vorliegenden Neuen Testament noch das wahre Wesen Gottes und seine liebende Zuwendung gegenüber seiner Schöpfung herauslesen. So gelte auch für diejenigen Christen heute, die ihr Christsein in der *Nachfolge* Jesu und seines Gottes verstehen, die Ethik der allerersten Christenheit!

Anmerkungen

1 Eine ausführliche Darstellung mit textkritischen und wissenschaftlichen Be gründungen findet sich bei Gustav Reichhelm: *Was die Welt verändert* Selbstverlag, Kandern 1973 (Vertrieb über Verlag Gesellschaft für nazoräisches Urchristentum, Tuttlingen 14).

2 Vgl. Karl Heim: *Jesus der Herr.* Furche Verlag, Hamburg, 4. Aufl. 1955, S 100ff.

3 Siehe G. Reichhelm, aaO., S. 73ff.

4 Vgl. *Stuttgarter Jubiläumsbibel 1937*, NT, S. 68 des Anhangs.

5 Vgl. Carl Anders Skriver: *Die Lebensweise Jesu und der ersten Christen.* Selbstverlag, Lübeck-Travemünde 1973 (Vertrieb wie unter Anm. 1; Erstveröffentlichung in der Zeitschrift *Der Vegetarier*, Dez. 70 bis März 73)

Werner Georg Haverbeck

Ökologisches Bewußtsein im Christentum. Ökumene aus der Sicht eines Anthroposophen

Der als christlicher »Kirchenvater« bekannt gewordene römische Bürger Augustin aus Karthago hat kurz vor seinem Tode 430 n. Chr. in seinen »Retractiones« (I, 13) als seine »feste dauernde Grundansicht« eine beachtliche Aussage gemacht:

> »Das, was man jetzt christliche Religion nennt, gab es schon bei den Alten und *fehlte nie seit Anfang des Menschengeschlechts;* bis daß Christus im Fleisch erscheinen würde, von wo an *die wahre Religion, die schon da war,* anfing, die christliche genannt zu werden.«

Augustin spricht also von einer *Urreligion,* die mit dem Werden des Menschen verbunden war und blieb. Und da auch er wie die Anthropogenese, die Wissenschaft vom Werden des Menschen, entsprechend der alttestamentarischen Genesis eine *ein*stämmige Wurzel des homo sapiens angenommen haben wird, darf diese Urreligion als gemeinsames Erbgut und Besitztum *aller* Menschen verstanden werden, als das, was der zeitgenössische Psychologe den »Archetypos« nennt. Sie ist somit in jedem Menschen veranlagt, und so stellt sie eine ursprüngliche Übereinkunft dar, derer sich die inzwischen herausdifferenzierten Rassen, Völker, Religionen und Individualitäten durchaus erinnern könnten. Diese Gemeinsamkeit ist die wahre, weil übergreifende *Ökumene,* die nicht nur christliche Konfessionen, sondern die ganze Menschheit umfaßt. Dies ist auch ganz im Sinne des Begriffes selbst: heißt doch *Ökumene* nichts anderes als *Wohngemeinschaft* und meint damit den ganzen bewohnten Erdkreis, das Erdenhaus (oikos), das zur allseitigen *Nachbarschaft* veranlassen sollte.

Worin nun kann die von Augustin berufene Ur-Religion bestanden haben? Gewiß in der Anerkennung eines »Höchsten Wesens«, von dem nicht nur die Indianer bis heute sprechen, sondern alle sog. »Naturreligionen« wußten. Die Religionshistoriker des vergangenen Jahrhunderts bezeichneten mit diesem Begriff jene Frömmigkeit, die sich in der Ehrfurcht vor allem Lebendigen entzündete und die in den Erscheinungen der Natur, ob in Baum oder Tier, noch den wirkenden Geist schaute und daher auch im unbekannten Fremdling einen verborgenen Gott vermuten konnte. Durchdenkt man die aus einer solchen Grundeinstellung sich ergebenden Folgerungen des Verhaltens gegenüber der natürlichen und menschlichen »Umwelt«, so wird man es verlernen, auf sogenannte »Primitive« herabzublicken. Wie die Berichte aussagen, die uns über die »unzivilisierten« Nomadenstämme Sibiriens aus dem 19. Jahrhundert oder noch heute von den australischen »Aborigines« übermittelt werden, so ist die Ethik dieser auf einer Anfangsstufe der menschheitlichen Entwicklung verbliebenen und der Natur noch ganz verbundenen Menschen unserer gegenwärtigen Pseudo»kultur« bei weitem überlegen. Unser Umgang mit dem Lebendigen wird von ihnen – wie die Äußerungen mancher alter Indianer bestätigen – als barbarisch und mörderisch empfunden.

Unsere eigene Geschichte zeigt ursprünglich ein gleiches Verhalten zur Natur. Der Volkskundler weiß um die Vielzahl der noch bis ins letzte Jahrhundert erhaltenen Bräuche, die von einer innigen Verbundenheit mit Umwelt und Heimat zeugen. So tat der Holzfäller, der »einem Baum das Leben abzutun« hatte, zuvor Abbitte. Die bis heute im Salzburgischen erhaltene Sitte, den erlegten Hirsch feierlich zu ehren, zeugt mit vielen anderen Waidmannssitten von dem, was einst im Bewußtsein des Volkstums lebte. Der vornehmlich in Bayern bekannte »Maibaum« ist nichts anderes als der letzte Abkömmling des einstigen Gottesbildes: der Lebensbaum der Welt, ob Yggdrasil oder Irminsul genannt, lebte in ihm fort, so wie im Lichterbaum, den wir uns alljährlich zur Weihnacht in unsere Stuben stellen. Uralte Bilder und Zeichen, wie Sonnenrad und Sechsstern, Dreisproß und Spirale, sind auch heute noch – wenn auch meist nicht mehr als solche erkannt – Verkündigungen dieses Altglaubens. Sie sind wie das Sinnbild des Lebensbaumes um die ganze Erde zu finden und bekunden damit die älteste Glaubensgemeinschaft, ganz der Anschauung Augustins entsprechend. Sie war noch allverbindend und kann es auch heute sein im ehrfürchtigen Anschauen von Sonne und Sternen, vom gesetzmäßigen Verlauf der Drehung des göttlichen Weltenrades, im Erleben der »schönen Ordnung« der Welt, die das altgriechische Wort für »Kosmos« meint.

Es ist kein Zufall, sondern von zeitsymptomatischer Bedeutung, daß sich schon vor dem Ersten Weltkrieg, dann aber in immer neuen Wellen Forscher und Liebhaber mit diesen »Ur-kunden« zu befassen begannen und damit eine wahre Renaissance alteuropäischen Glaubensgutes angebrochen ist, so wie einst die Erinnerung an die Götter Griechenlands im europäischen Humanismus wieder erwachte. Im Unterschied zu jener Rückschau in die Antike ist diese gegenwärtige Erinnerung an das alte versunkene Geisteserbe innerlich verknüpft mit einem neuen Bewußtsein des Zusammenhanges von Mensch und Erde, wie die zeitgenössische Ökologie ihn verdeutlicht. Die aus bitteren Erfahrungen gewonnene Erkenntnis wird hier seelisch durchwärmt und erhält durch die Urbilder von Mensch, Erde und Kosmos eine erlebbare Tiefendimension. Das kann hoffnungsvoll stimmen im Hinblick auf eine Verinnerlichung der ökologischen Bewegung, ohne welche diese die bevorstehenden Auseinandersetzungen und das Ende des Jahrhunderts kaum zu überleben vermag.

Dazu entsteht in der zeitgenössischen Naturwissenschaft ein Bundesgenosse: Capra weist mit anderen hin auf »die Selbstorganisation der Materie« und unterstellt den Lebensprozessen Absicht und Zielstrebigkeit.[1] Aber zu welchem Ziel? Pierre Teilhard de Chardin sieht als Paläontologe in der Geschichte des Lebens auf unserem Planeten eine Richtung: »Von außen gesehen zeigt die Naturgeschichte der lebenden Wesen... die stufenweise Ausbildung eines unermeßlichen Systems von Nerven; von innen gesehen entspricht dem etwas Seelisches, das sich einrichtet und ausdehnt bis auf das Größenmaß der Erde.« Und er folgert: »Um die Naturgeschichte der Welt unverfälscht darzustellen, mußte man ihr also von innen her folgen können... In ihrem tiefsten Inneren besteht die lebende Welt aus Bewußtsein, das von Fleisch und Knochen umkleidet ist... Dahin führt uns der Ariadnefaden, wenn wir ihm bis zum Ende folgen.« Und in fast dichterischer Begeisterung schildert der französische Naturwissenschaftler: »Verlieren wir diese vom Morgenrot in Purpur getauchte Linie nicht aus den Augen! Seit Jahrtausenden hebt sich eine Flamme unterhalb des Horizontes empor und wird nun an einem genau lokalisierten Punkt auflodern. Das *Denken* ist da!«[2]

Astrophysiker unserer Gegenwart stellen heute die übergreifende fundamentale Frage: »Wie muß das *Universum* gebaut sein, damit es Leben hervorbringt? Können wir uns auch einen anderen Kosmos vorstellen, in dem intelligente Lebewesen entstehen?« Sie rechneten alle Gesetzmäßigkeiten der Materie, die physikalischen, chemischen und biologischen und die Zeitmaße der Evolution durch, sie setzten andere Werte ein, um zu ermitteln, durch welche Bedingungen »der Kosmos in den Zustand der ›Selbsterkenntnis‹ versetzt wurde«. Sie kamen immer wieder zu dem gleichen Ergebnis: »Jedes anders veranlagte Universum würde unbelebt bleiben und könnte niemals den Zustand kosmischer ›Selbsterkenntnis‹ erlangen.« Und Freeman Dysan folgerte: »Dann scheint es fast, als habe das Universum in gewissem Sinne gewußt, daß wir kommen.«[3] Es hat es nicht nur »gewußt«, es hat es gewollt: Der Mensch ist das Organ kosmischen Bewußtseins! Die Einheit von Mensch und Erde nicht nur, sondern von Kosmos und Mensch wird uns durch die zeitgenössische Naturwissenschaft erkennbar, so wie sie einst dem intuitiven Schauen »in den Anfängen des Menschengeschlechts« zu einer »Ur-Offenbarung« wurde. Ob der Purusha der Inder, der Mannus der Germanen, der Manitu der Indianer oder der Christus unserer geschichtlichen Epoche, nicht die Namen sind damals wie heute das Bestimmende – und Trennende! –, sondern das Wesenhafte gilt es zu erkennen. Und diese Erkenntnis kann uns, wie einst den Völkern des Anfangs, auch heute wieder zu eigen und gemeinsam sein.

Das »anthropische Prinzip« sollte nicht verwechselt werden mit einem »Anthropozentrismus«, der dem historischen Christentum und seiner Antithese, dem Marxismus, gemeinhin vorgeworfen wird als eine Anschauungsweise, aus der Naturgegensätzlichkeit hervorgehe.

Der Mensch, der sich als Ziel des Kosmos oder dessen Inbegriff versteht, kann sich sehr wohl bewußt sein, daß er nur ein Organ im ganzen Lebensorganismus darstellt: Wie das Haupt des tragenden Leibes bedarf, so der Mensch zu seiner Verwirklichung der Fülle aller Lebenserscheinungen. Der sich im vollen kosmischen Zusammenhang erkennende Mensch bleibt sich demütig seiner Gliedschaft bewußt, wie es Christian Morgenstern in seinem Gedicht »Die Fußwaschung« gültig zum Ausdruck brachte:

Ich danke dir, du stummer Stein,
und neige mich zu dir hernieder:
Ich schulde dir mein Pflanzensein.

Ich danke euch, ihr Grund und Flor,
und bücke mich zu euch hernieder:
Ihr halft zum Tiere mir empor.

Ich danke euch, Stein, Kraut und Tier,
und beuge mich zu euch hernieder:
Ihr halft mir alle drei zu mir.

Wir danken dir, du Menschenkind,
und lassen fromm uns vor dir nieder:
weil dadurch, daß du bist, wir sind.

Es dankt aus aller Gottheit Ein-
und aller Gottheit Vielfalt wieder.
In Dank verschlingt sich alles Sein.

Folgen wir daher noch dem zweiten Aspekt Augustins ohne konfessionelle Befangenheit: »Die wahre Religion, die schon da war« und »nie fehlte seit Anfang des Menschengeschlechts«, fing nach seiner Aussage an, »die christliche genannt zu werden«, als »Christus im Fleisch erscheinen würde«. Es geht also um einen neuen Namen der alten »Rückbeziehung« (religio) seit einem hier genannten Ereignis. Wie sollen wir das verstehen? Gibt es einen Zugang für jedermann, der nicht den Glauben an »Dogmen« voraussetzt? Suchen wir ihn auf dem Wege der Geistesgeschichte:

Karl Jaspers macht darauf aufmerksam, daß im 6. und 5. Jahrhundert vor unserer Zeitrechnung eine Welle geistigen Erwachens über die Ökumene unserer Erde ging.[4] Die »Vorsokratiker« in Griechenland, Pythagoras, Heraklit, Anaxagoras, Protagoras und andere, dann Sokrates und Plato, ihm folgend im 4. Jahrhundert Aristoteles, im Fernen Osten Laotse, Kung Futse und Tschuangtse, um nur einige zu nennen, in West und Ost, überall erwacht das Denken und wendet sich zunächst dem Rätsel des Menschseins und dem Selbstverständnis zu, um wie bei Aristoteles die ganze Natur einzubeziehen. Die Sprache folgt dem nach, wenn dem Tätigkeitswort die sonst grammatikalisch einbezogene Personalbestimmung des jeweilig Handelnden durch ein Personalpronomen vorangesetzt wird, wie im Griechischen und Lateinischen im Wörtchen »ego«. Der Künstler will nicht mehr namenlos bleiben, er sagt deutlich: »Ich habe es gemacht« und prägt dem einst von den Musen oder Göttern empfangenen Werke seinen Stempel auf.

Diese Vorgänge können verstanden werden als eine Vor-Erscheinung, eine »Pro-phetie« dessen, was sich in der Menschheit ankündigt: das Aufleuchten des Ich-Bewußtseins auf der Schwelle des Reifens, wie es noch jeder werdende junge Mensch in seiner sog. Pubertätszeit erfährt.

Und dann tritt einer in die Erscheinung, in die *Epiphanie*, der den Mut haben darf, sein *Ego eimi*, sein *Ich bin* in Übereinstimmung zu setzen mit der Welt als Ganzem. Sagten die alten Inder zur Natur: »Das bist du« – *tat twam asi* –, so sagt Jesus der Nazarener von sich: »Ich bin das Licht der Welt«, anders gesagt: »Ich bin das Bewußtsein des Kosmos«, oder: »Ich bin das Leben«[5] – und er spricht es allen Menschen vor, das heißt: »*voraus* und *vor*, damit sie es nachvollziehen sollen. In dieser Aussage ist das *anthropische Prinzip* voll verwirklicht.

Über dieses geistige Ereignis gilt es nachzudenken, denn aus ihm ging die Bewegung derer hervor, die sich *Christiani* nannten, und die vornehmlich die Mittelmeerländer und den Nordwesten Europas ergriff. Diese Bewegung war zunächst gekennzeichnet durch Menschlichkeit und Weltoffenheit. Kann denn die Erde inniger bejaht werden, als indem sie zum *Leib* der Gottheit verklärt wird, wenn Brot und Wein als deren stellvertretende Substanzen durch die Handlung der Eucharistie dazu verwandelt werden sollen (Transsubstantiation)? Benedikt spricht geradezu von einer *consecratio mundi*, der *Heiligung* also der gesamten Welt. Die *Gleich*nisse des Evangeliums leben in Bildern der Natur, und es werden Krankheiten geheilt, weil es eben nicht nur auf »das Heil der Seele« und ihre Erlösung (wie bei Buddha), sondern auch auf die Heilung ihres Trägers, des Leibes, ankommt. Gibt der Galiläer nicht dem »Vater« einen neuen Namen, wenn er ihn den »Georgos« nennt, den »Erden-Bauer« (Johannes XV, 1)? Und die »Söhne« – das sind für ihn und später Paulus alle Nachfolgenden! – sollen »das Erdreich erben« (Matthäus V, 5), wenn sie »sanftmütig« damit umgehen, das heißt wie Bauern dem Vater gleich die Erde hegen und pflegen. Franz von Assisi ist einer der wahrhaften Jünger, wenn er mit den Tieren spricht und die *ganze* Schöpfung im »Sonnengesang« an sein Herz zieht. Meister Eckehart und Angelus Silesius, der Bote aus Schlesien, tun desgleichen.

Im keltischen Christentum der irischen und schottischen Mönche lebte das uralte Erdwissen der Druiden fort und breitete sich friedlich über West- und Mitteleuropa bis in die Berge der Schweiz (St. Gallen) aus. Seine Zeugnisse atmen eine erd- und kosmosverbundene Frömmigkeit. Ein ins Geistliche pervertierter römischer Machtwille und das in das junge Christentum eingegangene Alte Testament Israels prägten sodann die weitere Entwicklung des Abendlandes aus dem Willen, sich »die Erde untertan« zu machen.[6] Indem Bonifatius die Donareiche fällte, legte er zugleich die Axt an die Wurzel der Naturfrömmigkeit des alten Europa. Immer wieder allerdings brach alter Volksglaube durch, zum Beispiel in den der Natur einverwobenen Marienheiligtümern, oder wehrte sich in »Minnesangs Frühling« die Weltfreudigkeit, bis die Renaissance der Antike die europäische Neuzeit heraufführte.

Mag dem Christentum des Mittelalters »prinzipielle« Naturfeindlichkeit angelastet werden können, so hat dieses dennoch ein eindeutiges »Alibi« im Hinblick auf die naturwissenschaftlich-technische Eroberung der Erde in der Neuzeit und Gegenwart. Man darf nicht gegen *das* Christentum Anklage wegen Naturzerstörung erheben und zugleich den Vorwurf der Wissenschaftsfeindlichkeit zum Beispiel »in Sachen Galilei« vertreten. Gertrud von le Fort zeichnet in ihrer Novelle »Am Tor des Himmels« eindrucksvoll die tieferen Gründe des damaligen Widerstandes. (Vgl. hierzu auch den Beitrag von Martin Rock.)

Der Lehre und Substanz nach ist das Christentum, versteht man es als eine der Weltreligionen, unter diesen die der Erde am meisten zugewandte, *eine »ökologische Religion« schlechthin.* Gewiß bedarf es der Erneuerung an Haupt und Gliedern, die an jenen Zustand anknüpft, wo nach den ersten drei Jahrhunderten mit der Verstaatlichung und römischen Überfremdung der heillose Weg in Dogmatik und Naturferne begonnen wurde, wo im Konzil von Konstantinopel 869[7] das Menschenwesen auseinandergerissen wurde, indem seine geistige Komponente von der Kirche in Anspruch genommen und für eine »andere« Welt aufbewahrt werden sollte. Da wurde auch die Welt auseinandergerissen in ein »Unten« und »Oben«, in eine »irdische« und »himmlische« Hälfte, in jenen Dualismus, an dem wir heute noch kranken.

Im »ökologischen« Bewußtsein liegt die Möglichkeit, den drei Qualitäten des Menschseins: Leib, Seele und Geist im platonischen Sinne wieder zum Einklang zu verhelfen und diese Übereinstimmung auch in einem ganzheitlichen Anschauen, Erleben und Erkennen der Natur herzustellen.

In der von Rudolf Steiner begründeten und entwickelten Anthroposophie[8] ist der Weg in eine solche geistige gesamtmenschliche Erneuerung in Übereinstimmung mit der Natur und ihrer von Goethe geschauten Ganzheit begonnen worden. Er zielt nicht nur auf »Menschen-Weisheit«, sondern auch auf »Erden-Weisheit« und »Kosmo-sophie«. Das Bemühen um ein Selbstverständnis des Menschseins führt zur Menschenkunde und ihrer Anwendung in einer erneuerten Erziehungskunst, wie sie in der wachsenden »Waldorfschulbewegung« geübt wird; die Hinwendung zur Natur in neuer Weise ermöglicht eine alternative Heilkunst, die vom ganzen Menschen ausgeht und ihn therapeutisch mit einer erneuerten Pharmazie behandelt. Auch auf dem sozialen Felde ist durch die Erkenntnis von der »Dreigliederung des sozialen Organismus« ein Anlauf zur Erneuerung des politischen Lebens genommen worden. Die »Bewegung für religiöse Erneuerung« kennzeichnet durch ihren Namen »Die Christengemeinschaft« bereits das Ziel, das Mittelpunktsgeschehen der Menschheit in neuer Weise zu begreifen und ihm Wirkung zu verschaffen.

Die letzte Tat Rudolf Steiners war die Ratgebung für eine »biologisch-dynamische Wirtschaftsweise« zur Heilung des Bodens und damit der Erde als Voraussetzung für eine gesunde Ernährung des Menschenlebens. In vielfältiger Weise sind diese

Impulse auch über die Grenzen der genannten Arbeitsfelder wirksam geworden. Nicht auf das Etikett, sondern auf die Impulsierung selbst kommt es an.

In solchem Bemühen können sich alle treffen, die eines guten Willens sind, ob solche, die sich als um Naturerkenntnis bemühte moderne Humanisten verstehen oder als Unitarier oder nach einer religiösen Erneuerung strebende Christen. Ihr Anliegen, die Rettung des Lebens unserer Erde, ist das gleiche. Sagte Marx einst, es komme nicht darauf an, die Welt zu verstehen, sondern sie zu verändern, so gilt heute abgewandelt: Es kommt jetzt nicht darauf an, *welches* religiöse Verhältnis wir zur Welt haben, sondern darauf, die Erde als »Pflanzstätte der Geister« (Goethe) zu *retten*!

Anmerkungen

1 Fritjof Capra: *Wendezeit.* Bern/München/Wien, 4. Aufl. 1983.
2 Pierre Teilhard de Chardin: *Der Mensch im Kosmos.* München 1960, S. 131, 137 u. 146.
3 Reinhard Breuer: *Das anthropische Prinzip, der Mensch im Fadenkreuz der Naturgesetze.* Wien/München 1981, S. 17 u. 23.
4 Karl Jaspers: *Vom Ursprung und Ziel der Geschichte.* Frankfurt/M./Hamburg 1955.
5 Evangelium des Johannes VIII, 12 u. XIV, 6.
6 Vgl. dazu das von einer katholischen Verlagsgruppe veröffentlichte grundlegende Buch von Eugen Drewermann: *Der tödliche Fortschritt, Von der Zerstörung der Erde und des Menschen im Erbe des Christentums*, Regensburg 1981.
7 Dazu Renate Riemeck: *Glaube – Dogma – Macht. Geschichte der Konzilien*, Stuttgart 1985.
8 Johannes Hemleben: *Rudolf Steiner.* Rowohlts Monographien, Band 79, Hamburg 1985; zur Einführung und Literaturübersicht geeignet.

Prolog

Der folgende Beitrag wurde von Harun Behr nach Rücksprache und in Übereinstimmung mit mehreren anderen in Deutschland lebenden Muslims geschrieben und in dem deutschsprachigen Muslim-Organ *Al-Islam* vorab veröffentlicht.

Möglicherweise werden Stil und Inhalt dieses Aufsatzes manchen Leser, der ein etwa als »Ökumene« bezeichnetes aufeinander Zugehen von Religionen gewohnt ist, befremden. Dem Leser diesen Beitrag vorzuenthalten schiene uns jedoch geradezu sträflich, läßt doch gerade dieser Text besonders deutlich die Kraft durchscheinen, mit der in den letzten Jahren der Islam eine Religion als Privatsache auffassende Weltöffentlichkeit überrascht hat. Und eine Auseinandersetzung auch mit entschiedenen Muslims ist für uns heute dringend geboten – zumal der im Vergleich zu seiner Anhängerzahl sehr geringe Einfluß des Islam auf das öffentliche Leben in Deutschland kein Dauerzustand bleiben dürfte.

Der Herausgeber

Harun Behr

Bismillah – Im Namen Allahs

Du hast mich gebeten, zu deinen »Fragen eines Ungläubigen« an den Islam Stellung zu nehmen.

Der Mensch muß sein Leben auf dieser Erde bestreiten. Er ist wie jedes andere Geschöpf darauf angewiesen, seinen Lebensunterhalt aus den Gegebenheiten der Erde, besonders ihrer Natur, zu gewinnen. Aber jeder Eingriff in die Natur ist verbunden mit einem Verlust an Ursprünglichkeit ihres Haushaltes. Die Zwangslage des Menschen besteht in einem Balanceakt zwischen Nutznießung und Zerstörung.

Die anthropogene Zerstörung der Natur hat inzwischen ein fast unkontrollierbares Ausmaß angenommen. Die Mehrzahl der Schäden ist irreparabel. Kenntnis über die Verseuchung der Atemluft und die Vergiftung von Nahrungsmitteln, über den Rückgang des Grundwasserspiegels und über die Folgen der Zerstörung natürlicher zugunsten »kultureller« Gleichgewichte

(Flurbereinigung, Flußbegradigung, industrielle Abschöpfung und Ausbeutung) sind mehr und mehr Allgemeinwissen geworden.

Aus der speziellen Problematik des sauren Regens und des damit in Verbindung gebrachten Waldsterbens ist zudem die Erkenntnis erwachsen, daß Verursacher der Naturzerstörung ausfindig gemacht und ihre schädlichen Einflüsse beseitigt werden müssen. Auf diesem Gebiet aber hat sich bisher wenig getan. Von offizieller Seite wird viel gelogen und aufgeschoben. Aber nicht nur die kläglichen Anläufe des Gesetzgebers, Abhilfe zu schaffen, sondern zum Beispiel auch der Unwille fast aller Autofahrer, das Tempo zu reduzieren, zeigen, daß es bei der Lösung der Umweltproblematik um Veränderungen des Systems geht, eines Systems etablierter gesellschaftlicher Zwänge, hinter denen das Fehlverhalten eines jeden Einzelmenschen steht, also auch dein und mein Fehlverhalten.

Wenn du ein Mensch bist, der sich nicht auf Kosten der Umweltauseinandersetzung profilieren und nur schwätzen will, dann ist der folgende Artikel, in dem ich gezielt auf deine Fragen eingehe, das Richtige für dich. Der Aufsatz ist sehr dezidiert und verlangt von dir Geduld und Mitdenken. Wenn du aber jemand bist, der ernsthaft an einer Veränderung der Lage interessiert ist und dabei auch vor dir selbst nicht haltmachst, wird dir das Aufbringen dieser Geduld nicht schwerfallen. Und wenn du aufmerksam gelesen hast, wirst du am Ende auch erkennen, warum im Koran in der Sure 56, Vers 70 der saure Regen erwähnt ist, und warum in der Sure 30, Verse 41–42 steht:[1]

> Unheil ist sichtbar auf dem Land und auf dem Meer, wegen dem, was die Menschen angerichtet haben, damit sie etwas zu kosten kriegen von dem, was sie getan haben, und damit sie vielleicht umkehren. Sag: Reist doch herum auf der Erde und seht, was die Folgen für die früheren Generationen waren – die meisten von ihnen waren Leute, die Allah, dem Einen Gott, anderes beigesellt haben.[2]

Den Schaden haben die Menschen mit eigener Hand angerichtet, sie sind selbst verantwortlich und müssen die Folgen davon tragen. Worin – außer in der Konsequenz solchen Tuns – liegt nun der Sinn des Unheils? Er liegt zum einen in einer Art Strafe für den Menschen, der sich an Allahs Schöpfung vergeht. Zum anderen aber liegt der Sinn in dem, was du bei der Meditation über solche Verse wie der obigen empfindest: eine Mahnung und Warnung, daß du dich besinnst und umkehrst.

Wozu du umkehren sollst, das wird dir im Zuge der Beantwortung deiner Fragen, die dafür einen ausgezeichneten Rahmen bilden, deutlich werden.

Der heilige Koran ist keine Vereinssatzung für Naturfreunde und Tierschützer, sondern die Schrift, die Allah seinem Gesandten Muhammad[3] offenbart hat, auf daß sie eine Rechtleitung für alle Menschen sei, also auch für dich:

> Sure 2:2
> Dies ist das Buch, an dem es keinen Zweifel gibt, eine Richtschnur für die Gottesfürchtigen.
> Sure 3:8
> Er (Allah) ist es, Der die Schrift auf dich herabgesandt hat. Darin gibt es eindeutig bestimmte Verse – sie sind die Grundlage – und andere, mehrdeutige. Diejenigen nun, die in ihrem Herzen vom rechten Weg abschweifen, folgen dem, was darin mehrdeutig ist, wobei sie darauf aus sind, die Leute unsicher zu machen und es nach ihrer Weise zu deuten. Aber niemand weiß es wirklich zu deuten außer Allah. Und diejenigen, die fundiertes Wissen haben, sagen: Wir glauben daran; alles, was in der Schrift steht, stammt von unserem Herrn. Aber nur diejenigen, die Verstand haben, lassen sich mahnen.
> Sure 17:89
> Und wir haben den Menschen in diesem Koran allerlei Beispiele abgewandelt. Aber die meisten Menschen wollen nichts anderes als ungläubig sein.

Zu Surennamen wie »Die Kuh« (al-Baqara) oder »Die Biene« (al-Nahl) und andere: Hier fragst du nach dem »tieferen Sinn« und nach der »wesentlichen Bedeutung« für den Inhalt der Sure.

Die Namen der Suren beziehen sich entweder auf ein entscheidendes Schlüsselwort im Text der Sure (zum Beispiel al-Baqara und al-Anfal, 8. Sure) oder auf die ersten Worte der Sure (zum Beispiel Ya-sin, 36. Sure). Ferner beachte, daß die Anordnung der Suren zum Gesamtwerk Koran schon zu Lebzeiten des Gesandten Allahs vorgenommen wurde, der Koran schon in schriftlicher Form vorlag, wie aus der folgenden Überlieferung deutlich wird:

> Abdullah Ibn Mas'ud berichtet: »Allahs Gesandter sagte zu mir: ›Rezitiere (vom Koran) für mich.‹ Ich fragte ihn: ›Soll ich ihn für dich rezitieren, wo er doch dir offenbart wurde?‹ Er sagte: ›Ich möchte (den Koran) von anderen hören.‹ So rezitierte ich die Sure al-Nisa', bis ich zu der Stelle kam: – Und wie wird es ihnen ergehen, wenn wir aus jedem Volk einen Zeugen herbeibringen und dich (Muhammad) als Zeugen herbeibringen wider diese? – (Sure 4:42). Da sagte Muhammad: ›Halt!‹ Seine Augen waren voll Tränen.«[4]

In dieser Überlieferung, einem »Hadith« (ich werde Begriff und Stellenwert von Hadithen weiter unten behandeln), wird Sure 4 bereits namentlich erwähnt.

Jetzt zur Sure »Die Kuh«. Selbst »ungläubige Augen«, so wie du es nennst, dürften die eindeutigen Passagen nicht verfehlen, in denen nicht nur die Überschrift ihren Sinn offenbart, sondern ein Bezug zum gesamten Inhalt der Sure aufgebaut wird – mit 286 Versen die längste des Koran.

In einer Einführung zu dieser Sure hießt es: »›Al-Baqara‹ (die Kuh) ist diese Sure nach der Parabel von der jungen Kuh in den Versen 67–71 benannt, die die Unzulänglichkeit eines widerwilligen Gehorsams darstellt. Sie lehrt uns, daß die Menschen, sobald sie den Glauben verlieren, unter allerlei Ausreden auch den Gehorsam verweigern. Und selbst wenn sie schließlich dem Buchstaben nach gehorchen, dann fehlt die richtige Geisteshaltung. Dies bedeutet, daß sie gefühllos werden und in ihrer Selbstherrlichkeit gar nicht bemerken, daß sie geistig nicht mehr lebendig, sondern tot sind.«[5]

Und hier die Verse, um die es geht:

> 67. Und (gedenke der Zeit) als Moses zu seinem Volk sagte: »Wahrlich, Gott gebietet euch, eine Kuh zu schlachten.« Sie sagten: »Willst du dich über uns lustig machen?« Er sagte: »Gott bewahre mich davor, daß ich einer der Unwissenden sei.«
>
> 68. Sie sagten: »Rufe für uns deinen Herrn an, daß er uns erkläre, wie sie sein soll.« Da antwortete Moses: »Wahrlich, (Gott) sagt, es soll eine Kuh sein, die nicht (zu) alt und

nicht (zu) jung ist, (sondern) ein Alter dazwischen (hat). So tut denn, was euch befohlen.«

69. Sie sagten: »Rufe für uns deinen Herrn an, daß Er uns erkläre, welche Farbe sie haben soll.« Da antwortete Moses: »Wahrlich, (Gott) sagt, es soll eine gelbe Kuh sein von lebhafter Farbe, die die Schauenden erfreut.«
70. Sie sagten: »Rufe für uns deinen Herrn an, daß er uns (noch einmal) erkläre, wie sie (genau) sein soll. Für uns sind die Kühe einander (doch sehr) ähnlich, und wenn Gott will, werden wir gewiß rechtgeleitet sein.«
71. Moses antwortete: »Wahrlich, (Gott) sagt, es soll eine Kuh sein, die nicht fügsam (gemacht worden) ist, die weder den Boden gepflügt noch den Acker bewässert (hat), makellos, ohne jeglichen Flecken.« Da sagten sie: »Jetzt (endlich) bist du mit der Wahrheit gekommen.« So schlachteten sie sie und beinahe hätten sie es nicht getan.[6]

Sayyid Qutb macht in diesem Zusammenhang auf die Arroganz der Israeliten aufmerksam, indem er auf die Art hinweist, wie sie mit Moses, der doch ihr Prophet war, sprechen: »In den vorangegangenen Versen 68, 69, 70 sagen die Israeliten immer wieder zu Moses: ›Rufe für uns *deinen* Herrn an...‹, als ob Gott nur sein Herr sei und nicht ebenso auch der ihre. Diese Arroganz tritt auch in Vers 71 zutage, wo die Israeliten sagen: ›Jetzt endlich bist du mit der Wahrheit gekommen‹, als ob das vorige nicht die Wahrheit gewesen sei!«

Dir ist sicher klar, daß es hier nicht um das Natursubjekt Kuh geht, sondern um dich, denn du bist ja angesprochen mit: »Und gedenke der Zeit Mose...!« Der Koran stellt dir hier die Frage: »Und wie steht es mit deinem Gehorsam gegenüber Allah und Seinen Gesandten, wie steht es mit deiner Arroganz, deiner Selbstherrlichkeit? Gedenke!«

Genauso mußt du auch die anderen Suren betrachten, die du erwähnst. Der »tiefere Sinn«, den du vermißt, wird dir doch gleich mitgeliefert. Der Koran ist wirklich nicht schwer zu verstehen. Sure al-An'am (das Vieh), Verse 137 und 138:

137: So haben viele von denen, die dem einen Gott Teilhaber zuschreiben, ihre Teilhaber es im schönsten Licht erscheinen lassen, daß sie ihre Kinder töten. Sie wollten sie damit ins Verderben stürzen und ihnen ihre Religion verdunkeln. Wenn Gott wollte, würden sie es nicht tun. Laß sie nur machen! Sie mögen an falschen Behauptungen und Ansichten aushecken, was sie wollen.

138: Und sie sagen: »Dies ist unantastbares Vieh und Getreide. Nur die, von denen wir es wollen, dürfen davon essen.« – so behaupten sie. Und es gibt nach ihrer Behauptung Vieh, dessen Rücken (für Lasten) verboten ist. Und es gibt Vieh, über dem sie beim Schlachten den Namen Gottes nicht aussprechen. Und sie stellen all diese Verbote und Regeln auf, indem sie gegen ihn (Gott) lügnerische Behauptungen aushecken. Aber Er wird ihnen dereinst vergelten für das, was sie zeitlebens an lügnerischen Behauptungen aufgestellt haben.

Du erkennst, worum es geht: Da sind welche, die eine Sache Allah zur Seite stellen und damit andere zugrunde richten, indem sie

Leute belügen, mit Hilfe der Religion;

zur Tötung ihrer Kinder (ob geboren oder ungeboren) aufrufen;

die Religion verdrehen;

sich Privilegien verschaffen, mit denen sie die Leute ihrer essentiellen Lebensgrundlagen berauben (Vieh und Getreide).

Schau dich mal um in unserer Welt: Da findest du Präsidenten, die meinen, sie müßten die Welt befreien, weil ihr Land von Gott dafür ausersehen sei. Da findest du Diktatoren, die Gewalt offen zur Durchsetzung scheinreligiöser Ziele predigen. Die Gesellschaft legitimiert Abtreibung als den bequemeren Weg, und selbst in funktionierenden Sozialstaaten werden immer wieder Kinder aus Angst vor materieller Not getötet. Und die Problematik des Nord-Süd-Gefälles entsteht nicht aus nicht zu bewältigenden naturwissenschaftlichen Problemen, sondern aus der Haltung derer, die in Vers 138 sagen: »Nur die, von denen wir es wollen, dürfen davon essen.«

Aber ein anderer Vers kommt in dieser Sure (Sure 6) vor, der dich zumindest vom tiersoziologischen Gesichtspunkt her interessieren müßte:

38. Und es gibt kein Tier auf der Erde und keinen Vogel, der mit seinen Flügeln fliegt, ohne daß es Gemeinschaften

wären gleich euch Menschen. Wir haben in der Schrift (in der alles, was ist und was sein wird, verzeichnet ist) nichts übergangen. Schließlich werden sie alle zu ihrem Herrn versammelt werden.

39. Und diejenigen, die Unsere Zeichen für Lüge erklären, sind taub und stumm und tappen im Finstern. Gott führt, wen Er will, in die Irre. Und wen Er will, den bringt Er auf den geraden Weg.

Daß hier Tiere wie Menschen als Gemeinschaften bezeichnet werden, ist bemerkenswert. In einem berühmten Korankommentar (tafsir al dschalalain) wird zu Vers 38 erklärte: »Hinsichtlich ihrer Geschöpflichkeit, ihrer Versorgung und ihrem sonstigen Zustand.« Dieser Vers weist deutlich darauf hin, daß sich der Mensch von den Tieren im Hinblick auf seine Geschöpflichkeit eben nicht unterscheidet.

Um eine besondere Gemeinschaft und damit um ein weiteres Zeichen Allahs geht es in der 16. Sure (al-Nahl – die Biene):

68. Und dein Herr hat der Biene eingegeben: Mach dir Häuser aus den Bergen und aus den Bäumen und aus dem, was die Menschen an Hütten errichten.
69. Hierauf iß von allen Früchten und zieh auf den Wegen deines Herrn, die dir gebahnt sind, dahin. Aus dem Leib der Bienen kommt ein für die Menschen heilsames Getränk von verschiedenen Farben heraus. Darin liegt ein *Zeichen* für Leute, die nachdenken.

Auch hier geht es zunächst um ein Zeichen, das, wie all die anderen Zeichen in der Schöpfung, dazu da ist, den nachdenkenden Betrachter auf etwas aufmerksam zu machen:

3. Er (Allah) sendet die Engel hernieder mit der Offenbarung nach Seinem Gebot zu wem Er will von Seinen Dienern: »Ermahnet (die Menschen), daß es keinen Gott gibt außer Mir, darum nehmt Mich zum Beschützer.«
4. Er hat Himmel und Erde wirklich und wahrhaftig erschaffen, und Er ist erhaben über das, was sie Ihm beigesellen.
5. Er hat den Menschen aus einem Tropfen (Sperma) erschaffen. Und gleich ist er (kaum daß er überhaupt existiert ausgesprochen streitsüchtig (und rechthaberisch).

Danach folgen Verse über das Vieh, die Pferde, Esel, Wasser, Bäume, Korn, Ölbaum, Dattelpalme, Trauben, Früchte aller Art, Nacht, Tag, Sonne, Mond, Sterne, Erde, Farben, Meer, Berge, Flüsse, Wege. Hierbei geht es nicht um Heimatkundeunterricht, sondern um:

Zeichen für nachdenkende Leute (Vers 12);
Zeichen für Leute, die von der Vernunft Gebrauch machen (13);
Zeichen für Leute, die es beherzigen (14;
Zeichen für Leute, die Allahs Huld suchen und dankbar sind (15);
Zeichen für Leute, die glauben (80).

Wenn dir immer noch nicht klar ist, worüber du nachdenken sollst, was du beherzigen, woran du glauben sollst, so hilft dir Vers 23 weiter:

23. Euer Gott ist ein einziger Gott. Und die nicht ans Jenseits glauben, lehnen die Botschaft mit ihren Herzen hochmütig ab.

Du sollst also:

bezeugen, daß »dein Gott ein Einziger Gott« ist, und
an das Jenseits glauben.

Das alles steht in dieser Sure »Die Biene« und ist dort genau erklärt.

Und die Ameise in Sure 27 (al-Naml, »Die Ameisen«) hast du auch nicht gefunden? Nun, eine Ameise ist recht klein, man überliest sie schnell. Auch Salomo hätte sie fast übersehen:

17. Dem Salomo wurden seine Truppen – Dschinn, Menschen und Vögel – versammelt und in Reih' und Glied gebracht.
18. Als sie schließlich ins Tal der Ameisen kamen, sagte eine Ameise: »Ihr Ameisen, geht in eure Wohnungen hinein, damit Salomo und seine Truppen euch nicht zermalmen, ohne es zu merken!«
19. Da lächelte er (Salomo) über ihre Worte und sagte: »Herr! Halte mich dazu an, daß ich Dir für Deine Gnade, die Du mir und meinen Eltern erwiesen hast, dankbar bin, und daß ich tue, was recht ist und womit Du zufrieden bist.

Und laß mich (dereinst) durch Deine Barmherzigkeit in die Schar Deiner rechtschaffenen Diener eingehen.«

Dazu kommentiert Yusuf Ali:

»Nach außen hin ist die Ameise eine kleine und niedrige Kreatur. Unter den Umständen und dem großartigen Gehabe dieser Welt mag sie leicht übersehen oder gar zertrampelt werden von jemandem, der ihr eigentlich gar nichts Böses will. Und doch, in ihrer ›Weisheit‹ geht sie ihrem Leben in der ihr eigenen Sphäre (ihren Bauten) nach und leistet einen nützlichen Beitrag im Bestand dieser Welt. Auch sie findet hier, in der spirituellen Welt, ihren Platz.

Im Gegensatz zur kleinen Ameise steht da der gewaltige König Salomo (beachte sein Sprechen mit der Ameise, die, wie die Bienen und andere Tiergemeinschaften, eine ausgeklügelte Form der Kommunikation besitzt). Er betet, daß seine Macht und seine Weisheit... zum Wohl aller um ihn herum zur Anwendung komme. Da nun ausgerechnet eine Ameise in sein Bewußtsein tritt, dürfen wir annehmen, daß sein Gebet im besonderen die Bitte beinhaltet, nicht unwillkürlich auf die kleinen und schwachen Wesen zu treten, während er mit den großen Umwälzungen dieser Welt beschäftigt ist.«[7]

Soweit zu den von dir erwähnten Suren. Die anderen – »Die Spinne«, »Der Berg« usw. – kannst du dir selbst erarbeiten, denn mit den vorangegangenen Beispielen hast du nun einen schönen Leitfaden. Jetzt dürftest du keine Schwierigkeiten mehr haben zu verstehen, warum dein Augenmerk bei der Meditation über den Koran immer wieder auf die Natur gerichtet wird, ohne daß detailliert ihre vielfältigen Erscheinungsformen erörtert werden. Genauere Informationen über unseren Kosmos findest du in Brehms Tierleben oder im Planetarium. Neben aller natur- und artgerechter Ethik geht es bei der Lektüre des Koran zunächst um den einen simplen Sachverhalt: Dein Schöpfer spricht mit dir. Was Er von dir will und was du von Ihm erwarten kannst, darüber gibt dir genau dieser Koran Auskunft. Wenn wir die wesentlichen Fakten, die bisher in diesem Aufsatz erwähnt worden sind, noch einmal sammeln, dann kommt heraus:

Du sollst an das Jenseits glauben, das heißt an das Paradies und an das Höllenfeuer, und dir gut überlegen, wo du hinwillst.

Du sollst bezeugen, daß Allah ein Einziger ist und daß Muhammad Sein Gesandter ist.
Allah hat den Koran gesandt, den du beherzigen sollst und an den du glauben sollst als ein Buch von deinem Herrn.
Du sollst Allah und Seinem Gesandten Muhammad gehorsam sein.

Die »Gärten und keuschblickenden Mädchen«, die du erwähnst, gehören zu Beschreibungen des Paradieses. Wenn du sagst, daß sie als Belohnung für den Gehorsam gegenüber Allah versprochen werden, hast du den Nagel auf den Kopf getroffen. Genau darum geht es. Allerdings – das Paradies erlangst du nicht, indem du durch den Leidensweg eines anderen der Verantwortlichkeit für deine Sünden enthoben wirst (christliche Erlösungshypothese), und du verlierst es auch nicht durch die Verfehlung Adams oder deiner Vorfahren (Behauptung, es gebe eine Erbsünde), sondern du wirst mit dem Paradies belohnt, weil Allah barmherzig ist. An dieser Barmherzigkeit hat Teil, wer sich bemüht, sein Leben nach den Ratschlägen, die Allah erteilt, auszurichten und Allah und Seinem Gesandten gehorsam zu sein.

Die Beschreibungen des Paradieses im Koran sind leicht verständlich und nachvollziehbar. Eines ist ihnen allen gemein: die Echtheit der Gefühle. Und jetzt lernst du sogar, warum im Koran öfter diese »Mädchen« erwähnt werden: Ihre Reinheit (das hier verwendete Wort »Hur« findet sich wieder in dem Wort Hawariyun, das im Koranarabisch für die Jünger Jesu steht – »die Reinen«; siehe Suren 3:52 und 5:111),[8] ihre Schönheit und Aufrichtigkeit und – das ist wichtig in bezug auf das Wort »Hur« – ihre echte Respektierung stehen im Gegensatz zu dem heute überall verbreiteten Sexismus, der totalen Vermarktung der Frau und der meistens problematischen Beziehungen zwischen Ehegatten.

Du hast dich daran gestoßen, daß »kein Gläubiger einen anderen Gläubigen töten darf, es sei denn aus Versehen« (4:92). Das bezieht sich auf die Schlacht von Uhud, in der sich Muhammad und die frühen wenigen Muslime gegen ein Heer verteidigen mußten, das den Auftrag hatte, die erste islamische Gemeinde, die damals in Medina entstanden war, mit Stumpf und Stiel auszurotten. In dem heftigen mêlée geschah es, daß ein Schwerthieb auch mal unbeabsichtigt einen Mann aus den eigenen Reihen traf. Ohne nun des Totschlags angeklagt zu werden, mußte der »Schuldige« an die Verwandten des Umgekommenen ein Blutgeld entrichten oder, war er finanziell dazu nicht in der Lage, zwei Monate fasten.

Der Dienst mit der Waffe zur Verteidigung der Gemeinschaft gegen Angriffe ist nicht nur erlaubt, sondern Pflicht:

> Sure 2:216
> Zu kämpfen ist euch vorgeschrieben und es ist euch widerwärtig. Doch es mag sein, daß euch etwas widerwärtig ist, was gut ist für euch, und es mag sein, daß euch etwas lieb ist, was schädlich ist für euch. Und Allah weiß, doch ihr wißt nicht.

Und in gleichem Zusammenhang sei noch erwähnt:

> Sure 4:91
> Und wenn sie sich nicht von euch fernhalten und euch nicht ihre Bereitschaft erklären, sich künftig friedlich zu verhalten und ihre Hände nicht vom Kampf gegen euch zurückhalten, dann greift sie und tötet sie, wo immer ihr sie zu fassen bekommt. Zum Vorgehen gegen Leute dieser Art haben Wir (Allah) euch offenkundig Vollmacht gegeben.
> Sure 4:93
> Und wenn einer einen Gläubigen vorsätzlich tötet, ist die Hölle sein Lohn, daß er ewig darin verweile. Und Allah ist zornig auf ihn und hat ihn verflucht, und Er hat im Jenseits eine gewaltige Strafe für ihn bereit.

Aufgefallen ist dir ferner die scheinbare Diskrepanz zwischen der Sure 108, »Der Überfluß« und dem Bemühen, sich in einer ihre eigenen Lebensgrundlagen vernichtenden Überflußgesellschaft zurechtzufinden.

Zum Themenkomplex »Verschwendung« seien zwei Überlieferungen des Propheten Muhammad zitiert:

Allahs Gesandter hat gesagt: »Hört ihr nicht, hört ihr nicht? Schlichtheit gehört zum Glauben! Schlichtheit gehört zum Glauben!« (nach Abu Umama & Abu Dawud).

Allahs Gesandter hat gesagt: »Bescheidenheit (auch: Anstand, Zurückhaltung, Schamhaftigkeit) bringt nur Gutes.« (Nach Imran Ibn Hussain; Buchari, Muslim)[9]

Eine Beziehung herzustellen zwischen dem Wort »Überfluß« dieser Sure und »in Überfluß leben« trifft nicht ganz den Sinn. Dieses zweifelhafte Wort »Überfluß« heißt im arabischen Original des Korans »Kauthar«, abgeleitet vom Verb »kathara«: »an Zahl übertreffen, wachsen, zunehmen«. Übersetzt wird »Kauthar« in den gängigen Koranübersetzungen aus dem Arabischen ins Deutsche mit »Überfluß« (Henning), »Die Fülle des Guten« (Ahmadiyya) und ins Englische mit »Fount of Abundance« (Y. Ali).

In seinem Kommentar schreibt Yusuf Ali:

»Kauthar – die nie versiegende himmlische Quelle der Gnade und des Wissens, der Barmherzigkeit und Güte, der Wahrheit und Weisheit, der geistigen Macht und Einsicht, die dem Heiligen Propheten und Mann Gottes geöffnet wurde, und in gewissem Ausmaß auch all jenen, die ergebene und ernsthafte Diener Gottes sind. Diese Quelle stillt den größten spirituellen Durst des Menschen: sie bringt den Vorteil eines außerordentlich großen Nutzens mit sich. Dazu sagt der Koran in Sure 2:269:

> Er (Allah) gibt Weisheit, wem Er will. Und wem Weisheit gegeben ist, dem ist unendlich viel Gutes gegeben worden. Doch niemand bedenkt dies außer den Einsichtigen.

So einem Menschen sind seine irdischen Wünsche – sein Gebaren und das Anhäufen von Gütern – wie Staub zu seinen Füßen.«[10]

Das »So bete zu deinem Herrn und opfere« in Sure 108 bedeutet also nicht: »Je mehr du im Überfluß lebst, desto mehr Tiere sollst du schlachten.« Natürlich ist das Schlachten eines Tieres als religiöses Ritual hier zugrunde gelegt mit dem arabischen Wort »nahr«: Schlachtopfer. Doch das Schlachten hat keinen Selbstzweck; über seinen Sinn gibt Auskunft Sure 22 (al-Hadsch), Verse 36 und 37:

> 36. Und die Opferkamele haben wir euch zu Kultsymbolen Gottes gemacht. Ihr habt an ihnen etwas Gutes. Sprecht den Namen Gottes über ihnen aus, wenn sie aufgereiht sind. Und wenn sie niedergefallen sind, dann eßt selber davon und gebt auch dem, der darum bittet und dem, der,

ohne ausdrücklich darum zu bitten, beschenkt sein will, davon zu essen. So haben wir sie euch dienstbar gemacht, vielleicht würdet ihr dankbar sein.

37. Weder ihr Fleisch noch ihr Blut gelangen zu Gott, wohl aber die Gottesfurcht eurerseits. So hat Er sie (die Opfertiere) euch dienstbar gemacht, damit ihr Gott dafür preiset, daß Er euch recht geleitet hat. Und bringt denen, die fromm sind, gute Nachricht (über die Seligkeit im Jenseits).

Zum Schluß – wie angekündigt – eine Anmerkung zum Hadith. Du hast ja das Hadith über den durstigen Hund selbst zitiert und dabei allgemein nach dem Stellenwert dieser Art von Überlieferungen im Gesamtzusammenhang der islamischen Lehre gefragt. Hadithe sind, wie du selbst schon festgestellt hast, die dem Sinn nach authentischen Aussprüche und Anordnungen des Propheten Muhammad.

Grob gesagt hängt die Authentizität eines Hadith (arabisch: kurzer Satz, Bericht, Nachricht) ab von

a. der Zuverlässigkeit und Glaubwürdigkeit einer Person, die ein Hadith überliefert hat, und
b. der Übereinstimmung des Hadithinhaltes mit der islamischen Lehre – sprich: mit dem Koran und anderen, bereits als zuverlässig erwiesenen Hadithen.

Nur wenn beide Aspekte in all ihren Schattierungen, die die Hadithwissenschaft bis heute entwickelt hat, zutreffen, gilt ein Hadith als ›echt‹. Der von dir erwähnte Buchari war wohl der bedeutsamste Hadithsammler, der aus der Masse der von ihm auf langen Reisen gesammelten Hadithe nur weniger als zehn Prozent für geeignet hielt, sie als echte Aussprüche des Propheten Muhammad in Betracht zu ziehen – nach Anwendung obiger Kriterien.

Warum – so fragst du dich – so ein Aufwand um diese Hadithe?

Sie vermitteln uns heute das gute Beispiel des von Muhammad selbst gelebten Islam. Und da der Islam kein Lippenbekenntnis zuläßt, sondern die Praxis verlangt, sind diese Überlieferungen wichtig. Das Beispiel des Propheten ist für dich verbindlich, wenn du Muslim bist, denn Allah ermahnt dich im Koran:

Sure 7:159
Sprich: »Ihr Menschen, ich bin euch allen ein Gesandter Allahs, Des das Königreich der Himmel und die Erde ist. Es ist kein Gott außer Ihm. Er gibt Leben und Er läßt sterben. Darum glaubet an Allah und Seinen Gesandten, den Propheten, den Makellosen, der an Allah glaubt und an Seine Worte; und folget ihm, daß ihr recht geleitet werdet.«
Sure 64:9
Darum glaubt an Allah und an Seinen Gesandten und an das Licht, das wir herniedergesandt haben. Und Allah weiß wohl, was ihr tut.
Sure 64:13
So gehorchet Allah und gehorchet dem Gesandten. Doch wenn ihr euch abkehrt, dann ist die Pflicht Unseres Gesandten nur die deutliche Verkündigung.

Unter den Hadithen selbst finden sich unter anderem folgende Hinweise:

»Allahs Gesandter hat gesagt: ›Die besten Worte sind das Buch Allahs, und die beste Rechtleitung ist die Rechtleitung Muhammads.‹« (nach Dschabir; Muslim)
»Allahs Gesandter hat gesagt: ›Meine ganze Gemeinschaft wird in das Paradies eintreten, mit Ausnahme dessen, der sich widersetzt.‹ Sie fragten: ›Wer ist der, der sich widersetzt?‹ Er antwortete: ›Wer mir gehorcht, tritt ins Paradies ein, und wer mir den Gehorsam verweigert, der widersetzt sich.‹« (Nach Abu Huraira; Buchari)[11]

Wenn ich dir also jetzt einige Hadithe nenne, die sich auf den Umgang mit Tieren beziehen, so weißt du, daß ihr Inhalt nicht nur authentisch, sondern auch absolut verbindlich ist:

Abd ar-Rahman berichtete: Wir waren mit Allahs Gesandtem auf einer Reise, und der Prophet trennte sich zur Verrichtung der Notdurft von uns, und wir sahen einen kleinen Vogel mit zwei Jungen. Da nahmen wir die beiden Jungen, und der kleine Vogel schlug mit den Flügeln. Dann kam der Prophet und sagte: »Wer versetzt diesen Vogel in Angst und Schrecken wegen seiner Jungen? Gebt ihm seine Jungen zurück!«
Dann sah er einen Ameisenhaufen, den wir verbrannt hatten.

Der Prophet sagte: »Wer hat ihn verbrannt?« Wir antworteten: »Wir.« Er sagte: »Nur Allah, der Herr über das Feuer, soll mit dem Feuer bestrafen.« (Abd ar-Rahman Ibn Abdullah; Abu Dawud)
Allahs Gesandter hat gesagt: »Eine Frau ging ins Höllenfeuer ein wegen einer Katze, die sie angebunden hatte, die sie nicht fütterte und die sie nicht losließ, damit sie das Getier der Erde fresse.« (Abdullah Ibn Umar; Buchari, Muslim)
Allahs Gesandter verbot, Tiere zum Kampf anzustacheln. (Ibn Abbas; Tirmidhi)[12]

Mit diesen Hadithen hast du eindeutige Aussagen zum vernünftigen Umgang mit wildlebenden Tieren, Haus- und Nutztieren, und ein klares Nein zu Stier- und Hahnenkämpfen. Dies ist natürlich eine weitaus umfassendere Perspektive, als es ein Tierschutzverein vermitteln kann, denn hier wird die Rücksicht auf das Tier auf eine Ebene erhoben, die jeden gläubigen Muslim direkt anspricht: Gehorsam oder Ungehorsam gegenüber dem Propheten, und das heißt: Glaube oder Unglaube.

Noch ein Wort zum Schächten, am besten von Muhammad selbst:

Der Prophet hat gesagt: »Wer einen Sperling oder ein noch kleineres Tier grundlos tötet, den wird Allah am Jüngsten Tag danach fragen.« Jemand sagte: »Gesandter Allahs, was ist ein guter Grund zu töten?« Er antwortete: »Ein Tier zu töten und zu essen, aber nicht, ihm den Kopf abzuschlagen und es wegzuwerfen.« (Abdullah Ibn Amr al-As; Mischkat)
Allahs Gesandter hat gesagt: »...und wenn ihr ein Tier schlachtet, dann schlachtet es richtig. Jeder von euch soll seine Klinge richtig schärfen und sein Schlachttier zur Ruhe bringen (das heißt es vor dem Schlachten nicht unnötig erregen und ihm Leid ersparen). (Aischa; Tirmidhi, Mischkat)

Anmerkungen

1 Koranstellen (2:3 bedeutet: 3. Vers der 2. Sure) sind entnommen aus: *Der Koran*, Rudi Paret, Übersetzung, 2. Auflage, Kohlhammer, Stuttgart 1980. Andere Koranübertragungen werden gesondert erwähnt.

2 »Allah« ist der Name, den der Schöpfer selbst im Heiligen Koran für Sich verwendet. Paret übersetzt »Allah« mit »Gott«, Max Henning behält »Allah« bei. Wir Muslime bevorzugen es, »Allah« zu sagen, was unser Gottesbild besser ausdrückt. Zum Gottesbild siehe Sure 2:163 und die Sure 112 (al-Ichlas) ganz.
Bei in diesem Text zitierten Koranstellen wird die Wahl des jeweiligen Übersetzers für »Allah« oder »Gott« beibehalten.

3 Ich bitte meine Brüder und Schwestern im Islam, die diesen Text lesen, bei Erwähnung des Propheten Muhammad den Segensspruch auszusprechen: »Allah segne ihn und schenke ihm Heil.«

4 *'Ulum al-Qur'an*, Ahmad von Denffer, 1983, The Islamic Foundation, Leicester, UK.

5 *Al-Baqara – Die Kuh*, Teil 1, Arabisch-Deutsch, Seite 3, Übersetzung des Islamischen Zentrums München, Wallnerstr. 1–5.

6 Ebenda, Seite 25.

7 *The Meaning of The Glorious Qur'an*, notes 3258ff., Text, Translation and Commentary, by Abdullah Yusuf Ali, Lahore, Pakistan 1934, first edition.

8 Versangabe nach Rudi Paret.

9 *Allahs Gesandter hat gesagt…*, Ahmad von Denffer, 1984. Haus des Islam, Schillerstr. 46, 6129 Lützelbach.

10 The Meaning of The Glorious Qur'an, Y. Ali, Seite 1798.

11 *Allahs Gesandter hat gesagt…*, v. Denffer, Seite 70.

12 Ebenda, Seiten 266ff.

»Siehe, hierin ist wahrlich
ein Zeichen für nachdenkende Menschen!«

Yüksel Pazarkaya

Mensch und Natur im Islam

In der 112. Sure, »Die Reinigung«, geoffenbart zu Mekka, heißt es:

> Im Namen Allahs, des Erbarmers, des Barmherzigen! 1. Sprich: Er ist der eine Gott, 2. Allah, der Alleinige, 3. er zeugt nicht und wird nicht gezeugt, 4. und keiner ist ihm gleich.[1]

Diese Grundaussage hebt nicht nur auf den absolut monotheistischen Charakter des Islam ab, sondern sie bestimmt zugleich das Verhältnis zwischen dem Schöpfer und seiner Schöpfung als eines von Sein und Schein, vielmehr Widerschein des einen, absoluten Seins, des Gottschöpfers. So entspricht im Islam der Einheit des Schöpfers die Einheit der Schöpfung. Die Welt und das ganze Universum, die Natur mit ihrer Tier- und Pflanzenwelt, mit der Menschheit bilden eine Einheit. In ihr, in diesem Widerschein, ist Gott der Schöpfer sichtbar und allgegenwärtig. Die Einheit dieses Widerscheins zeigt sich jedoch in einer grenzenlosen Vielfalt, in der keine Entität der anderen, kein Einzeller dem anderen, kein Grashalm dem anderen absolut gleich ist, doch zugleich ist jedes Teilchen der vielfältigen Einheit dem anderen gleichgestellt. Die scheinbar bevorzugte Stellung des Menschen, der mit Geist und Wahrnehmung begabt ist, bildet keinen Widerspruch dazu. Es handelt sich gewiß weniger um absolute Unterschiede im Stellenwert, als vielmehr um unterschiedliche Funktionen in der Einheit. Da es die primäre Aufgabe jedes Teilchens ist, Zeugnis abzulegen vom Schöpfer, verwischen sich letztlich auch alle Unterschiede in den Funktionen. Mit anderen Worten: für scheinbar unterschiedliche Funktionen ist nicht das Wesen eines Teilchens der Grund, sondern das Teilchen ist lediglich Ausdruck des Willens und der Ordnung Gottes.

So entfallen im Islam Wertunterschiede innerhalb und zwischen den Arten. Hautfarbe, Sprache, ja sogar Religion sind genauso wenig Grund zur Diskriminierung von Menschen, wie die Natur Untertan des Menschen ist, sein soll, darf und kann. »Macht euch die Erde untertan!«, diese Aufforderung kennt der Islam nicht. Die Erde und die Geschöpfe darauf sind Gottes; er hat die Erde nicht erschaffen für den Menschen allein, damit er sie sich untertan macht, sondern für alle Geschöpfe gleichermaßen:

> 9. (10.) Und die Erde, er hat sie hingestellt für die Geschöpfe;
> 10. (11.) in ihr sind Früchte und Palmen mit Blütenscheiden
> 11. (12.) und das Korn voll Halme und der Lebensunterhalt.
> (55. Sure)

Natur und Mensch, die Geschöpfe, bedingen sich gegenseitig. So ist die Erde eine Behausung für die Geschöpfe, ihnen anvertraut und nicht zur Mißachtung und Ausplünderung, nicht zum Mißbrauch bestimmt und freigegeben. Sie ist lediglich »dienstbar« gemacht für das Leben, für den Lebensunterhalt:

> Er ist's, der euch von dem Himmel Wasser herniedersendet. Von ihm ist der Trank, und von ihm sind die Bäume, unter denen ihr weidet. 11. Aufsprießen läßt er euch durch dasselbe die Saat und den Ölbaum und die Palme und die Reben und allerlei Früchte. Siehe, hierin ist wahrlich ein Zeichen für nachdenkende Leute. 12. Und dienstbar machte er euch die Nacht und den Tag; und die Sonne, der Mond und die Sterne sind (euch) dienstbar auf sein Geheiß. Siehe, hierin ist wahrlich ein Zeichen für einsichtige Leute. 13. Und was er euch erschuf auf Erden, verschieden an Farbe, siehe, ein Zeichen ist wahrlich darin für Leute, die sich warnen lassen. 14. Und er ist's, der das Meer (euch) dienstbar machte, daß ihr frisches Fleisch daraus esset und Schmuck daraus hervorholet, ihn anzulegen. Und du siehst die Schiffe es durchpflügen, und auf daß ihr suchet nach (den Gaben) seiner Huld, und daß ihr vielleicht dankbar seid. 15. Und in die Erde warf er die festgegründeten (Berge), daß sie nicht schwanke mit euch, und Flüsse und Pfade, zu eurer Leitung, 16. und Wegmarken; und durch die Sterne sind sie (auch) geleitet. (16. Sure)

Der Mensch soll nach den Gaben Gottes suchen und dafür dankbar sein. Undankbarkeit heißt aber nicht allein, in all diesen Gaben kein Zeugnis, kein Zeichen von ihm zu erkennen, sondern Undankbarkeit liegt zugleich im Mißbrauch derselben. Vermessenheit, Gier, Verschwendungssucht sind Unvernunft und Undankbarkeit zugleich. Es wird nicht nur in den zitierten Versen, sondern im gesamten Koran immer wieder an die Vernunft und Einsicht appelliert; einsichtige, nachdenkende Leute und solche, die sich warnen lassen, werden angesprochen. Gerade die menschliche Vermessenheit gegenüber der Natur und den anderen Geschöpfen, die Herrschsucht und Besitzgier sowie der verschwenderische Konsum ließen in den Industrieländern die Verblendung von der vermeintlichen Überflußgesellschaft aufkommen. Rücksichtslosigkeit gegenüber der Natur und den anderen Geschöpfen war die Folge. Der Bumerangeffekt dieser Rücksichtslosigkeit ließ nicht lange auf sich warten. Als ein Teil der Schöpfung sich über der Natur und der übrigen Schöpfung zu dünken, ist ein verhängnisvoller Irrtum des Menschen, vor dem er im Koran immer wieder gewarnt wird:

> 142. (141.) Und er ist's, welcher wachsen läßt Gärten mit Rebspalieren und ohne Rebspaliere und die Palmen und das Korn, dessen Speise verschieden ist, und die Oliven und die Granatäpfel, einander gleich und ungleich. Esset von ihrer Frucht, so sie Frucht tragen, und gebet die Gebühr davon am Tag der Ernte; und seid nicht verschwenderisch; siehe, er liebt nicht die Verschwender. (6. Sure)

Die Lebensgrundlage der Erde ist das Wasser, alles Leben kommt aus dem Wasser. Nicht nur in der 21. Sure wird auf diesen Tatbestand hingewiesen:

> 31. (30.) Sehen denn nicht die Ungläubigen, daß die Himmel und die Erde eine feste Masse bildeten und wir sie dann spalteten und aus dem Wasser alles Lebendige machten? Glauben sie denn nicht?

Angesichts der mit Gift und Öl verseuchten Gewässer, die das Leben der sie bevölkernden Arten in höchstem Maße bedrohen, angesichts des sogenannten sauren Regens, der die Felder und

Wälder versengt und sterben läßt, gewinnt die Frage »Glauben sie denn nicht?« höchste Aktualität. Anscheinend glauben viele Menschen an das unbedingte Verankertsein des Lebens im Element Wasser immer noch nicht so recht. Sonst würden sie sich selbst nicht so leicht das Wasser abgraben, der eigenen Lebensgrundlage berauben.

> Und Allah erschuf alle Tiere aus Wasser; und unter ihnen sind einige, die auf ihrem Bauch und andre, die auf zwei Füßen und andre, die auf vieren gehen. Allah schafft, was er will; siehe, Allah hat Macht über alle Dinge. (24. Sure)

Das Wasser, das Leben schafft und spendet, das Lebensgrundlage ist, erhält auch das Leben durch verschiedenste Arten von Gewässern. Das Wasser ist gleichsam ein deutliches Symbol der Vielfalt und Verschiedenheit in der Einheit. Ein fesselndes Erlebnis ist es für mich immer, an der Einmündung von kleinen Bächen ins Meer, die genaue, nicht vermischte Trennung von Süß- und Salzwasser festzustellen.

> 55. (53.) Und er ist's, der die beiden Wasser losgelassen hat, das eine süß und frisch, das andre salzig und bitter, und zwischen beide hat er eine Scheidewand gemacht und eine verbotene Schranke. 56. (54.) Und er ist's, der aus Wasser den Menschen erschaffen, und er gab ihm Blutsverwandtschaft und Schwägerschaft; denn dein Herr ist mächtig. (25. Sure)

Wer wüßte besser um die Lebenskraft des Wassers als die Menschen der Dürregebiete? Selbst in einem Land wie der Türkei mit vergleichbar gutem Wasserhaushalt ziehen die Bauern mit ihren Familien auf ihre Felder und halten das Regengebet ab, wenn der Regen gerade in den Monaten April und Mai ausbleibt. Von ihm hängt das Leben Hunderttausender von Bauernfamilien ab. Sie kennen den tieferen Sinn der Koranstelle: »Und vom Himmel senden wir Regen herab und lassen auf ihr allerlei edle Art sprießen.« (31. Sure) Deshalb haben sie seit Jahrhunderten ein rituelles Regengebet. Ohne Wasser stirbt ihr Land, und das Wasser läßt selbst ein totes Land wieder zum Leben erwecken:

> »10. (11.) Und der euch vom Himmel Wasser hinabsendet nach (gebührendem) Maß, durch das wir ein totes Land erwecken. (43. Sure)

Das Wasser beziehungsweise der Regen ist eines der Zeichen Gottes, die in der 30. Sure aufgezählt werden. Der Mensch hat keinen Grund zur Überheblichkeit und Vermessenheit gegenüber der Natur, gegenüber den anderen Geschöpfen. Dankbarer, umsichtiger, bescheidener Umgang ist angebracht:

> 63. Und betrachtet ihr, was ihr säet? 64. Lasset ihr es wachsen oder wir? 65. Wenn wir wollten, wahrlich wir machten es zu unnützem (Kraut), daß ihr euch verwundern solltet: 66. Siehe, wir haben uns Kosten gemacht, (67) doch ist uns (die Ernte) verwehrt. 67. (68.) Und betrachtet ihr das Wasser, das ihr trinkt? 68. (69.) Habt ihr es aus den Wolken herabgesandt oder wir? 69. (70.) Wenn wir es wollten, wir machten es bitter – und warum danket ihr nicht? (56. Sure)

Bescheidenheit und Schlichtheit sind auch von Gottes Gesandtem Muhammad zum Gebot vom Rang des Glaubens erhoben worden:

> Hört ihr nicht? Hört ihr nicht? Schlichtheit gehört zum Glauben! Schlichtheit gehört zum Glauben![2]

Schlicht und bescheiden gerade auch im Umgang mit der Natur und mit den anderen Geschöpfen kann aber nur derjenige Gläubige sein, der nach Wissen strebt und seiner Hände Arbeit kennt. Der nach Wissen sucht, ist auf dem Weg Gottes, auf dem Weg ins Paradies.[3] Wer jedoch wider besseres Wissen der Natur und anderen Geschöpfen Schaden und Leiden zufügt, der vergreift sich an seinem Schöpfer, dem alles gehört. Sieht er denn nicht die tote Erde als ein Zeichen?

> 33. Und ein Zeichen ist ihnen die tote Erde; wir beleben sie und bringen aus ihr Korn hervor, von dem sie essen. 34. Und wir machen Gärten in ihr von Palmen und Reben und lassen Quellen in ihr entspringen; 35. auf daß sie von ihren Früchten und der Arbeit ihrer Hände speisen. Wollen sie denn nicht dankbar sein? 36. Preis ihm, der erschaffen alle Arten von dem, was die Erde sprießen läßt, und von ihnen selber, und von dem, was sie nicht kennen. (36. Sure)

Wer die Natur schändet, der zerstört das Paradies auf Erden. Denn nicht von ungefähr assoziieren alle Paradiesbeschreibungen ein intaktes, idyllisches und harmonisches Naturbild:

> 66. In ihnen sind zwei reichlich sprudelnde Quellen. 67. Und welche der Wohltaten eures Herrn wollt ihr beide wohl leugnen? 68. In beiden sind Früchte und Palmen und Granatäpfel. (55. Sure)

Die Gaben auf Erden, das Verhältnis zur Natur und der Umgang des Menschen mit ihr und den anderen Arten sind daher auch als Zeichen auf das verheißene Paradies zu verstehen – verheißen für den Gottesfürchtigen, für den Rechtschaffenen auch und gerade im Umgang mit den anderen Geschöpfen:

> 41. Siehe, die Gottesfürchtigen kommen in Schatten und Quellen 42. und zu Früchten, wie sie sie begehren. 43. Esset und trinket zum Wohlsein für das, was ihr getan. 44. Siehe, so lohnen wir den Rechtschaffenen. 45. Wehe an jenem Tag dem der Lüge Zeihenden! (77. Sure)

Für das Tun des Menschen auf Erden ist das Paradies ihm zum Erbe gegeben, dessen Früchte unerschöpflich sind (vgl. 43. Sure). Erst muß er sie jedoch durch sein Tun verdienen. Der Mensch ist ausgestattet mit übermäßigem Hang zu den Annehmlichkeiten, schönen Gaben des Lebens. Er muß aber diesen Hang in Liebe verwandeln, mit Liebe muß er sich nicht nur den anderen Menschen, sondern auch allen anderen Geschöpfen zuwenden. Er soll das irdische Leben genießen, aber sich an ihm nicht vergreifen, er soll es nicht übertreiben:

> 12. (14.) Verlockend ist den Menschen gemacht die Liebe für die Freuden an Frauen und Kindern und aufgespeicherten Talenten von Gold und Silber und Rassepferden und Herden und Ackerland. Solches ist der Nießbrauch des Lebens hienieden; aber Allah – bei ihm ist die schönste Heimstatt. (3. Sure)

Das ist Aufruf zur Mäßigung, zur Bescheidenheit und zur Umsichtigkeit, wenngleich die Neigung zur Übertreibung durch die Verlockungen des Lebens in ihm angelegt ist. Aber Selbstbeherrschung in diesem Leben wird jenseits belohnt; wer sich durch die Gaben der Annehmlichkeiten verblenden läßt, der befindet sich im Irrtum:

> 3. Welche das irdische Leben mehr lieben als das Jenseits und abwendig machen von Allahs Weg und ihn zu krümmen trachten; sie sind in tiefem Irrtum. (14. Sure)

Nach der Heiligen Schrift des Islam hat der Mensch keinen Grund, sich der Natur, der Pflanzen- und Tierwelt gegenüber als Herr zu gebärden, sie zu unterwerfen, zu verwunden und auszubeuten. In der universalen Einheit hat jede Art ihren Platz, durch den sie den anderen Arten gegenüber weder bevorzugt noch benachteiligt ist. Dies wird im Koran im Falle der Tiere dadurch besonders hervorgehoben, daß dort das Leben in Volksgemeinschaften den Tieren genauso zusteht wie den Menschen:

> Kein Getier gibt's auf der Erde und keinen Vogel, der mit seinen Schwingen fliegt, die nicht wären Völker gleich euch. Nichts haben wir in der Schrift übergangen, als dann werden sie zu ihrem Herrn versammelt. (6. Sure)

Wie der Mensch ist auch das Tier vom Schöpfer befähigt, sich Nahrung zu suchen und eine Wohnung zu bauen. Zudem hat der Schöpfer die Erde und das Universum, die Pflanzen und das Getier für den Menschen nützlich geschaffen, während die Nützlichkeit des Menschen nur darin liegt, im Namen Gottes bewußt und gottesfürchtig zu handeln:

> 68. (66.) Und siehe, am Vieh habt ihr wahrlich eine Lehre. Wir tränken euch mit dem, was in ihren Leibern ist in der Mitte zwischen Mist und Blut, mit lauterer Milch, die den Trinkenden so leicht durch die Kehle gleitet. 69. (67.) Und unter den Früchten die Palmen und Reben, von denen ihr berauschenden Trank und gute Speise habt. Siehe, hierin ist wahrlich ein Zeichen für einsichtige Leute. 70. (68.) Und es lehrte dein Herr die Biene: »Suche dir in den Bergen Wohnungen und in den Bäumen und in dem, was sie erbauen. 71. (69.) Alsdann speise von jeglicher Frucht und ziehe die bequemen Wege deines Herrn.« Aus ihren Leibern kommt ein Trank, verschieden

an Farbe, in dem eine Arznei ist für Menschen. Siehe, hierin ist wahrlich ein Zeichen für nachdenkende Menschen. (16. Sure)

Wenn Gott die Tiere und die Pflanzen zum Nutzen des Menschen schuf, was liegt da näher, als diese Geschöpfe Gottes als solche und mit Liebe zu behandeln und sie nicht zu quälen und nicht zu morden und nicht auszurotten?

Und Allah hat euch Behausungen gegeben zur Wohnung; und er gab euch die Häute des Viehs zu Behausungen, auf daß ihr sie leicht erfindet am Tag eures Aufbruchs und am Tag eures Halts; und ihre Wolle und ihren Pelz und ihre Haare (gab er euch) zu Gebrauchsgegenständen und Geräten für (gewisse) Zeit. (16. Sure)

Das Gebot ist eindeutig; nicht für einige wenige Menschen zur Ausbeutung, nicht für einige wenige Generationen, sondern für alle Generationen, solange die Menschheit existiert. Solange haben auch Tiere ihre Berechtigung auf ihr arteigenes Dasein. Was haben aber die Menschen gemacht? Bereits heute sind viele Arten ausgerottet. Und je weiter die Menschen ihre Wissenschaft und ihre technisch-industriellen Möglichkeiten entwickeln, desto schwerwiegender werden die Auswirkungen ihrer Verblendung. Mit zunehmender Zerstörung der Natur und der anderen Arten zerstören sie zugleich sich selbst. Es ist sonderbar, daß die Menschen, die allmählich auf das Waldsterben, Fisch- und Vogelsterben aufmerksam werden, den Schaden noch kaum bemerkt haben, den sie sich als Lebewesen selbst zufügen. Sie werden sich wohl nicht für widerstandsfähiger halten als Bäume und Tiere? Wieweit können sie eigentlich der Natur, der Tier- und Pflanzenwelt schaden, ohne sich selbst zu zerstören? Dünken sie sich als Herren über die Welt und alle Geschöpfe, können sie nicht das Wort Gottes begreifen:

25. (26.) Und sein ist, was in den Himmeln und auf Erden ist. Alles gehorcht ihm. 26. (27.) Und er ist's, der die Schöpfung hervorbringt, alsdann wiederholt er sie (bei der Auferstehung der Toten), was ihm das leichteste ist. Und sein ist das erhabenste Gleichnis in den Himmeln und auf Erden, und er ist der Mächtige, der Weise. (30. Sure)

Hier wird auch deutlich, daß die Ausbeutung und Zerstörung der Natur durch den Menschen zur Ausbeutung und Zerstörung auch des Menschen führt. Der Koran lehrt uns, daß der Mißbrauch der Natur, der Tier- und Pflanzenwelt, ein Selbstbetrug des Menschen ist. Denn Gott läßt die Natur in jedem Falle die Verderbnis des Menschen überdauern beziehungsweise er wiederholt dann die Schöpfung. Nicht von ungefähr wird im Volksmund das Herannahen des Jüngsten Tages durch die Exzesse des Menschen geweissagt. Wenn die Exzesse gegen die Natur in diesem unerhörten und weiter steigenden Tempo andauern, wenn die Exzesse im Mißbrauch der technisch-wissenschaftlichen Erkenntnisse durch die politische und wirtschaftliche Macht so andauern, kann sich die Weissagung in absehbarer Zeit verwirklichen.

Die unmittelbare Interpretation der Koransuren hat der Prophet durch seine Worte und Taten geliefert, die große Verbindlichkeit für gläubige Muslime haben und in den Hadith-Sammlungen niedergeschrieben worden sind. In ihnen lassen sich zahlreiche Belege finden, die die Aussagen im Koran hinsichtlich des Mensch-Natur-, Mensch-Tier-Verhältnisses eindeutig und konkret vor Augen führen.

Es ist schon eine große Sünde, wenn man einem kleinen Vogel seine Jungen wegnimmt und ihn so in Angst und Schrecken versetzt (vgl. hierzu den Beitrag von H. Behr). Der Prophet berichtet von einer Frau, die mit dem Höllenfeuer bestraft worden ist, weil sie eine Katze angebunden und ihr kein Futter gegeben hat. Der Prophet gemahnt seine Mitmenschen wiederholt, aufgrund konkreter Fälle und Erlebnisse, zur guten Behandlung der »sprachlosen« Tiere:

> Der Prophet betrat den ummauerten Garten eines der Männer von den Ansar, in dem ein Kamel angebunden war. Als das Kamel den Propheten erblickte, schrie es, und seine Augen tränten. Der Prophet kam zu ihm und strich über seinen Hökker und Hals und beruhigte es. Dann fragte er: »Wer ist der Besitzer dieses Kamels?« Ein junger Mann von den Ansar kam und sagte: »Es gehört mir, Allahs Gesandter.« Da sagte er: »Fürchtest du nicht Allah um dieses Tieres willen, über das Allah dir Macht gegeben hat? Es hat sich bei mir darüber beklagt, daß du es hungern läßt und es andauernd in Anspruch nimmst.«[4]

Ist man in der sunnitischen Orthodoxie durch die Jahrhunderte stärker aufs Jenseits und auf das abstrakte Beten fürs Jenseits fixiert, so ist in den verschiedenen Orden und Sekten des mystisch verinnerlichenden Batinismus größere Einsicht in die Einheit von Gott – Natur – Mensch zu beobachten. Der Batinismus formierte sich nicht zuletzt aus der Opposition gegen die sunnitisch geprägte Staatsmacht in der Abwendung von der religiösen Äußerlichkeit. Die Orthodoxie dagegen übersieht heute die Natur oft als gottgegeben jenseits des eigenen Seins.

In der seldschukischen und osmanischen Türkei hatten sich solche Orden spätestens seit dem 13. Jahrhundert herausgebildet und verbreitet. Sie spielen bis heute im gelebten und angewandten Islam eine wesentliche Rolle. Namentlich seien hier die zwei bedeutendsten erwähnt: Der Mevlevismus und der Alevismus-Bektaschismus. In beiden, der erste stärker von einem intellektuellen Zuschnitt, der letztere eher von volkstümlichem Charakter, heben sich im Denken die trennenden Grenzen zwischen Schöpfer und Geschöpf, zwischen den Arten innerhalb der Schöpfung und zwischen Rassen, Sprachen und Religionen auf. Auf Einheit und Liebe ist ihre Lehre gegründet:

> Gott ist Schöpfer, Erhalter und Vernichter des Universums. Eine weitere Aussage ist über Gott nicht möglich. Das Universum ist die sichtbare Gestalt Gottes. Die Phänomene des Universums zeigen (widerspiegeln) die Eigenschaften Gottes (Freiheit, Bewußtsein, Tätigkeit).
>
> Gott gab der Materie, der Natur, die Fähigkeit zum Denken. Dieses Denkvermögen ist am höchsten im Menschen, durch den Menschen realisiert. Ohne den Menschen weiß die Natur, das Universum nicht, daß es Gott gibt. Für das Universum gilt: ohne den Menschen gibt es auch Gott nicht.
>
> Im Menschen denkt sich Gott selbst für dieses Universum. Der menschliche Ur-Logos, das Erstgeschaffene Gottes, nimmt in den großen Propheten, in den großen Imamen, in den Genies körperliche Gestalt an. Solange Propheten und Imame existieren, sind sie kraft ihres genialen Geistes Garant für die Erhaltung des Universums.
>
> So gesehen bilden Gott – Natur – Mensch eine Einheit, denn in der Natur, der sichtbaren Gestalt Gottes, denkt sich Gott durch den menschlichen Geist. Im Alevismus bekommen Na-

tur und menschlicher Geist eine enorme Aufwertung gegenüber der sunnitischen Doktrin, die Natur und Mensch weitab und weit getrennt von Gott betrachtet, qualitätsmäßig tief vermindert.[5]

Daraus ergibt sich für den »Garanten für die Erhaltung des Universums« die große Verpflichtung, als Teil des Universums für die Erhaltung der Natur tätig zu sein. Daraus erklärt sich wohl auch die größere Weltoffenheit dieser Orden, der stärkere Freiheitsdrang, gesellschaftliches Engagement, politisches Bewußtsein, die Tätigkeit in Künsten und Wissenschaften.

Zusammenfassend läßt sich sagen, daß der Mensch weder über seiner Umwelt steht, noch die Umwelt sein Besitz und Untertan ist. Allenfalls ist er, nach meinem subjekten Verständnis, das *Bewußtsein der Umwelt,* damit Teil beziehungsweise, wie in der Tasavvuf-Mystik, der Widerschein des Schöpfers. Dies ist nicht zuletzt im Koran ausgewiesen, der den Menschen im Auftrag und in Stellvertretung beziehungsweise in der Nachfolge (kalifa) Gottes handeln sehen will (Sure 6 und 35).

Nach dem Selbstverständnis des Islam ist das Universum durch Gottes Hand wohl geordnet. Und es wäre ein unvermessener Dünkel, in diese Ordnung zerstörend eingreifen zu wollen, insbesondere, um sie vermeintlich zu verbessern. Der Mensch ist auch und gerade als das Bewußtsein der natürlichen Ordnung selbst ein Geschöpf und kein Schöpfer. Dieser Punkt wird jedoch sowohl von manchen Muslimen selbst, als auch außerhalb des Islam oft als Fatalismus mißdeutet. Selbstverständlich ist der Mensch gerade im Islam als »Gott-Identität«, als das Bewußtsein der Natur und Welt zum Lernen und Forschen, zur geistigen Tätigkeit aufgerufen. Das Lernen, das Wissen zu mehren, wird im Islam höher bewertet als frommes Beten. Dies wird im Koran auch in den Äußerungen des Propheten immer wieder hervorgehoben:

> Streben nach Wissen ist Pflicht für jeden Muslim[6]
> Allahs Gesandter kam an zwei in der Moschee sitzenden Gruppen vorbei und sagte: »Beide tun Gutes, (doch) eine der beiden ist besser als die andere. Jenen, die Allah anrufen und nach (Seinem Wohlgefallen) streben, wird Er, so er will, (es) gewähren oder nicht gewähren. Aber jene, die sich Wissen an-

eignen und die Unwissenden lehren, sind besser, und ich selbst wurde als Lehrer gesandt«, und er setzte sich zu jenen.[7]

Wovor der Mensch jedoch eindringlich gewarnt wird, ist der Mißbrauch seines Wissens gegen die Umwelt, die Natur und die anderen Geschöpfe. Er wird gemahnt, sein angeeignetes Wissen, das er lediglich durch das Studium der gottgegebenen Ordnung lernt, nicht als Mittel für den Mißbrauch, für die Ausbeutung der natürlichen Ordnung zu verwenden. Denn die Folgen dieses Mißbrauchs sehen wir heute in der ganzen Welt auf der einen Seite als Verschmutzung von Luft, Wasser und Erde, auf der anderen Seite als Hunger, Krieg, Not und Elend. Der mit seinem angeeigneten Wissen verantwortungsbewußt umgehende Mensch ist jedoch zu keinem Unheil verurteilt oder verdammt, sondern er ist befähigt, in paradiesischen Verhältnissen zu leben: mit sauberem Wasser, bekömmlichen Lebensmitteln und Getränken, Kleidung aus Naturstoffen, frischer, herrlicher Luft, mit tiefen, liebevollen zwischenmenschlichen Beziehungen in Frieden.[8]

Bei einer Zusammenkunft deutschsprachiger Muslime 1983 in München wies Ahmad von Denffer auch auf erstaunlich aktuelle Bezüge des Koran hin, so den derzeit viel diskutierten »sauren Regen«:

> »Wenn Wir wollen, machen Wir es sauer« – genau das steht im Koran. Das Wort heißt udschadschan (56:70), bitte sehr: sauer, ungenießbar. Paret schreibt in seiner Fußnote: »wörtlich: auf der Zunge brennend«. Und das macht Säure! Sie brennt! Da steht es im Koran: Saurer Regen, Regen, der vom Himmel fällt, versauert das Trinkwasser, wird ungenießbar, vergiftet.[9]

Alle Geschöpfe haben gleichermaßen ihren Ursprung und ihren Sinn in Allah. Nicht Herrschaft und Knechtschaft, sondern Brüderlichkeit – eine den natürlichen Unterschieden gerecht werdende Brüderlichkeit – ist das gottgewollte Verhältnis der Geschöpfe untereinander. Echte Brüderlichkeit bedeutet dabei auch, dem Machtmißbrauch eines Bruders, der fortgesetzt anderen Brüdern – seien das nun Menschen, Tiere oder Pflanzen – Unrecht tut, nicht tatenlos zuzusehen. Was echte Brüderlichkeit bedeutet, offenbart ein Hadith des Propheten:

Allahs Gesandter hat gesagt: »Hilf deinem Bruder, wenn er Unrecht tut oder wenn ihm Unrecht getan wird.« (Die Gefährten) fragten: »Wir helfen ihm, wenn ihm Unrecht getan wird, aber wie sollen wir ihm helfen, wenn er Unrecht tut?« Er antwortete: »Haltet seine Hand zurück (und hindert ihn so, Unrecht zu tun).«[10]

Anmerkungen

1 Alle Koran-Zitate nach: *Der Koran.* Aus dem Arabischen, Übersetzung von Max Henning, Einleitung von Ernst Werner und Kurt Rudolph. Philipp Reclam jun., Leipzig. Lizenzausgabe VMA-Verlag, Wiesbaden.

2 *Allahs Gesandter hat gesagt*... Auswahl und Übersetzung Ahmad von Denffer, Eva und Omar el-Shabassy, Amin Waltter. Hg. v. Ahmad von Denffer, Haus des Islam, Lützelbach 1984. S. 240.

3 Ebda, S. 50.

4 Ebda, S. 267.

5 Anton-Josef Dierl: Über die türkische Schia – Der Alevismus-Bektaschismus –. In: *Forum – Zeitschrift für Ausländerfragen und -kultur.* 1/1985, Frankfurt am Main, S. 90.

6 *Allahs Gesandter hat gesagt*... aaO., S. 50.

7 Ebda, S. 51.

8 Vgl. Ahmad von Denffer: *Koran und Umwelt.* Schriftenreihe des Islamischen Zentrums München, Nr. 8, München 1984, S. 6.

9 Ebda, S. 8.

10 *Allahs Gesandter hat gesagt*... aaO., S. 239f.

Herbert Becker

Buddhismus und Jainismus – die Religionen der Ahimsa

Ein und derselbe Mond
spiegelt sich in allen Wassern.
Alle Monde im Wasser
sind eins in dem einen einzigen Mond.
(Zen)

Die »Ahimsa« und ihre geistigen Wurzeln

Die Tore zum höchsten Heil, zur Erlösung, stehen nach der Lehre des Buddha und der Religion der Jainas nur dem offen, der innerlich geläutert, der reinen Herzens ist. Von einem solchen geläuterten Menschen sagte Buddha: »Lebendiges zu töten hat er verworfen, Lebendiges zu töten liegt ihm fern: ohne Stock und ohne Schwert, voll Mitgefühl, hegt er zu *allen* Wesen Liebe und Mitleid.« Diese Worte lassen etwas ahnen von dem, was seit mehr als 2500 Jahren die indische Religionsgeschichte nachhaltig beeinflußt: die »Ahimsa«. Obwohl das Sanskritwort »Ahimsa« oft mit »Gewaltlosigkeit« oder »Nichtverletzen« übersetzt wird, beinhaltet es weit mehr als nur den Verzicht auf Gewalt oder das bloße Unterlassen von schädigenden Handlungen. Es bedeutet – wie das obige Zitat zeigt – vor allem eine geistige Haltung, eine positive, ja liebevolle Gesinnung *allem* Leben gegenüber.

Das Gebot der Ahimsa ist tief in der indischen Religionsgeschichte verwurzelt. Seine Ursprünge sind weit älter als der Buddhismus. Vor etwa 3000 Jahren bestimmten zwei große religiöse Strömungen das geistige und kulturelle Leben in Indien: Auf der einen Seite war der Brahmanismus, eine mächtige Priesterreligion, die auf dem Glauben an heilige Schriften (Veden), auf Riten und Zeremonien mit zahllosen blutigen Tieropfern beruhte. Hierbei hatte die soziale Aufteilung der Menschen in Kasten eine besonders wichtige und zunehmende Bedeutung, denn sie wurde von den Priestern – nicht zuletzt aus eigenem Interesse – durch die heiligen Schriften begründet, also religiös motiviert und damit legitimiert. Andererseits gab es aber schon damals immer wieder Menschen, welche die Kastenordnung ablehnten und die religiöse Wahrheit nicht bei Priestern, nicht in Tempeln, nicht in heiligen Schriften, nicht durch Riten und Zeremonien suchten. Diese religiös Suchenden wußten, daß sie die erlösende Wahrheit nur in sich selber finden konnten und beschritten dazu einen Weg, den die Mystiker aller Zeiten und Kulturen gegangen sind, den Weg der geistig-sittlichen Läuterung. Einsamkeit, Rückzug in die Natur, Askese waren die äußeren Kennzeichen ihres Lebens. Aus dieser religiösen Asketenbewegung entwikkelten sich Jainismus und Buddhismus, die zu den ältesten Religionen der Welt gehören. Hierbei sind zwei Persönlichkeiten von überragender Bedeutung, die beide etwa im 6. Jahrhundert v. Chr. im nördlichen Indien lebten und wirkten: Mahavira und Buddha. Jedoch im Unterschied zum Buddha gründete Mahavira keine neue Religion, sondern erneuerte eine schon seit langer Zeit bestehende Religion, den Jainismus, und trug hierdurch wesentlich dazu bei, daß der Jainismus im alten Indien zeitweise erhebliche Bedeutung erlangte.

Aus der historischen Tatsache, daß Jainismus und Buddhismus den gleichen Wurzeln entstammen und sich seitdem im Laufe der Jahrtausende wechselseitig stark beeinflußt haben, erklären sich ihre vielen Gemeinsamkeiten. Eine besonders große Übereinstimmung zwischen beiden Religionen besteht in ihrer Ethik. So ist bei ihnen die erste und wichtigste ethische Verhaltensregel, möglichst kein Lebewesen zu töten oder zu verletzen, was im Gegensatz zum Brahmanismus auch die Opferung von Tieren zu religiösen Zwecken ausschließt. Mahavira und Buddha waren sich einig in der entschiedenen und kompromißlosen Ablehnung jeglicher Tieropfer.

Da nach ihrer Ethik grundsätzlich *alles* Leben, also nicht nur das menschliche, zu schützen und zu achten ist, unterscheiden sich hierin Buddhismus und Jainismus wesentlich von den in unserem Kulturbereich vorherrschenden Religionen. Selbst kleinste Lebewesen werden als gleichberechtigt, wenn auch nicht als gleich hochentwickelt anerkannt. Jainas und Buddhisten sehen im Tier den Bruder des Menschen, mit dem sie durch Karma und Wiedergeburt zu einer untrennbaren Schicksalsgemeinschaft verbunden sind.

Worin aber liegt diese Auffassung von der Gleichberechtigung und Schutzbedürftigkeit allen Lebens letztlich begründet?

Der buddhistische Mönch und langjährige Leiter des Buddhistischen Hauses in Berlin-Frohnau, Sri Gnanawimala Maha Thera, gab dazu die Antwort: »Der Heilige ... erkennt sich selbst in allen Lebewesen wieder und weiß um die innerste Heiligkeit aller Geschöpfe.«[1] Im *Dhammapada*, der ältesten Spruchsammlung buddhistischer Weisheiten, heißt es:

Ein jedes Wesen scheuet Qual,
Und jedem ist sein Leben lieb,
Erkenn dich selbst in jedem Sein,
Und töte nicht
Und laß nicht töten.

»Erkenn dich selbst in jedem Sein.« Karl Eugen Neumann, der wohl bedeutendste deutschsprachige Übersetzer aus dem buddhistischen Pāli-Kanon, schrieb dazu, daß die wörtliche Übersetzung lautet: »sich selbst als Gleiches gemacht habend, das heißt sich selbst in sie (die anderen Wesen) versetzt habend.«[2] Damit ist die entscheidende Voraussetzung genannt, um diesen Dhammapada-Vers verstehen zu können, nämlich die Fähigkeit und Bereitschaft, sich in die Lage eines anderen Wesens und somit auch in dessen Leid hineinzuversetzen. Erst dann wird das Leid des anderen zum eigenen Leid, zum Mitleid, zum Mitgefühl. Dieses »Hineinversetzen«, dieses »Mit-Leiden« kann zu einem Bewußtseinszustand führen, bei dem man deutlich wahrnimmt, wie die vorher für unüberwindlich gehaltene Schranke zwischen dem »Ich« und dem »Du«, zwischen dem »Selbst« und dem »Anderen« mehr und mehr aufgehoben wird, bis man sich schließlich sogar mit dem anderen Menschen, ja mit allem Lebendigen identifiziert. Es ist eine Erfahrungstatsache, eine uralte Weisheit der Mystik, daß der Mensch, wenn er eine bestimmte Stufe seiner geistig-religiösen Entwicklung erreicht hat, die Einheit zwischen sich und der ihn umgebenden Natur erleben und sich ihrer bewußt werden kann. Auf einem solchen Einheitserlebnis beruhen die berühmten Worte aus den altindischen Upanischaden »tat tvam asi« (das bist du) – eine Erkenntnis, von der die ganze indische Geistesgeschichte tief geprägt wurde.

Wer je aus eigenem unmittelbaren Erleben die Einheit alles Lebendigen erfahren, »geschaut«, wer sich jemals – und wenn auch nur für einen Augenblick – in allem Sein erkannt hat, wird die Worte Mahaviras verstehen: »Zweifele nicht: Du selbst bist ja das Geschöpf, von dem du meinst, es dürfe geschlagen oder getötet werden. Darum sei kein Töter und kein Helfer beim Töten von dem Geschöpf, von dem du meinst, es dürfe getötet werden. Das Geschöpf bist du selbst durch das Nachempfinden der eigenen Sünde. Ob man Wesen durch eigenes Tun tötet oder sie durch andere töten läßt oder dem zustimmt, der sie tötet – stets fördert man das, was einem feind ist.«[3]

Fast in jeder Ausgabe des *Jain Journal*, einer von den Jainas herausgegebenen Zeitschrift, steht der Ausspruch Mahaviras: »Alles als eins mit einem selbst sehen, ist Ahimsa.«[4] Kürzer und tiefer läßt sich die Ahimsa und damit die Ethik des Jainismus kaum begründen. Während Mahavira einerseits, wie die obigen Zitate zeigen, die Einheit allen Lebens verkündete, lehrte er andererseits, daß die ganze Natur beseelt ist, daß jedes Lebewesen eine Seele hat, also ein Einzelwesen ist. Einheit und Vielheit – diese Aussagen Mahaviras stehen nicht im Widerspruch zueinander, weil das Leben beides zugleich ist: Einheit in der Vielfalt.[5]

Gewöhnlich nehmen die Menschen jedoch nur einen Aspekt des Lebens, den der Vielfalt, wahr. Denn ihre Sinnesorgane und ihr verstandesmäßiges Denken sind nicht auf das Erkennen der Einheit allen Lebens gerichtet, sondern sie dienen lediglich dazu, sich im täglichen Daseinskampf als Individuum gegenüber anderen Individuen zu behaupten. Deshalb ist es durch die normale Anschauung und Tätigkeit des Verstandes nicht möglich, die Einheit allen Lebens in seiner unermeßlichen Vielfalt zu erkennen. Nur durch kontemplative Anschauung oder meditative Versenkung kommt es zu einer Wahrnehmung höherer Art, die es dem einzelnen Menschen ermöglicht, die Schranken seiner Individualität zu überwinden.

Arthur Schopenhauer, dessen Philosophie der buddhistischen Lehre sehr ähnlich ist und der sich selbst »Buddhaist« nannte, beschrieb das eindrucksvoll: »Wenn man ... die gewöhnliche Betrachtungsart der Dinge fahren läßt, ... auch nicht das abstrakte Denken, die Begriffe der Vernunft, das Bewußtseyn einnehmen läßt; sondern statt alles diesen, die ganze Macht seines Geistes der Anschauung hingiebt, sich ganz in diese versenkt und das ganze Bewußtseyn ausfüllen läßt durch die ruhige Kontemplation des gerade gegenwärtigen natürlichen Gegenstandes, sei es eine Landschaft, ein Baum, ein Fels, ein Gebäude oder was auch immer; indem man, nach einer sinnvollen deutschen Redensart, sich gänzlich in diesen Gegenstand *verliert,* das heißt eben sein Individuum, seinen Willen, vergißt und nur noch als reines Subjekt, als klarer Spiegel des Objekts bestehend bleibt; so daß es ist, als ob der Gegenstand allein da wäre, ohne Jemanden, der ihn wahrnimmt, und man also nicht mehr den Anschauenden von der Anschauung trennen kann, sondern Beide Eines geworden sind, indem das ganze Bewußtseyn von einem einzigen anschaulichen Bilde gänzlich gefüllt und eingenommen ist; ... dann ist... der in dieser Anschauung Begriffene nicht mehr Individuum: denn das Individuum hat sich eben in solche Anschauung verloren: sondern er ist *reines,* willenloses, schmerzloses, zeitloses *Subjekt der Erkenntniß.*«[6]

Erst in einer solchen »Schauung« offenbart sich das, was im Buddhismus die »Weisheit der Wesensgleichheit« allen Lebens genannt wird. Sie ist eine im Grunde unbeschreibliche spontane Erfahrung, die ohne Mitgefühl, ohne Mitleid, aber auch ohne Mitfreude (!) nicht möglich ist.[7]

Anschauung ist die Quelle der Erkenntnis, der Brunnen der Weisheit, und deshalb sei jedem, der die Wahrheiten des Lebens in Bibliotheken und Hörsälen zu ergründen sucht, geraten, sich an die Worte des deutschen Mystikers Jakob Böhme zu halten: »Tue deine Augen auf und gehe zu einem Baum und siehe den an und besinne dich!« Das bedeutet »rechte Abschauung« im buddhistischen Sinne. Ein buddhistischer Text erzählt, daß der Buddha von einem seiner Mönche gefragt wurde, welches der Grundgedanke seiner Lehre sei. Daraufhin hielt der Buddha schweigend eine Blume hoch. Der Mönch verstand ihn. Auch das ist rechte Anschauung, die tiefer als jedes Wort reicht.

Ahimsa und Vegetarismus

Was rechte Anschauung zu bewirken vermag, davon kann man sich überzeugen zum Beispiel beim Besuch eines Schlachthofes oder auf einem der vielen Bauernhöfe, wo das Schlachten noch fast zum Alltag gehört. Wer das Schlachten voll bewußt, »Auge in Auge« mit dem leidenden Tier gleichsam meditativ miterlebt, miterleidet, wer also seine Sinne diesem Geschehen voll öffnet, wird danach kaum noch in der Lage sein, Fleisch mit Genuß zu essen. Nicht wenige Menschen wurden nach derartigen Erlebnissen für den Rest ihres Lebens überzeugte Vegetarier.

Das führt zu einem Thema, welches in der buddhistischen Zeitschrift »YĀNA« als ein »heißes Eisen« für viele Buddhisten bezeichnet wurde, nämlich die Frage: »Fleisch essen – oder nicht?« Nach den Pāli-Texten des Theravāda-Buddhismus ist der Fleischverzehr nicht von vornherein verboten. Jedoch aus drei Gründen sollte sich der Mönch des Fleichessens enthalten: Wenn er es gesehen, es gehört hat oder es vermutet, daß das betreffende Tier für ihn persönlich geschlachtet wurde. Hierbei ist zu bedenken, daß der Buddha diese Verhaltensregel seinen Mönchen gab, die ihre Nahrung täglich mit der Almosenschale erbettelten. Denn durch ein unbedingtes Fleischverbot wären die Mönche gezwungen, ihre Schalen regelmäßig nach Fleischstükken zu durchsuchen, was ihre gleichmütige, auch dem Spender gegenüber wohlwollende Geisteshaltung beeinträchtigt hätte. Diese Begründung mag zwar zu Zeiten des Buddha für bettelnde Wandermönche eine Rechtfertigung gewesen sein, für die weitaus größte Zahl der heutigen Buddhisten, die ihre Nahrung nicht mehr erbetteln, sondern kaufen oder kaufen lassen, gilt sie jedoch nicht mehr. »Töte nicht und laß nicht töten«, heißt es in dem oben zitierten Vers aus dem buddhistischen *Dhammapada*. Es kann aber nicht ernsthaft bestritten werden, daß die Nachfrage nach Fleisch zu einem entsprechenden Angebot führt und somit das Töten weiterer Tiere veranlaßt. In einem Buch, das von einer buddhistischen Vereinigung in Sri Lanka herausgegeben wurde, wird dieser Zusammenhang klar erkannt und so formuliert: »Manche Leute rechtfertigen Fleischessen als »nichts Schlimmes«... Ein Geist, der nicht begreift, daß man durch Fleischessen das Schlachten unterstützt, ist in einem kindlichen Reifezustand.«[8]

Auch heute noch gilt unverändert, was im Jahre 1912 der buddhistische Mönch Sīlācāra aus Burma schrieb: »Was das direkte Unrecht anbelangt, das man lebenden Wesen zufügen kann, so wird zwar das erste Gelübde (kein Wesen zu töten oder zu verletzen) in einem buddhistischen Land wie Burma sehr wohl beachtet, aber leider kann man dasselbe nicht im Hinblick auf das indirekte Unrecht sagen. Fast jeder Burmese würde sich sträuben, einen Ochsen mit eigener Hand zu erschlagen und dann dessen Fleisch zu essen. Aber heutzutage sehen viele Burmesen kein Unrecht darin, das Fleisch eines getöteten Ochsen zu verzehren, wenn sie nur einen anderen dazu bekommen können, der das Schlachten ausführt. Aber in Wirklichkeit bleibt die Schuld ganz dieselbe, ob einer etwas eigenhändig tut oder einen anderen dazu veranlaßt. Daher ist ein Mensch, der in den Laden geht und Fleisch von einem getöteten Tiere verlangt, für den Tod des Tieres ebenso verantwortlich wie derjenige, der es erlegt hat. Es ist daher betrübend, zu sehen, wie jeden Tag das erste Gelübde von denen verletzt wird, die es feierlich zu befolgen versprochen haben.«[9]

So trifft auch auf diejenigen, die sich zwar als »Buddhisten« bezeichnen, aber dennoch meinen, sie könnten weiterhin unbedenklich Fleisch genießen, der Vers von Eugen Roth zu:

Es denkt der Mensch zufrieden froh:
Ich bin kein Schlächter, blutig roh;
doch da der Mensch kein Wurstverächter,
so trägt die Mitschuld er am Schlächter.

Klar und eindeutig wird das Fleischessen in den Schriften des Mahāyāna-Buddhismus mit der überzeugenden Begründung abgelehnt: »Das Fleischessen vernichtet die Saat des tiefen Mitleids, die Saat der Buddhaschaft.«[10]

Nicht wegen irgendwelcher formalen Gebote oder Verbote, sondern aus Mitleid und Einsicht sind viele Buddhisten Vegetarier. Wie eng die buddhistische Lebensweise mit dem ethischen Vegetarismus verbunden ist, zeigt sich schon äußerlich daran, daß die älteste buddhistische Gemeinschaft in Europa, die Altbuddhistische Gemeinde in Utting/Ammersee, Mitglied im Vegetarier-Bund Deutschlands und in anderen Tier- und Naturschutzvereinigungen ist.

Die Jainas sind aufgrund des Ahimsa-Gebotes ausnahmslos Vegetarier. Ahimsa ohne Vegetarismus ist für sie unvorstellbar. In einer ihrer Veröffentlichungen heißt es dazu zwar etwas drastisch, aber nicht ganz unberechtigt: »Wenn jemand seinen Körper durch das Fleisch anderer Lebewesen mästet, so ist seine Verehrung der Ahimsa in Wahrheit Scheinheiligkeit. Es ist äußerst überraschend, große Reden zu hören über Moral, Freundschaft, Harmonie und Brüderschaft von den kulturellen Führern der modernen Gesellschaft, welche die Nöte der stummen Kreatur vergessen, deren Fleisch sie mit großem Wohlgeschmack und Befriedigung genießen.«[11]

Was zum Thema Fleischessen gesagt wurde, gilt sinngemäß auch für die Verwendung von Leder, Pelzen und anderen Produkten, die das Töten von Tieren erfordern. Das ist auch der tiefere Grund, warum jainistische und buddhistische Tempel nicht in Lederschuhen betreten werden dürfen. Die Jainas gehen soweit, daß bei ihnen niemand kochen darf, der Lederschuhe trägt.

Da nach dem Glauben der Jainas selbst die Pflanzen Seelen haben, ergibt sich für sie das Problem, daß sie zu ihrer Ernährung beseelte Wesen töten oder töten lassen müssen. Manche Jainas rechtfertigen das mit der Erklärung, daß die Pflanzen nicht gleich stark beseelt sind, sondern daß die verschiedenen Pflanzenarten eine unterschiedliche Anzahl von Seelen-Monaden haben. Beispielsweise sollen in Erbsen und Reis weniger Monaden sein als in Knollen und Wurzeln, so daß der fromme Jaina eher die ersten essen darf. Auf jeden Fall verdienen nach Ansicht vieler Jainas und auch Buddhisten die Tiere als höher entwickelte Lebewesen eine größere Schonung als die Pflanzen, wenn das Ahimsa-Gebot gegenüber allen Lebewesen aus Ernährungsgründen nicht vollständig befolgt werden kann.

Wegen der strikten Befolgung des Ahimsa-Gebotes kommen für die Jainas viele Berufe, zum Beispiel in der Landwirtschaft, vor allem aber als Schlächter, Jäger, Fischer und dergleichen, nicht in Betracht. Sie betätigen sich deshalb vorzugsweise in kaufmännischen Bereichen, insbesondere im Bankgewerbe, und haben dadurch selbst heute noch einen verhältnismäßig großen Einfluß im indischen Wirtschaftsleben.

Auch in den buddhistischen Pāli-Schriften gelten alle Berufe – wie Fleischer, Jäger, Fischer –, bei denen man von vornherein anderen Wesen Leid zufügen muß, als »grausames Handwerk« und damit nicht als »rechter Lebensunterhalt«. Ebenso ist der Handel mit Waffen, lebenden Wesen, Fleisch, berauschenden Getränken und Gift verwerflich. Selbstverständlich gehört hierzu auch die Intensiv- und Massentierhaltung, die eine aus hemmungslosem Profitstreben systematisch betriebene Tierquälerei ist. Die Bezeichnung »Tierproduktion« ist dabei durchaus zutreffend, weil sie das Tier als Produkt, als Sache, als Ausbeutungsobjekt kennzeichnet, für das nicht ethische, sondern ökonomische Gesetze gelten.

Ahimsa und Tierversuche

Ein äußerst wichtiger und aktueller, aber zugleich sehr problematischer Bereich des Lebensschutzes sind die Tierversuche. In der medizinischen und kosmetischen Forschung werden Versuche an Tieren durchgeführt, die so grauenhaft sind, daß sich nur wenige Menschen davon eine Vorstellung machen können oder wollen. Paul Dahlke, der Gründer des Buddhistischen Hauses in Berlin-Frohnau, war nicht nur ein bedeutender Übersetzer aus dem buddhistischen Pāli-Kanon, sondern auch Arzt. Er hatte die nötige Einsicht und Sachkenntnis, um die Tierversuche als das bezeichnen zu können, was sie sind: »wissenschaftliche Tierfolter«, die der Buddhist »aufs strengste verwerfen muß«. Selbst wenn, was zunehmend bezweifelt wird, Tierversuche für die menschliche Gesundheit wirklich unumgänglich sein sollten, kann für Buddhisten nur gelten: »Lieber selber leiden als andere leiden lassen« (Paul Dahlke).

Für Georg Grimm, dem Verfasser grundlegender Werke zur buddhistischen Lehre und Gründer der Altbuddhistischen Gemeinde, waren die Tierversuche »geradezu ein Hohn auf die moralische Weltordnung«. Ganz in seinem Sinne wird in der Zeitschrift der Altbuddhistischen Gemeinde, »YĀNA«, immer wieder eindeutig gegen die Tierversuche Stellung genommen.

Nicht minder ablehnend Tierversuchen gegenüber sind die Jainas. Über Indien hinaus bemühen sie sich schon seit Jahrzehnten, die Abschaffung aller Tierversuche zu erreichen. So hat die 1949 gegründete Jain World Mission (Aliganj-Etah, U. P.) die Aufgabe, den Geist der Ahimsa weltweit zu verbreiten. Ahimsa und Tierversuche – ein größerer Gegensatz ist kaum möglich!

Befreiung vom Leiden durch »Befreiung« vom Leben?

Jeder, der seine Augen und Ohren öffnet und sein Herz vor den Nöten der Mitmenschen und auch der Tiere nicht verschließt, wird eine Erkenntnis bestätigt finden, die seit mehr als 2500 Jahren allen indischen Religionen zugrunde liegt, nämlich die Tatsache, daß Leben und Leiden wie Licht und Schatten zusammengehören. Leben ist untrennbar mit Leiden verbunden, so lautet, mit wenigen Worten zusammengefaßt, die erste der Vier Edlen

Wahrheiten der buddhistischen Lehre, die Edle Wahrheit vom Leiden.

Deshalb ist die Frage naheliegend, ob das Leiden nicht am einfachsten dadurch überwunden werden kann, daß das Leben, ja am besten alles irdische Leben »auf einen Schlag« vernichtet wird. Nach der buddhistischen und jainistischen Lehre wäre das jedoch keine Lösung, keine »Erlösung«, weil hierdurch die eigentliche Ursache des Lebens und Leidens nicht beseitigt würde.

Die Ursache, so sagt die zweite Edle Wahrheit, ist der blinde Lebenstrieb, die Gier, der »Durst« nach Leben. Schopenhauer nennt ihn den »Willen zum Leben«, der sich in Egoismus und Selbstsucht im Denken und Handeln der Menschen äußert. Der Wille zum Leben ist eine Kraft, die selbst mit dem Tod nicht erloschen ist, sondern über ihn hinaus weiterwirkt und so zu neuen Wiedergeburten und neuen Leiden führt. Hierbei kommt es jedoch sehr darauf an, wie stark und in welche Richtung der Wille wirkt, denn nach der buddhistischen Lehre vom Karma bewirkt alles das, was man je an Gutem oder Bösem in Gedanken, Worten oder Taten gewollt hat, zwangsläufig bessere oder schlechtere Wiedergeburten, sei es in dieser oder in einer anderen Welt, sei es als Mensch oder als ein anderes Wesen. Das Karma-Gesetz hat universelle Gültigkeit. Daher könnte selbst die Vernichtung des Lebens auf Erden, ja die Zerstörung des ganzen Weltalls die Folgen des Karmas nicht aufheben, sondern sie kämen dann in einer neuen Welt, in einem neuen Universum zur Auswirkung. Schon aus diesem Grund wäre individueller oder kollektiver Selbstmord kein Ausweg aus dem Leiden. Das Karma wirkt nach wie vor weiter, die Kette der Wiedergeburten und mit ihr das Leiden setzen sich fort. Hinzu kommt, daß es nach der buddhistischen Lehre den Wesen erst durch ihre Wiedergeburt als Mensch, nicht als Tier, möglich wird, auf dem vom Buddha gewiesenen Weg die Befreiung vom Leid zu erreichen. Deshalb sollte gerade aus buddhistischer Sicht der Mensch sein Leben nicht gering schätzen und es nicht leichtfertig wegwerfen. Übereinstimmend mit dem Bibelwort »Lehre uns bedenken, daß wir sterben müssen, auf daß wir weise werden« wird im buddhistischen Pāli-Kanon zwar oft an den Tod erinnert und empfohlen, über ihn zu meditieren, jedoch wird er als solcher nicht gepriesen. Für buddhistische Mönche gilt es sogar als ein schweres Vergehen, anderen Menschen gegenüber den Tod zu loben.

Nur dadurch, daß die Ursache für Karma und Wiedergeburt, nämlich der triebhafte Drang, die Gier, der »Durst« nach Leben, der sich im »Ich-Willen«, im Willen zur Individualität manifestiert, beseitigt wird, kann das Leiden endgültig und vollständig beendet werden – das ist die Aussage der dritten Edlen Wahrheit, der Wahrheit von der Aufhebung des Leidens.

Die einzelnen Stufen, die zu diesem Ziel führen, enthält der »Edle Achtfache Pfad«, die letzte der Vier Edlen Wahrheiten. Diesen Weg ist Buddha selbst gegangen, er hatte ihn vorgelebt und dadurch bewiesen, daß der Edle Achtfache Pfad keine philosophische Theorie, sondern ein für alle Menschen gangbarer Weg ist.

Ähnlich der buddhistischen Karma-Lehre, wenn auch nicht ganz so deutlich, ist es im Jainismus.[12] Denn nach dem Glauben der Jainas fließt bei jeder Handlung Karma in die Seelen-Monade des Handelnden ein. Aber erst durch seine »Leidenschaft«, also seinen Tatwillen, wird das Karma in der Seele gebunden. Die Lehre der Jainas enthält eine Vielzahl von Hinweisen, wie das Entstehen weiteren Karmas als Ursache für weitere Wiedergeburten und Leiden verhindert werden kann. Obwohl sich die Methoden, vor allem was die strenge Askese anbetrifft, von denen der buddhistischen Lehre unterscheiden, bezwecken sie das gleiche: die geistig-sittliche Läuterung oder – wie die Jainas sagen – die Reinigung der Seele.

Lebensverneinung oder Lebensbejahung?

Nicht selten wird behauptet, daß Jainismus und Buddhismus im Grunde lebensverneinend seien, weil sie darauf hinzielen würden, den Willen zum Leben zu schwächen, um ihn schließlich ganz abzutöten. Der darin enthaltene Vorwurf der Lebensfeindlichkeit, so berechtigt er auf den ersten Blick erscheinen mag, beruht auf einer einseitigen und oberflächlichen Betrachtung der Zusammenhänge. Denn Verneinung des Willens zum Leben bedeutet nicht mehr und nicht weniger als die Verneinung des Ich-Willens, die Verneinung von Egoismus und Selbstsucht. Wer sich nach der buddhistischen und jainistischen Lehre bemüht, in sich Egoismus und Selbstsucht abzubauen, wer von Mitleid und Mitgefühl für alles Lebendige erfüllt ist, der wird am Ende auch bereit und fähig sein, wahrhaft selbstlos sein eigenes Leben für den Schutz anderen Lebens einzusetzen, ja es schließlich zu opfern. Ist das lebensfeindlich oder ist das nicht vielmehr Lebensbejahung im tiefsten ethischen Sinne?

Andererseits werden diejenigen, die vom Ich-Willen beherrscht, nur ihr eigenes Leben in den Mittelpunkt stellen, es voll bejahen und es dementsprechend um jeden Preis erhalten wollen, sich erforderlichenfalls rücksichtslos über das Leben anderer hinwegsetzen. In einem solchen ich-bezogenen Denken wurzeln Haß, Gier und Verblendung, die wahren Ursachen für die Mißachtung menschlichen und nichtmenschlichen Lebens. Deshalb ist nicht der Abbau des Ich-Willens, sondern seine schrankenlose Bejahung und Aufrechterhaltung lebensfeindlich. So ist es zu erklären, daß oft dasjenige, was als Lebensbejahung erscheint, tatsächlich aber Lebensfeindlichkeit ist. Was schrankenlose Lebensbejahung bedeutet und wohin sie am Ende führt, ja führen muß, kann man bei Friedrich Nietzsche nachlesen. Wenn Nietzsche im »Zarathustra« fordert: »Was fällt, das soll man auch noch stoßen«, so ist das nichts anderes als ein konsequentes Ja zum Leben, zum Starken, ein Nein zum Schwachen. Hierauf beruht das Recht des Stärkeren, von dem in Schlachthäusern, Tierversuchslaboratorien und anderswo täglich Gebrauch gemacht wird. Für eine solche »Herrenmoral« ist, wie Nietzsche zutreffend feststellt, »Mitleiden gefährlicher als irgendein Laster«.

Ahimsa in Umwelt und Gesellschaft

Lebensbejahung erscheint in unserem Kulturbereich, in welchem der Mensch das Maß aller Dinge ist, fast immer als Bejahung des Lebens der eigenen Art. Eine solche artenegoistische Lebensbejahung muß dem Menschen zum Verhängnis werden. Denn die zunehmende Zerstörung der Umwelt, die hemmungslose Mißachtung und schließlich Vernichtung nichtmenschlichen Lebens sind Ausdruck seines artenegoistischen Denkens und Handelns. Hierdurch vernichtet der Mensch zwangsläufig am Ende seine Lebensgrundlagen und somit seine Existenz. Dabei ist es nur ein gradueller, kein prinzipieller Unterschied, ob sich Egoismus auf die eigene Person, Familie, soziale Klasse, Nation, Rasse oder biologische Art bezieht. Seine Ursachen und auch seine Folgen sind stets die gleichen: Haß, Gier und Verblendung, die notwendigerweise zu Unfrieden und Gewalt gegenüber den jeweils ausgegrenzten, also den »anderen«, den »fremden« Wesen führen müssen. Deshalb wäre es eine Illusion anzunehmen, man könne Frieden unter den Menschen schaffen, ohne das Lebensrecht aller Wesen zu achten. Leo Tolstoj faßte das in dem Satz zusammen: »Solange es Schlachthäuser gibt, wird es auch Schlachtfelder geben« – eine Wahrheit, die schon vor 2500 Jahren der Buddha und Mahavira erkannten und daraus die Konsequenzen für ihr Leben und ihre Lehre zogen.

Manche Kriegsdienstverweigerer könnten sich noch glaubhafter auf Gewissensgründe berufen, wenn sie ihre friedfertige Gesinnung im Alltag auch nichtmenschlichem Leben gegenüber beweisen würden. Zu Recht bemerkt das *Jain Journal*: »Jemand, der es ablehnt, irgendein lebendes Geschöpf zu seiner Ernährung umzubringen, würde niemals das Herz haben, ein Gewehr zu nehmen und auf einen Mitmenschen zu schießen. In Indien werden die Jainas, die als strenge Vegetarier bekannt sind, niemals zur Armee einberufen. Die Regierung weiß, daß die Jainas, die selbst einem Insekt niemals Schaden zufügen würden, auch nie bereit wären zu kämpfen und zu töten.«[13] Als weiteres überzeugendes Beispiel wird erwähnt, daß der Gerichtspräsident von Bombay auf die Frage, ob Jainas jemals des Mordes für schuldig befunden wurden, sich schon durch eine solche Frage überrascht zeigte. Seine Antwort war: »Niemals, nach meiner Kenntnis gab es nie einen Fall, bei dem ein Mord von einem Jaina begangen wurde.« Das bedeutet jedoch nicht, daß die Jainas nun Anlaß hätten, voller Selbstgerechtigkeit die Übel stets bei »den anderen« zu vermuten. Denn im gleichen Zusammenhang wird im *Jain Journal* gemahnt: »Die Ursachen für die Gewalt in der Welt sollten wir nicht außerhalb von uns, sondern in uns selbst suchen.« Ein sehr weiser, aber leider sehr wenig befolgter Rat, der für alle Menschen unabhängig davon gilt, ob sie dem Jainismus, Buddhismus oder irgendeiner anderen Religion oder Weltanschauung angehören.

Die Ursachen der Gewalt, so lehrten Mahavira und Buddha, liegen in uns selbst. Daher ist die Arbeit an sich selbst die erste und wichtigste Voraussetzung für eine gewaltlosere, bessere Welt.

Krieg, Umweltzerstörung und andere lebensbedrohende Entwicklungen unserer Zeit können nur dann aufgehalten werden, wenn sich die innere Einstellung des Menschen zu seinen Mitmenschen, zu den Tieren, zur ganzen Natur grundlegend wandelt. Hierzu zeigen Buddhismus und Jainismus einen gangbaren Weg. Wer diesen Weg beschreitet, sieht in der Natur nicht ein Ausbeutungsobjekt, welches lediglich zu seinem Nutzen geschaffen wurde, sondern er fühlt sich mehr und mehr als Teil seiner Umwelt, als Teil eines organischen Ganzen, der Natur. Deshalb leisten beide genannten Religionen zu den gegenwärtig besonders drängenden Problemen, Erhaltung des Friedens und Schutz der Umwelt, einen durchaus positiven Beitrag.

Ahimsa – Artenschutz – Tierschutz

Buddhismus und Jainismus haben seit Jahrtausenden in Wort und Tat oft bewiesen, wie sehr sie sich für die Achtung und den Schutz allen Lebens einsetzen. Als der Buddhismus im 3. vorchristlichen Jahrhundert auf Ceylon zu einer einflußreichen Religion wurde, wandte sich ein heiliger Mann an den dortigen König Devanampiya Tissa mit den Worten: »O großer König, die Vögel der Lüfte und das Getier der Erde haben ebenso wie du ihr Recht auf die Insel. Sie sind nicht dein Eigentum, aber als König hast du die Aufgabe, Tier und Mensch zu schützen.« Dort, wo buddhistische und jainistische Könige und Fürsten regierten, kam es mehr als einmal vor, daß Jagd- und Schlachtverbote und andere Tierschutzgesetze erlassen wurden. Das wohl bekannteste Beispiel dafür sind die berühmten Felsenedikte des Kaisers Ashoka, der um 250 v. Chr. über den größten Teil Indiens herrschte. Dieser Tierschutz ist nur bedingt mit dem zu vergleichen, was man heute als Artenschutz bezeichnet. Zwar ist Tierschutz im Ergebnis auch Artenschutz, jedoch steht in der buddhistischen und jainistischen Ethik nicht die Erhaltung der Art im Vordergrund, sondern es geht um das einzelne Wesen, das Individuum, dessen Leben unabhängig davon, ob es in seiner Art selten ist oder häufig vorkommt, zu achten und zu schützen ist.

Schon vor Jahrhunderten hatten europäische Reisende mit Verwunderung und Unverständnis Tierheime und -hospitäler (Panjrapols) kennengelernt. Solche Stätten des Tierschutzes werden auch heute noch vor allem von den Jainas unterhalten und durch Spenden finanziert. Ein charakteristisches Beispiel ist die Vogel-Klinik in Delhi. Sie verfügt über 1000 »Betten«-Käfige und einen winzigen Operationssaal mit zwei Ärzten und zwei Pflegern. In anderen Tierasylen werden Ziegen, Rinder, Pferde und andere Tiere versorgt. Zuweilen werden auf Märkten von Jainas Tiere gekauft, um sie vor dem Tod zu retten. Auch diese Tiere werden dann in die Heime gebracht und dort verpflegt.

Ahimsa – ein unerreichbares Ideal?

Besonders bei den Jaina-Mönchen wird der Alltag von zahlreichen Verhaltensregeln bestimmt, die dazu dienen, alles Leben soweit wie möglich zu schützen und selbst kleinste Lebewesen nicht zu töten oder zu verletzen. So fegen sie beispielsweise vor sich den Boden, um keine Insekten zu zertreten und tragen Mundtücher, um nicht irgendwelche Kleinstlebewesen einzuatmen. Solche Vorsicht mag vielleicht übertrieben erscheinen, sie zeigt aber deutlich, welche Achtung dem Leben entgegengebracht wird.

Jedoch kann es auch die größte Vorsicht nicht verhindern, daß mit jedem Atemzug, mit jedem Schritt Leben getötet oder verletzt wird, und zu ihrer Ernährung müssen auch die Jainas Pflanzen töten oder töten lassen. Denn es ist ein Naturgesetz, daß höhere Lebensformen sich nur auf Kosten anderen Lebens erhalten und weiterentwickeln können. Leben nährt sich von Leben. Ob man es wahrhaben will oder nicht, so ist die Wirklichkeit. Deshalb ist es unmöglich, *alles* Leben jederzeit zu schützen und niemals ein Lebewesen zu töten oder zu verletzen. Aber man kann sich wenigstens ernsthaft bemühen, soweit wie möglich dieses Ideal im Alltag zu verwirklichen, und dafür sind die Jainas durchaus ein Vorbild. Nach der buddhistischen Lehre ist ein solches Bemühen selbst dann, wenn es aufgrund ungünstiger Umstände zu keinem äußeren Erfolg führt, dennoch von größtem Wert, weil es den Willen in Richtung eines mehr und mehr selbstloseren Denkens und Handelns lenkt.

Andererseits gibt es Grenzen, wo es auch für Jainas und Buddhisten zu einer Gewissensfrage werden kann, ob der Grundsatz, kein Leben zu töten oder zu verletzen, unter allen Umständen zu rechtfertigen ist. Ein solcher Fall ist möglich, wenn Fliegen, Mücken, Wanzen und andere Träger von Krankheitserregern die menschliche Gesundheit gefährden. Dann kann sich unausweichlich die Frage stellen: Ist es zu verantworten, vielleicht sogar geboten, Lebewesen zu töten, um andere Lebewesen – vor allem Menschen – zu schützen und damit vor großem Leid zu bewahren? Eine Frage, die zum Beispiel in buddhistischen Klöstern Südasiens besonders schwerwiegend ist, weil dort durch das tropische Klima noch größere Gefahren – wie Malaria und dergleichen – dem Menschen drohen. Ein anderes Beispiel: In Tierheime werden oft Tiere gebracht, die sich wegen schwerer Krankheiten, nach Verkehrsunfällen oder – was nicht selten ist – nach Mißhandlungen in einem unbeschreiblichen Zustand befinden und dann nur noch durch Einschläferung von ihren entsetzlichen Leiden erlöst werden können. Wenn in derartigen Fällen die schmerzlose Tötung die einzige Lösung ist, um weitaus größeres Leid zu verhindern, dann stellt sich auch für die Tierheime der Jainas die Frage, ob nicht die unbedingte Lebenserhaltung im Ergebnis zur Tierquälerei werden kann. Hiermit sind Fragen verbunden, die weit über den Tierschutz hinausgehen und das menschliche Leben unmittelbar betreffen; man denke nur an den zu Recht höchst sensiblen Bereich der passiven und aktiven Sterbehilfe (Euthanasie).

Diese wenigen Beispiele zeigen, daß der Schutz allen Lebens in Buddhismus und Jainismus zu unausweichlichen Zwangslagen führen kann. Auch bei solchen Gewissenskonflikten gilt für Buddhisten, daß es nicht auf die blinde Befolgung von ethischen Verhaltensregeln ankommt, sondern daß man ihren Sinn »mit Weisheit erforschen« und entsprechend der eigenen Einsicht nach bestem Wissen und Gewissen handeln soll. In dieser Hinsicht besteht ein Unterschied zu den Jainas, weil deren Lehre durch ethischen Rigorismus gekennzeichnet ist, der die strikte Einhaltung von Vorschriften verlangt. Dennoch bleiben die Jainas hierbei auf dem Boden der Realitäten und sind sich durchaus bewußt, daß sich ethische Maximalforderungen nur sehr bedingt verwirklichen lassen. Deshalb beinhaltet ihre Ethik ein nach den praktischen Möglichkeiten abgestuftes System von Verhaltensnormen, die sehr deutlich zwischen Mönchen und Nicht-Mönchen unterscheiden. Für Nicht-Mönche enthalten die ethischen Regeln zahlreiche Erleichterungen, die es ermöglichen, auch im Alltag nach ihnen zu leben.

Der Vergleich zur buddhistischen Ethik zeigt, daß die Jainas geringeres Vertrauen in die Fähigkeit und Bereitschaft der Menschen setzen, entsprechend ihrer Einsicht moralisch zu handeln. Vielmehr gehen die Jainas – nicht ganz unberechtigt – davon aus, daß die Menschen in schwierigen Lebenslagen sich über moralische Bedenken hinwegsetzen und den bequemeren Weg der Anpassung wählen werden.

Ahimsa und Askese – ein Gegensatz?

Aber es gibt noch einen anderen bedeutsamen Unterschied: Das Leben der Jaina-Mönche wird geprägt durch strenge Askese, die in ihren extremen Formen bis zur Selbstpeinigung gehen kann. Ist das nicht Gewalt gegen den eigenen Körper, gegen das eigene Leben, ein Widerspruch zur Ahimsa? Die Jainas rechtfertigen das damit, daß auch ein Arzt zuweilen schmerzhafte Methoden anwenden, daß er bei Operationen schneiden, bei Impfungen stechen, also dem Körper Verletzungen zufügen muß, um den Kranken zu heilen. In diesem Sinne ist Askese für die Jainas – und nicht nur in dieser Religion – eine Heilmethode, die zum eigentlichen Heil, zur Erlösung von allem Leid, zur Heiligkeit führt.

Buddha hingegen machte die Erfahrung, daß extreme Askese lediglich den Körper schwächt, ihn vielleicht sogar abtötet, den Menschen aber nicht von Haß, Gier und Verblendung heilt. Das ist nach seiner Lehre nur auf dem Edlen Achtfachen Pfad möglich. Man nennt ihn auch den »mittleren Weg«, weil er die Extreme meidet, das bedeutet, daß er düstere selbstquälerische Askese ebenso ausschließt wie unbeherrschtes Ausleben sinnlicher Genüsse. Im *Dhammapada* wird er so beschrieben:

> Vermeide jede böse Tat,
> Vermehre guter Werke Saat,
> Beständig läutere den Geist,
> Das ist der Weg, den Buddha weist.[14]

Ahimsa aus Eigennutz?

Wichtiger als die erwähnten Unterschiede sind die Gemeinsamkeiten in ihrer Ethik, die Jainismus und Buddhismus verbinden und die sie deutlich von allen anderen bekannten Religionen, vielleicht ausgenommen den Hinduismus, abheben.[15] In beiden Religionen ist der Schutz und die Achtung allen Lebens eine unbedingte Voraussetzung für die Erlösung. Das führt zu der Frage, ob das Leben dann wirklich nur um seiner selbst so hoch geschätzt wird, oder ob dieses Verhalten lediglich Mittel zum Zweck des eigenen Vorteils – der eigenen Erlösung ist.

Der Buddhismus ist eine unmittelbar an der Wirklichkeit orientierte Lebenslehre. Es wäre jedoch lebensfremd zu erwarten, daß die Menschen von vornherein völlig uneigennützig und selbstlos handeln könnten. Denn von seiner Natur her ist der Mensch in seinem Denken und Handeln ich-bezogen, wobei seine Ich-Bezogenheit, der Ich-Wille, oft erst nach einem sehr langen und mühsamen Weg abgebaut werden kann. Wenn beispielsweise Buddhisten anderen Menschen oder auch Tieren, die in Not sind, helfen, weil sie sich dadurch eine bessere Wiedergeburt erhoffen, so sind zwar ihre Beweggründe durchaus egoistisch, aber trotzdem ist ihre Hilfsbereitschaft von Bedeutung: einerseits für die Menschen und Tiere, denen in der Not geholfen wird, und andererseits für die Hilfeleistenden selbst, weil die helfende Tat, obgleich sie auf egoistischen Motiven beruht, ein Schritt in die richtige Richtung ist. Im Laufe der Zeit führt der Edle Achtfache Pfad den Menschen Stufe für Stufe weiter von einem anfänglich sehr ich-bezogenen Verhalten zu einem zunehmend selbstloseren Denken und Handeln. Auf den höheren Stufen des buddhistischen Weges würde ein Verhalten, das nur von dem Streben nach besserer Wiedergeburt, nach eigener Erlösung beherrscht wird, jeden weiteren Fortschritt verhindern. In dem schon erwähnten Buch aus Sri Lanka, das die Auffassung des Theravāda-Buddhismus wiedergibt, heißt es: »Manche Leute... enthalten sich des Bösen aus Angst vor den Folgen. Sie üben sich in Tugend, weil sie die Vorteile der Tugend begehren, innerlich aber nähren sie die Veranlagung zum Laster. Wer sich von üblen Handlungen zurückhält, weil er Angst vor der Hölle hat, und wer sich tugendhaft benimmt, weil er später himmlische Freuden genießen will, dessen Anstrengungen sind auf keine gesunde Grundlage gestützt. Wir sollten von schlechtem Handeln nicht aus Furcht vor der Hölle abstehen, weil Furcht eine geistige Unreinheit ist, und deswegen keine geeignete Grundlage für wirksames Üben. Böses soll man nur unterlassen wegen der Schädigung, die es für andere bedeutet, und das Gute soll man tun wegen der heilsamen Wirkung auf andere; diese Motive sind von selbstlosem Gehalt.«[16]

Ein alter buddhistischer Spruch sagt es kürzer: »Erhaben ist eine Tugend, wenn sie gestützt auf die Lauterkeit des Herzens zur Selbstverständlichkeit geworden ist.«

Wahre Selbstlosigkeit, die nicht mehr zu übertreffen ist, verkörpert im Mahāyāna-Buddhismus der Bodhisattva, ein Heiliger, der dem Nirvāna nahe ist, aber von grenzenlosem Mitleid erfüllt, auf die eigene Erlösung verzichtet und in der Welt des Leidens freiwillig verbleibt, um weiterhin möglichst allen leidenden Wesen Hilfe, Schutz und Trost sein zu können. So hat der Bodhisattva jedes eigennützige Erlösungsstreben aufgegeben, und gerade deshalb wird er die Erlösung erreichen.

Reinhold Braun erzählt in seinem Buch *Ahimsa*, einem Reisebericht aus Indien, daß er dort an einen Jaina-Gelehrten die Frage richtete, ob die Ahimsa wirklich Ausdruck grenzenloser Barmherzigkeit, tiefempfundenen Mitleids mit aller Kreatur sei oder ob sie nur Mittel zum Selbstheil, zur Erlösung der eigenen Seele wäre. Der Jaina-Gelehrte antwortete: »Ahimsa ist viel älter als Karma. Die Karma-Lehre ist ein Gebäude, das sich die Vorstellung erst später errichtet hat. – Schweigen.«[17] Diese Antwort ist klar und eindeutig. Für den wirklich mitleidenden, mitfühlenden Jaina kommt erst die Ahimsa und dann der Gedanke an Karma und Erlösung. Deshalb ist es nicht die Bitte um Erlösung, sondern die Bitte um Mitgefühl, ja um Liebe, die der Jaina-Dichter Amitagati (um 1000 n. Chr.) an einen Tirthankara, einen Jaina-Heiligen, richtete:

Daß für alle Wesen Liebe ich empfinde,
Mitgefühl mit denen, die voll Leid auf Erden,
Daß mich stete Nachsicht Irrenden verbinde,
Herr, das wolle geben, Herr, so laß mich werden.[18]

Ahimsa und buddhistische »Metta«

Die Lehre des Buddha zielt darauf hin, die geistige Einstellung des Menschen im Laufe der Zeit zu wandeln, so daß seine Gedanken, Worte und Taten von einer Gesinnung geprägt werden, die in der Pāli-Sprache »Metta« genannt wird. Zumeist nichtbuddhistische Autoren übersetzen »Metta« mit »Freundlichkeit« oder »Wohlwollen«. Das sind jedoch Bezeichnungen, in denen sich eher eine kühle, distanzierte Geisteshaltung ausdrückt und die ein sehr blasses, ja falsches Bild von dem vermitteln, was die buddhistische Metta wirklich bedeutet. Ein solches Zerrbild entspricht mehr jenem kalten Intellektualismus, den manche Buddhologen der unkundigen Öffentlichkeit als »Buddhismus« vorstellen, der aber in Wahrheit mit dem Geist der von Buddha vorgelebten und verkündeten Lehre nichts gemein hat.

Die Metta ist auch weit mehr als »Güte«, sie ist die unermeßliche Güte des Herzens zu allem Lebendigen, die im buddhistischen Pāli-Kanon als die höchste der Tugenden gepriesen und mit dem Licht der Sonne verglichen wird, das alles überstrahlt, alles Dunkle vertreibt. Eine Strophe aus dem berühmten buddhistischen »Metta-Sutta«, die der Religionswissenschaftler Friedrich Heiler als das »buddhistische Vaterunser« bezeichnete, und die täglich von vielen Buddhisten während ihrer Andacht (Pūja) rezitiert wird, lautet:

Die Mutter schützt den eig'nen Sohn,
Auch wenn ihr Todesqualen drohn.
Solch einer wahren Liebe Geist
Zeigt allem, was lebendig heißt![19]

So ist die buddhistische Metta gänzlich frei von irgendwelchem eigennützigen Erlösungsstreben. Auf ihr, der Metta, beruht die Ahimsa, wie sie der Buddha lebte und lehrte.

Das »Nirvāna« – Vernichtung durch Erlöschen?

Nicht die Vernunft und nicht das Denken, sondern die Metta überwindet Haß, Gier und Verblendung, Egoismus und Selbstsucht. Erst dadurch wird es am Ende möglich, sich von der Herrschaft des Ich-Willens, der Wurzel allen Übels, endgültig und vollständig zu lösen. Dann ist die Erlösung von allem Leid oder – buddhistisch gesprochen – das Nirvāna erreicht.

Das Sanskrit-Wort »Nirvāna« wird oft übersetzt mit »Erlöschen«. Diese Übersetzung trug wesentlich zu dem Mißverständnis bei, daß die indischen Religionen, besonders aber der Buddhismus, trotz ihrer positiven Ethik nihilistische, im Ergebnis lebensfeindliche Vernichtungslehren seien. Der Irrtum beginnt schon mit einer falschen Interpretation des Wortes »Erlöschen«, weil nicht berücksichtigt wird, daß es in der altindischen Gedankenwelt eine ganz bestimmte Bedeutung hatte. Bei uns denkt man gewöhnlich beim Wort »Erlöschen« an Vernichtung und gibt ihm dadurch einen nihilistischen Sinn. Im alten Indien dagegen wurde die Erlösung mit dem Erlöschen einer Flamme verglichen, wobei das Feuer beim Erlöschen nicht vergeht, sondern in den Äther eingeht, »verweht« und deshalb nicht mehr wahrnehmbar ist. Somit wird auch verständlich, wenn der Buddha sagte: »Ich behaupte, daß ein Vollendeter (der in das Nirvāna einging) in der Erscheinungswelt nicht aufzufinden ist, und weil ich dies behaupte, beschuldigen mich manche fälschlich und zu Unrecht,... ich lehre die Vernichtung, das Verschwinden, das Vergehen des wahren Wesens.«[20] Was hiermit gemeint ist, kann man wohl nicht besser in deutscher Sprache erklären als durch das folgende Schopenhauer-Zitat:

> Wenden wir aber den Blick von unserer eigenen Dürftigkeit und Befangenheit auf diejenigen, welche die Welt überwanden, in denen der Wille, zur vollen Selbsterkenntnis gelangt, sich in allem wiederfand und sich dann selbst frei verneinte..., so zeigt sich uns statt des rastlosen Dranges und Treibens, statt des steten Überganges von Wunsch zu Furcht und von Freude zu Leid, statt der nie befriedigten und nie ersterbenden Hoffnung, daraus der Lebenstraum des wollenden Menschen besteht, jener Friede, der höher ist als alle Vernunft, jene gänzliche Meeresstille des Gemüts, jene tiefe Ruhe, unerschütterli-

> che Zuversicht und Heiterkeit, deren bloßer Abglanz im Antlitz… ein ganzes und sicheres Evangelium ist. Nur die Erkenntnis ist geblieben, der Wille ist verschwunden… Was nach gänzlicher Aufhebung des Willens übrigbleibt, ist für alle die, welche noch des Willens voll sind, allerdings nichts. Aber auch umgekehrt ist denen, in welchen der Wille sich gewendet und verneint hat, diese unsere so sehr reale Welt mit allen ihren Sonnen und Milchstraßen – nichts.[21]

Das Nirvāna war für den Buddha »das Unvergängliche«, welches mit Worten und Begriffen aus unserer Welt des Vergänglichen nicht oder nur negativ zu beschreiben ist und deshalb dieser Welt lediglich als ein Nichts oder als etwas Negatives erscheinen muß. Der Buddha nannte es aber auch »das Leidlose«, »das Todlose« und deutete damit auf etwas hin, das jenseits allen Leides, jenseits von Tod und Leben ist.

Wer sich nicht nur oberflächlich anhand von Büchern mit der buddhistischen Lehre beschäftigt, sondern mit und in ihr lebt, das heißt den von ihr gewiesenen Lebensweg beschreitet, wird früher oder später erkennen, daß hinter den scheinbar negativen Begriffen etwas überaus Positives steht. In seinem Erleuchtungserlebnis hatte sich dem Buddha die höchst beglückende Wahrheit offenbart:

> Es gibt ein Nichtgeborenes, Nichtgewordenes,
> Nichtgeschaffenes, Nichtbedingtes,
> deshalb ist ein Ausweg aus dem Geborenen, Gewordenen,
> Geschaffenen, Bedingten zu erkennen.[22]

In diesen schlichten Worten kann jeder, der sie recht zu deuten weiß, gerade auch in den schweren Zeiten des Lebens unendlich viel Ermutigung und wahren Trost finden. Denn in ihnen liegt mehr als Hoffnung, in ihnen ist die unerschütterliche Gewißheit, daß der alte Segenswunsch der Jainas und Buddhisten,

> Mögen *alle* Wesen glücklich sein,
> Mögen *alle* das Nirvāna erreichen,

sich am Ende erfüllen wird.

Anmerkungen

1 Sri Gnanawimala Maha Thera: *Das Licht der Lehre,* Wien 1977, S. 35f.

2 Karl Eugen Neumann: *Die Reden Gotamo Buddhos,* Band 3, Zürich–Wien 1957, Anm. 129, S. 830.
Fast wörtlich übereinstimmend mit Neumann übersetzt und interpretiert diesen Dhammapada-Vers Lama Anagarika Govinda in: *Schöpferische Meditation und multidimensionales Bewußtsein,* Freiburg i. Br. 1977, S. 73.

3 Zur besseren Verständlichkeit gekürzt und leicht verändert zitiert nach Walter Schubring: *Worte Mahaviras,* Leipzig 1927.

4 Hiermit übereinstimmend: »Die Wurzel der Gewaltlosigkeit ist das Fühlen der Einheit in allem Lebendigen« (Prem Suman Jain: »Significance of Non-Violence in Modern Age – A Jaina Point of View –«, in: *Jain Journal,* Juli 1984, S. 5 und 8).

5 Einheit und Vielheit bedingen einander wie die Pole eines Magneten. Dementsprechend vertrat der Buddha weder eine extreme Alleinheits- noch eine Vielheitslehre: »›Alles ist eine Einheit‹, so lehrt eine Weltweisheit, ›alles ist eine Vielheit‹..., so lehrt eine andere. Diese beiden Enden vermeidend, verkündet der Vollendete in der Mitte die wahre Lehre.« (Samyutta-Nikāya 12,48). Vielleicht kann folgendes Beispiel zum Verständnis dieses Zitates beitragen: Eine Amöbe ist ein einzelliges Lebewesen, das sich meist durch Zweiteilung fortpflanzt. Wenn dadurch aus der Amöbe A die Amöben B und C entstehen, dann fragt sich, ob A nun tot ist oder in B und C weiterlebt. Denkt man das Beispiel folgerichtig zu Ende, wird man feststellen, daß die Amöben A, B und C insgesamt weder nur Einheit noch nur Vielheit sind.

6 Arthur Schopenhauer: *Die Welt als Wille und Vorstellung,* Band 1, Diogenes Taschenbuch 140/1f., Zürich 1977, S. 231f.

7 Hierzu erläutert Lama Anagarika Govinda: »Bereits im Dhammapada wurde die essentielle Wesensgleichheit mit anderen zum Eckstein buddhistischer Ethik.« (*Schöpferische Meditation*.., a.a.O., S. 73). ...Die »Offenbarung (der höchsten, mit Worten und Begriffen nicht zu erfassenden Wahrheit) vollzieht sich nicht durch diskursives Denken und intellektuelle Reflektion logischer oder folgernder Art, sondern durch völliges Zurruhekommen und Loslassen aller Denkbetätigung und die dadurch entstehende unmittelbare Schauung der Wirklichkeit – das intuitive Erlebnis der Unendlichkeit und allumfassenden Einheit alles Seins, alles Bewußtseins, alles Lebendigen, oder wie wir es nennen wollen. Denn hier enden alle Benennungen unserer dreidimensionalen Vorstellungswelt.« (*Grundlagen tibetischer Mystik,* Fischer Taschenbuch 1627, Frankfurt a. M. 1975, S. 83).

8 *Der Geist des Buddhismus,* hrsg. v. Sri Kalyama Dharma Publication Committee, Band 1, deutsche Übers. (Ms.), Das Buddhistische Haus, Berlin-Frohnau, S. 36.

9 Sīlācāra: »Die fünf Sila«, in: *Die Buddhistische Welt,* 5. Jg., 1911/12, S. 354.

10 Mahāparinirvāna-Sutra und Brahmajāla-Sutra. Näheres bei Roshi Philip Kapleau: *A Buddhist Case for Vegetarism,* London 1983.

11 S. C. Diwaker: *Glimpses of Jainism,* hrsg. v. Jaina Mitra Mandal, 2. Aufl., Delhi 1970, S. 14f.

12 Während der Jainismus noch von der Existenz mehr oder weniger substan-

tieller Seelen-Monaden ausgeht, hat der historisch später entstandene Buddhismus mit seiner »Anattā« (Nicht-Ich)-Lehre eine solche Vorstellung aufgegeben. Deshalb beinhaltet die buddhistische Wiedergeburts- und Karmalehre nicht Seelenwanderung (Metempsychose) wie im Jainismus, sondern sie geht davon aus, daß mit dem Untergang des alten Körper-Geist-Gebildes ein neues entsteht (Palingenesie), wobei altes und neues Gebilde weder einander identisch noch aufgrund ihrer karmischen Verknüpfung verschieden sind. Im buddhistischen *Milindapanha* wird dieser, dem gewöhnlichen Verständnis schwer einsehbare Vorgang verglichen mit frischer Milch, die nach einiger Zeit zu Dickmilch, Butter und schließlich zu Butteröl wird. Milch, Dickmilch, Butter und Butteröl sind jeweils nicht der gleiche Zustand, aber dennoch besteht zwischen ihnen ein ununterbrochener Zusammenhang.
Es wäre vermessen, die sehr tiefe buddhistische Anattā-Lehre hier mit wenigen Worten hinreichend erklären zu wollen. »Man braucht wahrscheinlich mehr als ein Leben, um ihr auf den Grund zu kommen« (Edward Conze). Aus der Feststellung, daß ein Ich in der Erscheinungswelt nicht aufzufinden, daß es »unergründlich« sei, kann nicht zwingend gefolgert werden, daß es dieses Ich überhaupt nicht gäbe, sondern es bedeutet zunächst nur, daß die Erkenntnis beschränkt ist, oder wie Kant sagte: »Das Ich erkennt sich nicht«. Alles, was man erkennen kann, ist nicht das Ich, ist Anattā. Als der Buddha einmal gefragt wurde, ob es ein Ich gibt, schwieg er. Als er daraufhin gefragt wurde, ob es ein Ich nicht gibt, schwieg er ebenfalls. Zur Begründung, warum er auf beide Fragen geschwiegen hätte, antwortete er sinngemäß, daß er weder der Ewigkeitslehre (d. h. das endlose Verharren des Ich als eines positiven Faktors der Welt) noch der Vernichtungslehre (d. h. die absolute Vernichtung des Ich im Tode des Erlösten) recht geben könne. (Samyutta-Nikāya 44,10. Übersetzung und eingeklammerte Erläuterungen von Karl Seidenstücker: *Pāli-Buddhismus,* 2. Aufl., München 1923, S. 194f.; in gleichem Sinne Ablehnung jeder nihilistischen Anattā-Interpretation mit ausführlicher Begründung durch Georg Grimm: *Die Lehre des Buddho,* Wiesbaden 1979.)
Durch die Anattā-Lehre wird vollständiger und konsequenter als in jeder anderen Religion oder Weltanschauung dem Ich-Willen der geistige Nährboden entzogen, weil auch dieser Wille nicht das Ich ist, sondern zum Anattā gehört. Das bedeutet, daß man sich von ihm lösen kann. Hierauf ist der buddhistische Weg zur Erlösung begründet. Denn: »Aus dem Willen stammt das Übel, aus dem Willen stammt das Leiden. Durch Beseitigung des Willens erfolgt die Beseitigung des Übels, durch die Beseitigung des Übels erfolgt die Beseitigung des Leidens« (Samyutta-Nikāya 1,34,3).

13 Shree Chitrabhanu: »On Ahimsa, Non-Violence, or the Way of Reverence for Life«, in: *Jain Journal,* Juli 1980, S. 1ff. Der Verfasser des hier zitierten Beitrages aus dem *Jain Journal* war früher Jaina-Mönch und wurde später geistlicher Leiter des Jain Meditation International Center in New York. Er bemüht sich, die Jaina-Lehre, also die Botschaft der Ahimsa, dem Westen in verständlicher und annehmbarer Form nahezubringen. Seine Bedeutung für die Jaina-Gemeinden außerhalb Indiens zeigt sich u. a. daran, daß er 1980 bei dem internationalen Jaina-Treffen im Jaina-Gemeindezentrum in Leicester/England die religiösen Zeremonien leitete. (Näheres dazu in: *Jain Journal,* Juli 1981, S. 26ff.)

14 Zit. nach Helmuth von Glasenapp: *Pfad zur Erleuchtung*, Köln 1983, S. 92.

15 Nicht zuletzt unter dem Einfluß von Buddhismus und Jainismus wandelte sich im Laufe der Zeit der altindische Brahmanismus zum heutigen Hinduismus. Das gilt besonders für die Ahimsa und die auf ihr beruhende vegetarische Lebensweise, welche in der Hindu-Religion große Bedeutung gewann. Das wohl bekannteste Beispiel ist Mahatma Gandhi, der zu einem weltweiten Symbol der Ahimsa wurde. Weniger bekannt ist, daß Gandhi zwar Hindu war, aber zumindest in seiner Jugend unter dem Einfluß der Jainas stand. So ließ ihn seine Mutter, bevor er zum Studium nach England ging, durch einen Jaina-Mönch u. a. das Gelübde ablegen, auch im Abendland kein Fleisch zu essen.

16 *Der Geist des Buddhismus*, aaO., S. 36.

17 Reinhold Braun: *Ahimsa*, München 1984, S. 150

18 Zit. nach Helmuth von Glasenapp: *Die Literaturen Indiens*, Stuttgart 1961, S. 153.

19 Zit. nach Helmuth von Glasenapp: *Pfad...*, aaO., S. 96.

20 Majjhima-Nikāya 22 (Übers. Kurt Schmidt).

21 Arthur Schopenhauer, aaO., S. 507f.

22 Udāna 8,3.

Reinhold Braun

Ahimsa-Bewußtsein und Europa

Doch wer die Wesen hier alle
Wiedererkennt im eigenen Selbst
Und sich in allem, was lebet,
Der ängstigt sich vor keinem mehr.
Iśā-Upanishad 6.

Auf indischem Boden sind drei Religionen gewachsen:
Hinduismus, Buddhismus, Jainismus.

Die heutige Kultur Indiens ist ohne Jainismus nicht denkbar. Dennoch weiß man in Europa viel zu wenig von dieser Religion. Ihr strengstes Gebot heißt *Ahimsa*. Ein Prinzip, das allen drei Religionen gemeinsam ist. Für die Jainas aber steht und fällt ihr Glaube damit.

Holger Schleip fragt auf Seite 31 unter anderem:

> »Ist *Ahimsa* tatsächlich lebbar, oder ist sie, konsequent aufgefaßt, nicht geradezu lebensfeindlich? Legt man unseren (engen) westlichen Begriff von Leben zugrunde, dann mag es Lebewesen geben, die leben können, ohne anderes Leben zu zerstören – die Pflanzen nämlich. Aber ist nicht die Vielfalt des Lebens und das, was wir ›Höherentwicklung des Lebens‹ nennen, nicht nur aufgrund von Gewalt gegen Leben möglich? Zeigt nicht etwa die Idealisierung des ›im Tode endenden Hungerns‹ als höchste Form der Askese, daß durch konsequente *Ahimsa* der Schutz des Lebens zum Selbstmord pervertiert wird?«

Diesen Fragen liegt, wie ich es sehe, ein falscher Gedankenansatz zugrunde, weil er ein religiös-ethisches Prinzip sozusagen logisch-mathematisch angeht. So kann man der *Ahimsa* nicht gerecht werden. Man kann sie nicht hochrechnen. *Ahimsa* ist Ausfluß eines Bewußtseins, das in ständigem Kontakt mit der *Einheit*, mit *Brahman*, also mit dem Urgrund allen Seins steht. Europäisch ausgedrückt: *Ahimsa* ist die Frucht eines Bewußtseins, das in der Transzendenz wurzelt, das täglich mit dem Kantschen

»Ding an sich« beschäftigt ist und seine ethischen Prinzipien weniger aus der Welt der Erscheinungen als jener, die dahintersteht, entwickelt. Dem Europäer fehlt leider ein allgemeinverständliches Vokabular für diesen Bewußtseinszustand. Daher auch die Schwierigkeit für ihn, indisches Denken nachzuvollziehen.

Es ist durchaus nicht leicht zu erklären, was dieses Prinzip *Ahimsa* wirklich ist, was es wirklich bedeutet. Es einfach mit Gewaltlosigkeit zu übersetzen, genügt nicht. Der begrenzte Umfang meines Beitrages erlaubt mir an dieser Stelle keine eigene Deutung. Herbert Becker gibt dem Leser jedoch auf den Seiten 178 bis 202 eine einfühlsame Anschauung davon.

Die strenge Beachtung der *Ahimsa* bringt viele Verhaltensregeln in Gang, die dem Europäer fremd sind. So unterliegt unter anderem die Zahl der Speisen und Getränke erheblichen Einschränkungen. Speisen und Getränke, die der Europäer sich ganz nach Belieben schranken- und gedankenlos einverleibt. Jedem wird verständlich sein, daß sich unter einer Ordnung, die von der *Ahimsa* geprägt worden ist und in die der Jain hineingeboren wird, ein Bewußtsein heranbildet, das man auch als *Ahimsa*-Bewußtsein bezeichnen kann. Es wird beherrscht von der heiligen Scheu, etwas Lebendiges zu verletzen. Nur der ernsthafte, lebensbedrohende Konflikt vermag das Tabu für kurze Zeit aufzuheben. Die Situation muß jedoch akut und eindeutig sein. So wird der gläubige Jain zum Beispiel niemals den Tierversuch als lebensnotwendig ansehen. Einfach weil Krankheit keinen Konflikt zwischen ihm und einem Tier darstellt. Er lebt eben aus einem ganz anderen Geist heraus. Kein Mensch, der das *Ahimsa*-Bewußtsein hat, könnte sich mit Tierversuchen einverstanden erklären, und zwar ohne Ausnahme. Die Rücksichtnahme auf Tiere hat für ihn den Vorrang vor Wissen, das nur durch Ausbeutung und Qual von Tieren zu erlangen ist. Natürlich ist das Schlachten und alles, was damit zusammenhängt, genauso unannehmbar für den Jain. Diese zwei grausamen und blutigen Tätigkeiten – Tierversuche und Schlachten –, die von unserer Gesellschaft mit großer Selbstverständlichkeit Tag für Tag, man kann sagen rund um die Uhr, vollzogen werden, sind mit *Ahimsa* völlig unvereinbar. Daß damit bei weitem nicht alle Abscheulichkeiten genannt sind, die der europäische Geist gegenüber dem Tier praktiziert und die mit *Ahimsa* unvereinbar sind, versteht sich von selbst.

Der Leser vergesse aber auch unsern Umgang mit den Pflanzen nicht! Er denke an die Ausbeutung und Vernichtung ganzer Landschaften. Immer wird ja dabei Leben verletzt oder vernichtet. Man könnte sagen, der Alltag moderner Industriegesellschaften wird beherrscht von brutaler Gewalt. Er läßt das Gegenteil von dem erkennen, was *Ahimsa* dem Menschen auferlegt.

Natürlich liegen uns, die wir in eine hochkomplizierte Technokultur hineingeboren sind, Fragen nahe, wie sie Schleip stellt. Und es besteht auch kein Zweifel, daß selbst der frömmste Jaina-Mönch nicht leben kann, ohne anderes Leben zu vernichten. Es kommt aber darauf an – und das ist das Wesentliche! –, das unvermeidbare Übel soweit als irgend möglich auf das geringste Maß einzuschränken. Ich meine, *Ahimsa* wäre nur dann nicht lebbar, wie Schleip zur Diskussion stellt, wenn ihr der Impuls unkontrollierter Ausweitung innewohnte, wenn also Maß- und Hemmungslosigkeit sie triebe. Gerade das aber ist nicht der Fall! Das blieb dem positivistischen Denkzwang Europas vorbehalten! *Ahimsa* will nicht fortgeführt werden bis ins Absurde, bis in ihre Umkehr, also ihre Perversion. Auch das Fasten bis zum Tod orientiert sich noch am Leben! Der Hungertod ganz bestimmter heiliger Jaina-Asketen ist nicht der Hungertod des namenlosen Jainagläubigen! Der eine ist Symbol, ja Fanal menschlicher Willenskraft, die sich über Triebe und Leidenschaften erhebt. Der andere ist Verklärung in diesem Willen, wenn der Leib schon zu verdorren beginnt. Das muß man auseinanderhalten! Dennoch dienen beide der *Ahimsa*. Auch das muß man verstehen lernen! Menschliches Leben bedeutet ja mehr als »in den Tag hineinleben«! In der Samlekhana, dem absichtlichen Hungern bis ans Ende, gehen Leben und Tod, geht die Polarität der differenzierten Welt bewußt in die *Einheit* über. Für den Jainagläubigen reifte dieser Entschluß (heute offiziell nicht mehr zulässig) zu einem Zeitpunkt heran, an dem der Europäer nach lebenserhaltender Technik zu rufen beginnt. Der Begriff der Perversion scheint mir daher für die moderne westliche Medizin angebrachter. Sie hat das menschliche Gesicht verloren, ist sich Selbstzweck geworden, hat die Heilkunst zur Heiltechnik pervertiert und gefällt sich in makabren Kunststücken. Oder ist es etwa nicht pervers, einem Patienten mit ungeheuerem Kostenaufwand (mehrere hunderttausend Mark) ein neues Herz einzupflanzen, während in jeder Minute über hundert Menschen auf unserer Erde verhungern? Mit jedem Pulsschlag von uns ein bis zwei Hungertote! Wohin läuft dieses europäische Fortschrittsdenken? Wir lassen die Alten nicht mehr sterben und werfen die Ungeborenen in den Abfalleimer. Eine perverse Lebenserhaltungsindustrie läuft parallel mit einer perversen Lebensvernichtungsindustrie! Kobalt- und Atombombe sind ihre Wahrzeichen! Was sagte wohl Christus dazu?

Die Selektionstheorie Darwins gegen *Ahimsa* ins Feld zu führen, kann vom Herausgeber nur provozierend gemeint sein. Abgesehen davon, daß der Mensch gar nicht in der Lage sein kann, Zwang und Modus der Evolution, deren Produkt er ja (aus dieser Sicht) selbst ist, außer Kraft zu setzen, wer könnte in der heutigen Weltsituation nicht auch das Gegenteil aus Darwins Theorie ableiten? Ich meine damit die selektive Bevorzugung jenes Typus unter der Spezies Homo sapiens, der am wenigsten zur Aggression und Grausamkeit neigt. Dessen Streben dem Frieden, dessen Aufmerksamkeit der Erhaltung und Bewahrung gilt. Kurz, in dem die Liebe zu seiner Mutter, zu unser aller Mutter Erde wächst. Weil er *sieht,* wie sie leidet, wie man ihre Kinder vergiftet, ihr den Leib aufreißt, ihr den Atem nimmt! Die »Selektion« wird das nicht zulassen! Sie wird eine Umkehr erzwingen. Mit uns oder ohne uns. Es wäre nicht das erste Mal, daß sie ihre Richtung geändert, ihr Sieb ausgetauscht, ihren Filter gewechselt hat. Wenn der Mensch das Leben achtet und sich bemüht – ich betone *bemüht* –, gewaltlos im Sinne der *Ahimsa* zu handeln, so kann und wird er die Evolution nur positiv beeinflussen. (In Schlachthöfen, Tier-KZs und Tierlabors findet ohnehin keine Evolution statt!)

Zur Bemerkung über Pflanzen: Natürlich können auch sie nicht leben, ohne anderes Leben zu zerstören. Man beobachte nur die Gewalt der Verdrängung und Unterdrückung gerade dieser Lebewesen untereinander! Jeder Garten, jeder Wald, jedes Stück Flur zeigt es überdeutlich. Leicht stellt sich da die Überzeugung ein: Grausamkeit ist das Wesen der »Natur« überall, das Individuum ist ihr gleichgültig, allein das Ziel scheint ihr wichtig. – Ein Ziel, das niemand kennt! Denn auch die wahrnehmbare Evolution gehört zur Welt der Erscheinungen, zur *Maya,* wie der Inder sagt. Wer und was Evolution bewirkt, steht *hinter* den Erscheinungen, *hinter* der *Maya* in der tiefen Verborgenheit des Absoluten. Nicht illusionär, nicht zur *Maya* gehörend ist dagegen die Gabe des Menschen, sich in seinem Handeln der Grausamkeit entziehen zu können und an ihre Stelle Sanftmut, ja Liebe zu setzen. Erst in diesem Entschluß wird *Ahimsa* verständlich. Nichts Lebensfeindliches ist an ihr. Sie ist die Nabelschnur zwischen Absolutem und Vergänglichem, zwischen *Brahman* und den Dingen, zwischen Gott und Welt. Entziehen wir unser Handeln der Grausamkeit, so nehmen wir Gott an, so bleiben wir in Verbindung mit dem Urgrund allen Seins.

Eine *Ahimsa*-bewußte Gesellschaft ist wach und sensibel, ist voller Aufmerksamkeit gegenüber anderem Leben. Sie *kann* es einfach nicht ertragen, was bei uns heute der Alltag ist. Daraus ergibt sich eine wichtige und ganz wesentliche Konsequenz: Eine solche Gesellschaft *setzt ihrem Handeln Grenzen!* Der *Verzicht* spielt in einer *Ahimsa*-bewußten Gesellschaft stets eine große Rolle. Der Verzicht bedeutet ihr höchste Weisheit, und sie nimmt ihn mit Selbstverständlichkeit hin, sofern er nicht zur Selbstzerstörung führt. So führt – wir bleiben bei dem Beispiel – der Verzicht auf Tierversuche, auf Tierfabriken und Schlachthöfe natürlich nicht zur Selbstzerstörung! Es wäre geradezu töricht, wollte jemand das behaupten. Der Verzicht auf Tierversuche führt allenfalls zu erhöhtem Risiko und mehr Deutung von Schicksal. Das ist nichts Negatives! Ich bestreite nicht, daß es unser »Naturrecht« ist, uns im Konfliktfall zu wehren, um unser Leben zu kämpfen. Doch es muß ein humaner, ein menschenwürdiger Kampf sein! Der Kampf gegen Krankheit und Tod kann niemals darin bestehen, daß man die wehrlose Kreatur in die Hölle schickt. Er muß auf anderem Felde geführt werden. Auf dem Felde der Freiheit, dessen Grenzen durch Würde, Ehrfurcht und Demut abgesteckt sind. Der Mensch wird zum Unmenschen, wenn er diese Grenzen durchbricht. Der Europäer hat sie längst durchbrochen. Er kriecht über den Horizont, duckt sich und lauert, den tausendfachen Tod in Händen. Das Versagen des Christentums wird offensichtlich. Franziskus ist abgeschmettert.

»Tat twam asi«, das bist *du*! So lautet die kürzeste Formel für den Kern indischen Denkens. Diese Empfindung hat der gläubige Inder bei besinnlicher Betrachtung eines lebendigen Wesens. Du *selbst* bist dieses Lebendige! Du *selbst* bist es, das du anblickst und das dich anblickt! Dieser Grundgedanke des Vedanta, der nichts anderes ausdrücken will als die Wesenseinheit alles Lebendigen, alles Gewachsenen, letzten Endes alles Seienden, kann rational nicht restlos erklärt werden. Der Mensch muß diese Einheit aufspüren, muß sie *empfinden* und schließlich wie in einer Offenbarung erkennen.

Zugegeben, der überzivilisierte, ohne mystische Erfahrung gebliebene Mensch westlicher Industriestaaten tut sich dabei schwer. Dennoch vermute ich, daß es unter den Lesern Personen gibt, die Tiere, die Pflanzen, ja vielleicht sogar das Meer, Flüsse, die Erde so angeblickt haben, daß sie das gespürt haben, was ich hier meine und deutlich machen möchte. *Ahimsa ist* rational nicht völlig zu erfassen! *Ahimsa* ist mehr als eine formulierbare Anweisung, sich so und nicht anders zu verhalten. *Ahimsa* ist in der Tat ein Bewußtseins*zustand.* Ein Bewußtseinszustand, der Individualität quasi aufzuheben beginnt und alles Lebendige als Einheit, als auch uns selbst zugehörig empfindet. Das kommt zum geringsten über die Ratio, über Verstand und Vernunft zustande, wenngleich auch sie dazugehören. Es ist vielmehr das Emotionale in uns, das hier wirkt. Die von unserm Zeitgeist immer wieder verteufelte oder beiseite geschobene Emotion ist es, die den Weg frei macht zu jener Spiritualität, die das *Ahimsa*-Bewußtsein wachsen läßt. Versenkung und Hingabe begleiten den Prozeß.

Ganz besonders das »Zeitalter der Aufklärung« hat den europäischen Menschen immer mehr, immer stärker auf eine Bewußtseinsebene abgeschoben, die man als die anthropozentrische bezeichnet. Also eine Bewußtseinsebene, für die nur der Mensch und immer nur der Mensch im Mittelpunkt steht. Die Epoche der großen Ausbeutung der lebendigen und nicht minder auch der unlebendigen Welt begann. Auf nichts wurde mehr Rücksicht genommen, wenn nur der Mensch Material und Wissen ansammeln konnte. Wohin wir damit gekommen sind, sehen und erleben wir jeden Tag. Die Welt wird inhumaner mit jeder Stunde, mit jedem Atemzug, kann man schon sagen. Wahrlich, die Ratio hat uns kein Glück gebracht. Und die Ethik Albert Schweitzers zeitigt noch keine Früchte, wenn man die wachsende Zahl der Tier-KZs und das Elend der massakrierten Wälder, Seen, Meere, kurzum die immer schlimmer mißhandelte Mutter Erde dagegenhält. Was uns fehlt, ist in der Tat *Ahimsa*-Bewußtsein.

Dieses Bewußtsein macht auch vor der anorganischen, der sogenannten unbeseelten Welt nicht halt! Denn es bemerkt und empfindet, daß auch diese zum Leben und zu jeder Seele gehört. Noch auf jedem Felsen sitzt Leben, so wie im Boden, in den Flüssen, den Meeren, den Seen, der Luft! Wo immer wir mit der Macht unserer Maschinen und Motoren die Erde aufreißen, ja ganze Landschaften zerfetzen – verletzen und vernichten wir auch Leben! Und wir nehmen damit dem Planeten auch die Schönheit, ohne die jede Seele verdorrt! Tagtäglich lesen wir von Landschafts- und Lebensvernichtung! Tagtäglich treffen wir auf sie! Chancenlos scheint die *Ahimsa* in Europa! Die Gewalt wird immer rigoroser, immer stärker, immer unmenschlicher, Unheil zieht vor unser aller Augen auf! Homo sceleratus, der entweihte, der verbrecherische Mensch gewinnt an Übergewicht, und er trägt sein Zerstörungswerk längst schon über alle Grenzen hinaus. Kein Land, keine noch so friedliche Insel bleibt verschont davon. Zur Ehrfurcht vor dem Leben gehört aber immer auch der Respekt vor dem Seienden, vor dem So-sein einer gewachsenen Landschaft; denn in ihr ist ja, gedeiht ja Leben! Für das *Ahimsa*-Bewußtsein, wie ich es verstehe, ist diese Einheit ganz selbstverständlich. Alles gehört zusammen! Alles was *ist!*

Es hat, das will ich bemerken, auch in der europäischen Geschichte Ansätze in Richtung auf *Ahimsa* gegeben, doch nur sehr punktuell und ohne große Breitenwirkung. Tatsache bleibt, daß die Entwicklung bei uns entgegengesetzt verlief. Das dominierende Bewußtsein in den Gesellschaften westlicher Industriestaaten könnte man geradezu als ein parasitäres Bewußtsein bezeichnen. Ein Bewußtsein der Rücksichtslosigkeit, des Raffens und Ausbeutens, ohne jede Beziehung zur Transzendenz! Es kann keinen Zweifel geben, daß Verhalten und Zielvorstellungen westlichen Denkens in unserm Jahrhundert fast ausschließlich im naiven Realismus (im Sinne E. v. Hartmanns) wurzeln und kaum noch Verbindung mit jenen Denkern und Heiligen haben, die sich bemühten, hinter die Welt der Erscheinungen zu blikken, die ihr Menschsein nicht als etwas ihnen Gegebenes, sondern ihnen Aufgegebenes verstanden! Indien dagegen ging diesen Weg und wird erst heute vom parasitären Bewußtsein des Westens so stark infiziert, daß es mir fraglich erscheint, ob es dieser Infektion zu widerstehen vermag.

Ohne *Ahimsa* wird die Zukunft der allgemeine seelische Kältetod sein, so meine Überzeugung. Sollte das *Ahimsa*-Bewußtsein ganz von unserer Erde abziehen, wird der Mensch kein Mensch mehr sein, sondern der Präzeptor globaler Vernichtung. Was der europäische Geist schon heute auf unserm Planeten anrichtet, ist ungeheuerlich und muß den Christen schockieren und vor das Kreuz führen! Doch keiner will dieses Elend sehen, diese Vergewaltigung, diese Blutströme, dieses dauerhafte furchtbare Massaker. All das zu sehen ist europäischem Bewußtsein unerwünscht. Dem Bewußtsein der Menschen, die so sensibel gegen sich selbst sind und deren Würde immer weiter verkommt. Wir rufen nach Freiheit und knechten alles, was nicht unseresgleichen ist! Wir verachten Willkür und bekämpfen die Folter und praktizieren beides hemmungslos gegenüber hilflosen Wesen, die nicht zu unserer Gruppe, zu unserer Art, unserer Spezies gehören und doch leiden können wie wir! Hier wird die Verflachung und Inkonsequenz christlich-sittlichen Handelns besonders deutlich. Der Verfall humaner Werte zeigt sich dem Nachdenklichen unverhüllt. Noch begreift der Europäer *Ahimsa* nicht, sieht nicht die archaische Tiefe, in die sie hinabreicht, aus der sie gespeist und unserer Totschläger-Kultur zum Spiegel und zugleich Menetekel wird.

Wir fangen jetzt an, über die Ratio, über Verstand und Vernunft neue Wege zu suchen. Sogenanntes ökologisches Denken ergreift Besitz von uns. Das ist erstes Zeichen zur Umkehr. Aber erst wenn *Ahimsa*, das emotionale, jenseits aller Ratio *gefühlte* Eins-Sein mit allem Lebendigen und Gewachsenen unser Handeln wieder bestimmt, wird das eintreten können, was jeder von uns im Grunde seines Herzens will: Friede mit allem und jedem. Das ist der nimmermüde Impuls der *Ahimsa*. Aus ihr heraus gilt es, menschliches Leben zu gestalten und allen Tand von wirklich zwingender Notwendigkeit zu scheiden.

Prolog

Die meist auf fernöstlichem Gedankengut aufbauenden »Jugendsekten« haben eine schlechte Presse. Alt und jung, Christen und Atheisten, Rechte und Linke waren sich ausnahmsweise einmal von vornherein einig: Ein Rückfall ins Irrationale und eine Gefahr für unsere Jugend.

Ohne damit Partei ergreifen zu wollen, möchte der Herausgeber bemerken, daß einerseits die »Jugendsekten« nicht in einen Topf geworfen werden dürfen und daß andererseits kleine religiöse Minderheiten und große etablierte Konfessionen nicht mit zweierlei Maß gemessen werden sollten. Immerhin haben heftigste interne Auseinandersetzungen und die Anhäufung weltlicher Reichtümer, wie sie bei der Bhagwan-Bewegung Schlagzeilen machten, gerade innerhalb der großen christlich-abendländischen Kirchen eine lange Tradition, und die Lösung familiärer und gesellschaftlicher Bindungen zugunsten der Selbstaufopferung für eine religiöse Gemeinschaft gilt dann als bewundernswert, wenn sie aus der Jüngerschaft Jesu berichtet oder im Schoße etablierter Kirchen praktiziert wird.

Der Autor des folgenden Beitrages und der Herausgeber lernten sich 1977 im Rahmen der Bemühungen um den Aufbau einer ökologisch orientierten Partei kennen. Makhana Taskoradas hieß damals noch Markus Mößner, war gerade fünfzehn Jahre alt und fiel bereits als Sonderling auf wegen seines radikalen Ökologismus und Pazifismus, und weil er aus ethischen Gründen für sich jede Nahrung tierischer Herkunft ablehnte. Inzwischen hat er sich aus der Parteipolitik zurückgezogen und lebt als Priester der Hare-Krishna-Bewegung in einer Landgemeinschaft, in der Leben beispielhaft naturnah und gewaltfrei gestaltet wird und in der auch interessierte Gäste gerne gesehen sind (Anschrift: Zielberg 29, 8391 Jandelsbrunn).

Besonders bemerkenswert erscheint dem Herausgeber an dem folgenden Aufsatz unter anderem die explizite Wissenschaftsfeindlichkeit: Während religiöse Autoren heute gemeinhin größten Wert darauf legen, Konflikte zwischen der eigenen Religion und der Wissenschaft auf Mißverständnisse zurückzuführen und einem sich ergänzenden Zusammenwirken von Wissenschaft und Religion das Wort reden, hält Taskoradas den Konflikt zwischen Wissenschaft und Religion für fundamental und ergreift für die Religion Partei.

Der Herausgeber

Makhana Taskoradas

Hare Krishna – Religion der umfassenden Liebe

»Der demütige Weise sieht kraft wahren Wissens einen gelehrten und zuvorkommenden Brahmanen, eine Kuh, einen Elefanten, einen Hund und einen Hundeesser (Unberührbaren) mit gleicher Sicht.«

Bhagavad Gita 5.18

Die 1966 von dem Inder Swami Prabhupada gegründete Hare-Krishna-Bewegung kann als Zweig des Hinduismus aufgefaßt werden – auch formal: Die Internationale Gesellschaft für Krishna-Bewußtsein ist Mitglied des Hindu-Dachverbandes Vishva Hindu Paridad. Trotzdem ist es für mich als Vertreter der Hare-Krishna-Bewegung kaum möglich, generell als Vertreter *des* Hinduismus auf Schleips »Fragen eines Ungläubigen« zu antworten. Dies gilt nicht nur für Hare-Krishna-Anhänger, dies gilt für alle Hindus, denn weit mehr als etwa beim Christentum handelt es sich bei »dem Hinduismus« um sehr verschiedene Religionen, die unter einem Oberbegriff (eben »Hinduismus«) zusammengefaßt werden.

Beispielsweise liegt die monistische Shankara-Schule seit altersher in ständigem Widerstreit mit den Vaishnavas, zu denen auch die Hare-Krishna-Bewegung gehört; in Südindien werden regelmäßig öffentliche Diskussionen geführt, wo Vertreter beider Richtungen miteinander sprechen. Daneben gibt es noch viele andere Richtungen, die verschiedene Halbgötter, Geister, Naturelemente und andere mächtige Lebewesen verehren und sich mit verschiedenen Praktiken zur Erlangung mystischer Kräfte befassen. Alle diese Richtungen sind auch aus der Sicht der Vaishnavas insofern nicht falsch, als die Praktizierenden tatsächlich ihr Ziel erreichen können; diese Richtungen werden aber von den Vaishnavas abgelehnt, weil sie das endgültige Ziel verfehlen und nur auf Vergünstigungen in diesem oder den nächsten Leben ausgerichtet sind. In meinem Beitrag werde ich nur den Vaishnava-Standpunkt vertreten.

Schleip bemängelt in seinen »Fragen eines Ungläubigen« am Hinduismus eine exzessive Ungleichbehandlung von doch als eng verwandt angesehenen Lebewesen, wie sie gegenüber Menschen durch das Kastenwesen und gegenüber Tieren durch Schlachtverbote einerseits und Tieropfer andererseits zum Ausdruck komme (Seite 30). Jedoch findet die Kastenordnung keinen Rückhalt in den Heiligen Schriften der Hindus, den Veden, sondern ist eine (Un-)Sitte jüngeren Datums, die innerhalb der hinduistischen Religionen sehr umstritten ist; Vaishnavas hegen keine Kasten-Vorbehalte gegen andere Menschen. Hinsichtlich der Tiere ist der Schutz der Kuh, mit deren Milch wir alle aufgezogen wurden, für jeden Hindu unverzichtbarer Bestandteil seiner Religion, während die Verehrung anderer Tiere oder auch Pflanzen von Richtung zu Richtung verschieden ist und mit der Verehrung verschiedener höherer Wesen zusammenhängt. Die blutigen Tieropfer der Ihaktas, der Verehrer der Göttin Kali, haben nichts mit der reinen Vaishnava-Lehre zu tun und werden von uns entschieden abgelehnt.

Die von Schleip angesprochene Unreinheit von Geburt und Tod (Seite 30) beruht auf dem mit diesen Vorgängen verbundenen Kontakt mit den unreinen Substanzen Nachgeburt bzw. Leichnam. Das bedeutet jedoch nicht, daß Hindus eine gestörte Beziehung zu diesen natürlichen Vorgängen hätten. Geburten werden in Indien mit rauschenden Festen gefeiert, und auch der Tod findet offen statt – offener als hierzulande, wo das Sterben und leider oft auch der Sterbende verdrängt werden; der Leichnam wird geschmückt und durch das ganze Dorf bis zum Verbrennungsplatz getragen, oftmals mit Musik.

Um ein Verständnis für die Lebensweise der Vaishnavas zu bekommen, sind einige Informationen über den philosophischen Hintergrund des Weltbildes der Vaishnava-Lehre notwendig. Die Vaishnava-Lehre stützt sich wie jede Hindu-Richtung auf die Veden, die ältesten Schriften der Welt, wobei besondere Bedeutung zugemessen wird der Vedantaliteratur wie den Brahmasutras, der Bhagavad Gita und dem Srimad Bhagavatam. Die Bhagavad Gita ist wohl das bekannteste Buch der Veden, sie wurde in alle Sprachen übersetzt, und nicht ganz zu Unrecht bezeichnete sie Albert Schweitzer in seinem Buch »Die Weltanschauung der indischen Denker« als das meistgelesene Buch der Welt. Hier finden wir beschrieben, daß in jedem lebenden Körper eine ewige Seele gegenwärtig ist; ja Leben ist das eigentliche Symptom der Seele. Dabei wird kein Unterschied gemacht, in welchem Körper die Seele gerade gegenwärtig ist. Weiter erfahren wir, daß es eine höchste Seele gibt, Paramātma oder die Überseele, die, obwohl selbst eine Seele, alle Seelen bei ihren Reisen durch verschiedene Körper begleitet. Die individuelle Seele versucht, während ihres Aufenthaltes im Körper glücklich zu werden durch materielle Sinnesbefriedigung und Kontrolle des materiellen Umfeldes. Sie erlebt jedoch eine Enttäuschung nach der anderen, weil sie selbst spirituell ist und daher durch die Befriedigung der Sinne nicht wirklich berührt und glücklich wird. Wirkliches Glück für die Seele besteht in der Wiedererweckung ihrer vergessenen liebevollen Beziehung zur Überseele, zu Gott. Wenn diese Beziehung wiederbelebt ist, hat der Kreislauf von Geburt und Tod ein Ende, und die Seele geht in die spirituelle Welt ein, wo sie für immer ihren liebenden Austausch mit Krishna, mit Gott genießt.

In Anbetracht dieses Verständnisses ist der Begriff »Erlöschungs-Religion«, wie er in Schleips »Fragen eines Ungläubigen« zitiert wird (Seite 32), nicht zutreffend. Die Vorstellung einer Erlösung vom Kreislauf der Wiedergeburten durch das Eingehen eines immerwährenden Austausches mit Krishna mag schwerer verständlich sein als etwa die christliche Vorstellung eines Weiterlebens im »Paradies« oder »Jenseits« – jedoch ist es irreführend, die hinduistische Vorstellung als eine »Erlöschung« im Sinne einer Auslöschung des Lebens zu bezeichnen und so der jüdisch-christlich-islamischen »Erlösung« gegenüberzustellen. Und der Gedanke, eine Auslöschung des Lebens auf der ganzen Erde etwa durch Massenvernichtungswaffen könnte einen Weg zur Erlösung vom Kreislauf der Wiedergeburten im Sinne des Hinduismus darstellen, ist auf der Grundlage der Vaishnava-Lehre völlig abwegig.

Die indischen Religionen wie Hinduismus, Jainismus und Buddhismus unterscheiden sich in ihren Schlußfolgerungen sehr voneinander, und es ist deshalb irreführend, wenn gewisse Vorstellungen wie das Nirwana oder Praktiken wie das Todesfasten der Jainas als Allgemeingut aller indischen Religionen dargestellt werden. Was den Hinduismus anbelangt, ist der Vorwurf der Lebensverneinung, der von westlichen Beobachtern den indischen Religionen gerne vorgehalten wird, unzutreffend.

Auch die Tatsache, daß die Freuden, die aus Essen, Schlafen, Sex und so weiter zu ziehen sind und die für den Durchschnitts-Westler das Ziel des Lebens darstellen, in den indischen Religionen nicht sehr wichtig genommen werden, bedeutet noch lange nicht Lebensverneinung. Vielmehr ist es echte Lebensbejahung, wenn anstelle zeitweiliger Freuden, die von ständigen Leiden unterbrochen werden, nach echtem ewigem Glück für alle Lebewesen gesucht wird.

Da der Vaishnava in allen Lebewesen die Seele sieht, betrachtet er sie alle als seine Brüder, und Gewalt gegen irgendein Lebewesen ist ihm im Innersten zuwider. Es widerstrebt ihm ganz natürlicherweise, Gewalt auszuüben. In seinem Innern ist er stets in Gedanken an seinen geliebten Herrn Krishna versunken, und er weiß auch, wie ungern Krishna es sieht, wenn seine Geschöpfe leiden. Gott, Krishna ist nicht ein zorniger alter Mann und auch kein unpersönliches Prinzip oder eine abstrakte Energie. Krishna ist die höchste liebenswerte Persönlichkeit, und die Vollkommenheit besteht darin, unsere Liebe zu ihm wiederzuentdecken. Diese Liebe stellt die echte Zufriedenheit des Lebens dar, und nur wenn sie erreicht wird, kann man frei werden vom falschen Egoismus, der letztlich die Ursache aller Leiden und allen Unglücks in dieser Welt ist.

Dies ist ein sehr interessanter Punkt: Warum gibt es Gewalt und Unterdrückung, warum all die abscheulichen Dinge, gegen die dieses Buch angehen soll? Letztlich nur, weil irgend jemand denkt: »Ich möchte genießen, ich möchte beherrschen, ich möchte berühmt werden, ich, ich ich«, und dafür muß er andere bedrängen, unterdrücken, töten usw. Und solange dieses krankhafte Bedürfnis besteht, muß es Gewalt etc. geben. Ein Vaishnava versteht, daß ihm nichts gehört, daß ihm aber ein bestimmter Anteil an den Gaben der Natur zur Verfügung steht, um sich zu erhalten. Und selbst wenn dieser Anteil gering sein mag, so ist er doch zufrieden und sieht keine Notwendigkeit, mit anderen zu konkurrieren oder gar zu kämpfen, wie Hunde um einen Knochen.

Nun begegnen wir dem entscheidenden Gegensatz zwischen der indischen Kultur und der modernen westlichen Zivilisation, die von der »Heiligen Dreifaltigkeit von Wirtschaft, Technik und Wissenschaft« geprägt ist. Um es ganz deutlich zu sagen: Die moderne wissenschaftlich geprägte Kultur- und Lebensweise wird von uns als dämonisch abgelehnt. Für jeden vernünftig denkenden und nicht wissenschaftsgläubigen Menschen ist das auch durchaus einleuchtend:

Mit dem wachsenden Einfluß des wissenschaftlichen Weltbildes hat zugleich der Einfluß von Mitmenschlichkeit und ethisch-moralischen Prinzipien abgenommen. Abscheulichkeiten wie der Mord an ungeborenen Kindern sind heute völlig normal, und kaum jemand stört sich noch daran, ganz zu schweigen von den Massenmorden an unschuldigen Tieren in den Schlachthöfen und Metzgereien. Ich denke, es ist keine Übertreibung, wenn ich sage, daß sämtliche Probleme, die die heutige Welt beunruhigen, auf das Konto der modernen Wissenschaft und des von ihr geprägten Weltbildes gehen. Aber trotzdem, obwohl jeder weiß, daß die Massenvernichtungswaffen und -industrien nur der Wissenschaft zu verdanken sind und obwohl viele dagegen protestieren, bleibt dennoch der Glaube an die Wissenschaft unerschütterlich. Wissenschaftliche Dogmen wie den Urknall oder die Evolution in Frage zu stellen, gilt als schwerwiegendes Sakrileg, und wer immer das wagt, muß damit rechnen, als Spinner abgetan zu werden, auch wenn er die besten Argumente haben mag.

Wissenschaftler, auch wenn sie Männer mit niedrigstem Charakter sind (man denke nur an ihre vielgeliebten Tierversuche), gelten als die höchsten Autoritäten, und ihre atheistisch-materialistische Lebensphilosophie hat zur Folge, daß ethische Werte mehr und mehr verschwinden, Kriminalität überhand nimmt und die Selbstmordrate steigt.

Deshalb lehnen die Vaishnavas die wissenschaftliche Weltanschauung und die daraus resultierenden Abscheulichkeiten grundsätzlich ab. Die Qualität einer Ideologie läßt sich an den Folgen dieser Ideologie beurteilen. Auch wenn die Wissenschaft ihre Lehre sehr autoritär und teilweise logisch darstellt, so ist sie dennoch zu verwerfen, weil sie Gewalt und Zerstörung nach sich zieht.

Die Vaishnava-Kultur bietet hier eine echte Alternative. Es ist die Kultur, die vom Schöpfer dieser Welt selbst gegeben wurde und die deshalb die beste Art ist, mit der Schöpfung in Harmonie zu leben. Das Grundverständnis dabei ist, daß letztlich alles Krishna gehört und dazu bestimmt ist, ihm zu dienen. Aber dieser Dienst hat nichts mit dem erzwungenen Dienst eines Lohnabhängigen oder eines Sklaven zu tun, vielmehr läßt er sich mit dem Austausch zwischen Liebenden vergleichen. Da ein Vaishnava versteht, daß er nur zeitweilig in diesem Körper anwesend ist, hat er kein Interesse, sich künstlich Annehmlichkeiten zu verschaffen und dadurch andere Lebewesen zu beeinträchtigen.

Diese selbstlose Haltung des Vaishnavas ist jedoch nur möglich, weil er schon durch seine Beziehung zu Gott, Krishna, völlig zufrieden ist und nichts anderes mehr braucht. Diese liebevolle Beziehung wird durch das Chanten des Mahamantra, Hare Krishna, Hare Krishna, Krishna Krishna, Hare, Hare, Hare Rama, Hare Rama, Rama, Rama, Hare, Hare, wiedererweckt.

Die aus der Beziehung zu Vishna entspringende Liebe umfaßt alles Leben. Sie erstreckt sich auf alle Menschen; Kreuzzugs-Ideologien, Missionieren mit Gewalt und die Vorstellung einer ewigen Verdammnis als Strafe für falschen Glauben sind der Hare-Krishna-Bewegung fremd – generell läßt sich sagen, daß, anders als in manch anderen Weltreligionen, derartige menschenfeindliche Glaubensinhalte und -praktiken im Hinduismus keine Rolle spielen. Und diese Liebe erstreckt sich auf alle Tiere; während andere Religionen Wert etwa darauf legen, daß ein zu essendes Tier nicht erst stirbt und dann ausblutet, sondern erst ausblutet und dann stirbt, oder etwa darauf, daß das Fleisch nicht am Freitag, sondern erst am Sonntag gegessen wird, legt der Vaishnava Wert darauf, kein Tier zu töten und kein Fleisch zu essen. Das tägliche Leben des Vaishnava ist geprägt von dem Bemühen, keinem Wesen Gewalt anzutun und keinem Wesen zu schaden – Artgrenzen sind für die umfassende Liebe des Vaishnava dabei unwesentlich.

Um unsere Ideale zu verwirklichen, verfolgen wir zwei Wege: Zum ersten möglichst viele Menschen über unsere Ziele zu informieren und dafür zu begeistern und zum zweiten eine praktische Modellgemeinschaft aufzubauen, wo wir unsere Ideale leben und zeigen können, daß unsere Vorstellungen nicht wirklichkeitsfremde Theorie sind. Unsere Landgemeinschaft hier im Bayrischen Wald soll die Keimzelle einer zukünftigen, auf den Idealen der universalen Brüderlichkeit und Liebe zu Gott basierenden Gesellschaft darstellen.

Giovanni Bandini und Ditte König

Der Hinduismus eine Natur-Religion?

Die Überschrift dieser Anthologie fordert, besonders durch den (bewußt?) zweideutigen Begriff der ›Natur-Religion‹, zur Reflexion heraus. Daß etwa der Hinduismus als *Naturreligion* zu bezeichnen sei, wird man von vornherein ablehnen müssen; ob und inwiefern er eine ›Natur-Religion‹ sei, wird im folgenden untersucht werden, nicht jedoch, ohne zuvor versucht zu haben, zweierlei zu klären.

1. Kann eine *wirkliche* Religion überhaupt etwas anderes sein als eine *Menschen*-Religion? Und gehört nicht zum Begriff der Natur notwendig der Ausschluß des Menschlichen? In anderen Worten: Bilden nicht die zwei Begriffe ›Mensch‹ und ›Natur‹ ein zwar komplementäres, aber zugleich in sich widersprüchliches Oppositionspaar? Und es bedeutete eine unziemliche Worthudelei, darauf hinzuweisen, daß dieser Widerspruch in zahlreichen Kulturen und Religionen (zu denen der Hinduismus gezählt werden könnte) nicht empfunden wird, ja, da ohne möglichen verbalen Ausdruck (so gibt es in den altindischen Sprachen kein Wort, das sich angemessen mit ›Natur‹ wiedergeben ließe), überhaupt nicht *besteht.* Denn in dem Falle erschiene es uns als die reinlichere Konsequenz festzustellen, daß es im vor- und außerislamischen Indien keine ›Natur‹ gibt; und es immerhin dann zu erwägen wäre, ob durch eine solche ›Sichtung‹ fremder Religionen anhand ihnen fremder Begriffe nicht ebendasselbe Kaufhausbewußtsein die Oberhand gewänne, das – auf die natürliche Umwelt ausgerichtet – zu Recht empörend wirkt und unter anderem zur Entstehung der grünen Bewegungen geführt hat. Es wäre in unseren Augen nur im allermaterialistischsten Sinne etwas gewonnen, wenn eine verantwortliche Beziehung zur Natur dadurch erkauft würde, daß die typisch abendländisch-menschliche Ausbeuterhaltung lediglich auf einen anderen

Gegenstand verlegt würde, und zwar auf den (im guten Sinne) allermenschlichsten überhaupt: die Religion.

Es sei also zunächst die Hoffnung ausgesprochen, daß diese Anthologie weder vom eigenen Anspruch noch vom Verständnis des Lesers her zu einem ›Neckermann-Katalog der Religionen‹ für Umweltbewußte, die nach einem Identifikationsbild suchen, werde.

2. Was ist ›Hinduismus‹? Läßt man sowohl die – aus sachlichen Gründen – simplifizierenden Darstellungen der älteren Indien-Forschung als auch die bornierten Ansprüche mancher zeitgenössischer Exportsekten außer acht, die den diesbezüglich unwissenden Westler glauben machen wollen, *sie* seien die legitimen Vertreter dessen, was man Hinduismus nennt, so zeigt sich allerdings, daß diese Frage keineswegs leicht zu beantworten ist; was neuerdings manche Indologen sogar zur provozierenden These verleitet hat, es gebe überhaupt keinen ›Hinduismus‹. Dieser Auffassung wollen wir uns zwar nicht anschließen, doch dürfen wir auch nicht vor der ihr zugrundeliegenden Wahrheit die Augen verschließen.

Anders als im Falle solcher Religionen wie des Judaismus, des Christentums, des Islams und – mit gewissen Einschränkungen – des Buddhismus, gibt es nämlich innerhalb dessen, was man Hinduismus nennt, kein ›Heiliges Buch‹, das einen *für alle verbindlichen* Satz von Dogmen, Glaubensgrundsätzen und ethischen Vorschriften enthielte, – von den Lehren also, zu denen man sich bekennen müßte, um sich als Hindu verstehen zu dürfen oder als solcher von anderen Hindus anerkannt zu werden. (Um einem möglichen Widerspruch entgegenzutreten, sei im Vorbeigehen gesagt, daß der Veda, dem allerdings von brahmanischer Seite ein solcher Status einer allverbindlichen Autorität zugesprochen wird, tatsächlich weitgehend nur solche Vorschriften enthält, die *nur von Brahmanen* befolgt werden *können und dürfen*; nach orthodoxer Auffassung ist sowohl die Durchführung der vorgeschriebenen vedischen Opfer als auch das ›Studium des Brahman‹, des Inhalts der Upanishaden, *einzig den Brahmanen* vorbehalten, somit den allermeisten Hindus verwehrt.)

Der Hinduismus ist also keine ›Religion‹ im abendländisch-christlichen Sinne des Wortes, ja nicht einmal ein *System* von metaphysischen, theologischen, ritualistischen und ethischen Lehrsätzen und Geboten. Am ehesten ließe er sich als ein Gewebe aus unterschiedlichsten Fäden oder Strängen charakterisieren, die zwar mehr oder weniger stark aufeinander abgefärbt haben und noch abfärben, die aber durchaus eine eigene typische Identität beibehalten haben, die in ihrem jeweiligen Kern wechselseitig ausschließlich ist, und die dennoch je für sich als ›hinduistisch‹ erkennbar bleiben und auch als solche von den ›Nebensträngen‹ anerkannt werden.

Vom Heidelberger Religionshistoriker Sontheimer stammt die Theorie, daß fünf solcher Stränge oder in seinen Worten ›Komponenten‹ das Gesamtphänomen Hinduismus ausmachen, nämlich:

1. Brahmanismus,
2. Asketentum,
3. Bhakti,
4. Volksreligion und
5. Stammesreligionen.

Unter »Brahmanismus« soll hier die von den Brahmanen gelehrte religiös-soziale Doktrin einer durch das Kastensystem und zahllose Ge- und Verbote streng gegliederten und geregelten Gesellschaft verstanden werden, als deren geistige Spitze sich die Brahmanen selbst ansehen. Maßgebend dafür ist die Vorstellung einer absoluten Weltordnung (dharma), die sämtliche Ereignisse und namentlich den Kreislauf der Wiedergeburten (samsāra) regelt. Als für die Aufrechterhaltung des Dharma wichtigste religiöse Betätigungen gelten die für die Brahmanen vorgeschriebenen zahlreichen häuslichen und öffentlichen Opferhandlungen:

> »Aus der Nahrung entstehen die Wesen, aus dem Regen geht die Nahrung hervor, durch das Opfer entsteht der Regen...«[1]

In mehr oder weniger starker Opposition zum Brahmanismus sind die nächsten zwei Strömungen entstanden: das Asketentum und die Bhakti. Das Asketentum gilt zwar einerseits als die letzte Lebensstufe eines jeden Brahmanen und wird somit zum Bestandteil des brahmanischen Kasten- und Lebenssystems. Für sich genommen aber entwickelte sich seit etwa 500 v. Chr. eine geistige Bewegung, die sich gegen die Ritualistik des orthodoxen Brahmanentums richtete und das Heil des Menschen nicht in der Erfüllung von Kastenpflichten und einer sich daraus ergebenden besseren Wiedergeburt sahen, sondern in dem völligen Ausstieg aus dem Kastensystem und der durch persönlichen Einsatz zu erreichenden Erlösung aus dem Samsāra. Die Einheit, die der Brahmanismus vornehmlich in der Ordnung und der ehernen Gesetzmäßigkeit kosmischer Abläufe ausgedrückt findet, sucht der Asket in sich beziehungsweise in seinem Selbst (ātman). Um die Einheit, die jenseits der Ordnung liegt, zu erreichen, tritt er aus ihr und der menschlichen Gesellschaft aus und begibt sich in die Einsamkeit des Waldes.

> »Doch die im Wald Askese und Glauben üben,
> Beruhigt, wissend, nur vom Bettel lebend,
> Die gehen staublos durch der Sonne Pforte
> Zum ewigen Geiste, zum wandellosen Âtman.«[2]

Dort versucht er, sein begrenzendes Menschsein dadurch zu überwinden, daß er sich einerseits durch meditative Übungen in sein Selbst versenkt und andererseits in völligem Einklang mit der ihn umgebenden Natur lebt.

> »Durch die Unterdrückung der Sinne und durch die Zerstörung von Leidenschaft und Haß sowie durch Nichtverletzen der Lebewesen wird er der Unsterblichkeit würdig.«[3]

Diese Bewegung führte einerseits zur Entstehung von Buddhismus und Jainismus, andererseits der upanishadischen Lehren und zahlreicher religiös-philosophischer Systeme des Hinduismus.

Die andere gegen die Orthodoxie gerichtete Bewegung, die ungefähr im sechsten Jahrhundert entstand und sich rasch ausbreitete, ist die Bhakti (etwa ›Gottesliebe‹). Der Bhakti liegt die Empfindung zugrunde, daß ein höchster allmächtiger und liebender Gott (meist Vishnu oder Shiva) die gesamte Welt durchdringt und dabei über jegliche unpersönliche Ordnung erhaben ist. Daher kann jeder Mensch unabhängig von Geschlecht, Alter, Wissen, Kastenzugehörigkeit und so weiter, ohne Vermittlung durch einen Priester durch liebende Hingabe (bhakti) in eine innige persönliche Beziehung zu Gott treten und letztlich mit ihm vereinigt werden. So sagt Krishna:

> »Aber die alle Taten auf mich werfen, in mir das Höchste sehen, in Andacht, die keinem anderen gilt, mein gedenkend (mich) verehren – für den bin ich ein Retter aus dem Meer des Todeskreislaufs...«[4]

Am schwersten zu umschreiben ist der Begriff der Volksreligion, weil damit keine bestimmte Lehre oder ein System gemeint ist, sondern eher eine Fülle sehr unterschiedlicher Vorstellungen und religiöser Betätigungen. Als wesentlich kann man hier vielleicht die die Volksreligion kennzeichnende Empfindung der ständigen Gegenwart oder ›Diesseitigkeit‹ der zahlreichen Götter und vor allem Göttinnen ansehen, die nicht in einem Himmel wohnen und zur Verehrung herbeigerufen werden müssen (wie dies im Brahmanismus der Fall ist); sie leben vielmehr an bestimmten Orten in der Welt, wo sie leibhaftig besucht werden können, und überhaupt ist ihr Leben eng mit dem der Menschen verknüpft: So werden zum Beispiel ihre Geburtstage, Hochzeiten usw. stets als große Volksfeste gefeiert. Die dabei stattfindende Begegnung mit der Gottheit wird nicht primär als ›Mittel‹ zu einer jenseitigen Erlösung empfunden, sondern ist weitgehend reiner ›Selbstzweck‹; der Verehrer findet allein in dieser Tatsache Erfüllung und Befriedigung, die ihm darüber hinaus die Möglichkeit bietet, Wünsche und Probleme (Kinder, Krankheiten usw.) direkt dem Gott vorzutragen.

Unter den Stammesreligionen sind die jeweiligen religiösen Vorstellungen und Praktiken der selbst heute noch zahlreichen in Indien lebenden (nicht zum hinduistischen Kastensystem gehörenden) Stämme zu verstehen. Ein wesentlicher Charakterzug dieser Religionen ist die Art, in der die Gottheiten mit ihren Verehrern kommunizieren: Sie fahren in den Körper eines Menschen ein, oft des Schamanen, und sprechen dann durch seinen Mund (Besessenheit). Für sich genommen haben diese Religionen kaum etwas mit ›Hinduismus‹ zu tun, doch sind verschiedene Einflüsse von ihnen schon seit frühester Zeit in den Hinduismus eingegangen. Als Beispiel solcher Einflüsse könnte vielleicht zum einen die Bedeutung angesehen werden, die Omina, besonders Tieromina, in der Volksreligion beigemessen wird;

des weiteren auch ›animistische‹ Vorstellungen, wie sie zum Beispiel auch beim brahmanischen Opfer zum Ausdruck kommen. Da aber Art und Ausmaß dieser Beeinflussung noch längst nicht ausreichend untersucht worden sind, sei es hier mit diesen Andeutungen genug.

Es muß nun noch einmal betont werden, daß wenigstens die ersten vier dieser Komponenten *in Reinform* nur in der Theorie existieren. In der Wirklichkeit aber – sei es in Texten, sei es in bestimmten religiösen Verhaltensweisen – kann nur vom Überwiegen oder Vorherrschen jeweils eines dieser Momente gesprochen werden, wobei gegebenenfalls andere in stärkerem oder schwächerem Maße auch eine Rolle spielen.[5]

Wenn wir uns nun der eigentlichen Fragestellung zuwenden, ob und inwieweit der Hinduismus eine die Natur einschließende Ethik vertritt, beziehungsweise, pragmatisch formuliert, ob und inwieweit der Hinduismus geeignet sei, ein wie auch immer gewonnenes die Natur einschließendes ethisches Bewußtsein religiös zu begründen, so scheinen uns vornehmlich zwei Begriffe von Bedeutung zu sein, und zwar: 1. die Wiedergeburtslehre und 2. der Theismus.

Diese zwei Prinzipien sind es, wie uns scheint, die vielfältige Möglichkeiten zur Begründung eines Gefühls von ganzheitlicher Zusammengehörigkeit vermitteln, einer Empfindung also, daß der Mensch nicht dem Rest der Schöpfung entgegengesetzt, sondern deren organischer Bestandteil ist. Nach allgemeinhinduistischer (wie übrigens auch buddhistischer und jainistischer) Vorstellung ist der Mensch nur *eine* zahlloser möglicher Daseinsformen, die das für sich gänzlich unbestimmte Selbst (ātman) zeitweise annehmen kann:

»Als Gras, Busch, Wurm und Baum,
Als alle möglichen Arten von Tier, Vogel und Schlange,
Als Stein, Mensch, Geist und Diener der Himmlischen,
Als mächtige Barbaren, Asketen und Götter,
In den unbewegten und bewegten Formen des Lebens
Durchlief ich alle Arten von Geburten...«[6]
(A = siehe Texte ab Seite 231)

Zwar besitzt die menschliche Existenzform einen in praktischer Hinsicht höheren Wert als etwa eine tierische (da nur der

Mensch die Erlösung aus dem Geburtenkreislauf erreichen kann), doch als *Lebensform* betrachtet, als *Lebendiges*, steht sie durchaus auf einer Stufe mit allen anderen:

> »Die reine allgegenwärtige, allseits gerichtete göttliche Gestalt, die sich in allen Wesen befindet, ist das Leben in allen Beseelten.«[7] (B)

Die Karmalehre besagt, daß alle Lebewesen – Pflanzen, Tiere, Dämonen, Menschen und Götter – in den ewigen Kreislauf eingebunden sind, ihre bestimmte gegenwärtige Daseinsform auf Grund früherer Taten erhalten haben und durch ihre jetzigen Taten ihre künftige Existenz verursachen werden:

> »Frömmigkeit und edle Handlungen erheben die Bewohner der Welt zu dem strahlenden Land der Götterwohnungen... Aber häßliche Taten lassen sie wieder in die unteren Welten sinken... in die Wiederverkörperung zwischen Vögeln und Würmern, in Leibern von Schweinen und wilden Tieren oder unter Bäumen und Insekten. (...) Durch seine Handlungen stürzt man in Krankheit, erwirbt Schönheit oder Häßlichkeit oder wird als Ungeheuer wiedergeboren.«[8] (C)

Wer jetzt ein Mensch ist und übel handelt, kann im nächsten Leben eine Pflanze oder ein Tier sein (D), und eine Blume etwa, die ihr Leben ›für einen Gott hingibt‹, dadurch daß sie ihm geopfert wird, erlangt eine höhere Geburt (E). Ebenso gibt es zahlreiche Geschichten, die die Überzeugung belegen, daß Tiere imstande seien, ihrem Tiersein zuwider zu handeln und bewußt gewaltlos zu leben; so wird im Vishnupurāna von einer Gazelle erzählt, die Askese trieb, und zwar dadurch, daß sie sich nur von trockenem Laub ernährte (es also vermied, Kräuter und Pflanzen zu töten), und deshalb im nächsten Leben als brahmanischer Weiser wiedergeboren wurde.[9]

Diese Tatsache der ständig sich abwechselnden Geburten verleiht erstens dem Menschsein eine sehr weitgehende Relativität: Niemand kann absolut von sich behaupten, er sei ein Mensch, und ein Hund etwa sei eben nur ein Hund; denn dies gilt nur für hier und jetzt. Und zweitens fordert dies von jedem ein Gefühl dem Rest der belebten Schöpfung gegenüber, das von Respekt,

Mitleid oder allgemein von ›allumfassender Solidarität‹ bestimmt ist. Wer felsenfest an die Wiedergeburt glaubt, fühlt, daß wir letztlich alle im ›selben Boot‹ sitzen, daß eine Ameise, ein Vogel, ein Mensch oder ein Gott auf ebendieselbe Weise wie er selbst an ihrem selbstverschuldeten Geschick arbeiten, daß sie ihre angehäufte ›Tatenschuld‹ abarbeiten und sich für ein künftiges besseres Leben abmühen. Ein symbolischer Ausdruck dieser Empfindung ist die Tatsache, daß jeder verheiratete Brahmane täglich Ameisen, Krähen und Hunden (die zwei letzteren sind im Hinduismus zutiefst verachtete Tiere!) ein Opfer bringen sollte, das er mit den Worten begleitet:

> »Durch diese Speise ernähre ich Ameisen und andere Insekten, die durch ihr schlechtes Karma in diesen Zustand geraten sind und die durch ihr schlechtes Karma daran gefesselt sind.«[10]

Aus der Einsicht in diesen allgemeinen Zustand ist wohl die Empfindung entstanden, daß die höchste, letztlich von allen anzustrebende Tugend das ›Nichtverletzen‹ (ahimsā) sei (F), eben weil jedes Wesen in seinem Kern mit mir identisch und gleichwertig ist und weil ich es außerdem durch Verletzen oder gar Töten daran hindere, an seiner Vollkommenheit zu arbeiten.

Es versteht sich, daß eine absolut eingehaltene und bis in die letzte Konsequenz fortgeführte Gewaltlosigkeit zwangsläufig zum Verhungern sämtlicher Lebewesen führen würde (denn wir dürfen nicht vergessen, daß im Hinduismus, anders als im Buddhismus, auch den Pflanzen ein unsterbliches Selbst und ein – wenn auch ›dumpfes‹ – Bewußtsein zugesprochen wird (G), daß demnach Vegetarier und pflanzenfressende Tiere ebenso Leben vernichten wie Fleischfresser). Dementsprechend werden durchaus realistische Unterschiede zwischen dem Ideal und dem Machbaren eingeräumt, wobei die Einschätzung des letzteren stark von den äußeren Gegebenheiten geprägt ist und vor allem von den (nach hinduistischer Auffassung angeborenen, karmabedingten) sittlichen Fähigkeiten des einzelnen, an den sich das Gebot richtet.

Kategorisch wird die Forderung nach Ahimsā allerdings im Falle des Asketen (H), das heißt allgemein desjenigen, der durch verschiedene Praktiken den Ausstieg aus dem Geburtenkreislauf anstrebt; ihm ist es nicht nur untersagt, im weitesten Sinne selbst oder mittelbar irgendeinem Wesen Schaden zuzufügen (I), sei es durch Taten, sei es durch Worte oder Gedanken; darüber hinaus wird von ihm aktive Mildtätigkeit, positive Sorge um das Wohlergehen aller Wesen verlangt, ja ein solches Mitleiden wird allgemein nahezu als das Erkennungszeichen eines Heiligen gewertet. So berichtet zum Beispiel ein Forscher von einem Waldeinsiedler aus Gujarat, der jeden Tag noch »vor dem Frühstück« sieben Dörfer besucht und dort Zucker und Mehl erbettelt, »which he throws in handfuls on every ant-hill which he meets on his way. This act of charity has established him as a saint, and most of his prophecies are believed to be fulfilled.«[11] Und eine umfassendere Form von Mitgefühl bringt der berühmte Heilige Jñāneshvar zum Ausdruck, wenn er in seinem Kommentar zur Bhagavadgītā schreibt:

»Möge die Dunkelheit der Sünde weichen,
Möge die aufsteigende Sonne der Religion des Selbst (...)
Die Welt erleuchten,
Und mögen die Wünsche aller
Geschöpfe sich erfüllen.«[12]

Doch gilt, wie schon gesagt, dieses Gebot für alle Wesen gleichermaßen, für alle bedeutet es ein Anhäufen von Schuld, ein Lebewesen zu verletzen, und für alle ist es verdienstvoll, eher sich selbst Unannehmlichkeiten oder Versagung aufzubürden, als den Schmerz oder gar den Tod eines anderen Wesens zu verursachen (J).

Und hierin liegt wohl ein Motiv für ein wenn nicht verantwortliches so doch rücksichtsvolles Handeln in bezug auf die belebte Natur. Zu behaupten, daß die Empfindung kosmischer Brüderlichkeit jeden an Wiedergeburt glaubenden Hindu beseelte, wäre zwar schlichte Schönfärberei; doch die Überzeugung, daß Töten oder Schmerzzufügen schlechthin »böse« sei und daß jede Tat eine unerbittliche Vergeltung (in diesem oder im nächsten Leben) nach sich zieht (K), kann wohl als so tief sitzend bezeichnet werden, daß sie bewußt oder unbewußt jegliches Handeln eines Hindu begleitet und mitbestimmt.

An dieser Stelle wollen wir noch hinzufügen, daß unser und

der hinduistische Begriff der ›belebten Natur‹ nicht deckungsgleich sind, daß sich somit die Forderung nach Schonung allen Lebens nicht bloß auf Menschen, Tiere und Pflanzen bezieht. Viele natürliche Phänomene, die wir teilweise oder ganz dem Bereich des Leblosen zuordnen würden, betrachtet der Hindu auch als ›Lebewesen‹, ja vielfach sogar als besonders ehrwürdige und Rücksicht verdienende Wesen. Als Beispiel seien hier nur die Berge erwähnt, die allgemein entweder als heiliger Wohnort von Gottheiten oder in vielen Fällen sogar als Verkörperung derselben angesehen werden, sowie das Wasser überhaupt, insbesondere Flüsse und Seen. Zwar gibt es einerseits *bestimmte* Berge oder Flüsse (zum Beispiel Kailāsa, Annapūrna und Mahādeva oder Gangā und Yamunā), die als besonders heilig gelten; doch trifft es zu, daß überhaupt *jeder* Berg und *jedes* Gewässer Wohnstätte des Göttlichen ist, und die Vorstellung, etwa einen Berg zuzubetonieren oder einen Fluß bewußt zu verunreinigen, muß jedem gläubigen Hindu als Sakrileg aufstoßen. (Daß derlei trotzdem und sogar in recht großem Umfang geschieht, sollte nicht als Gegenargument angeführt werden und hat seinen Grund in der leider auch in Indien geltenden Tatsache, daß die Machthaber im allgemeinen nur an eins glauben, nämlich an den eigenen Vorteil.)

Zusammenfassend: Der in der Wiedergeburtslehre implizierte Glaube daran, daß jedes Lebendige – von den Pflanzen bis hin zu Menschen und Göttern – dasselbe unsterbliche Selbst besitzt, verleiht allem Belebten einen Wert und eine Würde, die es dem Menschen nahezu unmöglich machen, sich als die Krone einer ihm zu willkürlicher Verfügung stehenden Schöpfung zu verstehen. Es darf allerdings auch nicht verschwiegen werden, daß aus ebenderselben Anschauung auch für unser Thema recht unliebsame, schier entgegengesetzte Folgerungen gezogen werden können: Da alle Wesen um ihres Selbstes willen gleich geachtet werden sollen, und dieses Selbst an sich unsterblich und leid-los ist, verlieren die leidenden Wesen als solche im Hinblick auf die Ewigkeit jegliche Bedeutung (L). Wer in allen Wesen *nur* das unsterbliche Selbst sieht, kann getrost die Wesen selbst übersehen, und wenn für einen Erleuchteten das Leben einer Wimpernspitzmaus und das eines Bundeskanzlers gleich viel wert sind, so kann das eben auch bedeuten: Beide sind gleichermaßen nichts. In diesem Sinne heißt es auch in der Bhagavadgītā:

»...Dem Geborenen ist das Sterben sicher,
und ebenso dem Gestorbenen das Geborenwerden.
Deshalb darfst du nicht um eine Sache klagen,
die unvermeidlich ist.
Dieser Geist in eines Jeden Leib ist ewig unvertilgbar...
Darum darfst du die Wesen allesamt nicht beklagen.«[13]

Wenn wir uns aber nach einer Geisteshaltung umsehen, die alle Lebewesen, ja die ganze belebte und unbelebte Natur, nicht allein um ihres wandellosen, über-natürlichen Selbstes, sondern um ihrer selbst willen achtet, so finden wir sie bei zahlreichen Heiligen, Philosophen und mystischen Strömungen, die bei aller Verschiedenheit in einzelnen Punkten ihrer Lehren eines gemeinsam haben, nämlich den Grundsatz eines monistischen Theismus. Etwas anschaulicher ausgedrückt besagt dieser Begriff, daß die ganze Welt nicht allein von einem allmächtigen Gott *beseelt* ist, sondern daß sie *als solche*, als unendliche Vielfalt von Lebendigem und Leblosem, Gott selbst ist. So heißt es etwa in shivaitischen Texten:

»Nirgends gibt es etwas, was nicht Gott wäre.«[14]

Oder:

»Ich preise Dich! DU bist die Erde, das Wasser,
das Feuer, der Wind und der Äther.
Ich preise Dich! DU bist das Urbild allen Lebens –
doch selbst ohne Anfang.
Ich preise Dich! DU bist das Leben allen Lebens –
doch selbst ohne Ende.«[15]

Wer einem solchen Glauben anhängt, von dem wird verlangt, daß er Gott nicht allein im ›Himmel‹, nicht allein ›in seinem Herzen‹ oder auch ›im geringsten Seiner Brüder‹ verehre, sondern selbst in den Steinen und dem Staub der Straße, in der Luft, der ganzen Erde und allem, was ist. So sang die kaschmirische Mystikerin Lal Ded:

»Wie ein feines Gespinst breitet Shiva sich aus,
Und durchzieht alle Formen und Dinge.

Wenn du Ihn nicht sehen kannst, solange du lebst,
Wie wirst du Ihn dann nach dem Tode sehen?«[16]

Und die südindische Shiva-Heilige Mahādēviyakka:

»You are the forest
You are all the great trees
  in the forest
You are bird and beast
  playing in and out
  of all the trees
O lord white as jasmine
filling and filled by all...«[17]

Und der berühmte vishnuitische Heilige aus Maharashtra, Tukārām:

»Es ist der Herr, der in allen Lebewesen wohnt,...
Verschiedene Formen annehmend...«[18]

Der Fromme, der Gott in allem sieht, der alles *als Gott* sieht, kann die Natur also bestenfalls als Gnadengeschenk des Herrn ansehen, kaum aber als ausbeutbaren Besitz:

»Die Erde ist dein Geschenk,
Das wachsende Korn dein Geschenk,
Der wehende Wind dein Geschenk.

Wie soll ich diese Schufte nennen,
Die aus deiner Hand essen
Und jedem anderen danken?«[19]

Und selbst wenn von einem ›Geschenk‹ die Rede ist, so bleibt doch stets das Wissen vorherrschend, daß Gott die Welt nicht *für* die Menschen gemacht hat, daß vielmehr Er selbst zur Welt und zu jedem Wesen wird, daß somit alles Ihm gilt:

»Du bist die Erde, Du bist der Himmel,
Du bist die Luft, der Tag und die Nacht;
das Opfergetreide, Du,

und das Auftragen von Sandelpaste.
Du bist das Wasser, Du bist die Blumen,
Du bist all das und Alles.
Was könnt ich Dir als Opfergabe bringen?«[20]

Auch innerweltlich erzeugt das Wissen um die Göttlichkeit der Schöpfung eine Haltung von Dankbarkeit, die Empfindung, daß die Natur nicht selbstverständlich für den Menschen da ist, und daß ihre Gaben Almosen von anderen Lebewesen sind:

»Die Milch wird uns übriggelassen
von den Kälbern.
Das Wasser ist übriggelassen
von den Fischen,
die Blumen, von den Bienen...«[21]

Und letztlich empfindet der Heilige, daß alles füreinander da ist, daß die ganze Welt eine göttliche Gemeinschaft ist. So singt Tukārām zu seinem Gott Vithobā:

»Wie einzigartig, Vithoba, sind alle Dinge.
Die Welt gehört niemandem allein.
Wir alle sind es...
Jeder von uns glänzt
Wie ein Juwel des anderen.«[22]

Wir wollen zwar nicht verschweigen, daß auch diese Einsicht in die Allgöttlichkeit durchaus Konsequenzen verlangt, die nicht gerade im Sinne des Umweltschutzes sind und die überhaupt jedem Bestreben nach ›Verbesserung‹ der Welt widersprechen: Für den Heiligen gilt in jedem Augenblick der Satz aus der Genesis »Und siehe, es (ist) alles gut«; wenn Alles Gott ist, so ist alles Schlechte und Böse es ebenso wie das uns Genehme: Nicht nur das saubere Wasser, die Luft und die Blumen sind Gott, sondern auch die Ölpest und das Waldsterben, alles, was geschieht – selbst die schlimmsten Verbrechen an Mensch und Natur –, ist ›richtig‹, weil göttlich.

Doch ist diese Anschauung nur für den wirklich Erleuchteten zulässig. Solange es sich dabei – wie hier – lediglich um ein Gedankenspiel handelt, ist man dadurch in keiner Weise von der allgemeinen Verpflichtung entbunden, die Welt, die Natur und insbesondere alles leidensfähige Belebte zu achten, zu lieben und nach besten Kräften in seinem natürlichen eigenen Dasein zu fördern, und keinem Wesen – ob Mensch, ob Tier, ob Pflanze – je irgendein Leid zuzufügen. Und wenn es ein Gebot gibt, das im Hinduismus für alle gilt, so ist es dieses.

Textanhang
(Soweit nicht anders vermerkt, sind die Textübersetzungen von uns.)

A Bhagavadgītā, 2.22: »Gleichwie der Mensch abgenutzte Kleider ablegt und andere neue anzieht, so legt der Geist die abgenutzten Körper ab und geht in andere neue ein«, (übers. v. R. Garbe, S. 86; s. Anm. 1).
Kulārnavatantra, 1.50: »Wie eine Raupe auf einem Grashalm, geht die Seele von dem einen Körper in den anderen Körper über...«

B Manusmriti, 12.125: »Wer also durch das Selbst das Selbst in allen Geschöpfen erkennt, der sieht alles als gleich an und geht ins Brahma ein, den höchsten Zustand.«

C Kulārnavatantra, 1.52f.: »Entsprechend den getanen Werken erfahren die Menschen Freud und Leid. Die vom Jenseits nichts wissen, kommen und gehen wieder und wieder. Was immer man hier tut, dessen Folgen spürt man im nächsten Leben: die Frucht des an der Wurzel begossenen Baumes erscheint an den Zweigen.«

D Manusmriti, 12.55: »Der Mörder eines Brahmanen geht in den Leib eines Hundes, eines Schweines, eines Esels, eines Kamels... ein.«
Manusmriti, 12.62: »Wenn man Getreide gestohlen hat, wird man eine Ratte, wenn Messing, eine Gans, wenn Wasser, ein Frosch, wenn Honig, ein stechendes Insekt, wenn Milch, eine Krähe, wenn Soße, ein Hund, wenn Butterschmalz, ein Mungo.«
Manusmriti, 12.58: »Der Schänder des Bettes des Lehrers erlangt hundertmal die Existenz als Gras, Gebüsch, Schlingpflanze, als Fleischfresser und Reißzahnbewehrter und als Raubtier.«

E Manusmriti, 5.40: »Kräuter, Vieh, Bäume, Tiere und ebenso Vögel, die um des Opfers willen zu Tode kommen, erlangen höhere Geburten.«

F Mahābhārata, 1.11.12, usw.: »Nichtverletzen ist das höchste Gesetz.«
Manusmriti, 5.38: »Wie viele Haare das Tier hat, das man unnötig getötet hat, so oft erlangt man von Geburt zu Geburt einen gewaltsamen Tod.«
Kulārnavatantra, 5.46: »Nicht einmal einen Grashalm soll man jemals grundlos abschneiden.«

G Manusmriti, 1.49: »Diese (Pflanzen), die auf Grund ihres Karma von mannigfaltiger Finsternis umhüllt sind, haben ein inneres Bewußtsein und erleben Freude und Schmerz.«
Glasenapp, II, S. 204: »Upaskâra sagt... die Pflanzen wären Lebewesen, weil ihre Wunden heilen könnten und bei ihnen Medikamente anwendbar wären. Er zitiert auch einen Spruch, nach welchem Bäume, die am Ufer des heiligen

Narmadâ-Flusses stehen, durch die sühnende Kraft dieses Wassers die Erlösung erreichen.«

(Glasenapp, Helmut von: *Indische Geisteswelt. Eine Auswahl von Texten in deutscher Übersetzung*. Eingeleitet und herausgegeben von H. v. G., Bd. I: Glaube und Weisheit der Hindus, Bd. II: Weltliche Dichtung, Wissenschaft und Staatskunst der Hindus. Wiesbaden o. J.)

H Manusmriti, 6.8: »(Der Asket) soll immer eifrig den Veda studieren, duldsam, freundlich und konzentriert sein, stets freigebig, niemals Geschenke annehmen und Mitleid mit sämtlichen Geschöpfen haben.«

Yogasūtra, 2.35: »Wenn der Yogī unerschütterlich im Nichtverletzen ist, so hört in dessen Nähe jegliche Feindseligkeit auf.«

I Yogasūtra, 2.34: »The unwholesome-deliberations, (such as) harming et cetera, (hether) done, caused to be done or approved, (whether) arising from greed, anger or infatuation, ...(these find their) unending fruition in nescience and sorrow; thus (the yogin should devote himself to) the cultivation of (their) opposites«, (übers. v. Feuerstein, S. 154).

(Feuerstein, Georg: *The Yoga-sūtra of Patanjali: a new translation and commentary*. Folkestone 1979.)

J Manusmriti, 6.68: »Um die Lebewesen vor Schaden zu bewahren, möge (der Asket) bei Tag und bei Nacht immer, selbst wenn er seinem Körper Schmerzen bereitet, beim Gehen sorgfältig den Boden untersuchen.«

Manusmriti, 5.43: »Ein tugendhafter Brahmane, Fürst oder Bauer, ob er sich im eigenen Haus, beim Lehrer oder im Wald aufhält, möge nie, selbst in Zeiten der Not nicht, (ein Wesen) verletzen.«

K Siehe hierzu C und F.

L Brihadāranyaka-Upanishad, 4.5.6: »Fürwahr, nicht um des Gatten willen ist der Gatte lieb, sondern um des Selbstes willen ist der Gatte lieb; fürwahr, nicht um der Gattin willen ist die Gattin lieb, sondern um des Selbstes willen ist die Gattin lieb; fürwahr, nicht um der Söhne willen sind die Söhne lieb, sondern um des Selbstes willen sind die Söhne lieb; fürwahr, nicht um des Reichtums willen ist der Reichtum lieb, sondern um des Selbstes willen ist der Reichtum lieb; fürwahr, nicht um der Tiere willen sind die Tiere lieb, sondern um des Selbstes willen sind die Tiere lieb...« (übers. v. Deussen, S. 482; s. Anm. 2).

Anmerkungen

1 Garbe, Richard: *Die Bhagavadgītā*. Aus dem Sanskrit übersetzt und mit einer Einleitung über ihre ursprüngliche Gestalt, ihre Lehren und ihr Alter versehen von R. G. Darmstadt 1978 (repr. Nachdruck), S. 94 / 3.14.

2 Deussen, Paul: *Sechzig Upanishad's des Veda*. Aus dem Sanskrit übersetzt und mit Einleitungen und Anmerkungen versehen. Darmstadt 1963 (photomech. Nachdruck), S. 549 in Übersetzung von Mundaka-Upanishad, 1.2.11.

3 *Manusmriti*, 6.60.

4 Mylius, Klaus: *Die Bhagavadgītā*. Aus dem Sanskrit. Übersetzung, Einleitung und Anmerkungen von K. M. Leipzig 1984, S. 74 / 12.6f.

5 Diese Darstellung stützt sich auf Prof. G.-D. Sontheimers im Wintersemester 1985/86 gehaltene Vorlesung: ›Die fünf Komponenten des Hinduismus‹.
6 Frenz, Albrecht, und P. Nagarajan: *Das Tiruvasagam von Manikkavasagar.* Aus dem Tamil übersetzt. Karaikudi 1977, S. 4 / 1.25.
7 Netratantra, 1.22f.
8 Zimmer, Heinrich: *Indische Mythen und Symbole.* Düsseldorf–Köln 1972 (Neuausg.), S. 12.
9 Vgl. Vishnupurāna, 2.13–16.
10 Stevenson, Sinclair: *The Rites of the Twice-Born.* Delhi 1971 (2. Aufl.), S. 238.
11 Enthoven, R. E.: *The Folklore of Bombay. Oxford 1924, S. 152.*
12 Sontheimer, Günther-D.: Die Ethik im Hinduismus. In: C. H. Ratschow (Hg.), Ethik der Religionen. Ein Handbuch. Stuttgart 1980, S. 349–436. S. 384 in Übersetzung von Jnāneshvarī, 1774.
13 Garbe, S. 86, in Übersetzung von Bhagavadgītā, 2.27, 30.
14 Svacchandatantra, zitiert in: Pandit, M. P.: *Gems from the Tantras.* Second Series. Madras 1976 (2nd ed.), S. 30.
15 Frenz, S. 54 in Übersetzung von Tiruvasagam, 5.70.
16 Lal Ded, Hymne 82, nach der englischen Übersetzung von Kaul, Jayalal: Lal Ded. New Delhi 1973.
17 Ramanujan, A. K.: *Speaking of Siva.* Translated with an Introduction by A. K. R. Harmondsworth, Middles. (Penguin Books) 1979 (repr.), Seite 122 in Übersetzung von Mahādēviyakkas, Hymne 75.
18 Sontheimer, S. 411 in Übersetzung von Tukārām, 3210.
19 Dēvara Dāsimayya, Hymne 80, nach der Übersetzung von Ramanujan, S. 103.
20 Lal Ded, Hymne 70, nach der englischen Übersetzung von Kaul.
21 Basavanna, Hymne 885, nach der Übersetzung von Ramanujan, S. 90.
22 Sontheimer, S. 373 in Übersetzung von Tukārām, 2001.

Peter Bahn

»Natur-Religion«: Dem Leben begegnen

»Zurück zur Natur-Religion?« – eine Frage, deren Wortwahl mir zunächst gewisses Unbehagen bereitet und Gegenfragen aufwirft. Wäre »Religion« nicht besser zu ersetzen durch »Weltanschauung«, »Philosophie«, »ethische Orientierung« oder »geistige Grundhaltung«? »Religion« – das erinnert viele Mitmenschen an Priester, Offenbarungen, Dogmen, geistige Intoleranz, Beichtheuchelei, Hölle und Fegefeuer. Und wieso »zurück«? Wäre denn das, was heute an Inbezugsetzung von Religion und Natur möglich und notwendig ist, ein »zurück«, etwa zum »Wotanskult« oder ähnlichen, von unbedarften Zeitgenossen bei »Naturreligion« zuweilen mit Erschrecken assoziierten Erscheinungen? Spricht man nicht vielmehr von »*Neu*-Heidentum«, geht es also nicht vielmehr um ein *Vorwärts-Entwickeln*, hin zu etwas *Neuem* und keinesfalls um ein »zurück«? Gewiß wird man auf bestimmte geistige Grundmuster der vorchristlichen europäischen Religiosität *zurückgreifen*, was jedoch etwas völlig anderes als das in der Fragestellung für diese Aufsatzsammlung anklingende *Zurück-Gehen* ist.

Trotz des Unbehagens an der Wortwahl will ich die Frage ihrem Sinne nach und schon vorab mit einem klaren »ja« beantworten: »zurück« im Sinne des bewußten und bedachten Rück-Greifens auf Europas eigene, vor- und »unter«-christliche (das heißt unterhalb der christanisierten Oberfläche viele Jahrhunderte hindurch als verfemte Subkultur des Volkes existierende) Religiosität; »Religion« im strengsten Wortsinn als »religio«, als Rückbindung und somit »Natur-Religion« als Rückbindung an die Natur.

Vom Bericht des Club of Rome über Seveso und Harrisburg bis zur Katastrophe im indischen Bhopal zieht sich eine Spur des Erschreckens und des Erkennens[1], und bei der Niederschrift dieser Zeilen ist noch nicht abzusehen, ob nicht bis zu ihrer

Drucklegung ein weiterer furchtbarer Begriff ins öffentliche Bewußtsein gedrungen ist. In vielen Ländern der Welt hat ein Umdenken begonnen, das sich im Entstehen ökologischer Protestbewegungen ebenso manifestiert, wie in Versuchen einer anderen, naturverbunderen Organisierung des Alltagslebens. Noch sind es Minderheiten, die sich zu wehren und zu regen begonnen haben, doch die Sensibilität auch breiterer Bevölkerungskreise für die ökologische Problematik wächst.

Wendet sich also letztlich doch noch alles zum Guten? Es gibt Anlaß genug, vor allzu großem Optimismus zu warnen. Allein der im oben genannten Zusammenhang gängige Begriff der Umwelt (Umweltzerstörung, Umweltschutz, Umweltpolitik usw.) zeigt, daß das Problem nicht zur Gänze erfaßt ist: nicht um eine vom Menschen getrennte, abgehobene, ihm gegenüberstehende Umwelt geht es, sondern um das große und komplizierte Geflecht des Lebens und der Materie, in dem der Mensch nur ein kleiner, evolutionsgeschichtlich geradezu neuer und junger Bestandteil ist – und keinesfalls der Mittelpunkt, *um* den herum die Welt ist und *um* den herum sich das übrige Leben mit all seinen vielfältigen Erscheinungen dreht. Im Begriff der Umwelt steckt ein anthropozentrischer Pferdefuß, der es erlaubt, in letzter Konsequenz alles nichtmenschliche Leben als Nutzungspotential zur Befriedigung der menschlichen Bedürfnisse zu definieren, dessen Schutz (Umweltschutz) eben einzig und allein zum Nutzen der Gattung Mensch zu erfolgen habe. Außer Betracht fällt dabei, daß es Leben bereits Hunderte von Jahrmillionen vor dem Auftauchen der ersten Anthropoiden gab und auch noch geben wird, wenn die Gattung Mensch, die auch als Gattung letztlich dem ewigen Prozeß von Werden und Vergehen unterworfen ist, wieder vom Erdball verschwunden sein wird, der Mensch (als Einzelwesen wie als Gattung) also nur ein Glied einer großen Evolutionskette ist. Auch die Tatsache, daß der Mensch die (vorläufig?) höchste Stufe geistiger Entwicklung darstellt, kann nicht dazu führen, die übrige Natur als sein Eigentum anzusehen; sie überträgt ihm jedoch eine besondere Verpflichtung und Verantwortung gegenüber »Bruder Tier« und »Schwester Pflanze«.

Nun kann man anthropozentrisches, von einem Mensch-Umwelt-Dualismus ausgehendes Denken keinem engagierten Kernkraftgegner, Naturschützer oder »Grünen« zum Vorwurf machen; jeder Einsatz für den Schutz des Lebens, aus welchen Beweggründen auch immer er erfolgen mag, ist positiv und verdient Achtung und Unterstützung! Doch muß sich die Ökologiebewegung selbstkritisch fragen, ob sie bisher nicht allzusehr dem rein Praktischen verhaftet war und ob es ihr nicht, von Einzelgängern und »Minderheiten in der Minderheit« abgesehen, an grundsätzlich neuen Perspektiven, an einem fundamentalen Umdenken, gefehlt hat. Das Springen von Punkt zu Punkt, das Verzetteln in institutionellen Labyrinthen, das kräfteverzehrende Pokern um ein Feuchtbiotop mehr und ein paar Autobahnkilometer weniger mögen jeweils im Einzelfall erklärbar, sogar berechtigt sein. Herauskommen kann als Ergebnis dabei aber sehr schnell ein rein »technischer« Naturschutz im Sinne von ökologischem Krisenmanagement, bei dem weitertreibende Impulse versanden.[2]

Den Dualismus von Mensch und Umwelt wiederaufzuheben, die Einheit allen Seins zur Richtschnur des Denkens und Handelns zu machen: hier liegt die Aufgabe einer fundamentalen ökologischen Neuorientierung. Sie kann sich vorläufig jedoch kaum in der Sphäre des Politischen vollziehen, sondern muß zunächst wachsen: im Bereich des Kulturellen, Ethischen, Religiösen (was nichts gegen das konkrete Aufbegehren in Gorleben, an der Startbahn West, in Hainburg, in Wackersdorf, eben überall da, wo Natur in Gefahr ist, sagt). Die Aufhebung des dualen Denkens ist eine lange und komplexe Aufgabe, denn ganzheitliches, von der Einheit des Seins ausgehendes Denken ist in Europa fast 2000 Jahre lang in immer neuen Wellen gebrochen worden, und auf den Trümmern der alten, indogermanischen Naturreligionen haben sich Schichten geistigen Gesteins abgelagert, auf denen sich nur schwer anbauen läßt.

Die erste Welle dualen Denkens brachte die Christianisierung, die meist zwangsweise Verbreitung einer dem europäischen Menschen fremden Lehre orientalischen Ursprungs. Sie begann in der Zeit des Imperium Romanum und war in ihrer ersten Phase mit der »Bekehrung« der Skandinavier zu Beginn des 11. Jahrhunderts abgeschlossen. Gott und Welt wie auch Mensch und Umwelt riß der neue Glaube auseinander, der bislang zutiefst der Natur und ihren Kreisläufen verbundene Europäer wurde unter einen weitgehend leibes- und naturfeindlichen Moralkodex vorderasiatischer Prägung gezwungen.

Das Fehlen einer zentralstaatlichen Infrastruktur, die durch dünne Besiedelung, ständige Unruhen und die damalige Technologie bedingten Schwierigkeiten der öffentlichen Kommunikation und das Beharrungsvermögen vor allem der ländlichen Bevölkerung ließen unter der Oberfläche der »christlich-abendländischen Kultur« jedoch noch genügend Spielraum für eine zweite Kultur: die der »weisen Frauen« (die viel an altem, naturreligiösem Wissen und Brauchtum bewahrten und tradierten), geheimer Fruchtbarkeitskulte, schamanistischer Praktiken, der Ketzerbewegungen usw.

Erst in der frühen Neuzeit, mit der Verfestigung der Territorien und ihrer zunehmenden Durchdringung durch die jeweilige patriarchalisch-feudale Zentralmacht (bis in die entlegensten Dörfer hinein), folgte eine zweite, noch brutalere Phase der Christianisierung, deren bekanntestes Merkmal die Hexenverfolgungen waren. Erst jetzt ging es dem im Volke verwurzelten Heidentum, den alten naturreligiösen Traditionen, wirklich »an den Kragen«, sie mußten gebrochen werden, da sie der geistlichen wie der weltlichen Macht (die oft kooperierten und zuweilen sogar durch die gleichen Personen verkörpert wurden) im Wege standen.[3] Bei diesem zweiten Zwangschristianisierungsprozeß, der im Gegensatz zum vorhergehenden ersten weniger auf Breite, als vielmehr auf Tiefe hin angelegt war, stand der just um diese Zeit sich herausbildende Protestantismus der römischen Kirche übrigens in nichts nach.[4]

Der europäischen Aufklärung des 18. Jahrhunderts gebührt das große Verdienst, den Allmachtsanspruch der christlichen Kirchen nachhaltig erschüttert zu haben. Doch stand die Aufklärung durchaus noch in der Tradition des jüdisch-christlichen Monotheismus, da sie sein duales Denken weitertransportierte und – als Emanzipationsideologie des aufkommenden Bürgertums gegenüber dem Feudalismus – in neue Formen goß. Sie schuf die geistigen Voraussetzungen für den spezifisch europäischen Entwicklungsweg der Industrialisierung, der Indienststellung der Natur, der Mobilisierung all ihrer Reserven für eine zunehmend allein von den materiellen Bedürfnissen des Menschen geprägten Welt.

Das Erkennen der ökologischen Katastrophe seit den siebziger Jahren markiert somit nicht nur den Bankrott des europäisch-nordamerikanischen Industriesystems und Zivilisationsmusters, es markiert auch das Ende der Aufklärung: die Emanzipation des Individuums und seiner Bedürfnisse hat den Zenit erreicht und überschritten, sie beginnt bereits, kontraproduktiv zu wirken.[5] Dem Menschen gerecht zu werden, das heißt eine *wirklich* humanistische Politik zu betreiben, die nicht gleichbedeutend mit anthropozentrisch ist, bedeutet heute, ihn nicht weiter zu vereinzeln, sondern ihn wieder in Zusammenhänge zu stellen und ihm Zusammenhänge bewußtzumachen.

Der Marxismus als Erbe der europäischen Aufklärung war dazu außerstande: der brillanten Analyse der inneren Gesetzmäßigkeiten des kapitalistischen Systems durch Marx und Engels folgte deren falsche Konsequenz, daß es sich beim Kapitalismus um eines der notwendigen und daher positiven Durchgangsstadien zu einem klassenlosen, quasi-paradiesischen Endzustand der Menschheit, dem Kommunismus, handele. Geschichtsdeterminismus und eine – christlichen Denkweisen außerordentlich ähnliche – endzeitliche Erlösungsutopie wurden zur Hoffnung für Millionen, erweisen sich heute aber mehr und mehr als ein Zwillingsgeschöpf des westlichen Industrialismus und seiner Katastrophen.

Eine »natur-religiöse«, auf Überwindung des Dualismus abzielende geistige Strömung hätte demgegenüber von bestimmten Grundtatsachen des Lebens auszugehen:

> Von der Endlichkeit der natürlichen Lebensgrundlagen, die als eine wesentliche Realität allen Lebens, auch des menschlichen, die Konsequenz des *Mangels* hat (der gewiß ein relativer und interpretierbarer, zugleich aber unüberwindbarer Tatbestand ist, der jeder paradiesähnlichen Utopie widerspricht);[6]
>
> von der Bipolarität des Lebens, das stets Licht *und* Schatten, Freude *und* Schmerz, Geburt *und* Tod kennt: in der Schönheit eines Waldes oder eines reifen Kornfeldes liegt unsagbar viel »Grausamkeit«, Raub, Fressen, Gefressenwerden, Verdrängen und Verdrängtwerden verborgen – ohne all dies könnte jedoch weder der Wald noch das Feld sein;
>
> vom Wesen des Menschen, der nur bedingt vom Verstand bestimmt, vielmehr weit stärker Produkt einer langen Evolu-

tionsentwicklung und damit in hohem Maße von seinen Trieben, Instinkten und genetischen Anlagen geprägt ist;[7]

von der Unberechenbarkeit der Geschichte, die zwar immer wieder durch den Willen gestaltet werden kann, im Großen aber sprunghaft und widersprüchlich wie die Natur selbst ist und weder vorherbestimmte Abläufe noch ein festes Ziel kennt;

von der Abhängigkeit des Menschen von der übrigen Natur, ohne die er nicht sein kann und deren Grundmuster und Baupläne eine solche Komplexität aufweisen, daß jeder Versuch, sie zu manipulieren oder nachzuahmen, bestenfalls Pfusch sein kann, wahrscheinlich aber zur Katastrophe führen wird.

Gerade letzteres gebietet Ehrfurcht vor der Natur, vor der Schöpfung und ihren immer neuen Wundern und Geheimnissen, führt zum letztlich Mystischen bei der Betrachtung des Lebens und seinen vielfältigen Erscheinungen. Der Mensch kann schauen, aus dem Schauen können Freude, Erfüllung, ein Gefühl der Einheit mit allem Lebendigen werden – doch das letzte Erkennen bleibt ihm versagt.

Ist eine solche Sichtweise der Welt nicht hoffnungslos, vaterlos, furchteinflößend, wird mancher Christ – und in der Öko-Bewegung gibt es nicht wenige davon – vielleicht fragen. Sie ist es, wenn man eine Hoffnung *jenseits* der Welt, einen Gott *jenseits* der Welt, einen Trost *jenseits* der Welt sucht: wenn man sich nicht als Teil der Welt (nicht mehr und nicht weniger), sondern als Wanderer durch sie hindurch, hin zu einem besseren Sein außerhalb sieht – die Welt als »irdisches Jammertal« zurücklassend. Sie ist es nicht, wenn man sich handelnd der Härte stellt, die die Möglichkeit menschlichen Naturerkennens vermittelt und die Erfüllung in der Welt selbst, in ihren natürlichen Gesetzen und Kreisläufen, ihrer Vielfalt und ihrer Pracht zu finden vermag. Aus *dieser* Haltung heraus für den Schutz des »Biotops Erde« zu streiten, heißt mehr als nur Umweltschutz, es wird zur religiösen Verpflichtung.

Analog hat eine naturreligiöse Ethik zwar die Besonderheit des Menschen als eines (unter anderem!) auch mit Verstand begabten Wesens in Betracht zu ziehen, daraus aber primär die besondere Verantwortung des Menschen für das Erkennen und die Einhaltung der natürlichen Gesetzmäßigkeiten und die Bewahrung der ihn umgebenden übrigen Natur abzuleiten. Andererseits lassen sich die grundlegenden Tatsachen der Natur und des Lebens nicht als Alibi für sozialdarwinistische Positionen mißbrauchen: auch das Kleine und Schwache (Begriffe, die höchst relativ sind) hat seinen Platz, seine Funktion und seine Daseinsberechtigung in der gewaltigen Vielfalt der Natur. Das Leben kennt eben nicht nur den – unbestreitbar realen – Kampf ums Dasein, sondern als Gegenpol und Ergänzung auch das Prinzip der gegenseitigen Hilfe. Keiner dieser beiden Pole kann verabsolutiert werden, *beide* tragen *gemeinsam* zur Entwicklung des Lebens bei.

Moderne »Natur-Religion« – die eine Personifizierung und Vergötterung der Naturerscheinungen und -wunder im Gegensatz zu den vorchristlichen Heiden nicht mehr benötigt – kann durchaus eine Religion oder Lebenshaltung des einzelnen sein. Sie kann aber auch gemeinschaftsbildend wirken. Fest und Feier, ein an den Kreisläufen der Natur orientiertes Brauchtum sowie »Seelsorge« als Betreuung von Gemeinschaftsangehörigen in bestimmten Lebenssituationen sind Aufgaben solcher Gemeinschaften, und entsprechende Inhalte und Formen finden sich unter anderem bei den Deutschen Unitariern und im freireligiösen Spektrum – frei von Dogmen und liturgischen Zwängen.[8]

»Natur-Religion« fordert Gebundenheit an die Gesetze des Lebens, doch gerade darum Freiheit des Geistes, um ein Höchstmaß an Erkennen und innerer Erfüllung zu erreichen. Sie ist eine Religion für »geistig Erwachsene«, für mündige Menschen und eine Religion freien Entscheidens, sie ist an keinen äußeren Rahmen gebunden und kann daher als Ferment innerhalb und außerhalb verschiedener Gemeinschaften wirken. Als »ökologische Religion« ist sie aber auch notwendige Grundlage für eine Weiterentwicklung ökologischer Politik und der Öko-Bewegung in ihrer Gesamtheit – für den Abschied von zwei Jahrtausenden christlicher Naturmißachtung und ihrer Folgen. Sie ermöglicht die Begegnung mit dem Leben, so wie es wirklich ist – in seiner Härte wie in seiner Pracht.

Anmerkungen

1 Als bemerkenswerte Bestandsaufnahme wäre zu erwähnen: *Global 2000. Der Bericht an den Präsidenten,* Dt. Übersetzung Frankfurt/M. 1980.

2 Siehe als kritischen Beitrag zu diesem Thema: Bahro, Rudolf: *Pfeiler am anderen Ufer.* Beiträge zur Politik der Grünen von Hagen bis Karlsruhe, Berlin 1984 (Sonderdruck der Zeitschrift *Befreiung*).

3 Vgl. hierzu Muchembled, Robert: *Kultur des Volkes – Kultur der Eliten. Die Geschichte einer erfolgreichen Verdrängung,* Dt. Übersetzung Stuttgart 1982.

4 Eine aufschlußreiche Übersicht findet sich bei Droß, Annemarie: *Die erste Walpurgisnacht. Hexenverfolgung in Deutschland,* Reinbek 1981.

5 Zur Kritik der traditionellen linken und »aufklärerischen« Emanzipationsvorstellungen vor dem Hintergrund aktueller Entwicklungen seit den siebziger Jahren vgl. u. a. Schehl, Helmut: *Vor uns die Sintflut? Ökologie, Marxismus und die herrschende Zukunftsgläubigkeit,* Berlin 1977. Pasolini, Pier Paolo: *Freibeuterschriften. Die Zerstörung der Kultur des Einzelnen durch die Konsumgesellschaft,* Dt. Übersetzung Berlin 1979 (hierin vor allem das Kapitel »Hedonistischer Faschismus«, S. 49–84).

6 Vgl. neben vielen anderen einschlägigen Werken vor allem: Gruhl, Herbert: *Ein Planet wird geplündert. Die Schreckensbilanz unserer Politik,* Frankfurt 1975.

7 Vgl. u. a. Lorenz, Konrad: *Das sogenannte Böse. Zur Naturgeschichte der Aggression,* Wien 1963. Eibl-Eibesfeld, Irenäus: *Grundriß der vergleichenden Verhaltensforschung,* München 1967.

8 Zu Geschichte, Organisationsform und Inhalten dieser Gemeinschaften siehe Bund freireligiöser Gemeinden Deutschlands (Hrsg.): *Die freireligiöse Bewegung. Wesen und Auftrag,* Mainz 1959. *Mut zu neuem Glauben. Vom Wesen der Deutschen Unitarier,* Hameln 1963. Freireligiöse Landesgemeinschaft Hessen (Hrsg.): *Glaube, Wissen, Religion. Wesen, Grundzüge, Leitgedanken der Freireligiösen Landesgemeinschaft Hessen,* Neu-Isenburg 1982.

Eckhart Pilick

Gott schläft im Stein

I. Auflösung und Wandel des Gottesbegriffs

Die Ortlosigkeit des Gottesbegriffs, die Bestimmung Gottes als Einheit der Welt und Zukunft des Lebens, das apophatische Eingeständnis, daß Gott nicht von daher zu bestimmen ist, was der Mensch braucht, scheint heute eine methodische Voraussetzung der protestantischen Theologie zu werden.[1]

Bereits Meister Eckhart hat den Rat gegeben, alle Bestimmungen Gottes fallenzulassen. In der Bann-Bulle »In agro dominico« vom 27. März 1329, worin achtundzwanzig Äußerungen Eckharts als häretisch verdammt werden, findet sich jener zweite Folgesatz: »Gott ist weder gut, noch besser, noch vollkommen; wenn ich Gott gut nenne, das ist ebenso verkehrt ausgedrückt, als wenn ich das Schwarze weiß nennen würde.«

Die Unvollkommenheit des herkömmlichen Gottesbildes liegt in der Unterdrückung seiner weiblichen Komponente. Kritik am alternatives Denken behindernden Gesellschaftssystem beginnt darum mit der Kritik an der hierarchisch-patriarchalischen Religion. In ihrer christlichen Ausprägung war der Mann Ebenbild Gottes. Adam heißt Mensch.

Nachdem vor schätzungsweise siebentausend Jahren der Vater entdeckt wurde, wurde der Wohnsitz aus dem Berg[2] auf den Berg, aus der Tiefe der Erde oder des Wassers in den Himmel verlegt, wurde die Frau bis in das medizinische Verständnis des Mittelalters hinein nur noch als Brutkasten für die männliche Samenzelle betrachtet.

In der Bibel wurde sie in die Nähe der Schlange gerückt. Würmer und Schlangen fand man dort, wo der Körper, aus Erde geworden, wieder zur Erde wurde, oft in Hockstellung wie ein Embryo in ihrem Schoß bestattet.

Durga-Kali, die dunkle, schwer zugängliche Göttin der Inder, trägt Schlangenhaare wie die Muttergottheit der Babylonier. Gerade die patriarchalischen Züge des Gottesbildes im Alten Testament verraten den Verlust der Ganzheit, wie Gynz-Rekowski feststellt.[3] Die frühere Gottheit, die der erdhaften Wirklichkeit, der Vegetation, der Natur verbunden war, muß machtvoll unterdrückt worden sein.

Die Frau, aus der vormals alles Leben kam, muß jetzt erst nachträglich aus der Rippe des Mannes erschaffen werden. Man zählt nicht mehr nach Nächten, sondern nach Tagen. Dem »Geist« räumt man seine Vormachtstellung vor dem Prinzip des Stofflichen ein – vor und über der Materie, in der das Wort »mater« steckt. Die Gottheiten der Erde werden zur Unterwelt, die Erynnien zu Furien. Die Göttin Hel der Germanen wird nach deren Bekehrung zur Hölle. Die Mutter betet jetzt den Sohn an, Maria den Jesus. Statt Mutterland sagt man jetzt Vaterland. Und bei der Ehe, obwohl sie noch Matrimonium heißt, nimmt die Frau den Namen des Mannes an. Die Erde wird zum Jammertal und der Himmel zum Ziel.

»Habet nicht lieb die Welt, noch was in der Welt ist. Wenn jemand die Welt lieb hat, so ist nicht die Liebe des Vaters in ihm.« (1. Johannes 2,15–17) Oder: »Alles, was aus Gott geboren ist, überwindet die Welt.« (1. Johannes 5,4–5) Oder: »Was droben ist, habet im Sinne.« (Kolosser 3,2)

Die Entgöttlichung und Entseelung der Natur beziehungsweise des weiblichen Prinzips findet sich von Paulus über Plotin, die Reformation und den Pietismus bis zur körperfeindlichen Haltung der Kirche im 19. Jahrhundert: »Geht's der Natur entgegen, so geht's gerad und fein« (Tersteegen). In der 3. Auflage der RGG wird angesichts dieses Dilemmas die Forderung nach einer neuen Theologie erhoben, die sich mit ›Natur‹ als Inbegriff der Reinheit und der Schöpfung Gottes einerseits und der ›Überwindung der Natur‹ als einem »Zentralgedanken der protestantischen Ethik« andererseits auseinanderzusetzen hat.[4]

Wenn hier Natur als Sitz der Sünde und Unfreiheit aufgefaßt wird, so zeigt sich in dieser Haltung eine Mißachtung des Diesseits. Die Natur soll seelenlos sein und dem Menschen untertan, wie laut katholischer Pastoraltheologie die Frau dem Manne untertan sein soll.

Die Jenseitshoffnung ist eine Form der Angstbeschwichtigung, durch die erlöst werden soll vom Kreislaufdenken des

Stirb und Werde im mütterlichen Kult der Erde, der Tellus Mater, der Kybele, der Mylitta, der Astarte, der Anaitis, der Nerthus. Mit den Erdgottheiten wird auch die Naturfrömmigkeit (Hexenwesen) durch einen kulturell-religiösen Wandel, eine Umwertung der Werte sozusagen, ins Reich des Aberglaubens, des Dennoch-Glaubens, verdrängt.

II. Die Einheit von Gott und Natur

Fritjof Capra sieht die Voraussetzung zur Lösung der Probleme unserer Zeit in einem erneuten kulturell-religiösen Wandel, in dem das Universum nicht mehr als mechanisches System, der Körper nicht mehr als sündige Hülle für die erlösungsbedürftige Seele oder als mehr oder weniger gut funktionierende Maschine, der Fortschritt nicht mehr im materiellen Wohlstand aufgefaßt werden und nicht mehr als Naturgesetz angesehen wird, daß sich das Weibliche dem Männlichen unterzuordnen habe: »Wenn religiöses Bewußtsein verstanden wird als ein Bewußtseinszustand, in dem sich der individuelle Mensch mit dem ganzen Kosmos verbunden fühlt, dann wird klar, daß ökologisches Bewußtsein wahrhaft religiös ist.«[5]

Die Freireligiösen haben als erste auf dieser Basis eine Religionsgemeinschaft gegründet. Schon im ersten sogenannten Leipziger Glaubensbekenntnis wurde die Freiheit von Credo und Glaubenszwang betont. Aber schon kurz nach der Befreiung vom kirchenchristlichen Dogmatismus begannen ihre Sprecher, vor allem durch den Einfluß von Naturforschern wie Nees von Esenbeck oder Roßmäßler, sich von demokratisch gesinnten Dissidenten in Pantheisten zu wandeln. Sie betrachteten die Erde nicht mehr als Jammertal und Durchgangsstation zum Reich Gottes, das ausdrücklich nicht von dieser Welt sein soll, sondern als Heimat; Gott nicht als Schöpfer der Welt und die Menschen als Kinder eines allmächtigen Vaters, der allein sie und nicht die Tiere mit einer Seele aufgeblasen habe, sondern als Wesen der Welt und sich selbst als Teil der Natur.

Die Angst des Mannes, sich in der Welt zu verlieren, wenn er sie sich nicht untertan macht, ist gewiß mitverantwortlich für den Aufschwung der technischen Kultur im Abendland, aber auch für ein pathologisches Erwerbsstreben auf Kosten der Umwelt. Wer Angst hat, kann sich nicht integrieren. Er will die Welt beherrschen und überwinden. Kultur bedeutet indessen, sich mit größeren Einheiten identifizieren zu können. Religiosität schafft Urvertrauen in die Welt. Wissenschaft kann die Welt immer nur erklären. Heute ist das Wissen explodiert und gleicht einem Scherbenhaufen. Religion ist der Kitt, der aus den Stücken ein Ganzes machen kann. (Der Glaube, eine alleinseligmachende Lehre zu besitzen, ist Symptom einer barbarischen Stufe der Menschheitsgeschichte.)

In der Freien Religion hat sich der Glaube an die Einheit von Gott und Welt, von Mensch und Natur, mit der wir wie mit einem einzigen Stoffwechsel verbunden sind und die wir nie beherrschen, von der wir nur wenig erkennen (immer nur einige ihrer Gesetze), hauptsächlich auf zwei bisher ineffektive Weisen bekundet. Auf der einen Seite boten fromme Lyrismen, wie etwa der dem jungen Goethe zugeschriebene »Hymnus an die Natur«, Ersatz für fehlende Legenden. Zum anderen durch einige wenige Philosophen, die in ihrem Monismus das Band zwischen Religion und Wissenschaft sahen. Über Ernst Haeckel, der den Begriff »Ökologie« in die Biologie eingeführt hat, oder über Willy Hellpach, der die Auswirkung des Klimas auf das Seelenleben aufwies und ein pantheistisches Bekenntnis veröffentlichte[6], ist genügend geschrieben worden. Weniger bekannt ist der Einfluß Eduard von Hartmanns auf die Freie Religion durch seinen Schüler Arthur Drews, der neben seiner Tätigkeit als Philosophieprofessor in den freireligiösen Gemeinden Badens wirkte. Der »Philosoph des Unbewußten« sah in allen Lebensäußerungen ein zielstrebiges, doch unbewußtes Wollen. Zwischen Menschen und höheren Tieren wie zwischen den Tieren untereinander bestehen nur gradliche, nicht wesentliche Unterschiede der geistigen Fähigkeiten. Auch die Grenze zwischen Tieren und Pflanzen ist fließend. Allein die Vorgänge des Ernährens, wie auch der Heliotropismus der Pflanzen, sind für Hartmann als Lebensvorgänge von Reizen ausgelöste »seelische« Tätigkeiten, in denen sich das Unbewußte äußert. Leiden und Genießen sind bis in ihre einfachsten und – wenn es das überhaupt gibt – letzten Bestandteile der Materie immanent. So wie es für Hartmann kein Bewußtsein gibt ohne Materie, gibt es für ihn auch keine Materie ohne Bewußtsein. Die Individualität des Menschen ist darum nicht eigentlich Träger des Seelenlebens. Das, was den einzelnen beseelt, ist im Grund nichts anderes als die all-eine Weltseele. Er war überzeugt, das Christentum müsse seinen persönlichen Gott aufgeben und pantheistisch werden. »Wir sind keine Christen mehr; das muß offen und ohne Hintergründe eingestanden werden«, schrieb ihm sein Schüler Arthur Drews.[7]

III. Antwort auf die Fragen eines Ungläubigen. Ethik

Wenn alles gleichermaßen aus einem göttlichen Ursprung stammt, warum sich dann für das eine und gegen das andere engagieren? Diese Frage impliziert einen Gottesbegriff, der eben nicht pantheistisch ist. Das Göttliche ist nichts Abgeschlossenes, sondern das Wesen der Welt, also Werdendes. Es entfaltet sich immer nur in der Polarität von Licht und Schatten. Das Ziel der Schöpfung, in der es keinen ersten Anfang gibt (immer nur Fortsetzung) und auch kein absolutes Ende (immer nur Übergang), scheint gleichwohl zu sein, zum Bewußtsein ihrer selbst zu gelangen. »Göttlichkeit« ist Chiffre für das Numinose, für die Totalität der Natur, deren Teil wir sind.

Wenn es nun aber keine Gebote Gottes und keine Autorität gibt – wo nimmt man seine Wertmaßstäbe her? Schleiermacher sprach von einer »werdenden« Ethik. Sie muß sich selbst revidieren und korrigieren können. Werte leuchten von selber der Vernunft ein. Keine Autorität kann das bewirken. Daß Gott Träger höchster Werte ist, bedeutet nicht, daß die Werte dieses Trägers bedürfen. Bereits Feuerbach hat darauf hingewiesen, daß dem Prädikat, nicht dem Subjekt der Rang des höchsten Wesens gebührt. Die Verneinung Gottes bedeutet nicht die Verneinung seiner Attribute.

Im Theismus christlicher Prägung ist Gott das ganz andere, und es besteht ein absoluter Unterschied zwischen ihm und der Welt, zwischen ihm und dem Menschen. Wenn Gottes Wille im Himmel wie auf Erden geschähe, wären alle sittlichen Werte heteronom. Aber eine Autorität kann niemals durch ihren Machtanspruch die Erhaltung der Natur oder das Mitleid mit der Kreatur als Wert in unserem Gefühlsleben verankern, allenfalls kann sie durch Belohnung oder Strafe Gehorsam erzwingen. Wer sich keine ethischen Maßstäbe ohne Autorität vorstellen kann, ist bestenfalls dressiert. Er tötet seinen Sohn Isaak nur deshalb nicht, weil das Verbot von oben kommt.[8] Im Gegensatz zur heteronomen Begründung der Ethik durch die Theologie gründet freireligiöse Ethik das Sollen auf die Autonomie der menschlichen Vernunft.

Albert Schweitzer hat beklagt, daß die europäischen Denker darüber wachen, »daß ihnen keine Tiere in der Ethik herumlaufen.«[9] Das Verhältnis des Menschen zu den Tieren ist Ausdruck seines Verhältnisses zum Leben überhaupt. Sie sind Bewohner des gleichen *oikos.* Wir haben unter ihnen kaum noch Rivalen und müssen ihnen gegenüber zu einer Einstellung gelangen wie zu schwächeren Geschwistern. Die Natur – das sind wir selbst. Wir müssen für sie Verantwortung empfinden wie für die eigene Haut – uns selbst zuliebe. Die Fähigkeit, im Gegenüber sich selbst, im Fremden das eigene zu erkennen, entwickelt sich leichter in einer pantheistischen Weltanschauung, die den Zweifel nicht verteufelt, sondern als integrativen Bestandteil des Glaubens respektiert, als in einer dogmatisch abgeschlossenen Heilslehre, die Freiheit in erster Linie als Erlösung von der Natur und ihren Gesetzen versteht. Urvertrauen in das Leben allerdings setzt Kampf gegen das Leiden – nicht gegen die Sünde – voraus. Denn das individuelle Streben nach Glück schließt in sich auch das Glück des andern – oder wenigstens die Abwesenheit seines Unglücks – ein.

Freireligiöse Ethik läßt sich ebensowenig auf Auserwähltheits- und Elitedenken gründen wie auf das Recht des Stärkeren. Der Kampf gegen die Ausbeutung der Natur läßt sich nicht trennen vom Kampf gegen die Ausbeutung des Menschen.

Echte Religion ist immer »selbstgestrickt«; nur was mir selbst einleuchtet, kann ich als wahr und gut erleben. Vielfach versteht man unter Religion noch Deklamierung stereotyper Wendungen. Jeder »selbstgestrickten« Religion aber liegen allgemeine und uralte Muster zugrunde. In der freireligiösen Bewegung trat durch die Befreiung vom patriarchalischen Gottesbild und der klerikalen Hierarchie eine Hinwendung zur Natur und zu demokratischen Strukturen zutage, deren Wurzeln älter sind als die christlichen. Die Organisationsform darf niemals Vorrang haben vor den Ideen. Bildung von Kirche oder Bekehrung lassen sich darauf nicht gründen. Dennoch war ein organisatorischer Zusammenschluß sinnvoll und nötig, um durchzusetzen, was einzelne Pantheisten nicht vermocht hätten (zum Beispiel die religiöse Unterweisung an den Schulen durch freireligiöse Lehrer oder die Bestattung der Toten im Geist des Pantheismus).

Die Freireligiösen wollen nicht, daß man aus der Kirche austritt. Es wäre aber wohl ein Dienst an der Kirche, wenn die austräten, welche heucheln müßten, wenn sie länger drinblieben. Die Glaubensintensität dort steht in umgekehrtem Verhältnis zur Mitgliederzahl. Gleichwohl kann sich heute jeder aus allen Religionen holen, was er zu seiner Entwicklung benötigt, ohne die Konfession wechseln zu müssen. Wichtig scheint darum die Umdeutung der heiligen Schriften im Sinne eines ökologischen Humanismus zu sein. Die Besinnung auf die Mystik Meister Eckharts sowie die Auflösung des funktionalen Gottesbegriffs in der protestantischen Theologie und bei den Katholiken die Betonung des Lichts der Vernunft, welche Gott »e rebus creatis« (aus den geschaffenen Dingen)[10] erkennen könne, scheinen in diese Richtung zu weisen.

Für den Christen ließe sich die Liebe Jesu zur Natur gewiß an einigen Stellen der Bibel belegen (zum Beispiel Markus 1,13). Der Freireligiöse mag seine Leitbilder eher in der verantwortungsvollen Naturreligiosität mancher indianischer Völker finden. Oder bei Ketzern wie Giordano Bruno, der für seine kosmische Religiosität sieben Jahre eingekerkert und schließlich verbrannt wurde. Oder in fernöstlicher Weisheit, wie sie etwa in jenem alten indischen Spruch zum Ausdruck kommt: »Gott schläft im Stein, atmet in der Pflanze, träumt im Tier und wacht auf im Menschen.«

Anmerkungen

1 S. Moser: *Gottesbilder heute. Zur Gottesproblematik in der säkularisierten Gesellschaft der Gegenwart.* Königstein 1979. S. 133f.

2 Der älteste Gottesname im Alten Testament ist El Schaddaj = Berg, etymologisch zusammenhängend mit schad = Mutterbrust.

3 G. v. Rynz-Rekowski: *Symbole des Weiblichen im Gottesbild und Kult des Alten Testamentes.* Zürich und Stuttgart 1963.

4 *Die Religion in Geschichte und Gegenwart*, 4. Bd., Sp. 1327. 3. Aufl., Tübingen 1960.

5 F. Capra, auf dem 4. Medizinischen Kongreß gegen Atomwaffen. Tübingen 1984.

6 W. Hellpach: *Tedeum. Laienbrevier einer Pantheologie.* Privatdruck von H.-J. Firgau. München 1977.

7 A. Drews an E. v. Hartmann, 28. 4. 1882. Veröfftl. in: *Freie Religion. Monatszeitschrift für religiöse Selbstbestimmung.* Mannheim (Heft 8/9) 1982.
8 Vgl. hierzu die Antinomien zwischen Ethik und Theismus in: Nicolai Hartmann, Ethik. Berlin 1926.
9 A. Schweitzer: *Kultur und Ethik.* 1923/53. S. 215.
10 Vatic. Sess. 3. c. 2.

Susi Goll

Auf der Suche nach der geistigen Wirklichkeit in der Natur

Erinnerungen an die Landschaft

Und das soll Z. sein, das Bauerndorf im Emmental? Ich kenne es nicht wieder. Und doch – es muß ein Bauerndorf gewesen sein, so ist es mir in Erinnerung geblieben. Auch mein Bruder sagt, daß es ein Bauerndorf gewesen ist, damals, kurz nach dem Krieg, als wir mit Großvater hier zwei Wochen Sommerferien verbrachten. Großvater hatte diesen Ort ausgewählt, weil es hier am besten sei. Er wolle ja keine hohen Berge mehr besteigen, sagte er, auch bekomme man hier gut zu essen, anders als in den Fremdenkurorten des Berner Oberlandes. Fremdenkurort? Das Wort klang seltsam. Unvorstellbar, daß irgendein Fremder aus dem kriegsversehrten Europa in unsere Berge zur Kur fahren sollte. Der kleine Gasthof in Z. war voll mit Einheimischen. Damals war es noch nichts Absonderliches, im Emmental Ferien zu machen. Bern schien weit, heute fühlt man es nah. Z. liegt an der Hauptstraße. Das Dorf gruppiert sich um ein Verkehrskreuz, ununterbrochen rollt der Verkehr nach Bern, Luzern und Thun. »Passen Sie auf!« ruft ein Mann, »Sie werden überfahren!« Gedankenverloren bin ich ein paar Schritte auf die Straße hinausgetreten, nach Erinnerungsfetzen suchend.

»Wie war es damals? Was hat sich geändert?« In meinem Gedächtnis verschwimmen unklare Bilder. Da vorn steht das Gasthaus »Krone«, ihm gegenüber ein Bauernhaus, wie damals. Doch hier in diesem Straßenzug hat sich fast alles gewandelt. Die Garage war nicht, noch der große Parkplatz, noch der Coop-Laden, noch der Coiffeur. Nicht einmal die Käserei, die den Blick auf die »Krone« jetzt fast verdeckt. Sie ist neu und fügt sich architektonisch nicht ins Bild. Das Schlimmste aber ist die Kirche, jenseits der Kreuzung mit ihrem Betonvorplatz. Der Turm ein Kubus, die Uhr rechteckig, geschmäcklerisch in die rechte obere

Ecke versetzt, die Fenster Schlitze, das Kirchenturmdach ein gespitzter »Bleistift«. Der Kirchenraum mit breitem Walmdach, aber nicht so wie bei den umliegenden Bauernhäusern, sondern geometrisch verfremdet. Als Bau interessant, aber ohne Landschaftsgefühl hingestellt. In einem städtischen Vorort mit seinem gleichgültigen Häuserkonglomerat würde die Kirche nicht auffallen. Im Gegenteil, wo Geschmacklosigkeit vorherrscht, würde sie einen wohltuenden Akzent setzen. Aber hier unterbricht sie schrill die traditionelle Linie der Bauten, die dem Landschaftsgefüge angepaßt, mit ihm verwoben sind. Diese Gehöfte mit ihren ausladenden, tiefragenden Dächern, sie scheinen aus diesen Hügeln herausgeschnitzt. Ernst Eggimann, der Berner Dichter, beschreibt es einmal: »Die großen Dächer der Emmentaler Häuser passen sich so sehr dem Rhythmus der Hügel an, daß man das Gefühl bekommt, sie stünden seit Jahrtausenden da und gehörten seit eh und je zur Landschaft. Nicht einmal der Sturm kann ihnen etwas anhaben, es gelingt ihm nicht, sie abzuheben, eher drückt er sie noch mehr in die Gegend hinein; ja, das Wichtigste an der Konstruktion dieser Häuser ist der Dachstuhl; wenn das Dach steht, wird ›Ufrichti‹ gefeiert. Dieses Dach deckt alles zu, Menschen, Vieh, Heu und Stroh, eine ganze Welt, es ist Abbild des Firmaments. Es kommt tief herunter und springt weit vor, daß es vor und neben dem Haus noch viel Schutz gewährt. Und steil muß es sein, daß im Winter der Schnee nicht liegen bleibt.

Das ganze Haus steht wie aus dem Boden gewachsen. Und das Holz nimmt verschiedene Farbtöne an, je nachdem es auf der Wetterseite liegt, auf der Sonnseite oder im Norden.«[1]

Ja, das ist's, was mir im Augenblick der Wiederbegnung mit dem Dorfe Z. schmerzlich zum Bewußtsein kommt: Zerstörung einer einmaligen Landschaft, eines einzigartigen Kulturraumes, wie er seit Generationen bestanden, wie ich ihn als Kind, nur halb bewußt, noch erlebt habe – im letzten Augenblick, bevor die Technisierung einsetzte und alles verwandelte.

Aber ist es nicht lächerlich, gerade hier und heute an Erinnerungen zu kleben und Trauergefühle zu entwickeln?

Ich, die ich aus der Umgebung von Zürich komme, wo dies alles schon Geschichte ist? Wo die Stadt die Landschaft schon längst überrollt hat und von der ehemals bäuerlichen Siedlungseinheit kaum mehr Spuren zu finden sind?

Ist diese Entwicklung in Emmental deshalb so bedauerlich, weil es hier so besonders schön war? Eggimann schreibt: »Das Wort ›Emmental‹ läßt viele Schweizer aufseufzen: Es löst Sehnsucht aus, die nicht einmal Sentimentalität ist, es ist Mythos, schweizerisches Traumland... (...), das mitten in der Schweiz liegt und noch nicht bis zur Unkenntlichkeit verändert wurde.«

...Noch nicht bis zur Unkenntlichkeit! – Mehr zu verlangen wäre nostalgischer Blödsinn! Schließlich leben heute zwei Millionen Menschen mehr in unserem Land als vor 30 Jahren. Sie können ja nicht in Höhlen hausen, sie brauchen Wohnungen. Auch ist der technische Luxus so angenehm. Soll der Bauer darauf verzichten? Es war nicht immer gemütlich in den alten Bauernhäusern. Ich erinnere mich doch! – An den muffigen, etwas säuerlichen Geruch, der einem im Hausflur entgegenschlug, eine Mischung von Stall, Schweiß und undefinierbaren Küchendüften. Überhaupt die Küchen, rußig, klein, kalt, sobald der Herd erloschen war. Meine Großtante Julie, die an beiden Hüften gelähmt war, hat sich buchstäblich auf den Ellenbogen durch ihre Küche gerobbt und so gefeuert! – Die Bauernstube, ja die konnte heimelig sein, man sieht es noch im Freilichtmuseum Ballenberg ob Brienz, aber die Kammern: klein, niedrig und ungeheizt. Im Winter gefror das Wasser in den Schüsseln. Und das »stille Örtchen«? – eine Bretterbude draußen auf der zugigen Laube! Von Bad und Dusche keine Rede!

Zudem: Wer etwas Sozialgeschichte gelesen hat, der weiß, wie viele klägliche Existenzen ihr Lebtag ein kümmerliches Dasein fristen mußten – Mägde, Knechte, Taglöhner – niedergehalten von einer scheinbar gottgewollten Ordnung, eingeschüchtert durch eine aufgepfropfte Sittenstrenge. Dieses frühere Leben war nicht nur eng, sondern oft engstirnig.

Die Wahrheit ist, daß wir es uns kaum mehr vorstellen können, trotz Erinnerung, trotz Bildbänden, Heimatfilmen, Freilichtmuseum, Literatur und Volkskunde, so vollständig hat sich unser Leben gewandelt. So unwiederbringlich sind wir herausgetreten aus alten Daseinszusammenhängen, die noch ganz eingebettet waren in die Natur und von ihr abhängig. In einem Augenblick der Wiederbegegnung wie diesem, an einem Ort wie diesem, wo die Landschaft trotz aller Eingriffe noch übermächtig wirkt, fühle ich es mit besonderer Schärfe, wie heimatlos wir geworden sind, wie losgetrennt von der Natur – freier vielleicht, aber auch gefährdet. Etwas von dem, was früher gewesen, das spüren wir, müssen wir wiedergewinnen, etwas, das auch zu tun hat mit der ästhetischen Erscheinung einer Landschaft. Diese Menschen früher, mit ihrer primitiven Technik, sie wußten die Natur nicht nur vielseitig zu nutzen, sie schufen sie auch schön.

Doch für uns kann es kein nostalgisches »Zurück zur Natur« mehr geben, zu überlebten Daseinsformen. Das wäre nur Flucht in die Sackgasse – aber wir müssen das Zwiegespräch mit der Natur, das wir abgebrochen haben, wieder suchen – aus unserer heutigen Bewußtseinslage heraus und in Freiheit.

Verlorene Naturfrömmigkeit

Für unsere Vorfahren war die Beziehung zur Natur noch eine gemüthaft-fromme. Sie erlebten die Naturgewalten als Schicksalsmächte, als Belohnung oder Strafe Gottes. Jeremias Gotthelf, der zu einer Zeit lebte, als die naturwissenschaftlichen Anschauungen noch nicht in die letzte Schulstube gedrungen waren, in den Städten aber durch die Aufklärung ein neuer Geist sich breitmachte, beschreibt uns das ursprüngliche Naturerleben der Landbevölkerung in »Zeitgeist und Berner Geist«. – Benz, ein kerniger Emmentaler Bauer, wandert aufgewühlt und schweren Herzens über eine Emmentaler Egg nach Hause. Er war in eine Gesellschaft von Religionsverächtern geraten, die seinen Glauben lächerlich gemacht, ohne daß er sich richtig hatte zur Wehr setzen können. Auf einem Aussichtspunkt bleibt er stehen: »Es war wunderschön da. Wie Ahnenbilder im großen Rittersaale standen im Hintergrunde die alten, hohen Berge in stiller Majestät, mit reichem Mondlicht war die niedere Welt übergossen, und über all dem wölbte sich der Himmel so freundlich und mild, wie über dem schlafenden Säugling ein weiches, warmes, seidenes Decklein.« – Die beredte Stille macht sein Herz weh. Er kann nicht begreifen, daß man in einem solchen Land, angesichts der lieblichen und zugleich gewaltigen Natur, seinen Gottesglauben verlieren kann. »Benz war nicht sentimental, er war ein Berner Bauer. Diese leben mit der Natur zusammen, treu und fleißig, ungefähr wie verständige Ehemänner mit ihren Weibern; Ehemänner schwärmen bekanntlich selten für ihre Weiber, und wenn sie verständig sind, freuen sie sich mehr über ihre Tugenden als über ihre Schönheiten. Aber als Benz, an seinen Stecken gelehnt, stille stand und über die Landschaft sah, da quoll es in seinen Augen, und schwere Tropfen rollten langsam nieder. ›Und das alles ohne Gott!‹ sagte Benz.«

Wenn wir eine solche Stelle lesen, so wird uns bewußt, wie sehr wir uns herausgelebt haben aus dieser Art der Naturfrömmigkeit, wie ungewiß dies uns alles geworden ist. Natürlich ist es immer noch möglich, angesichts einer großartigen Landschaft andachtsvolle Gefühle zu empfinden. Aber für unsere gewöhnliche Daseinshaltung spielen solche Stimmungen keine große Rolle mehr. Es sind eben Stimmungen – Episoden.

Für uns ist die Natur nicht mehr gott-, nicht mehr geistdurchdrungen. Wem würde es noch einfallen, bei Blitz und Donner an einen »Strafakt Gottes« oder dergleichen zu denken. Wir denken an elektrische Entladungen und erklären uns dieses Geschehen wie jedes andere Naturereignis auch, durch chemische und physikalische Gesetze, als rein materiellen Vorgang mithin. Wenn, um dies an einem anderen Beispiel zu verdeutlichen, in einem Drama Shakespeares innerer Aufruhr durch äußeren – Blitz, Donner, Hagel begleitet wird, so halten wir das für einen dramatischen Einfall, für einen effektvollen Theaterkniff oder gar für eine Abgeschmacktheit des Barocktheaters, von »der auch Shakespeare nicht ganz frei war«. – Das mag zu Shakespeares Zeiten schon so gewesen sein, trotzdem ist es ein konkreter Hinweis darauf, daß in früheren Zeiten Inneres und Äußeres nicht so getrennt erlebt wurde wie heute. Bekanntlich erfuhren die alten Germanen in atmosphärischen Vorgängen das Wirken des Gottes Wotan, die Griechen des Zeus – etwas real Geistiges also. Für uns sind solche Vorstellungen »phantasievolle Ausgeburten der Angst dieser halt noch primitiven Völker.«

Jedenfalls besteht für unser Erleben kein solcher Zusammenhang mehr. Seelisches und Geistiges erleben wir nur innerhalb unserer eigenen Haut. Der Natur stehen wir beobachtend gegenüber und suchen in ihrem Walten nach kausalen Zusammenhängen – nach »Mechanismen«, die wir uns mit den Gesetzen der Physik und der Chemie erklären können. Wir denken uns die äußere Welt chemisch-physikalisch. – Auch in den Lebewesen suchen wir nach materiellen Zusammenhängen. Für die mechanistische Naturwissenschaft sind materielle Vorgänge, sind Mutation und Selektion (Zufall und Notwendigkeit) die einzigen Wirkungsprinzipien in der Natur und damit die eigentlichen Konstrukteure der Evolution. Seele und Geist erscheinen nach dieser Anschauung nur als »besondere Leistung der Materie« auf einer bestimmten Stufe der Entwicklung.

Nun ist es aber so, daß diese Ansicht, wie jede andere auch, nur durch unsere eigene geistige Tätigkeit, durch unser Denken zustande kommt. Wenn wir in mechanistischer Weise im Denken einen chemisch-physikalischen Vorgang erblicken, so projizieren wir es eben auf ein materielles Substrat und stehen dann wieder vor demselben Rätsel, das wir uns nicht erklären können, es sei denn durch eine neue *ausgedachte* Theorie. So oder so, wir können aus dem Denken gar nicht heraus.

»Das eigene Bewußtsein ist immer das Feld, auf dem jede Erkenntnis entsteht. Wir müssen also das geistige Instrumentarium des Menschen in die wissenschaftliche Betrachtung einbeziehen, wir können den Blick auf das eigene Bewußtsein gar nicht umgehen.«[2]

Für gewöhnlich abstrahieren wir so sehr von unserer eigenen Erkenntnistätigkeit, daß wir unseren Anteil an einem Beobachtungsinhalt vergessen. Wenn wir beispielsweise am Waldrand ein Rascheln hören in den Blättern und dann zusehen, wie sich ein Mäuschen aus dem Laub herausarbeitet und davonläuft, so erfassen wir einen Teil des Vorgangs mit den Sinnen, den anderen aber durch den Begriff (Laub, Rascheln, Maus usw.). »Ein geistiger Teil ist notwendig, der nicht mit den Sinnen, sondern mit dem Denken erfaßt wird, so sehr das unseren Denkgewohnheiten widerspricht. Es ist der *Begriff*, durch den für unser Bewußtsein das Wahrnehmungschaos geordnet wird, durch den damit das Wesen der Sache in der Wirklichkeit erscheint und *damit das Wesen der Sache selbst ist*, nur eben in der menschlichen Form des Gedankeninhalts. Der Zusammenhang zwischen innen und außen ist also schon in jeder Naturerkenntnis da, wir müssen ihn nur scharf in die Beobachtung fassen.[3]

Erkenntnisgespräch der Natur

Wir können, wenn wir so unsere Aufmerksamkeit auf die eigene Erkenntnistätigkeit richten, die geistige Wirklichkeit in den Naturdingen wieder erfahren. »Wir erleben das Verwandte zu unserem eigenen Wesen in der Natur, auch wenn es entfernt ist und seine Weisheit weit über das hinausgeht, was wir uns durch eigenes Bemühen zusammenfügen.«[3]

Wesentlich ist, daß wir bei unseren Beobachtungen selbstlos bleiben und die Aufmerksamkeit, die wir auf die äußeren Dinge richten, ebenso auf uns selbst richten, auf das, was unser Urteil beeinflussen kann an vorgefaßten Meinungen (Theorien) oder an Gefühlen (Lust oder Unlust). In dieser Weise arbeitet zum Beispiel die Verhaltensforschung, sofern sie nur nach dem Wesen der Sache (des Tieres) selbst fragt und nicht nach vorgefaßten Denkmodellen (Mechanismen etc.) interpretiert. Wenn wir, um ein bekanntes Beispiel zu wählen, einen Hühnerverband beobachten, in keiner anderen Absicht, als über das Wesen des Huhns etwas zu erfahren, so werden wir zu anderen Resultaten kommen, als wenn wir dies im Interesse der Geflügelindustrie tun, weil wir ja so nicht versucht sind, das Beobachtete im Sinne wirtschaftlichen Zweckdenkens zu interpretieren.

Wir werden zu einer wirklichkeitsgemäßen Anschauung des Wesens »Huhn« kommen und die in ihm wirkende Weisheit bewundern. Wir werden nicht mehr in Versuchung kommen, es nach eigenen Vorstellungen (der Rendite) zu vergewaltigen, weil die anschaubar gewordene Weisheit Ehrfurcht in uns wecken wird.

Einem mechanistisch gedachten Ding (Geschöpf), einer durch blinden Zufall gewordenen Welt gegenüber können wir keine moralische Verantwortung empfinden. Wir können nur, wie dies die materialistische Naturwissenschaft und die aus ihr hervorgegangene Technik tun, nach ihrem Nutzen für uns fragen.

Erst wenn wir erkennen, daß wir in einem weisheitsvollen Naturzusammenhang drinnenstehen, den wir durch unser Denken erfassen können, werden unsere moralischen Gefühle wiedererwachen.

So wird uns auch eine Landschaft wieder vertraut, wenn wir nach ihrer Eigenart fragen, nach der Besonderheit eines Standortes, nach Feuchte und Wärme, Trockenheit und Kälte, nach

Pflanzenarten und Tieren, aber auch nach Farben und Formen, nach der charakteristischen Ausprägung von Büschen und Bäumen, nach Licht und Farbenspiel im Wechsel der Tages- und Jahreszeiten und der Witterung. – Nach dem Wesen der Innerlichkeit bei den Tieren, dem Abbild des Umkreises bei den Pflanzen. Zur naturwissenschaftlichen Beobachtung gesellt sich so eine künstlerische, wir erfassen die Stimmung einer Landschaft auch malerisch und musikalisch. Wir nehmen ein gestalterisches Element auf, wir bilden in uns die Idee einer Landschaft, die unser individuelles Verhältnis zu ihr ausdrückt und die wir in unseren eigenen Gestaltungen wieder zur Darstellung bringen können. Denn »Landschaft« entsteht nur im Zusammenwirken von Mensch und Natur, alle »schönen« Landschaften sind Ergebnis auch menschlichen Tuns. Bloßer Natur fehlt zumindest das Trauliche, das Heimatliche.

Für das Emmental wäre reine Natur beispielsweise Urwald über die Kuppen und weitgehend versumpfte Talböden. – Eine unwirtliche Gegend! Durch archäologische Funde wissen wir, daß selbst eisenzeitliche Siedler im schweizerischen Hügelland die Talsohle oft mieden. Diese wurde erst durch Entsumpfung bewohnbar, was in einzelnen Gegenden bis ins 19. Jahrhundert hinein dauerte.

Wenn wir somit früher auch mit Hilfe der Technik Landschaft schufen, so müssen wir uns heute dagegen wehren, daß wir sie nicht völlig technischen Zwängen unterwerfen und damit zerstören. Wir alle kennen diesen Kampf, den wir aus »grünem« Empfinden, aus naturschützerischem Gewissen führen bei jedem Straßenstück, das noch gebaut werden soll, bei jedem Bauernhof, der verschwindet, weil er in die Industriezone gerät, bei jeder Flurbereinigung, jeder Bauzonenerweiterung. Langsam erwachen wir und reagieren mit moralischen Appellen. Doch Moral läßt sich eben nicht abstrakt fordern, sie kann nur erwachen, wenn wir uns wieder auf ein Erkenntnisgespräch mit der Natur einlassen, und das können wir, wenn wir uns aus den materialistischen Denkzwängen befreien. Aus Einsicht in Lebenszusammenhänge können wir dann wieder gestalterisch eingreifen in die Natur und im Vertrauen auf die Fähigkeit der Selbstregulierung von Lebewesen und Lebensgemeinschaften eine Landwirtschaft entwickeln, die pflegerisch mit ihr umgeht. Wir werden dann auch darauf verzichten, den Boden zur Handelsware zu erniedrigen und ihn mit billigen Spekulationsbauten zu überziehen. Denn das Architektonische gehört auch zu einer erkenntnismäßig begründeten Landschaftsgestaltung. In ihr zeigt sich unser Verhältnis gegenüber Mitmenschen, Häßlichkeit zeigt uns an, was wir überwinden müssen in unserem sozialen Zusammenleben, genauso wie in unserer Beziehung zur Natur. Die ästhetische Erscheinung einer Landschaft ist ein Indikator für unser Bewußtsein. Siedlungswüsten und Monokulturen weisen uns darauf hin, daß in unserer Denkweise etwas nicht stimmt, daß etwas ver-rückt ist.

Das technokratische Denken gestaltet großräumig, es vereinheitlicht im zwischenmenschlichen Bereich wie in der Natur. Das Individuelle wird übergangen oder Zwängen unterworfen. Es steigert in der Landwirtschaft einseitig die Wachstumskräfte (Chemie, Kunstdünger etc.), die »Leistungen« von Tier und Pflanze nach ausgedachten Nützlichkeitsprinzipien und bringt damit das Naturganze durcheinander. Demgegenüber gestaltet naturnahes Denken individuell aus der intimen Kenntnis eines Orts. Eine Steigerung der Fruchtbarkeit wird erreicht, indem »Felder, Wiesen, Weiden, Wald und Hecke, Viehhaltung und Landbau den örtlichen und klimatischen Verhältnissen entsprechend harmonisch aufeinander abgestimmt werden« (J. Bockenmühl). Technik wird eingesetzt, soweit dies sinnvoll ist und zur Arbeitserleichterung beiträgt, aber sie wird zum dienenden, nicht zum beherrschenden Element. Aus der »Idee« einer Landschaft heraus, die wir so als geistige Wirklichkeit wiederaufgreifen, kann auch die Architektur Impulse schöpfen. Es entstehen wieder schöne Landschaften.

Anmerkungen

1 Ernst Eggimann, W. Studer: *Emmental,* Eugen Rentsch-Verlag, Zürich 1983.
2 Wolfgang Schaumann: Die biologisch-dynamische Arbeit als Bewußtseinsfrage, *Die Drei*; Juni 1974, Verlag Freies Geistesleben, Stuttgart.
3 W. Schaumann (siehe oben).

Henning Eichberg

Produktivistische Mythen
Etwas über die Religion in der Industriekultur

Ist es eigentlich zutreffend, daß – wie so oft behauptet – die Industriegesellschaft seit der Aufklärung von einem Prozeß der Entmythologisierung geprägt (oder, wie man will: heimgesucht) wird, von einer Auflösung der Religion zugunsten von Vernunft und intellektueller Selbstbestimmung? Solche Frage erfordert zunächst eine grundsätzliche Überlegung über die Begriffe von Religion und Mythos.

Was ist Religion?

Das herkömmliche Denken versteht Religion als gleichsam synonym mit »Glauben«, also eine Form von Denken (wenngleich ein unklares, wertbefrachtetes), von Weltdeutung, Theologie, Bekenntnis, kurz: eine Bewußtseinstätigkeit. Religion als Kopfarbeit also.

Seit einigen Jahren erheben sich demgegenüber kritische Fragen. Paßt nicht die Reduktion der Religion auf den »Glauben« allzugut auf das Selbstverständnis der Theologie als einer »Wissenschaft« und damit in das Selbstbild des europäisch-neuzeitlichen Verkopfungsprozesses? Wird nicht damit das soziale Phänomen Religion auf ein quasi-akademisches Philosophieren hin verdünnt? Werden vielleicht die eigentlichen soziologischen Merkmale religiöser Kultur damit unter den Tisch gekehrt: Kult (als Körperkultur) und Mythen (als anschauliche, wirkende Bilder)? Solche Fragen stellten sich aus psychologischer Sicht (Hans Burkhardt, Alfred Lorenzer), aus der Sicht von Soziologie, Ethnologie und Religionswissenschaft (Z. Poniatowski/Polen).

1. Die Gegenthese kann so lauten: Religion ist eine Form *sozialer Sinnlichkeit*, eine Form von *Körperkultur*. Sie hat ihre Grundlagen in einer »sakralen Motorik« oder religiösen »An-

thropokinetik«, einfacher gesagt: im Sinnlich-Körperlichen von Tanz und Kult, Zeremonie und Tabu, Meditation (Gebet) und Ekstase. Im Kern konstituiert sie sich als *Praxis*, als sakrale (heilige, unbefragte, konsensuale) Praxis in raum-zeit-körperlichen Konfigurationen. Sakrale Räume sind zum Beispiel Fetische, Altäre, Tempel und andere Stätten, »an denen man die Stimme dämpft« oder zu denen man wallfahrtet. Sakrale Zeiten sind Feste, die das Leben zeitlich gliedern, sind Erwartungsmuster, denen man sich selbst, seine Biographie und Arbeitskraft unterwirft oder aus denen man Kräfte bezieht.

2. Darauf bauen – gewissermaßen in einer zweiten Stufe – die *Mythen* auf: anschauliche Bilder, die »leben«, das heißt die Wirkung haben und also weit mehr sind als nur Literatur. Auch hier überwiegt die sinnliche Kraft die rationale Be-deutung.

3. Erst davon abgehoben überwölben das Ganze die *Deutungen*, Denksysteme, verbalisierte Darstellungen von Theologie, Weltanschauung, Naturphilosophie etc. Dieser Überbau kann gut fehlen, ohne daß der Religion insgesamt Abbruch getan wird: Wer im realen Alltag katholisch ist, kann durchaus freidenkerisch über die Welt reflektieren, und mancher praktizierende Jude ist im Kopfe Atheist. Umgekehrt wirkt es nicht: Ein »Bekenntnis« ohne dazugehörige spezifische mythologische Bilder und Praxisformen charakterisiert die gelebte Religion nicht (sondern eine andere).

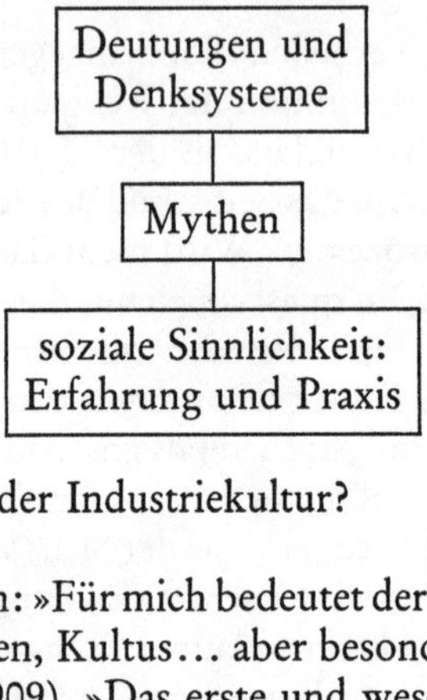

Was ist das Ritual der Industriekultur?

Pierre de Coubertin: »Für mich bedeutet der Sport eine Religion mit Kirche, Dogmen, Kultus... aber besonders mit einem religiösen Gefühl« (1909). »Das erste und wesentlichste Merkmal des alten wie des neuen Olympismus ist: eine Religion zu sein«

(1935). Avery Brundage: »Die Olympische Bewegung ist eine Religion des 20. Jahrhunderts, eine Religion mit universalem Anspruch, die alle Grundwerte anderer Religionen einschließt, eine moderne, aufregende, männliche, dynamische Religion« (1964).

Diese Formulierungen aus dem quasi-theoretischen Überbau des Sports verweisen auf eine reale, körperliche Basis: *Sport* als *die* Massenaktivität des 20. Jahrhunderts. Aber Sport ist nicht Religion wegen seiner Werte – Fairneß, Einhalten von Regeln, Kameradschaft –, sondern wegen seiner körperlichen Abläufe, seiner sakralen Motorik, seiner Konfiguration: Produktion von Daten, Steigerung von Rekorden, Vergegenständlichung körperlicher Abläufe in Zentimetern, Gramm, Sekunden und Punkten, »schneller, höher, stärker«. Sport ist der reale Kultus der Industriegesellschaft, insofern er *Produktivismus* ist.

Die Produktion von Ergebnissen im Sport verweist auf die Produktion von Waren in der Wirtschaftsgesellschaft. Sie ist die Orthopraxis der Industriekultur, die »Rechtschaffenheit«, die wichtiger ist als die Rechtgläubigkeit (Orthodoxie). Sie ist damit die Grundlage für den industriellen Monotheismus. Drei Aspekte machen die Mächtigkeit (oder Gewalt) dieser Religion anschaulich: das Bruttosozialprodukt, die Vernichtung der »Unproduktiven« und die Stellung der Frau.

1. Das *Bruttosozialprodukt* bringt das Produktionsergebnis einer Staatsbevölkerung auf einen zahlenhaften Nenner. Es faßt das Unvergleichbare zusammen (den Apfel und das Auto, das Ergebnis des Friseurs und des Kontoristen) und macht auch die Völker vergleichbar. Es deutet die Produktionsmythologie der Arbeitsgesellschaft in Gestalt einer Ziffer. An ihr wird die Strukturpolitik der Gesellschaften in West *und* Ost ausgerichtet, nicht etwa an »Grundwerten« wie Menschenrechten und Demokratie einerseits, Solidarität und Selbstbestimmung der Arbeitenden andererseits.

2. Der Zentralgott der Produktivität fordert Menschenopfer. Darum geht die Produktivierung seit dem Anbruch der Industriegesellschaft im späten 18. Jahrhundert mit Visionen und Verwirklichungen einer *Vernichtung der »Unproduktiven«* einher. Das traf nicht nur einzelne (»Vernichtung unwerten Lebens«), sondern auch ganze Gruppen, ganze Ethnien: die Juden als »Parasiten«, die Sinti und Roma (Zigeuner) als »unproduk-

tive Nomaden« und – bis in unsere Tage – die »faulen Wilden«, von den brasilianischen Indianern bis zu den »Steinzeitvölkern« Australiens, Indonesiens und der Philippinen. Ihre Massenausrottung war also weit davon entfernt, archaisch zu sein; sie war ein Ergebnis der Industriekultur. Die Todesfabriken vom Typus Auschwitz (das tatsächlich eine Fabrik war: die I.G. Auschwitz) wurden 1944/45 zwar in ihrer speziellen Form eingestellt, bleiben aber prinzipiell als Realität und Möglichkeit aktuell, solange das Wort »Steinzeit – nein danke« als Todesurteil verstanden werden kann.

Die Frau erfuhr im Produktivismus eine spezifische Unterwerfung: Sie wurde *zur Reproduktionsfunktion* als einer Rückseite der Produktion erklärt. Familiale Reproduktion, das ist die Verwaltung des Konsums, der emotionelle Ausgleich gegenüber den psychischen Verstümmelungen des Arbeitslebens, das Hervorbringen von Kindern – Aufgaben ohne Marktwert. Die Hausfrau, die Mutter, kommt daher notwendigerweise im Bruttosozialprodukt nicht vor. Der Zentralgott der Arbeitsgesellschaft hat (wie die männliche Sportreligion) ein eindeutiges Geschlecht. Auch diese Unterwerfung war also nicht spezifisch archaisch, sondern Ausdruck produktivistischer Modernität.

Insofern der Produktivismus im *Konsumismus* eine notwendige Rückseite hat, beantwortet sich auch die weitere Frage: Welches sind die mythischen Bilder der industriellen Religion?

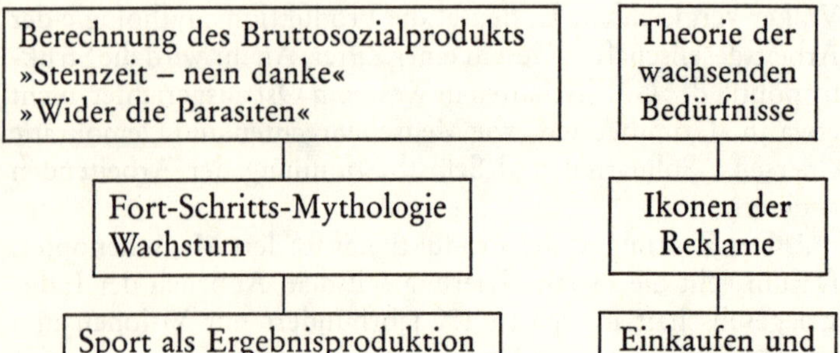

Es ist die *Reklame.* Deren Bilder lügen nicht, wie Kritiker vielfach eingewandt haben, und es zeugt von mangelnder Einsicht, wenn man von der Werbung Aufklärung, Information, Beratung, »Wahrheit« verlangt. Reklame verkauft nicht primär einzelne Waren, sondern eine Botschaft, die frohe Botschaft des industriellen Heils, der Erlösung des Menschen von seinen Entbehrungen durch käufliche Waren. Die Reklamebilder sind – jenseits von »falsch« und »richtig« – die Ikonen der Produktionskultur.

Was weiter?

Dann und wann kommt es vor, daß Religionen an ein Ende geraten. Das geschieht nicht etwa durch rationale Kritik. Das Begriffspaar der »Produktivität« und der »unproduktiven Arbeit« konnte nationalökonomisch nie befriedigend definiert werden; der Versuch wurde schon von der Wissenschaft des 19. Jahrhunderts aufgegeben. Dennoch gelten die Produktivitätsmythen weiter. Das Ende kommt bestürzenderweise auch nicht aufgrund besonders grausamer Erfahrungen: Die Massenvernichtung sogenannter »Unproduktiver und Parasiten« in den Lagern des NS-Staates hatte keine Auswirkung auf den Bestand der industriellen Religion.

Sondern ein Ende, ein Bruch, eine Ummythologisierung zeichnet sich ab, wenn sich *sinnliche Gegenerfahrungen* ansammeln, die sich in neuen Ritualen und (Gegen-)Mythen verdichten. Ist das heute der Fall?

1. Eine der neuen Gegenerfahrungen gegen die Wachstumsreligion heißt: *Waldsterben.* Die Verbindungslinie zwischen den toten Bäumen und den toten Menschen, den an Pseudokrupp sterbenden Kleinkindern zum Beispiel, erweist sich als handgreiflich und bewegend, als im besten Sinne mythologisch also. Nach der Tötung der »Unproduktiven« erfolgt die Tötung der »Produktiven« von morgen, die Selbstvernichtung der Produktionsgrundlagen.

Diese Erfahrung hat den Begriff der *»Kontraproduktivität«* hervorgebracht. Als kontraproduktiv, also als steigerungsfähig in Richtung auf die Selbstzerstörung, erweisen sich die Raketenproduktion bis zum Vielfachen des Overkill, die Anstrengungen der Pharmaindustrie zur durchgreifenden Chemisierung des Lebens, die Energiegroßtechnologien, die die Bewachung von Atommüll auf Zehntausende von Jahren hin einschließen, und die tagtäglich fortschreitende Asphaltierung des Bodens, auf dem man nur noch fahren kann.

Sind dazu Gegenbilder und Gegenrituale auf dem Weg? Menschen adoptieren Bäume, weil sie ahnen, daß die bloße Existenz von Bäumen morgen schon nicht mehr selbstverständlich ist. Menschen ketten sich an Bäume, um sie vor den Baggern des großen Kapitals zu bewahren. Menschen pflanzen Bäume, weil sie darin eine Gegenmacht erkennen. Erinnerungen tauchen auf an Yggdrasil: die Welt als Baum. Gegenbewegungen nennen sich »grün« und kennzeichnen damit, daß es mehr um ein anderes Bild vom Leben geht als um konventionelle politische Programme.

2. Eine andere Gegenerfahrung ist die *Arbeitslosigkeit.* Mehr und mehr erweist sie sich als strukturell, keineswegs mehr nur konjunkturell. Die Arbeitsgesellschaft produziert gerade durch ihre Hochentwicklung ihre Aufhebung. Denn die Arbeitslosigkeit ist vielleicht weniger bedeutsam als Erfahrung der Arbeitslosen selbst, denn als Erfahrung aller derjenigen, die erst in die Arbeitsgesellschaft einsteigen wollen. Ihnen stellt sich kein »produktives« Zukunftsbild (das schon immer mehr eine Illusion und ein Versprechen war) dar, keine Karriereerwartung, mit der man generationenlang die Jugend hat disziplinieren können. Statt dessen hat man die Wahrscheinlichkeit von Arbeitslosigkeit trotz aller Anstrengungen vor Augen. Warum also Anstrengung, warum Fremdbestimmung, warum Verzicht auf das Heute zugunsten des Morgen? »No future.«

Aber das Gegenbild ist nicht nur negativ, sondern: *»Du hast keine Chance – nutze sie!«* Dörfer entstehen, von Wyhl über Startbahn West bis zur Republik Freies Wendland. Holzhäuser werden gebaut, wo die Wälder sterben sollen, und Häuser instandbesetzt, wo sie kaputtbesessen werden sollten. Das Leben wird zum Fest, vom Freundschaftshaus in Wyhl bis zum Kopenhagener Karneval. Gelächter, Fest und Dörferbauen: Alles das erhält Wert, gerade weil es *nicht* im Bruttosozialprodukt zu Buche schlägt.

In diesem Zusammenhang ist auch das *»Wiederauftauchen« der Frau* zu verstehen, und zwar der Frau als »Hexe«, nicht als zusätzliche industrielle Produktivkraft. In der Produktionsgesellschaft wie im Sport war sie (wenn überhaupt) allenfalls als Nachzüglerin vorhanden. Für »das andere Schaffen« aber ist es gerade die am Markt preislose »weibliche Produktivität«, die Bedeutung erhält. Das Auftauchen der Muttergöttinnen in der alternativen und der Frauenbewegung signalisiert dieses »andere Schaffen«, eine Ummythologisierung.

3. Neben dem anderen Wirken (statt des industriellen Produzierens von Ergebnissen) signalisiert das auch eine *andere soziale Zeit.* Die Zeit der Produktivitätsgesellschaft hat man als spezifisch männlich charakterisiert: linear, zukunftsgerichtet (»fortschrittlich«), auf Vergegenständlichung hin gespannt. Demgegenüber die soziale Zeit der Frau: zyklisch oder chaotisch, unüberschaubar für den Mann, voller Brüche und Sprünge. Geht die industrielle Zeit des Mannes in eine Krise?

Ein Symptom für das Neue ist die Erfahrung von *Streß.* Was einst als Spannung und Faszination erlebt wurde – der Sport wie der Produktionsfortschritt –, wirkt plötzlich als krankmachend. Wer leidet heute *nicht* unter Streß? Die drei spezifischen Streßmilieus sind zugleich die sakralen Orte des Produktivismus: Schule, Fabrik beziehungsweise Büro, Sporthalle.

Das Auto, Symbol von Fortschritt, Fortbewegungsdynamik und Zeitgewinn, wird plötzlich als gigantische Zeitvergeudung errechnet. Nie in der Weltgeschichte befanden sich Menschen so viel im leeren Zirkel des Transports; nie wandte eine Kultur so viel Zeit auf für die bloße Fortbewegung. Die temporale Struktur des Automobilismus ist nicht das Vorwärtskommen, sondern der Stau, der Zeitverlust, der leere Zirkel.

Auch die Zeitbudgetforschung verarbeitet plötzlich neue, revolutionäre Erfahrungen. Bisher galt unausgesprochen die Erwartung der Gesellschaft, daß eine vermehrte Warenproduktion (im industriellen Jargon: die verbesserte Warenversorgung) auch eine Entspannung des Zeitbudgets herbeiführen werde: Wir werden mehr Zeit haben mit vermehrtem Luxus. Das Gegenteil erweist sich jetzt: Die industrielle Warenproduktion ist zugleich eine *Produktion von Zeitmangel.*

Solche Erfahrungen an der sozialen Zeit sind der Hintergrund für die menschlichen Tragödien, in deren Gestalt die Entfremdung manifest wird: Rauschgift, Alkohol, Psychopharmaka, Selbstmord. Aber sie erklärt zugleich, warum gegenüber den mythischen Symbolen der Industriereligion – Fortschrittspfeil,

Wachstumskurve, Leistungspyramide – zunehmend alternative symbolische Bilder auftauchen: indianische Radkreuze, ostasiatische Yin-Yang-Symbolik, vorzeitliche Kreismuster. Es ist fraglich, ob in ihnen die neue soziale Zeit sich schon manifestiert, – aber ihre Bedeutung ist es jedenfalls, auf die Krise der industriellen Zeitmythologie sinnlich und augenfällig aufmerksam zu machen.

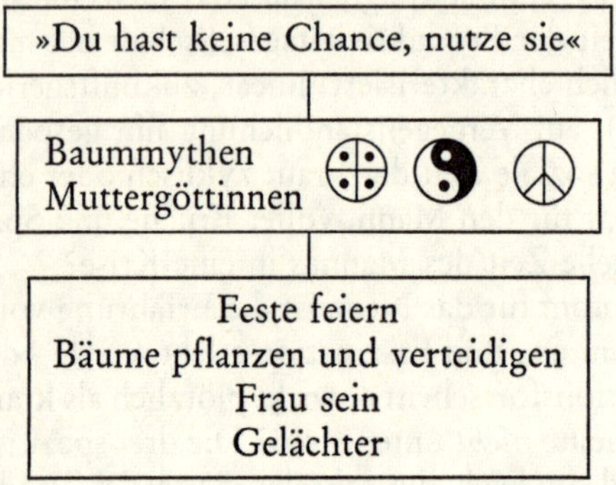

»Die unmittelbare Wahrnehmung hat die Fähigkeit zur Selbstregulierung, während dies die Logik nicht hat. Mit Logik kann ich genausogut KZ-Aufseher werden wie Chefstratege im Pentagon. Aber mein Zwerchfell kann mich nicht dahin führen. Meine Augen und meine Ohren führen mich nicht dahin. Dort, wo die Unterdrückung am schärfsten ist, ist es typischerweise besonders kahl und unfreundlich für die Sinne« (Alexander Kluge, 1976).

Christof Schorsch

Die Ökologie des Seins
Zur Wahrnehmung von »Natur« in der mystischen Erfahrung

Ein menschliches Wesen ist Teil des Ganzen, das wir als ›Universum‹ bezeichnen, es ist als Teil zeitlich und räumlich begrenzt. Es erfährt sich, seine Gedanken und Empfindungen als etwas vom Rest abgesondertes – eine Art optische Täuschung seines Bewußtseins. Die Täuschung ist für uns eine Art Gefängnis, da sie uns auf unsere persönlichen Wünsche und auf die Zuneigung zu einigen wenigen Personen begrenzt, die uns am nächsten stehen. Unsere Aufgabe muß darin liegen, uns aus diesem Gefängnis zu befreien, indem wir den Kreis unseres Mitgefühls ausdehnen, so daß er alle Lebewesen und die ganze Natur in ihrer Schönheit umfaßt.

Albert Einstein[1]

Die alltägliche Erfahrung von Natur zeigt diese als eine Vielzahl einzelner Objekte, die sowohl voneinander als auch vom Menschen getrennt sind – empirische Realität ist durch Myriaden isolierter Objekte scheinbar geradezu gekennzeichnet. Spätestens seit der Neuzeit empfindet sich der abendländische Mensch als von der ihn umgebenden Natur getrennt – und damit nicht nur von der Natur, sondern auch von den anderen Menschen und nicht zuletzt von sich selbst *entfremdet.* Mit dieser Entfremdung zirkulär verbunden war und ist ein instrumentelles Handeln, das darauf abzielt, Natur und Mensch den subjektiven und intersubjektiven Verwertungsinteressen unterzuordnen, die Natur als gigantisches Rohstofflager und als Mülldeponie und den Menschen selbst als beliebig einsetzbares Mittel zum Zweck aufzufassen. Der traditionelle biblische Auftrag, sich die Erde untertan zu machen, wurde mit zunehmender Entwicklung der Technik in nie gekanntem Ausmaß in die Tat umgesetzt. Die industrielle Revolution führte damit einerseits eine bestehende Tradition fort, wie sie andererseits einen qualitativen Sprung darstellte und die menschliche Entfremdung verschärfte.

Die ökologische Krise, die seit Anfang der sechziger Jahre, verstärkt vor allem aber in den siebziger und beginnenden achtziger Jahren in das öffentliche Bewußtsein in den westlichen Industrieländern drang, führte zum einen zu der Erkenntnis, daß Mensch und Natur tatsächlich nicht voneinander isoliert, sondern miteinander verbunden sind im ökologischen Gewebe des Lebens, das durch zahllose Wechselwirkungen, Rückkoppelungsschleifen und Systembeziehungen gekennzeichnet ist, die berücksichtigt werden *müssen.* Zum anderen wurde die Schädlichkeit und Gefährlichkeit eines Handelns deutlich, das diese Zusamenhänge mißachtet. Dieses an eindimensionalen linearkausalen Modellen der Wirklichkeit ausgerichtete Handeln resultiert in der grundsätzlichen Begrenzung der menschlichen Wahrnehmung von Natur, allgemeiner gesagt: von Wirklichkeit – wie gleichermaßen diese jene erst strukturiert.

Wahrnehmung bedeutet, etwas für *wahr* zu nehmen, was *so* nicht existiert: Bedürfnisse, Motivationen, Normen, Erwartungen, Einstellungen, Werthaltungen, Persönlichkeitsdisposition und viele andere Faktoren wirken neben physiologischen Begrenzungen der Sinnesorgane als zusätzliche Filter. Aus der Totalität vorhandener Informationen selektieren Menschen nur einen Bruchteil, der zudem interpretiert und dadurch *verändert* wird. Das »normale« persönliche Wachbewußtsein stellt, wie der Psychologe Robert Ornstein ausführt, eine »hoch entwickelte, selektive, persönliche Konstruktion« dar, die den Informations-Input aktiv kontrolliert.[2] Jeder Mensch konstruiert in seiner subjektiven Erfahrungswelt seine je eigenen Modelle der Wirklichkeit; alle Wahrnehmungen beinhalten bereits Interpretationen. Das gilt nicht nur für die subjektive empirische Wirklichkeit, sondern auch für die intersubjektive Realität, die dadurch entsteht, daß eine Gruppe von Menschen, eine Gesellschaft, eine Kultur etc. sich durch expliziten oder impliziten Konsens darüber verständigt, was als »wirklich« gilt. Über die Übereinstimmung dieser Konstrukte mit der Wirklichkeit *an* sich sind keine logischen Aussagen möglich: »Wie wirklich unsere Wirklichkeit und wie wahr unsere Wahrheit ist, werden wir wohl nie ergründen.« (Robert Schwyzer)[3] Dieser Sachverhalt ermöglicht die Pluralität verschiedener Erkenntniswege und davon abgeleiteter Handlungsanweisungen, wie er andererseits Deutungsmonopole ausschließt. Alle normativen Fixierungen sind, so gesehen, tatsächlich relativ, da willkürliche Konstrukte innerhalb des Erkenntniszirkels in der empirischen Realität und ohne verifizierbare Kongruenz mit der ontischen Realität, das heißt der Wirklichkeit an sich.

Ein wichtiger Ansatzpunkt für sowohl eine veränderte Wahrnehmung von Wirklichkeit als auch für ethisches Verhalten und Handeln scheint uns in der direkten Erfahrung ontischer Wirklichkeit begründet, wie er transkulturell das Insgesamt mystischer Erlebnisse charakterisiert; Erfahrungen übrigens, die zunehmend einer wissenschaftlichen Erforschung zugänglich zu machen gesucht werden. Jedenfalls wäre es alles andere als wissenschaftlich, den reichen Schatz an empirischen Daten zu tabuisieren, der sich im Laufe der überlieferten Menschheitsgeschichte angesammelt hat.

»Ausnahmeerfahrungen«, »Gipfelerlebnisse« und andere Zustände veränderter Bewußtheit beinhalten die Erfahrung, daß der Mensch, obwohl er sich zunehmend von vorfindlichen Zwängen emanzipiert hat, in einem weit über die Verbundenheit mit der natürlichen Ökologie hinausgehenden Sinn Teil der *Ökologie des Seins* ist. Re-ligio bedeutet hier: Nach dem »Sündenfall« aus der Einheit des noch nicht individualisierten Menschen mit der Natur die neuerliche Rück-Bindung, die Re-Integration in die Ökologie des Seins. Dies bedeutet eine Bewußtwerdung: Der Mensch ist nicht länger ein Fremdling in einer fremden, unbegreiflichen oder gar feindlichen Welt, sondern erlebt sich als integraler Teilnehmer im Prozeß des kosmischen Werdens. Mit den Worten des Atomphysikers Prof. Harald Fritzsch: »Eine der wohl wichtigsten Erkenntnisse der modernen Naturwissenschaft ist, daß jeder von uns eine Rolle spielt, eingebettet in das Netz der Naturvorgänge. Wir sind ein Teil des Ganzen und nicht losgelöst vom Rest des Universums.«[4]

Die Beschaffenheit der Wirklichkeit als Ökologie des Seins (statt als Sammelsurium isolierter Fragmente), wie sie von Wissenschaftlern postuliert und von Mystikern erfahren wird, zieht sich als Leitmotiv durch die gesamte Geistesgeschichte der Menschheit, findet sich auch in traditionellen Religionen der Menschheit vorgezeichnet, vor allem in ihren mystischen Ausprägungen. Das Verhältnis der offenbaren Vielheit und Mannigfaltigkeit der empirischen Objekte – und damit auch des Menschen – zum einheitlichen Zusammenhang der Kohärenz alles

Seienden läßt sich als Gegenstand philosophischer Spekulationen in der griechischen Antike und in der mittelalterlichen Scholastik ebenso verfolgen wie beispielsweise in der indischen Vedanta-Philosophie, im chinesischen Taoismus oder in indianischen Überlieferungen.

Die »dem phänomalen Universum zugrunde liegende Einheit« als »Grundlage aller Existenz« (Erich Fromm)[5] stellt den Topos jener Diskussion dar, wie sie von Platon, Plotin, Marc Aurel, Thomas von Aquin, Goethe, Schelling, Schopenhauer und vielen anderen geführt wurde[6] und moderne Parallelen in Einsteins »kosmischer Religiosität« und von Weizsäckers Überlegungen zur »Einheit des Seienden« findet.[7]

Die Hochreligionen der Menschheit, die sich auf fixierte Texte als »Heilige Schriften« stützen – also vor allem die vedische Religion, Judentum, Christentum, Islam und Buddhismus – treffen normative Feststellungen, was das Verhältnis des Menschen zu dem ihn umgebenden Seienden anbetrifft. Dies gilt insbesondere für unsere eigene jüdisch-christliche Tradition. Unter Berufung auf göttliche Offenbarungen wird auf die Autorität der Texte verwiesen, die zwar kanonischen Rang beanspruchen, dennoch aber der Interpretation der (Schrift-)Gelehrten, Theo-Logen und anderer Experten zugänglich sind und von diesen dem »Volk«, den »Gläubigen« vermittelt werden. Re-ligion als Weg zur Überwindung der menschlichen Entfremdung erscheint damit als Sache des *Glaubens* – eines Glaubens, der sich oft genug rationalen Argumenten verschließt und persönliche Erfahrungen als »subjektivistisch« abwertet, wo es doch auf »objektive Heilsgewißheiten« ankäme.

Dem steht die unmittelbare Erfahrung der letztlichen Einheit alles Seienden in der Mystik gegenüber. Die mystische Erfahrung stellt einen radikalen empirischen Zugang zur ontischen Wirklichkeit dar. Sie ist eine »Art von Durchbruchserlebnis in eine Wirklichkeit hinein, die viel wirklicher als alles bisher Erlebte ist, und in der man in einem später nicht mehr nacherlebbaren Sinne ›icher als ich‹ ist«, wie Paul Watzlawick schreibt.[8] Die mystische Erfahrung gehört zu den tiefsten existentiellen menschlichen Erlebnisdimensionen. Gelegentlich wird sie als »Erwachen«, als »Zerstörung der Illusionen« oder als »Erleuchtung« zu beschreiben gesucht. Aus dem Halbschlaf »normalen« Wachbewußtseins zu erwachen, bedeutet eine immense Steigerung und Erweiterung der Bewußtheit. Es liegt schon eine gewisse Tragikomik darin, daß der Chauvinismus der Ratio (die als säkulares Gegenstück zum ebenso einengenden Glauben des Mittelalters seit der Neuzeit verabsolutiert wurde) gerade jene Erfahrungen wacher Bewußtheit als »dunkel«, »illusionär« oder »abergläubisch« auffaßt. In der »Gipfelerfahrung« des Durchbruchs in die ontische Realität erscheint die Wirklichkeit in einem gleichsam kristallinen Zustand, wo innerer Frieden und völlige geistige Klarheit erfahren werden. Alles wird als mit allem anderen verbunden wahrgenommen: Die allumfassende Einheit umfaßt jeden Menschen, jedes Tier und jeden Baum, jede Zelle, jedes Sandkörnchen und jeden Stern und das gesamte Universum – und weist doch letztlich darüber hinaus. Dies stellt allerdings keinen statischen, quietistischen Zustand dar, sondern einen ungeheuren dynamischen Prozeß voller Rhythmik und Pulsation, in welchem der Mensch in seinem Verlieren und Aufgehen in der Mitte des Seins sich erst eigentlich findet.

Die mystische Erfahrung ist dabei durchaus nichts Außergewöhnliches, sondern ein normaler menschlicher Bewußtseinszustand, von dem sich der Mensch selbst entfremdet hat. Das rationale Bewußtsein, das bei den meisten Menschen in unserer Kultur dominiert, ist, mit den Worten des Psychologen William James »nur ein besonderer Bewußtseinstypus, während drum herum, getrennt nur durch den allerfeinsten Schleier, völlig verschiedene potentielle Formen des Bewußtseins liegen«[9]. Wenn der trennende Schleier in der mystischen Erfahrung fällt, so wird das Eins-Sein mit sich selbst und mit allem Seienden in einem ewigen Jetzt möglich, das nicht Unendlichkeit, sondern Unzeitlichkeit ist.[10] Die untrennbare, allumfassende *eine* Wirklichkeit ist das »reine und lautere Sein«, wie es in sich selbst ist (Meister Eckhart).[11]

Im Buddhismus galt es von jeher als Illusion und als falsches Bewußtsein zu glauben, das Ich existiere ohne Zusammenhang und ohne Beziehung zu allem anderen Seienden.[12] Der Vedanta faßte die Zerstörung der Illusion der Getrenntheit in die Formel »Tat tvam asi« – »das bist Du«: Das Ich erkennt sich in seiner Einheit mit allem Seienden, mit der Grundlage des Seins überhaupt. Die Dichotomie Einheit-Vielheit und Subjekt-Objekt aufgrund der Abgrenzungsleistungen des Ich verschwindet; Erkennender und Erkanntes fallen in eins. Die Identität von Atman und Brahman, dem Seelengrund und dem Gottesgrund wird erfahren. In der *unio mystica* als Gipfelpunkt mystischer Erfahrung bleibt nichts als der reine Erkenntnisakt des selbstreflexiven Einen. Wenn das Eine alle Vielheit in sich begreift, für wen kann es dann noch Objekt sein? Diese Erfahrung kann Sekunden, Minuten, selten Stunden dauern, in denen der Mensch eine unmittelbare Revolution der Wahrnehmung erlebt. Die Ökologie des Seins als allumfassenden kosmischen Zusammenhang zu erfahren, transzendiert nicht nur die Sprache, sondern auch die alltagspraktischen Vorstellungen über die Beschaffenheit von Wirklichkeit und jene philosophischen oder religiösen Vorstellungen, die *vorher* mit einer solchen Erfahrung verbunden gewesen sein mögen.

Mystik gehört eben nicht einer »Glaubensgewißheit« an, sondern radikaler Empirie. Sie fordert Autonomie auch und gerade gegenüber religiöser und philosophischer Überlieferung. Für uns ist kein schrofferer Gegensatz denkbar als zwischen Mystik und traditioneller Frömmigkeit. Geht es der Mystik um Be-Freiung, auch vom »toten Buchstaben«, so besteht Frömmigkeit im herkömmlichen Sinn im Befolgen vorgegebener normativer Setzungen und in sakrosankten Wirklichkeitsmodellen mit Monopolanspruch. Frömmigkeit hat Menschen bislang nicht daran zu hindern vermocht, für die »rechte Wahrheit« oder den alleinseligmachenden Glauben zu morden und zu zerstören, Natur und andere Menschen zu unterwerfen.

Dennoch halten wir dafür, daß auch in allen uns bekannten Religionen das einigende Band in der Schau der einen Wirklichkeit, des Umfassenden, Göttlichen, der letzten Einheit besteht, die im Hinduismus »Brahman«, im Buddhismus »Dharmakaya«, im Taoismus »Tao« und im Christentum »Gott« genannt wird. Ohne die zum Teil erheblichen Unterschiede zwischen den verschiedenen religiösen Traditionen leugnen zu wollen, ist dies ihr innerer Kern, auf den sie den Menschen in seinem ganzen Sein bezogen verstehen. Gott steht nicht unerreichbar und fern über dem Menschen, sondern ist ihm als »Du« nahe und lebt als göttliches »Ich Bin« *in* ihm. Der Mensch ist nie vom Einen getrennt, er ist von ihm umfangen und durchdrungen, in ihm geborgen und aufgehoben: Wie Paulus sagt, ist das Göttliche »nicht ferne von einem jeglichen unter uns. Denn in ihm leben, weben und sind wir« (Apostelgeschichte 17,27f.). Es gibt lediglich die Illusion der Getrenntheit, die der Mensch sich selbst erschafft – die »optische Täuschung des Bewußtseins«, von der Einstein in dem eingangs angeführten Zitat sprach. Mystik ist Kommunikation in und mit dem Göttlichen. Wenn im holonomisch organisierten Universum alle Information an jedem raumzeitlichen Punkt enkodiert ist, so besteht Mystik auch im Zugang zu dieser kosmischen Gesamtinformation.[13] Die konkreten Versprachlichungen der Erfahrung des Einen stellen demgegenüber Versuche dar, diese Erfahrung rational und emotional verstehbar zu machen, sie in die menschliche Vorstellungswelt zu übersetzen. Die Ausdifferenzierungen in einer Trinität und Trimurti (Vater-Sohn-Heiliger Geist und Brahma-Vishnu-Shiva) sind schon vom Verlust der ursprüglichen Einheit geprägt; sie stellen aufgrund der Begrenztheit menschlichen Vorstellungsvermögens unvollkommene wie notwendige Hilfen dar, die Paradoxien der Wirklichkeit auszudrücken. Die Grenzen der Sprache und die (wenigstens im Westen gültigen) Axiome der aristotelischen Logik beschränken die Möglichkeiten der Kommunikation zusätzlich, so daß hier der Glauben einsetzt, wo die Erfahrung mangelt. Hier aber kann auch versucht werden, unter Zuhilfenahme bekannter Begrifflichkeiten, Bilder und Metaphern zur eigenen Erfahrung anzuleiten. Mystik ist wohl a-rational, nicht aber ir-rational, wie oft behauptet wird.[14] »Die Anerkennung einer meditativen oder mystischen Erfahrung der Einheit ist nicht ein Ausweichen aus der Rationalität, sondern (...) eine Konsequenz des Verständnisses des Wesens der Rationalität«, resümiert pointiert der Physiker und Philosoph Carl Friedrich von Weizsäcker.[15]

So lassen sich die transkulturellen Versuche zur Be-Schreibung der einen letzten Wirklichkeit und des menschlichen Verhältnisses zu ihr adäquat verstehen:

Gott ist für Augustinus »alles in allen Dingen, eins in allem und alles in einem«[16]; ein Grundgedanke der christlichen Mystik, der schon in der paulinischen Theologie vorgezeichnet ist und von Meister Eckhart zugespitzt wurde: Der Mensch ist »Eines mit Einem, Eines von Einem, Eines in Einem und in Einem Eines ewiglich«.[17]

Auch der Islam hat eine reiche mystische Tradition, durch Derwischorden und Sufitum bedingt. Der Dichter Dschelaleddin Rumi schrieb: »Ich sah empor, und sah in allen Räumen Eines / Hinab ins Meer und sah in allen Wellenschäumen Eines. / Ich sah ins Herz, es war ein Meer, ein Raum der Welten, voll tausend Träum' / Ich sah in allen Träumen Eines.«[18]

Sri Swami Venkatesananda formulierte in seinem Kommentar zur Bhagavad Gita, einer heiligen Schrift der Hindus: »Das Mannigfaltige ist eine Erscheinungsform des Einen: in der Mannigfaltigkeit wird in Wahrheit nur das Eine als Vieles erfahren.«[19]

Die Charakterisierung der indischen Religionen als »Erlöschungsreligionen«, wie sie auch von Holger Schleip zitiert wird (siehe Seite 32), greift zu kurz, wie schon ein Blick auf den buddhistischen Begriff des Bodhisattva zeigt: Der Erleuchtete und selbst zum Buddha Gewordene verzichtet auf das Nirvana, um der leidenden Welt zu helfen. Er legt das Gelübde ab, nicht eher ins Nirvana einzugehen, ehe nicht alle empfindenden Wesen erlöst sind. Gerade heutzutage dürfte die Gleichsetzung von Mystik und Weltflucht beziehungsweise Quietismus überholt sein; geht es doch gerade darum, Spiritualität nicht fern von der Welt, sondern *in* der Welt zu praktizieren. Auch die christliche Tradition geht ja ausdrücklich davon aus, daß die vita contemplativa und die vita activa einander ergänzen.

Nicht Erlöschung oder (Selbst-)Erlösung ist das Ziel einer so verstandenen Mystik, sondern aktives Tätigsein in der mitschöpferischen (ko-kreativen) Integration des »gefallenen« Menschen in die Ökologie des Seins.

Die Bedeutung der Erfahrung des Einen für ein daran ausgerichtetes Handeln wird gerade in traditionellen indianischen Naturauffassungen deutlich, die sowohl spirituell als auch ökologisch sind. Der Indianer glaubt an die »Verwandtschaft aller Geschöpfe« und die »Einheit allen Lebens«, so Häuptling Luther Standing Bear.[20] Und der Dakota Hächaka Ssapa (Black Elk) sagte: »Wir sollten verstehen, daß alles das Werk des Großen Geistes ist. Wir sollten wissen, daß Er in allen Dingen ist: in den Bäumen, den Gräsern, den Flüssen, den Bergen und all den vierbeinigen Tieren und den geflügelten Völkern; und was noch wichtiger ist: wir sollten verstehen, daß Er auch über all diesen Dingen und Wesen ist.«[21]

Ohne den »Großen Geist« und die Natur (Kreator und Kreatur) gleichsetzen zu wollen, geht dieser Pan-en-theismus davon aus, daß in der Ökologie des Seins das Eine sowohl als Urgrund allen Seins transzendent ist, wie auch immanent in allen empirischen Manifestationen gegenwärtig.[22] Die Folgerung für den Dakota ist, daß sich der Mensch stets dessen gewahr sein sollte, »daß die zweibeinigen und all die anderen Wesen, die auf der Erde leben, heilig sind und danach behandelt werden müssen«.

Der unmittelbaren Erfahrung der ontischen Wirklichkeit und dem Bewußtsein der Ökologie des Seins kann der Impuls entspringen, alles in einem die empirische Wirklichkeit transzendierenden wie umgreifenden Sinn als heilig zu be-handeln, in Ehrfurcht vor dem Einen, in Ehrfurcht vor seinen konkreten empirischen Manifestationen das Sein in seinem So-Sein sein zu lassen!

Normative religiös oder weltanschaulich begründete Ethiken, die dem Schutz der Natur wie dem des Menschen dienen sollen, bestehen nicht allein um ihrer selbst willen, sondern auch um die Zukunftsperspektive menschlichen Handelns sicherzustellen. Die Formulierungen »Du sollst...« oder »Du sollst nicht...« als ethische Imperative legen das ethische Gebot jedoch außerhalb des Menschen als etwas von ihm Getrenntes. Sie sind auf einen »Umweg« in der Argumentation angewiesen (wie Holger Schleip zu Recht ausführt; siehe Seite 37f.). Die mystische Erfahrung der Ökologie des Seins ist nichts vom Menschen Getrenntes. Die dieser Erfahrung (und ihrer kontinuierlich ins alltägliche Leben übersetzten Bewußtheit) entspringende individuelle und überindividuelle Ethik ist nicht allein »artübergreifend«, sondern umfaßt die Kohärenz alles Seienden: Ihr immanent ist der Impuls, alle Manifestationen des Einen der jeweiligen Wesensart gemäß zu behandeln, Entfaltungsmöglichkeiten zuzulassen und eine heilige Scheu davor zu empfinden, den Großen Zusammenhang zu stören, selbst wenn dies für menschliches Leben vermeintlich oder tatsächlich not-wendig ist. Gewiß, Mystiker haben sich zu verschiedenen Zeiten und in verschiedenen Kulturen verschieden verhalten, haben Widersprüche zwischen ihren Erfahrungen und ihrer vita gezeigt und ausagiert. Wenn jedoch der Kern der mystischen Erfahrung als transkulturelles Phänomen prinzipiell gleich ist[23], so geht es unseres Erachtens um die Befreiung des darin angelegten Aktivitätspotentials – und nicht um eine voluntaristische oder aleatorische »selbstgestrickte« Ethik. Diese Ethik, die alles Seiende umfaßt – und ebenso mit lebensnotwendigen Zwängen und menschlichen Unvollkommenheiten konfrontiert ist – findet ihre letzte Begründung in sich selbst, die nur im nachhinein versucht werden kann, in rational zugängliche und kommunikable Konzepte zu übersetzen. Nicht kann man sagen, *was* man tun wird, doch *daß* man aktiv ist und der In-spiration die Ex-spiration folgt, ist offensichtlich: Der Erfahrung der Wirklichkeit als Ökologie des Seins komplementär ist, daß man die »Innerlichkeit ausbrechen läßt in die Wirksamkeit« und die Wirksamkeit hineinleitet in die Innerlichkeit (Meister Eckhart).[24] Die individuellen Wertsetzungen sind aus dem Ist abgeleitete Expressionen des Sollens, wobei sich aufgrund des Erkenntniszirkels in der empirischen Wirklichkeit auch hier ein Element der Willkür nicht ausschließen lassen wird.

Die bewußte Integration in die Ökologie des Seins zugleich mit der bewußten Teilnahme des Menschen im evolutionären Prozeß als Neuschöpfer von Wirklichkeit, stellt ein Menschheitsprojekt dar, das nicht in wenigen Jahrzehnten zu realisieren ist. Die gegenwärtige ökologische Krise vermag jedoch als Katalysator zu dienen, angesichts der drohenden Gefährdungen der individuellen Verbundenheit mit der Ökologie des Seins gewahr zu werden.

Die derzeitige Lage ist dadurch gekennzeichnet, daß sich eine neue Kohärenz von Religion, Philosophie, Wissenschaft, Politik und Kultur *und* täglicher Lebenspraxis abzeichnet – eine Kohärenz, die anstelle einer globalen Vereinheitlichung in einer »Öko-Diktatur« die Vielfalt der Wege, Erkenntnisweisen und Ethiken anerkennt, um doch in der Anerkennung der faktischen Ökologie des Seins übereinzustimmen. Es geht um eine individuelle Sensibilität, aufgrund persönlicher Erfahrung der ontischen Realität den eigenen Intuitionen vertrauen und folgen zu lernen und sich von der Inneren Stimme leiten zu lassen. In der Liebe zu allem Seienden, in dem sich das Eine verbirgt, können die empirischen Trennungen und Getrenntheiten und die menschliche Entfremdung überwunden werden, das Fragmentierte zusammengefügt und heilgemacht – geheilt werden. Diese Ethik wird individuell verschieden sein und Raum lassen für menschliche Freiheit und Entfaltung, für Wachstum dem menschlichen Potential gemäß, das *de essentia* nicht von der Natur getrennt ist. Alles andere wäre Willkür. Dies fordert sowohl einen Pluralismus religiöser Traditionen; als auch einen Pluralismus der unterschiedlichen Wege, die Eine Wirklichkeit zu verstehen – also der Wissenschaften, der Philosophie und Kunst, der Politik und der Religion.

Anmerkungen

1 Zit. bei Sam Keen: *Die Lust an der Liebe. Leidenschaft als Lebensform.* Weinheim/Basel 1984, S. 211 f.
2 Robert E. Ornstein: *Psychologie des Bewußtseins.* Köln 1974, S. 69.
3 Zit. bei Heinrich Zollinger: Logik und Psychologie in der Entwicklung wissenschaftlicher Erkenntisse. *Universitas* 10/83.
4 Zit. bei C. Schorsch: Die Große Vernetzung. Ganzheitlichkeit in der Wissenschaft. Hörfunk-Sendung Sender Freies Berlin, 27. 4. 1984 und 9. 3. 1985. Siehe hierzu auch C. Schorsch: *Die Ökologie der Kommunikation. Eine Kohärenztheorie der Kommunikation.* Berlin 1984: Freie Universität Berlin, wo die Erkenntnisse der Quanten- und Hochenergiephysik, der Systemtheorie, Ökologie und anderer Wissenschaften ausführlich erörtert werden.
5 E. Fromm: *Die Kunst des Liebens.* Frankfurt/Berlin/Wien 1979, S. 97.
6 Plato sagte im »Parmenides«: »Nicht nur also das seiende Eins ist Vieles, sondern auch das Eins selbst ist von dem Seienden geteilt notwendig Vieles (...) Jedem einzelnen Teile des Seins wohnt also das Eins bei und läßt weder von dem Kleineren noch von dem Größeren noch von sonst einem.« Vgl. Platon: Parmenides. In: *Sämtliche Werke Bd. IV.* Reinbek 1983, 144 e und f (S. 80 f.). Plotin und die Neuplatoniker setzten das »Eine« Platons mit dem »Einen« der mystischen Erfahrung gleich, siehe Plotin: *Ausgewählte Schriften.* Stuttgart 1973; sowie Christof Schorsch: Die Einheit des Lebendigen. *Loccumer Protokolle 19/82,* S. 208 ff. Kosmologisch läßt sich die oben zitierte Ausdifferenzierung so darstellen, daß durch den »Urknall« die primäre Symmetrie gebrochen wurde, das »Eine« sich in Raum und Zeit entfaltete, und diese Manifestation durch weitere Symmetriebrüche und neue Symmetrien auf höheren Komplexitätsebenen evolviert; siehe Christof Schorsch: Das kommunizierende Universum. *Die Neue Zeitung 10/1985*; und ders.: *Von der Kommunikation zur Kommunion.* Vortrag auf dem Internationalen Wissenschafts-Kongreß »New Consciousness For A New Future«. Köln 21.–24. November 1985 (Publikation in Vorbereitung).
7 Carl F. von Weizsäcker: *Die Einheit der Natur.* München [3]1983, S. 474.
8 Paul Watzlawick: Epilog. In: Paul Watzlawick (Hrsg.): *Die erfundene Wirklichkeit. Wie wissen wir, was wir zu wissen glauben?* München 1981, S. 310 ff. Vgl. hierzu etwa auch die neueren psychologischen Forschungen innerhalb der Humanistischen Psychologie: Abraham Maslow: *Psychologie des Seins. Ein Entwurf.* München [2]1981 und Charles Tart (Hrsg.): *Transpersonale Psychologie.* Olten 1978. Eine populäre Zusammenfassung zum Thema »Gipfelerlebnisse« und »Grenzerfahrungen« findet sich in der Anthologie *Grenzerfahrungen,* hrsg. von Redaktion Psychologie heute. Weinheim/Basel 1984.
9 William James: *The Variety of Religious Experience.* New York 1958. Zit. bei Ornstein, op. cit., S. 26.
10 Vgl. Ludwig Wittgenstein: *Tractatus logico-philosophus.* Frankfurt a. M. 1984, S. 113.
11 Meister Eckhart: *Deutsche Predigten und Traktate.* Hrsg. und übersetzt von Josef Quint. München 1963, S. 191 ff. Siehe hierzu auch die neueren Veröffentlichungen von Kurt Ruh: *Meister Eckhart. Theologe, Prediger, Mystiker.* München 1985; und Eckard Wolz-Gottwald: *Meister Eckhart oder Der Weg zur Gottesgeburt im Menschen. Eine Hinführung.* Gladenbach o.J. (1985).

12 Vgl. Herbert Pietschmann: *Das Ende des naturwissenschaftlichen Zeitalters.* Frankfurt a. M./Berlin/Wien 1983, S. 153f.

13 Siehe hierzu z. B. die Veröffentlichungen der Physiker David Bohm und Bernard d'Espagnat. David Bohm: *Wohleness and the Implicate Order.* London 1984 (dt.: *Die implizite Ordnung.* München 1985); sowie Bernard d'Espagnat: *Auf der Suche nach dem Wirklichen.* Berlin/Heidelberg/New York 1983. Eine populär gehaltene Einführung in das »holographische Paradigma« bieten Kurt Hoffmann: Die Welt als Hologramm. *Merkur Nr. 418 (4/1983)*; und Ken Wilber (Hrsg.): *Das holographische Weltbild.* Bern/München/ Wien 1986. Eine fachspezifische Erörterung der quantenphysikalischen Problematik findet sich in Kurt Baumann und Roman U. Sexl (Hrsg.): *Die Deutungen der Quantentheorie.* Braunschweig/Wiesbaden ²1986, welche die entsprechenden Originalarbeiten von Einstein, Podolsky und Rosen, Bohr, Bohm, Bell u. a. dokumentieren. Eine Darstellung der kommunikationswissenschaftlichen Implikationen findet sich in Christof Schorsch: Am Anfang war das Wort... und am Ende... *Communicatio Socialis. Zeitschrift für Publizistik in Kirche und Welt 4/1985*, wo eine Vielzahl philosophischer Parallelstellen angeführt ist. Siehe auch ders.: Die Allverbundenheit des Universums. Die Begegnung von Physik und Mystik. *Universale Religion 2/1986*; sowie: *Die Große Vernetzung. Wege zu einer ökologischen Philosophie* (Buchveröffentlichung 1987).

14 Siehe hierzu die ausführliche Diskussion in der Anthologie von H. P. Duerr (Hrsg.): *Der Wissenschaftler und das Irrationale.* 2 Bde. Frankfurt 1981.

15 Carl Friedrich von Weizsäcker, op. cit., S. 480.

16 Zit. bei Johannes Tauler: Weihe des Berufs. In: Buchgemeinde Bonn (Hrsg.): *Der stumme Jubel.* Bonn 1926, S. 103ff.

17 Meister Eckhart, op. cit., S. 149. Hier bieten sich insbesondere Vergleiche an zu den »Standardwerken« christlicher Mystik wie etwa Thomas von Kempen: *Das Buch von der Nachfolge Christi.* Stuttgart 1980; Der Franckforter: *Theologica deutsch.* Einsiedeln 1980; sowie der »Wolke des Nichtwissens« (Willi Massa [Hrsg.]: *Kontemplative Meditation. Die Wolke des Nichtwissens.* Mainz ⁶1983). Die Parallelen bei Hegel und in der Scholastik werden diskutiert in Christof Schorsch: Auf der Suche nach der Einheit. Philosophische Gedanken zum Begriffspaar ›Kommunikation‹ und ›Kommunion‹. *Dynamische Psychiatrie/Dynamic Psychiatry. Internationale Zeitschrift für Psychiatrie und Psychoanalyse 97–98/1986.*

18 Zit. in Manfred Kluge (Hrsg.): *Persische Weisheiten.* München 1980, S. 53.

19 Sri Venkatesananda: *Der Geist der Bhagavad Gita.* Schopfheim 1973, S. 49.

20 In T. C. McLuhan: *...wie der Hauch eines Büffels im Winter. Indianische Selbstzeugnisse.* Hamburg 1979, S. 105.

21 Hächaka Ssapa (Schwarzer Hirsch): *Die heilige Pfeife.* o. O. und o. J., S. 10.

22 Siehe hierzu etwa die Darstellung des Poeten, Mystikers und nicaraguanischen Kulturministers Ernesto Cardenal: *Das Buch von der Liebe.* Gütersloh ⁶1978, S. 21f. und passim.

23 Wie der Religionswissenschaftler R. Otto überzeugend nachgewiesen hat: siehe R. Otto: *West-östliche Mystik.* Gütersloh 1979: Mystik ist Philosophia perennis; zu transkulturellen Parallelitäten vgl. auch Daisetz Taitaro Suzuki: *Der westliche und der östliche Weg.* Frankfurt/Berlin/Wien 1977.

24 Meister Eckhart, op. cit., S. 94.

Hubertus Mynarek

Ökologische Religion

Am Ausgang des zweiten, an der Schwelle zum dritten Jahrtausend wächst unübersehbar um uns herum das ökologische Bewußtsein des Menschen. Ein Indiz dafür ist auch die immer noch zunehmende Flut von Büchern, Zeitschriften, Zeitungsaufsätzen und -kommentaren, die ökologischen Themen gewidmet sind. Das Wort Ökologie gerät fast schon wieder in Gefahr, zum klischeehaften Lieblingswort unserer Zeit zu degenerieren, so wie jede Epoche, ja fast jeder historische Augenblick seine Lieblings- und Vorzugsbegriffe hat. Auch die Wortbildungen, die den Begriff Öko(-logie) in ihrer Zusammensetzung haben, tragen zu dieser fast schon inflationär zu nennenden Entwicklung bei. Ökologischer oder Öko-Humanismus, Öko-Ethik, Öko-Bewußtsein, Öko-Bewegung, Öko-Pax-Bewegung, Öko-Politik, Öko-Logik – das sind nur einige wenige der hier nicht weiter aufzuzählenden »Öko-Bildungen«.

Wozu dann aber noch eine weitere, vom Verfasser dieses Aufsatzes ins Spiel gebrachte Wortbildung, nämlich der Begriff einer Ökologischen oder Öko-Religion? Man hat sich ja schon an die Zusammensetzung inhaltlich sehr weit voneinander entfernter Begriffe im Zusammenhang mit der Ökologie gewöhnt. Aber – so fragt sich vielleicht mancher Fromme – soll nun auch noch das ehrwürdige Wort Religion ökologisch vereinnahmt oder gar vermarktet werden? Umgekehrt fragt vielleicht der eine oder andere Umweltschützer, ob hier nicht der Versuch gemacht wird, die Religion, diesen alten Zopf, durch eine List an der zukunftsträchtigen ökologischen Bewegung Anteil gewinnen zu lassen.

In den folgenden Ausführungen hofft der Verfasser zeigen zu können, daß beide Befürchtungen unberechtigt sind, daß aber aufgrund einer sachlich gegebenen und tiefen Wesensverbindung Ökologie und Religion zusammengedacht werden müssen. Zugleich dürfte sich erweisen, daß dieser Zusammenhang zu einer fruchtbaren Zusammenarbeit führen kann, die für beide

Größen, die Ökologie und die Religion, von unleugbarem Vorteil wäre, die auch der ökologischen und der Friedensbewegung wichtige neue Impulse geben könnte.

Die Verbindung, der innere Zusammenhang von Ökologie und Religion muß nicht unbedingt und von vornherein einsichtig sein. Eine von den Oberflächenerscheinungen zur Tiefe vordringende Betrachtungsweise stößt aber unausweichlich auf ihn. Zunächst hat Ökologie mit der ganz konkreten Umwelt zu tun und die ökologisch Betroffenen oder Engagierten haben alle Hände voll zu tun, sich ganz nah, unmittelbar und praktisch mit den verschiedensten Aspekten einer direkt vor ihren Augen vergifteten, verdorbenen, kaputtgemachten, mißhandelten und getöteten pflanzlich-tierisch-menschlichen Umwelt zu befassen. Da fehlt's, so möchte es scheinen, sowohl an Zeit wie an sachlicher Notwendigkeit, um an das Religiöse zu denken. Aber das scheint nur so. Immerhin entfalten in der an Bedeutung immer noch zunehmenden Ökologischen Bewegung und in der inzwischen auf 30000 Mitglieder angewachsenen Partei der Grünen, die sich unter anderem als theoretische und politische Artikulatorin der Anliegen dieser weit umfassenderen Ökologischen Bewegung versteht, nicht wenige aus spezifisch religiösen Motiven ein starkes Engagement. Darüber hinaus werden alle jene, die sich heute nicht mehr mit den Anreizen und Zwängen der modernen Zivilisation als einer Leistungs-, Konkurrenz-, Produktions- und Konsumgesellschaft zufriedengeben, in ihrer alternativen Lebenssehnsucht und -form oft von einer neuen Religiosität motiviert, die – das beweist ein geschichtlicher Rückblick – fast stets aufbrach, wenn eine Epoche der menschlichen Geschichte zu Ende ging und ihre verkrusteten oder erstarrten Strukturen zum Hemmschuh neuer, besserer Entfaltungsmöglichkeiten geworden waren.

Hier könnte einer noch einwenden: Was beweist schon der Hinweis auf eine religiöse Unterströmung bei den Grünen und in der Ökologischen Bewegung überhaupt? Was beweist schon der Hinweis darauf, daß es dort auch religiöse Menschen gibt? Gibt es dort nicht auch Atheisten, Nationalisten, Sozialisten, Kommunisten und so weiter oder genauer solche, die es formell und nominell nicht mehr sind, aber noch immer von den Denkbeziehungsweise Lebensformen des Atheismus, Nationalismus, Sozialismus oder Kommunismus geprägt sind?

Dieser Einwand drängt uns, die zur Debatte stehende Sache noch tiefer anzugehen. Fragen wir zu diesem Zweck nach den (möglichen) *Arten der Reaktion* auf die lebenszerstörenden Aktivitäten der Großindustrie und der dem Wachstumswahn verfallenen internationalen Wirtschaftskonzerne. Diese Reaktion auf die erschreckende Ausmaße annehmende Plünderung, Verwüstung, Verödung und Vergiftung unserer Umwelt und der Gesamtnatur kann selbstverständlich bei verschiedenen Menschen eine sehr unterschiedliche Gestalt annehmen. Sie muß keineswegs immer oder von vornherein eine religiös einzustufende Reaktion sein. Vielmehr kann sie sich philosophisch-weltanschaulich oder wissenschaftskritisch-analytisch (zum Beispiel in entsprechenden Aufklärungsschriften) oder in sozialethischem, aktivem Protest ausdrücken oder entladen. Zweifelsfrei aber steht fest, daß es auch die religiöse Reaktion auf die naturzerstörenden Aktivitäten gibt. Manche Menschen überfällt nämlich angesichts einer in Tierversuchen und Genmanipulationen, durch Säureregen und giftige Abwässer, durch Abholzung und chemische Überdüngung erbarmungslos strapazierten und malträtierten Natur geradezu ein religiöser Schauer, etwa im Sinne des *mysterium tremendum* des berühmten protestantischen Theologen Rudolf Otto.

Otto hatte in seinem Buch *Das Heilige* (erschienen zum erstenmal 1917, danach zahlreiche Neuauflagen) das übliche Aufgliederungsschema der Religionen der Welt nach der Art des (polytheistischen, pantheistischen, henotheistischen, monotheistischen usw.) Gottesglaubens verlassen und versucht, einen gemeinsamen Grundzug in allen, sonst noch so verschiedenen Religionen und Religiositäten der Menschheit zu finden. Er fand diesen in der in jeder echten religiösen Erfahrung anzutreffenden Kontrastharmonie eines *mysterium fascinosum* und *mysterium tremendum.* Was immer religiös erlebt wird, sei es eine Gottheit, die Natur, das Schicksal, bestimmte Ereignisse, die Größe oder der Wert eines Menschen und dergleichen, es zieht nach Otto den Erlebenden geheimnisvoll, ja oft magisch, berückend, bestrickend, entzückend in seinen Bann bzw. zu sich hin, erfüllt ihn nicht selten mit überströmender Glückseligkeit (mysterium fascinosum oder fascinans); es bringt ihn aber gleichzeitig in eine erschreckende, fast unüberbrückbar erscheinende Distanz zu sich infolge seiner Erhabenheit, Fremdheit, Ungewöhnlichkeit,

Macht, seiner Größe, Tragik oder seines schauererregenden Geheimnischarakters (mysterium tremendum). Man braucht kein Hellseher oder Prophet zu sein, um begründeterweise anzunehmen, daß der schon vor dem 2. Weltkrieg verstorbene Religionswissenschaftler und Theologe Otto das religiöse Symptom und Signum unserer heutigen Zeit im Erlebnis des mysterium tremendum gegenüber der so gewaltigen und erhabenen und dennoch vom Super-Raubtier Mensch so gigantisch und tragisch zerstörten Natur erblickt hätte.

Der vor allem von Albert Schweitzer eingeführte und inhaltlich gefüllte Ausdruck der *Ehrfurcht vor dem Leben* meint etwas ganz Ähnliches. Gewiß muß die Achtung vor dem Leben, vor der Natur noch nicht religiös getönt sein. Sie kann zum Beispiel der rein verstandesmäßigen Einsicht in die heute nicht mehr bestreitbare unbedingte Notwendigkeit der Rettung des Lebens und der Natur überhaupt entspringen. Als solche ist sie eine ethische Einstellung. Bei ihr kann man einfach stehenbleiben. Wendet man sich aber der Natur in ihrer tieferen *Bedeutung* zu, dann geht die ethische Verantwortung für die Natur allmählich immer mehr in eine religiöse Haltung über. Für Albert Schweitzer selbst war die Ehrfurcht vor dem Leben stets nicht nur ein ethisches, sondern auch ein religiöses Verhalten, weil er Leben und Natur niemals nur in ihrer konkreten Unmittelbarkeit und bedrängenden Aktualität, sondern stets auch in ihrer tieferen Hintergrundbedeutung, ihrem Sinn sah. Die Ehrfurcht vor dem Leben war für Schweitzer zutiefst das »Ergriffensein von dem unendlichen, unergründlichen, vorwärtstreibenden Willen, in dem alles Sein gegründet ist. Sie hebt uns über alle Erkenntnis der Dinge hinaus... In der Ehrfurcht vor dem Leben liegt die Frömmigkeit in ihrer elementarsten und tiefsten Fassung vor... Die Weltanschauung der Ehrfurcht vor dem Leben hat also religiösen Charakter. Der Mensch, der sich zu ihr bekennt und sie betätigt, ist in elementarer Weise fromm.«[1]

Diese tiefe, universale Ethik hat die Bedeutung einer Religion. »Sie ist Religion.«[2] Jeder Mensch, jedes Lebewesen ist nach Schweitzer »Erscheinung«[3] des »geheimnisvollen universellen Willens zum Leben«[4], der rätselhaft in der Natur wirkt[5] und uns seine Ziele und Ideale eingibt. Hier, in der Tatsache, daß alles Leben Erscheinung des Universellen Willens ist, liegt der tiefste Grund für den innigen Zusammenhang zwischen Mensch und

Natur, das tiefste Motiv auch für die ethische Notwendigkeit unserer Ehrfurcht vor dem Leben, vor jedem Leben.

Gerade die Gedanken Schweitzers zum Zusammenhang von (ökologischer) Ethik und Religion verdienen unsere besondere Aufmerksamkeit, weil sie von einem Mann stammen, der wie kaum ein anderer Theorie und Praxis in sich zur Einheit gebracht hat, dem durch die Genialität und geniale Vielseitigkeit seiner Persönlichkeit als Kulturphilosoph und Kulturpionier, als »Urwalddoktor« und Orgelkünstler, als prophetischer Denker, Zeitkritiker und praktischer Organisator, als Theologe und Bibelforscher, in besonderer Weise die Möglichkeit gegeben war, seine Ideen und Intuitionen durch den Reichtum seiner Lebenserfahrungen verifizieren zu können. Nicht zu Unrecht hat man von diesem »Genie der Menschlichkeit« gesagt, »daß die heutige Kulturwelt niemanden aufzuweisen hat, der in der ursprünglichen Vielseitigkeit und Kraft seiner intellektuellen, künstlerischen und ganz besonders ethischen Energien«[6] an ihn heranreicht.

Aus dem bisher Gesagten geht hervor:

Mit ökologischer Religiosität ist nicht irgendeine konventionelle Religion oder Konfession gemeint, sondern ein neues Lebensgefühl, ein spontaner, ursprünglicher Aufbruch des Mitfühlens und Mitleidens mit der Natur, ein neues Erleben und Erfahren von Kommunikation, Sensibilität für sie und Solidarität mit ihr, mit allen Lebewesen auf dem Schicksalsschiff Erde. Es geht also der ökologischen Religiosität auch primär nicht um etwas abstrakt Philosophisches oder Theoretisches, sondern um zutiefst Praktisches. Nur so ein religiöser Aufbruch der Tiefenschichten des Menschen kann überhaupt an den Negativitäten des Bestehenden etwas ändern und hat auch in der Geschichte der Menschheit eh und je Veränderungen zustande gebracht, etwa bei der Entstehung des neuzeitlichen Humanismus, der nicht als akademische Philosophie, sondern als neues Lebensgefühl, als neuer élan vital entscheidend dazu beitrug, die alten, beengenden Strukturen des Mittelalters und des Feudalismus zu überwinden.

Aber heute müssen alle neuzeitlichen Formen des Humanismus als überholt betrachtet werden, weil sie sich als zu eng erwiesen, weil sie das *Ganze* der Wirklichkeit, der Natur in ihren organischen Zusammenhängen mit dem Menschen vernachlässigten, weil sie sich mehr oder minder anthropozentrisch auf den Menschen oder die Menschheit in ihrer »splendid isolation« von allen anderen Lebewesen und Wirkkräften der Erde und des Kosmos beschränkten. Der vom Verfasser dieses Beitrags mitbegründete »Ökologische Humanismus« (auch »Öko-Humanismus«) sieht dagegen den Menschen in seiner essentiellen organischen Bezogenheit auf das ganze Haus der Natur; ihren ganzen Haushalt (οἶκος = Wohnhaus, Haus; daher Ökologie als die »Wissenschaft von den Beziehungen des Organismus zur umgebenden Außenwelt« von den »sämtlichen Verhältnissen des Organismus zu allen übrigen Organismen«, wie das E. Haeckel 1866 in seiner »Generellen Morphologie der Organismen« als notwendig für die »Oeconomie des Natur-Ganzen« formuliert und herausgestellt hat). Dem Öko-Humanismus ist der Mensch in seiner Einbindung in die Zusammenhänge und das Zusammenwirken aller Elemente bedeutsam und Gegenstand höchster Aufmerksamkeit und Sorge. Er betrachtet die Natur als erweiterten Leib des Menschen, den Menschen als (bewußten) Teil der Natur. Oberstes Axiom und Postulat des Öko-Humanismus ist es, die durch die neuzeitlichen kapitalistischen Ausbeutungsmethoden und -mechanismen längst auseinandergedrifteten Größen *Erde* und *Mensch*, *Natur* und *Mensch*, *Kosmos* und *Mensch* als unentbehrliche, wesensnotwendige, in bezug auf Lebensfähigkeit und Gesunderhaltung des Menschen gleichberechtigte und gleichwertige Pole wieder in ein Gleichgewicht zu bringen, das allein dem Globalorganismus gerecht wird, den die Erde und wahrscheinlich auch die Gesamtwirklichkeit als solche darstellt.

So ist der Öko-Humanismus die zumindest rahmenmäßig globalste Antwort auf die Herausforderung durch die gegenwärtige Weltsituation. Als solche Antwort auf den kritischsten Zustand unseres Planeten seit seiner Entstehung muß sich der Öko-Humanismus – das machen selbst seine Anhänger sich nicht immer klar – auch als neue *Weltanschauung* im Sinne einer plausiblen Erklärung wesentlicher Existenz- und Sinnfragen der Menschheit, als neue *Ethik* und *Religiosität* verstehen und aufbauen. Im Keim schließt er diesen weltanschaulichen, ethischen und religiösen Aspekt ohnehin von vornherein ein.

Die dem Öko-Humanismus gemäße Form der Religion muß aufgrund des dem religiösen Vitalimpuls eigenen Energiepotentials verhindern, daß der Mensch zum gefühllosen Automaten, zum außengelenkten, vermeintlichen Sachzwängen blind folgenden Computermenschen (im Sinne der makabren Vision vermenschlichter Computer einerseits und verdateter, automatisierter, »computerisierter« Menschen andererseits) wird. Die religiös getönte Ehrfurcht vor dem Leben wird der lebenszerstörenden, technokratischen Hybris des Menschen entgegenwirken. Nach Ludwig Feuerbachs anthropologischer, Karl Marx' sozio-ökonomischer und Sigmund Freuds psychoanalytischer Phase der Religion(skritik und -betrachtung) muß jetzt die ökologische Phase der Religion einsetzen. Sie wird – entsprechend ihrem Oberbegriff der Öko-Logik – den richtigen Haushalt, das Gleichgewicht wiederherzustellen versuchen zwischen Körper und Geist (die ja fast in der gesamten europäischen Geistes- und Religionsgeschichte dualistisch getrennt wurden), zwischen Psychischem und Geistigem, zwischen körperlichen und (echten) geistigen Bedürfnissen, zwischen Gefühl und Verstand, zwischen dem Menschen als Naturwesen und als Geistwesen, zwischen Aktion und Kontemplation beziehungsweise Meditation, zwischen Spontaneität und Reflexion, zwischen dem Biorhythmus des Menschen und dem der Erde, zwischen psychischem Wohlbefinden und Ernährungsweise, global: zwischen Mensch und Kosmos. Wenn die ökologische Religion ihr umfassendes Programm der Öko-Logik konsequent ausbaut und verwirklicht, hätte sie die Chance, *die* Religion der Zukunft zu werden.

Berechtigterweise kann man der Ökologischen Religion auch keinen Rückfall hinter die Aufklärung vorwerfen. Öko-Religion will vielmehr die Einheit von Reflexivität und Sensibilität. Höchste Reflexion, intensivste Wachheit des Verstandes (Rationalität) und intimste Sensibilität schließen sich nur für eine vordergründige Betrachtungsweise gegenseitig aus. Daß aber das fast mystische, gefühlsmäßige Einswerden mit dem erforschten Gegenstand höchste Erkenntnis der Vernunft möglich machen kann, hat unüberbietbar Goethe zum Ausdruck gebracht: »Es gibt eine zarte Empirie, die sich mit dem Gegenstande innigst identisch macht und dadurch zur eigentlichen Theorie wird. Diese Steigerung des Vermögens aber gehört einer hochgebildeten Zeit an.«[7]

Der wohl genialste Kopf der modernen theoretischen Physik,

Albert Einstein, ist ganz ähnlich überzeugt: »Das tiefste und erhabenste Gefühl, dessen wir fähig sind, ist das Erlebnis des Mystischen. Aus ihm allein keimt wahre Wissenschaft. Wem dieses Gefühl fremd ist, wer sich nicht mehr wundern und in Ehrfurcht verlieren kann, der ist seelisch bereits tot. Das Wissen darum, daß das Unerforschliche wirklich existiert und daß es sich als höchste Wahrheit und strahlendste Schönheit offenbart, von denen wir nur eine dumpfe Ahnung haben können – dieses Wissen und diese Ahnung sind der Kern aller wahren Religiosität... Meine Religion besteht in der demütigen Anbetung eines unendlichen geistigen Wesens höherer Natur... Diese tiefe, gefühlsmäßige Überzeugung von der Existenz einer höheren Denkkraft, die sich im unerforschlichen Weltall manifestiert, bildet den Inhalt meiner Gottesvorstellung.«[8] Ausdrücklich möchte Einstein seine Gottesvorstellung als pantheistisch-spinozistische verstanden wissen. »Es ist gewiß, daß eine mit religiösem Gefühl verwandte Überzeugung von der Vernunft bzw. Begreiflichkeit der Welt aller feineren wissenschaftlichen Arbeit zugrunde liegt. Jene mit tiefem Gefühl verbundene Überzeugung von einer überlegenen Vernunft, die sich in der erfahrbaren Welt offenbart, bildet meinen Gottesbegriff; man kann ihn also in der üblichen Ausdrucksweise als ›pantheistisch‹ (Spinoza) bezeichnen.«[9]

Die schöpferische Synthese zwischen Rationalismus und mystischem Elan, zwischen möglichst intensiver Reflexion und sensibelster Religiosität ist freilich auch stets neu aufgegeben und in Angriff zu nehmen. Zugleich ist es eine Synthese, die evtl. auch eine Umpolung, ja fast begriffssprengende Umidentifizierung herbeiführen kann, indem man von einer *mystischen Rationalität* und *rationalen Mystik* zu sprechen berechtigt sein wird. Nüchternste, kalte Reflexion also, die aber im »den-Dingen-auf-den-Grund-gehen« nicht nachläßt, weil sie von der glühend-heißen Lava der mystischen Energie vorangetrieben wird, wie umgekehrt enthusiastischste, heißeste Mystik, deren blinder Überschwang durch die kalte Ratio immer wieder abgekühlt und den wissenschaftlichen, kulturellen, sozialen Zielen zugeführt und nutzbar gemacht wird – das wäre die zu beachtende Leitlinie der Selbsterziehung zu Ökologischer Religiosität.

Alle vergangenen Epochen der Religionsgeschichte zeigen ja, daß ohne die Ratio die Religion schwärmerisch, sentimental, schwülstig und blind-fanatisch wird; daß aber auch andererseits ohne Religion die Ratio zu trocken-abstraktem, kein Leben mehr erweckendem Rationalismus, zu hölzernen oder knöchernen Begriffsgerippen in Theologie, Philosophie oder Wissenschaftstheorie verkommt. Auf die heutige Weltlage angewandt hieße das, daß auch die globalsten und präzisesten psychologischen, anthropologischen, soziologischen, politologischen und ökonomischen Analysen der gegenwärtigen Menschheitskrise keine tiefgreifende Besserung herbeiführen können, wenn kein neues Lebensgefühl, kein neuer *élan vital*, kein neuer Enthusiasmus, wie er bei der Entstehung aller epochalen Bewegungen Pate gestanden hat, aufbricht und sich mit der gesellschaftsanalysierenden Ratio verbündet. Auch für die neuzeitliche Aufklärung gilt ja: Ohne Aufklärung war die Religion blind und dumm; ohne Religion war die Aufklärung flach und schwachbrüstig.

Religion, auch die neue Öko-Religiosität, muß sich also zweifellos ständig rational überprüfen lassen. Aber Religion, die sich rational auflösen ließe, wäre nicht mehr Religion, sondern höchstens Religionskritik, -theorie, -philosophie oder ähnliches. Sie wäre vor allem nicht mehr die ganzheitliche Urenergie und -kraft des Menschen, die auch noch die Vernunft des Menschen zum Forschen und Erforschen in bisher unbekannte Dimensionen der Wirklichkeit voranzutreiben vermag. Das Geheimnis, das *Mysterium* läßt sich also nicht ganz aus dem Bereich des Religiösen verbannen. Gerade weil echte Religiosität sich nach dem Ganzen der Wirklichkeit ausstreckt, bleibt sie dem Mysterium verhaftet. Denn das All, das Ganze der Wirklichkeit, das Sein in seiner Totalität und Universalität – sie sind nie rational ganz auflösbar, sie entziehen sich immer wieder dem Zugriff der Wissenschaft, die zwar stets weiter in Neuland vorstößt, aber zugleich erkennt, daß der be- und erkannte Ausschnitt der Wirklichkeit wesentlich kleiner ist als das noch zu Erforschende.[10]

Zur ökologischen Religion gehört auch die *Dynamik*, der *Veränderungsimpuls*. Echte Religion hat in der Tat immer etwas Revolutionäres im guten, ursprünglichen Sinne dieses Wortes, das heißt etwas Umwälzendes, Umwandelndes an sich. Sie ist Befreiung und Ermächtigung zur ethischen Aktion, Motivation, Anspruch und Aufforderung, sich mit der bestehenden Misere der Welt, mit ihrem schlechten Zustand nicht abzufinden. Diese *ethische Komponente* sei hier noch als ganz wesentliches Merkmal der ökologischen Religiosität besonders hervorgehoben.

Damit zeigt sich auch, daß ökologische Religiosität keineswegs als »defizitäre Religion« abgetan werden kann. Denn es fehlt ihr keines der Merkmale, keine der Funktionen, die von der vergleichenden Religionswissenschaft als notwendige Kriterien einer echten Religion herausgestellt und gefordert werden.

Vergleicht man die hier kurz skizzierte Öko-Religion mit dem, was man im landläufigen und traditionellen Sinn unter Religion versteht, dann darf man berechtigerweise geradezu von einer epochalen Metamorphose der Religion, von qualitativ transformierter Religiosität sprechen. Von ihr kann mit Fug und Recht behauptet werden, daß sie keine Illusion ist, weil in ihr das Funktional-Dynamische, nicht das Inhaltlich-Gegenständliche ausschlaggebend ist. Die Öko-Religiosität versucht zwar in ständigen dynamischen, grenzüberschreitenden und sinnsuchenden Akten das Ganze der Wirklichkeit (also auch eine Art Gegenstand) in den Blick zu bekommen, zu umfassen, am universalen Ganzen teilzuhaben und von ihm ergriffen zu sein, sie muß in diesem Prozeß dementsprechend ebenfalls Modelle, Leitbilder und -ideen, Hypothesen, Wünsche, möglicherweise auch Illusionen konstruieren, aber sie bleibt an ihnen und überhaupt an keinem Provisorium, an keinem Stadium ihres Prozesses mit dogmatischer Starrheit und Sturheit kleben. Sie ist auf dogmatisch-inhaltlich-gegenständliche Fixierungen wie Gott, Götter, Vorsehung, Belohnung, Vergeltung, Himmel, Hölle et cetera nicht essentiell angewiesen. Gerade diese gegenständlichen Fixierungen aber boten immer die breiteste und dankbarste Angriffsfläche für den Illusions- und Projektionsvorwurf der Feuerbach, Marx, Freud und so weiter. Demgegenüber wirkt sich bei der neuen Religiosität positiv aus, daß sie in keinem Gegensatz mehr zur Rationalität steht. Bleibt sie doch im Prozeß ihrer dynamischen Entwicklung stets bereit, alles inhaltlich von ihr für wahr und echt Gehaltene zu verifizieren, zu überprüfen, mit dem Stand unserer Wirklichkeitserkenntnis ständig zu vergleichen und gegebenenfalls ohne jeden fixierenden Unfehlbarkeitsdünkel über Bord zu werfen. In dieser Hinsicht gleicht sie übrigens dem Prozeß wissenschaftlichen Erkenntnisfortschritts.

Kein Zweifel kann jedenfalls daran bestehen, daß eine kosmische oder ökologische Religiosität, die die Selbstverwirklichung des Menschen in einer ständig auf gerechtere Verhältnisse hin zu reformierenden universalen Umwelt aufgrund der grenzüberschreitenden Dynamik des menschlichen Seins herbeizuführen sucht, dem Illusionsvorwurf weit eher Paroli bieten kann als die Religionskonzeption des personalen Gottes- oder Götterglaubens. Gerade die Öko-Religiosität sollte so starkes Gewicht auf Rationalität und Ethik legen, daß sie die einzigartige Chance hätte zu zeigen, daß und wie Religion, die selbstlos wäre, die ein (partikulare) Interessen überwindendes (universales) Über-Interesse hätte, die bereit wäre, machtsuchtlos und grenzenlos kommunikativ alles für alle und alles zu tun, einen entscheidenden, positiven ökonomisch-politisch-gesellschaftlichen Veränderungseffekt haben könnte. Das wäre dann die Religion, die keiner mehr als »Opium« bekämpfen könnte, als Beruhigungspille oder verschleierndes Trostrezept angesichts trister Verhältnisse. Die Frage, ob Religion eine Illusion im metaphysischen Sinn, in bezug auf ihre inhaltlichen Gegenstände und Überzeugungen sei, wäre dann zweitrangig angesichts des Umstands, daß sie im Hinblick auf die Selbstlosigkeit ihrer Hingabe an alle und aufgrund des redlichen Totaleinsatzes gegen alle Herrschaft von Menschen über Menschen in Kirche, Staat und Gesellschaft einen eigenständigen, originären Primärimpuls darstellte, der nicht mehr als »ideologischer Überbau«, als himmlische »Spiegelung« und Verklärung bestehender Unrechtsverhältnisse diskreditiert werden könnte.

Anmerkungen

1 A. Schweitzer: *Aus meinem Leben und Denken*, 1931, S. 204 (diese Schrift ist 1952 noch einmal im Fischer-Verlag, Frankfurt/M., erschienen).

2 A. Schweitzer: Die Religion in der modernen Kultur, in: *The Christian Century* v. 21. u. 28. 11. 1934. Deutsch in: G. Seaver, *Albert Schweitzer als Mensch und Denker* (aus dem Englischen 1950), S. 390; zit. nach H. Groos, *Albert Schweitzer. Größe und Grenzen*, München 1974, S. 679.

3 A. Schweitzer: *Kultur und Ethik* (Kulturphilosophie, 2. Teil), München [3]1923, S. 235.

4 »Bisher war es mein Prinzip, in Philosophie nicht mehr zu sagen, als was absolut logisches Erleben des Denkens ist. Darum rede ich in Philosophie nie von ›Gott‹, sondern von dem ›universellen Willen zum Leben‹.« (Schweitzer

in seiner Antwort auf einen Brief von O. Kraus; zit. in: O. Kraus; *Albert Schweitzer. Sein Werk und seine Weltanschauung*, Bern [2]1929, S. 37.)

5 »Ein Rätsel ist uns das Wirken des Welt-Geistes, weil es im Schaffen und im Zerstören, im Hervorbringen und im Vernichten von Leben verläuft« (Schweitzer: *Die Weltanschauung der indischen Denker*, Bern 1965, S. 207).

6 O. Kraus, aaO., S. 5.

7 J. W. Goethe: Sprüche in Prosa, Naturwissenschaft IV; zit. nach W. Gruehn: *Religionspsychologie*, Breslau 1926, S. 5.

8 Zit. nach L. Barnett: *Einstein und das Universum*, Frankfurt/M. 1952, S. 133f.; vgl. H. Mynarek: *Der Mensch – Sinnziel der Weltentwicklung*, München 1967, S. 132–149.

9 A. Einstein: *Mein Weltbild* (Ullstein-TB, Bd. 65, hrsg. von C. Seelig). Berlin 1957 (Erstdruck 1934 in Amsterdam), S. 15.

10 Vergl. die eingehende Begründung in: H. Mynarek: *Orientierung im Dasein*, München [2]1984, S. 192ff. und in: H. Mynarek: Religiös ohne Gott?, Düsseldorf 1983, S. 211ff.

Die Autoren

Peter Bahn, geb. 1953 in Koblenz. Studium in Mainz (Deutsche Volkskunde, Germanistik, Buchwesen). Akademischer Grad eines Magister Artium, z. Zt. Doktorand der Volkskunde zu einem Thema aus der Geschichte der freireligiösen Bewegung. Freiberufliche Tätigkeit in Erwachsenenbildung, Museumswesen und Publizistik, Veröffentlichungen in Sammelbänden und zahlreichen Zeitschriften. Verheiratet, zwei Kinder.

1970–79 aktiv in der ›linken Szene‹ (Schülerbewegung, ›K-Gruppen‹ usw.), durch die Anti-AKW-Bewegung zunehmende Beschäftigung mit ökologischen Fragen. 1979–85 Mitglied der Grünen. Seit 1984 Mitglied der Deutschen Unitarier.

Er vertritt einen »pantheistischen Realismus«, der sich von Illusionen über Mensch und Welt verabschieden und gerade dadurch in Leben und Erleben den Menschen und die übrige Natur wieder zusammenführen will. Das erfordert seines Erachtens die Überwindung des christlichen Dualismus und die Entwicklung einer neuen, an ökologischen und anthropologischen Realitäten orientierten Ethik, die gleichwohl auf alte religionsgeschichtliche und philosophische Traditionen zurückgreifen kann.

Giovanni Bandini, Dr. phil., geb. 1951 in Mailand. Nach eher atheistischer Kindheit beginnende Auseinandersetzung mit indischen Religionen. Studium der Indologie in Bonn und Heidelberg. Mehrere Studienaufenthalte in Indien. 1979 Promotion mit einer sprachphilosophischen Arbeit. Anschließender Aufenthalt in Kaschmir. Dort Initiation in den tantrischen Shivaismus, einem mystischen Monismus, der die Natur und die Welt überhaupt als die verkörperte Macht Gottes verehrt.

Er vertritt einen die Welt mit Gott und Gott mit dem unsterblichen Selbst (dem »Ich«) identifizierenden Monotheismus, der sich mit einem realistischen Polytheismus hinduistischer Ausprägung dialektisch verbindet.

Herbert Becker, geb. 1939 in Berlin, verheiratet, eine Tochter. Studium der Versicherungsmathematik an der Freien Universität Berlin. Nach der Diplomprüfung Tätigkeit bei einer Bundesbehörde, zuletzt als Oberregierungsrat und mathematischer Referatsleiter. 1981 Pensionierung aus Gesundheitsgründen.

Er kam etwa 1970 über die Jaina-Religion zum Buddhismus. Seit 1977 Veröffentlichungen in Zeitschriften zu Themen, die sich auf den Jainismus oder Buddhismus beziehen. Mitglied der Altbuddhistischen Gemeinde sowie im Vegetarier-Bund Deutschlands und in anderen Tierschutzvereinigungen. 1980–83 Vorstandsmitglied der Buddhistischen Gesellschaft Berlin. Regelmäßig Vorträge im Buddhistischen Haus, Berlin-Frohnau, dort auch Leiter des Buddhistischen Arbeitskreises.

Schwerpunkte: Lehre des Buddha (Pāli-Kanon), Jainismus und Philosophie Schopenhauers, buddhistische Ethik im Alltag (z. B. Vegetarismus und Tierschutz).

Harun Behr, geb. 1962 in Koblenz/Rhein, deutsche Staatsangehörigkeit, verheiratet mit einer Muslima aus Indonesien, ein Kind.

1979 Unterbrechung der gymnasialen Oberstufe und einjähriger Aufenthalt in Indonesien. 1980 Übertritt zum Islam. Nach dem Abitur 1982 einjähriges Praktikum auf einem Bullenmastbetrieb bei Münster/Westfalen.

Mitglied der gemeinnützigen Initiative »Haus des Islam« in Lützelbach, wo er in Abständen Koranseminare und Lehrgänge über Vollwerternährung hält. Mitgestaltung überregionaler islamischer Veranstaltungen, als Autor für die deutschsprachige Zeitschrift »al-islam« tätig. Sein besonderes Interesse gilt der Gestaltung eines künftigen islamischen Religionsunterrichtes an deutschen Schulen.

Reinhold Braun, Dr. med., geb. 1921 in Halberstadt. Im Kriege Jagdflieger, 1944 abgeschossen, russische Gefangenschaft, Deportation nach Rumänien, Flucht. Aufnahme des Medizinstudiums Wintersemester 1946/47 in Würzburg, 1953 Promotion, seit 1958 freipraktizierender Augenarzt in Wertheim a. M.

Entscheidender Anstoß zur Metamorphose der Weltanschauung durch die Schriften Schweitzers, Schwantjes und Gandhis. Gründungsmitglied der Vereinigung »Ärzte gegen Tierversuche«. Zahlreiche Beiträge zur Tierfrage in Zeitungen und Zeitschriften. Mitautor der Anthologie »Kritik der Tierversuche« (Lampertheim 1980). Fünf Studienreisen nach Indien mit dem Ziel, den Wahrheitsgehalt gelebter Ahimsa auszuloten.

Buchveröffentlichungen: Narben (München 1964); Beton (Darmstadt 1976); Ahimsa (München 1984).

Henning Eichberg, Dr. phil., geb. 1942 in Schweidnitz/Schlesien, verheiratet, drei Kinder. 1970 Promotion in Geschichte, 1976 Habilitation. Zur Zeit Gastprofessor für Kultursoziologie an der Universität Kopenhagen.

10 Buchveröffentlichungen zur Geschichte der Technik, des Sports und des Nationalismus sowie zur Soziologie Indonesiens. Laufende Forschungen über die historische Ökologie des Sports, über die Körperkultur der Inuit und des altskandinavischen Schamanismus, über die Geschichte des Gelächters sowie über die Aktualität der Rübezahlmythen.

Veröffentlichungen zur Religionsgeschichte unter anderem:

- Proletarische Freidenker. Über eine alternative Kulturbewegung, die in der Rechristianisierung der Linken untergegangen ist. In: Walter und Anna Lindemann: Die proletarische Freidenker-Bewegung (1926), Nachdruck Münster 2. Aufl. 1981.
- Kommen die alten Götter wieder? Germanisches Heidentum im 19./20. Jahrhundert – Zur Genese alternativer Mythen. In: Unter dem Pflaster liegt der Strand 13 (1984), S. 7–53.

Susi Goll, geb. 1931 in Zürich, Journalistin, wohnhaft in Bülach (Kanton Zürich), Mitglied der Grünen Partei Schweiz (GPS), befaßte sich nach einer Weltreise per Autostopp zunächst mit Reisejournalismus, war dann einige Jahre in der Jugendarbeit tätig, zuletzt beim Schweizerischen Bund für Jugendherbergen, wo sie die Pressestelle betreute. In dieser Funktion erstellte sie auch heimatkundliche Dokumentationen für Lehrer, die in den Jugendherbergen der verschiedenen Landesgegenden Schullandwochen durchführen.

Heute ist sie aktiv im Tier- und Umweltschutz tätig. Sie betreut in Zürich die Pressestelle »Protection« für Tierschutzfragen, die sich gegen die Auswüchse der industriellen Massentierhaltung und der Tierversuche wendet. Weltanschaulich ist sie von der Anthroposophie beeinflußt.

Werner Georg Haverbeck, Prof. Dr. phil., geb. 1909 in Bonn. Studium der Kultur- und Religionswissenschaft, Promotion in Deutscher Volkskunde, Habilitationsarbeit über »Europas Volksglaube im Sinnbild«. Seit 1959 Pfarrer der Christengemeinschaft, 1973 Professor für Angewandte Sozialwissenschaften im Ingenieurbereich an der Fachhochschule Bielefeld.

Er ist Begründer und Leiter der Heimvolkshochschule COLLEGIUM HUMANUM bei Vlotho als einer Begegnungsstätte eines freien Geisteslebens mit dem besonderen Ziel des biologisch-dynamischen Landbaues durch einen Gärtnerhof. 1974–82 war er Präsident des Bundesverbandes Deutschland des Weltbundes zum Schutze des Lebens, seither Ehrenpräsident.

Veröffentlichungen: Das Menschenbild der Gegenwart, Mannheim 1964. Die andere Schöpfung – Technik, ein Schicksal von Mensch und Erde, Stuttgart 1965/78/83. Entschluß zur Erde, Stuttgart 1983. Wittekinds Sieg, Rotenburg 1985. Die deutsche Bewegung – Zur Entwicklung des Freiheitsbewußtseins. In: »Handbuch zur Deutschen Nation«, Tübingen-Zürich-Paris 1986.

Winfried Hohlfeld, geb. 1932 in Dorpat (Estland). Studium der Philosophie und Theologie in Wien, Berlin und Kiel. Verheiratet, zwei Kinder. Z. Zt. hauptamtlicher Beauftragter für Umweltfragen der Nordelbischen Ev.-Luth. Kirche.

Zuvor Pfarrer in Stadt- und Landgemeinden, dann langjähriger Leiter der Abteilung Ökumenische Diakonie des Diakonischen Werkes Schleswig-Holsteins. Mehrere Reisen in Länder der sogen. Dritten Welt. Vorsitzender des EKD-Unterausschusses »Alternative Entwicklung« (Aktion »e«); Mitglied des »Institute for Theological Encounter with Science and Technology«. Zahlreiche Veröffentlichungen zur Thematik Enwicklung und Umwelt.

Er ist Christ evangelisch-lutherischen Bekenntnisses, engagiert in der Ökumenischen Bewegung und interessiert am Gespräch mit anderen Religionen.

Ditte König, Dr. phil., geb. 1956 in Mainz. Seit früher Kindheit durch Elternhaus bestimmtes Interesse für Ornithologie und Botanik sowie für die Kultur des Mittleren Ostens (Mutter ist Prof. für Orientalistik). Studium der Indologie und Ethnologie an der Universität Mainz und Heidelberg. 1984 Promotion (Thema: »Das Tor zur Unterwelt. Der Termitenhügel im indischen Volksglauben.«)

Seit 1982 Mitglied bei den Grünen, 1983 im Landesverband der Grünen – Rheinland-Pfalz, Leiterin der Arbeitsgruppe »Natur- und Landschaftsschutz«. 1985 Rückzug aus der aktiven parteipolitischen Arbeit, zugleich Eintritt in den BUND.

Sie hegt starkes Interesse für die Reinkarnationslehre (= Lehre von der Wiederverkörperung von Seelen) und fühlt sich insbesondere von animistischer Naturmystik angesprochen.

Karl-Heinz Minz, Dr. theol., geb. 1949 in Troisdorf (Rhein-Sieg-Kreis). Von 1970–1975 Studium der kath. Theologie und der Philosophie an den Universitäten Bonn und Freiburg. 1975 Dipl.-Theol., dann bis 1979 wissenschaftlicher Mitarbeiter am Dogmatischen Seminar der Universität Bonn. Anschließend bis 1981 Assistent bei einem Forschungsprojekt der DFG an der Universität Freiburg. Bis 1983 Tätigkeit als Verlagslektor in Stuttgart. Seither Arbeit an einer Habilitationsschrift. Verheiratet, ein Kind.

Veröffentlichungen u. a.: Seit 1980 Beiträge zum Thema der Verhältnisneubestimmung zwischen Christen und Juden, z. B. in der Reihe »Lernprozeß Christen Juden« (Hrsg. G. Biemer/E. L. Ehrlich). Band 4 dieser Reihe wurde von ihm zusammen mit P. Fiedler und U. Reck 1984 herausgegeben. Weitere Publikationen zur Trinitätstheologie. Sein jetziger Arbeitsschwerpunkt liegt in der theologischen Neuformulierung der Beziehung zwischen Christen und Juden. Eine der Grundüberzeugungen dabei ist, daß heute dem gemeinsamen Dienst beider für diese Welt entscheidende Bedeutung für den Fortbestand von Gottes Schöpfung zukommt.

Hubertus Mynarek, Prof. Dr. theol., geb. 1929 in Groß-Strehlitz/Oberschlesien, studierte Theologie, Philosophie und Psychologie in Krakau, Lublin, Münster und Würzburg. 1953 katholische Priesterweihe, 1966–68 Professor für Religionsphilosophie und Fundamentaltheologie in Bamberg, 1968–72 Professor für Religionswissenschaft in Wien, 1971–72 Dekan der katholisch-theologischen Fakultät der Universität Wien. November 1972 offener Brief an den Papst, in welchen er die Herrschaftsstrukturen der Kirche einer radikalen Kritik unterzog, und Kirchenaustritt. Darauf Entzug der kirchlichen Lehrerlaubnis und Pensionierung. Mynarek heiratete und ist heute Vater von drei Kindern. Er lebt als freier Schriftsteller in der Nähe von Bad Kreuznach.

Mynarek hat der Ökologischen Bewegung starke Impulse verliehen. Er ist Mitbegründer des Ökologischen Humanismus und hat das Konzept einer ökologischen Religion und Ethik entwikkelt; eine Buchveröffentlichung hierüber erscheint im Herbst 1986.

Bisherige Veröffentlichungen (Auswahl): Religion – Möglichkeit oder Grenze der Freiheit?, Köln 1977. Orientierung im Dasein, München 1979. Eros und Klerus, München 1980. Zwischen Gott und Genossen, Berlin 1981. Religiös ohne Gott?, Düsseldorf 1983.

Christian Oeyen, Prof. Dr. theol., geb. 1934 in Antwerpen (Belgien). Von 1939–55 in Argentinien. Studium der Philosophie und Theologie in La Plata, Rom, Erlangen und Bonn, Promotion über die Gotteslehre im frühen Christentum, 1936 Beitritt zur Alt-Katholischen Kirche in Deutschland. Wissenschaftlicher Assistent in Bonn, Pfarrer in Konstanz, 1972 Habilitation in Bern und Professor für Alt-Katholische Theologie an der Universität Bonn. Mitglied des Deutschen Ökumenischen Studienausschusses und verschiedener ökumenischer Organisationen. Meditationsleiter, seit 1972 Vegetarier. Verheiratet mit einer Atemtherapeutin, zwei (fast) erwachsene Kinder.

Besondere Interessen: frühes Christentum, mittelalterliche Mystik, Ökumene, Zen-Meditation, Dialog der Religionen. Zahlreiche Veröffentlichungen über frühes Christentum und Geschichte der alt-katholischen Bewegung.

Yüksel Pazarkaya, Dr. phil., geb. 1940 in Izmir. Nach dem Abitur studierte er in Deutschland zunächst Chemie, dann Philosophie und Germanistik. Promotion über ein Thema aus der deutschen Literatur des 18. Jahrhunderts. Bis 1985 in Stuttgart in der Erwachsenenbildung tätig, seit 1986 Leiter der türkischen Redaktion beim Westdeutschen Rundfunk in Köln. Verheiratet, drei Kinder.

Veröffentlichungen u. a.: Rosen im Frost (Essay zur türkischen Kultur, 1982); Spuren des Brots. Zur Lage ausländischer Arbeiter (Essay, 1983); Ich möchte Freuden schreiben (Gedichte, 1983); Irrwege (Gedichte, dt.-tü., 1985). Außerdem Hörspiele, Dramen, Fernsehspiele (»Unsere Nachbarn, die Baltas«) und zahlreiche Übersetzungen.

Eckhart Pilick, Dr. phil., geb. 1938 in Köln. Studium der Philosophie, Germanistik, Theaterwissenschaft, Afrikanistik und Sinologie in Köln und Hamburg. Lektor in Lund und Malmö. Landesprediger der Freireligiösen Landesgemeinde Baden seit 1970. Lehrbeauftragter für Freireligiöse Theologie der Pädagogischen Hochschulen Heidelberg und Karlsruhe. Von 1978–81 deutscher Vertreter im Beirat der IARF (= International Association for Religious Freedom / Weltbund für religiöse Freiheit) und Repräsentant der IHEU (= International Humanistic and Ethical Union) beim Europarat.

Veröffentlichungen: Freiheit und Bindung – Festschrift für Heinz Schlötermann zum 60. Geburtstag, Meisenheim 1973. Gottesbilder heute. Zur Gottesproblematik in der säkularisierten Gesellschaft der Gegenwart, Königstein 1979. Freue dich o Christ und Heid. Ein Weihnachtsbuch, Mannheim 1984.

Sigurd Reichhelm, geb. 1917 als 5. Kind des evang. Pfarrers Gustav Reichhelm. Nach Besuch des humanistischen Gymnasiums in Sagan und Wernigerode ging er wegen familiärer wirtschaftlicher Gründe ins Elektrofach (Meisterprüfung 1948). 6 1/2 Jahre Abwesenheit im Reichsarbeitsdienst, 2. Weltkrieg in Frankreich und Rußland, russ. Kriegsgefangenschaft. Danach arbeitete er ca. 25 Jahre lang in verschiedenen Betrieben der Stadtwerke Heidelberg und der Stadt Basel, wodurch er Gelegenheit hatte, die Mentalität der sog. einfachen Bevölkerungsschichten gründlich kennenzulernen. 1947 geheiratet, zwei Söhne und eine Tochter. Seit 1967 Lektor des Landeskirche. 1977 Mitbegründer des Lindenhofes, der Wirkungsstätte der heutigen Nazoräer.

Der feste Glaube, daß alles Böse und Schreckliche dieser Welt von Gott weder geschickt noch zugelassen wird, sondern von ihm immer nur alles Heil und Rettung aus der Macht des Bösen zu erwarten ist, gab ihm Sicherheit und Gottvertrauen in allen, auch den aussichtslosesten Lebenslagen. Ein besonderes Anliegen ist ihm die Lösung der Frage, warum trotz eifrigen Bemühens aller kirchlich Beauftragten fast alle Jugendlichen ihrer Kirche und dem gelehrten Christentum den Rücken kehren...

Martin Rock, Prof. Dr. theol., geb. 1932 in Hepbach/Markdorf (Baden). Besuch des Humanistischen Gymnasiums in Konstanz; ab 1951 Studium der Philosophie, Theologie und Romanistik an den Universitäten Freiburg, Innsbruck, Paris und Mainz. Staatsexamen in Französisch (1962), Promotion (1965), Habilitation im Fach Sozialethik (1970). Seit 1974 Professor für Christliche Anthropologie und Sozialethik an der Universität Mainz.

Veröffentlichungen zur politischen Ethik (Widerstand gegen die Staatsgewalt – Anarchismus und Terror – Friedensethik), zur Wirtschaftsethik (Privateigentum in ethischer Sicht; Tourismus; Vom Sinn der Arbeit). Schwerpunkt: Anthropologie und Ethik des Umweltschutzes. Dazu verschiedene Aufsätze; ein Buch in Vorbereitung (Frühjahr 1987). Vortragsreisen: Jugoslawien, Polen, Japan, Taiwan, Philippinen, Südkorea. Seit 1978 Beauftragter der Diözese Mainz für Umweltschutz. Berater des Umweltministeriums des Landes Rheinland-Pfalz und des Freistaates Bayern.

Ebermut Rudolph, Dr. theol., Dr. phil., geb. 1931 in Freiberg/Sachsen. Nach dem Abitur Töpferlehre; als Keramikingenieur tätig bis 1961. Von 1961–64 Reisen durch Afrika, Indien sowie Mittel- und Nahost. Ab 1965 Studium der Theologie, theol. Dissertation über »Schulderlebnis und Entschuldung im Bereich sekularer Tiertötung«; später phil. Dissertation: »Übernahme und Weitergabe therapeutischer Fähigkeiten bei deutschsprachigen Spruch- und Gebetsheilern (sog. ›Gesundbeter‹)«. Seit 1980 evang. Pfarrer in Rain am Lech.

Neben der Krankenhaus-Seelsorge, Fragen der Volks-Medizin und Volks-Religiosität sowie Parapsychologie gilt sein besonderes Interesse Fragen des Tier- und Naturschutzes. Besondere Verehrung für Franz v. Assisi und Albert Schweitzer. 1972 Begründung der »Kemptener Kinderweihnacht mit kleinen Tieren«.

Veröffentlichungen u. a.: Schwarze Völker suchen Gott – Afrikas Christen auf eigenen Wegen, München 1969. Indische Reise – Exemplarisches Christentum im Lande der Religionen, Erlangen 1971. Die geheimnisvollen Ärzte – von Gesundbetern und Spruchheilern, Olten/Schweiz 1977. Vertrieben aus Eden – das Tier im Zugriff des Menschen, München 1979. Daneben zahlreiche wissenschaftliche Aufsätze in volks- und völkerkundlichen Zeitschriften über das Mensch-Tier-Verhältnis in Kultur- und Religionsgeschichte.

Holger Schleip, Dr. med., geb. 1949 in Freiburg i. Br. Studium der Physik (1974 Diplom) und der Medizin, Promotion über »Zur Praktik des Handauflegens durch Heiler«. Seit 1979 ärztliche Tätigkeit, seit 1983 in der Augenheilkunde. Verheiratet, vier Kinder.

Einige Jahre Mitarbeit in einer amnesty international-Gruppe, dann besonders in Ökologie- und Tierschutzfragen engagiert. Gründungsmitglied der Partei Die Grünen. Vegetarier aus ethisch-politischen Motiven.

Deskriptiv vertritt er einen zum Atheismus neigenden Agnostizismus, normativ einen sich am Begriff der Erlebnisfähigkeit orientierenden Utilitarismus (»Ethik der Ehrfurcht vor dem Erleben«). In Abgrenzung zu dem die Interessen anderer Arten den Interessen des Menschen fast absolut unterordnenden *extremen* Speziesismus (von lat. Spezies = Art, Begriffsbildung analog zu Rasse und Rassismus) bekennt er sich zu einem *gemäßigten* Speziesismus, der zwar eine gewisse Vorrangigkeit des Menschen für den Menschen anerkennt (»Nächstenliebe ist wichtiger als Fernstenliebe«), sich aber um eine stärkere Anwendung ethischer Grundsätze auch über die Grenzen unserer Art hinaus bemüht.

Christof Schorsch, M. A., geb. 1959 in Levico (Italien), verheiratet. Studium der Publizistik, Soziologie und Politologie. Kommunikationswissenschaftler und Lehrbeauftragter am Institut für Semiotik und Kommunikationstheorie der Freien Universität Berlin. Zahlreiche journalistische Arbeiten, daneben kommunikationswissenschaftliche und philosophische Publikationen. Stipendiat des Landes Berlin. Neben anderen gesellschaftspolitischen Aktivitäten, von 1979 bis 1983 Vorsitzender beziehungsweise Pressesprecher des Berliner Arbeitskreises gegen Tierversuche e. V.

Getragen von der Überzeugung, daß es letztlich nur *eine* Wirklichkeit gibt (definiert als die Totalität alles Seienden), achtet er plurale Erkenntniswege, um diese Wirklichkeit verstehen und erklären zu können, ohne den Vorrang eines einzigen Ansatzes zu behaupten. Der Schwerpunkt seiner Arbeit liegt gegenwärtig auf der Formulierung einer Philosophie evolutionärer Dialektik, die eine Harmonisierung unterschiedlicher Erkenntnisse in Naturwissenschaft, Philosophie und Religion erlaubt. Buchveröffentlichung »Die Große Vernetzung. Wege zu einer ökologischen Philosophie« für 1986 in Vorbereitung.

Makhana Taskoradas, geb. 1962 als Sohn mittelständischer Eltern in Ihringen am Kaiserstuhl. Während der Schulzeit Beschäftigung mit verschiedenen revolutionären Ideen, dabei besondere Sympathie für Mahatma Gandhi. Politisches Engagement bei den badisch-elsässischen Bürgerinitiativen sowie in der AUD bzw. später den Grünen. 1978 erstmals Kontakt mit der Hare-Krishna-Bewegung, der er 1980 beitrat. Nach einer Pilger- und Studienreise durch Nordindien im Sommer 1982 Weihe zum Brahmanen. Seit Ende 1984 Priester am Navajiyada-Nrisimka-Tempel. Verheiratet.

Für ihn sind soziale Gerechtigkeit und spirituelles Leben untrennbar miteinander verbunden. Der Überzeugung, daß ein ehrlich gemeinter Freiheitskampf sich nicht auf eine Spezies beschränken kann, entspringt seine vegetarische Lebensführung und seine Missionstätigkeit für das Vaishnavatum.